Meanocracy

중용민주주의

-중용과 평화의 정치체제-

Meanocracy
중용민주주의
- 중용과 평화의 정치체제 -

지은이 | 최상용 외

| 차 례 |

책머리에
서문

제1부
중용

| 제1장 | "중용"과 행복 : 주자학자들의 모색 ◉ 21

   머리말
1. "중용"의 해석
3. 천도는 옳은 것인가, 그른 것인가(天道是邪, 非邪)
4. 복선화음(福善禍淫) : 제1의 유형
5. 관조와 체념 : 제2의 유형
6. 대륜(大倫)의 향수 : 제3의 유형
7. 맺음말

| 제2장 | 양심과 의무, 그리고 중용
          : 막스 베버에게있어 정치적 판단의 문제 ◉ 50

1. 들어가면서 : 정치적 판단과 근대의 아포리아
2. 신들의 황혼 탈(脫)주술화와 재(再)주술화의 변증
3. 주객(主客)의 저편 : 신념윤리와 책임윤리의 사이
4. 어둠의 심연(深淵) : 윤리적 허무주의와 정치적 권위주의
5. 나오면서 : 양심과 의무, 그리고 중용

| 제3장 | **정치논의의 공동체적 기반**
　　　　: 중용적 사유 속의 갈등 ◉ 89

1. 서문 : 글의 제목에 대하여 중도와 원칙
2. 원칙과 사실 상황
3. 갈등과 공동체적 공존
4. 갈등의 가치화와 갈등의 요인 / 그 해결을 향하여
5. 갈등의 실존적 기반

　　부록: 화해상생 마당의 발표문
1. 다시 서문을 대신하여
2. 공동체적 기반의 확인
3. 합리적 토의, 투쟁, 정책적 선택
4. 사회국가의 이념
5. 환경의 문제
6. 다른 의제들
7. 통일의 의제

| 제4장 | **문화의 시대 미학적 사유** ◉ 161

제2부

평화

|제1장| 근대 서양의 평화사상에 관한 성찰 ⊙ 175

1. 문제의식과 방법
2. 칸트 이전의 평화사상
3. 칸트의 영구평화론

|제2장| 한국의 근대 평화 개념 도입사 ⊙ 209

1. 머리말
2. 해방론의 평화
3. 만국공법의 평화
4. 양절체제론의 평화
5. 자강균세론의 평화
6. 동양평화론과 한국
7. 맺는 말

|제3장| 평화는 찾을 수 없는 것인가? ⊙ 260

1. 평화는 하나의 휴전일 뿐이다
2. 근대 민주주의들과 평화
3. 자신의 물결의 희생자인 민주주의
4. 혁명과 평화
5. 평화의 유토피아들
6. 자연(nature), 전쟁 그리고 평화
7. 인간 본성(nature), 전쟁 그리고 평화
8. 말, 이타성 그리고 평화

| 제4장 | 평화 : 주권에서 인권으로 ◉ 297

제3부

중용민주주의

중용정의와 민주평화의 정치체제 ◉ 315

| 제1장 | 중용정의론의 뿌리 ◉ 319

1-1 플라톤의 정의론
1-1-1 정의와 중용
1-1-2 법과 중용 그리고 혼합정체
1-2 아리스토텔레스의 정의론
1-2-2 정의와 중용정치 체제

| 제2장 | 민주평화사상에 관한 성찰 ◉ 361

2-1 고대의 혼합정체와 평화
2-2 칸트의 공화제와 평화
2-3 현대의 민주평화론

| 제3장 | 중용민주주의를 위하여 ◉ 377

인명 색인

| Contents |

Acknowledgments　　　　　　　/ Choi Sang Yong /
Preface　　　　　　　　　　　　/ Choi Sang Yong /

---------- **I** ----------

The Mean

1. The Mean and Happiness in Zhu-Xi Neo-Confucianism
　　　　　　　　　　　　/ Watanabe Hiroshi /
2. Conscience, Duty and the Mean
　: Max Weber's Theory of Political Judgement
　　　　　　　　　　　　/ Kim Sung Ho /
3. The Communal Basis of Political Conflict, Resolution and the Mean　　　　　　/ Kim Uchang /
4. The Age of Culture, the Aesthetics of the Mean
　　　　　　　　　　　　/ Kim Ji Ha /

II

Peace

1. Modern Political Philosophy of Peace
    / Choi Sang Yong /
2. The Introduction of Modern Peace Concept in Nineteenth Century Korea   / Ha Young Sun /
3. LA PAIX EST-ELLE INTROUVABLE?
    / Janine Chanteur /
4. On Peace: From Sovereignty to Human Right
    / Sakamoto Yoshikazu /

III

Meanocracy

1. The root of justice as mean   / Choi Sang Yong /
2. A reflection on the democratic peace theories
    / Choi Sang Yong /
3. For meanocracy   / Choi Sang Yong /

Index

책머리에

하루 24시간이 이렇게도 아까울 수 있을까. 나는 청·장년 때와 달리 마음과 몸을 다스리고 시시각각의 귀중함을 느끼면서 재미있고 의미 있게 살려고 노력하고 있다.

이 책은 나의 중용연구의 중간보고에 해당하는, 나라 안팎의 전문가들의 논문집이다.

1997년에 출간된『평화의 정치사상』은 중용연구의 출발점으로 서양 정치철학에서 평화사상을 탐구한 것이고 국내외에서 많이 읽혔다. 그 영문판은 2000년 UN이 평화문화를 선포한 기념〈Culture of peace Series I〉으로 한국 유네스코가 출판한 것이다. 세계평화학회 회장 사카모도 요시카즈(坂本義和) 도쿄대학 교수와 평화사상의 대가 파리·소르본느대학 자넌 샹퇴르 정치철학 명예교수의 서문이 실려 있고 코피 아난 유엔사무총장과 봐이체커 독일대통령이 독후감을 보내왔다.

나의 초청으로 한국을 방문한 사이스테드 노벨평화상 심사위원장은 영문판 A political philosophy of peace를 노벨위원회 부속 도서관의 장서로 지정하였다.

2022년 일본 筑摩書房에서 나온『中庸民主主義ミーノクラシーの政治思想』은『중용의 정치사상』을 京都大學 小倉紀蔵 교수가 번역한 것이다. 이 자리를 빌려 나의 중용연구시리즈를 출판해준〈나남〉의 조상호 사장,〈까치〉의 고 박종만 사장 그리고 오구리 기조 교수의 우정을 잊을 수 없다.

이번에 종문화사에서 출판한 『중용민주주의』의 1부와 2부는 2007년 정년기념논문집에 나온 그대로이고, 3부는 필자가 새로 쓴 것이다.

종문화사는 2016년 나의 자성록(自省錄)인 〈중용을 배우는 삶〉의 약칭인 『중용의 삶』을 출판한 바 있다. 원본은 일본에서 연구보고서 형태로 일본에 남아있는데, 구술사 제목인 崔相龍(元駐日本國大韓民國特命全權大使, 高麗大學校名譽敎授) オーラルヒストリー記錄의 한국어 번역이다.

내용은 고하리 스스무(小針進) 대표 연구교수를 포함한 4명의 정치학 교수가 나의 70년 인생에 대한 질문을 하고 구술로 답한 것과 관련 자료를 묶은 것이다.

2022년 일본에서 『中庸民主主義』 2쇄 출판에 이어 한국에서 『중용민주주의』 - 중용과 평화의 정치체제 - 의 이름으로 출판해준 종문화사 임용호 박사에게 경의를 표하고 싶다.

지금 나는 그동안 오래 물고늘어져 왔던 스피노자의 철학과 정치사상을 심신균형론(心身均衡論)으로 파악하고 중용·융합의 용광로에 담으려고 노력하고 있는데 유고로 남을지 빛을 보게 될지는 나도 모르겠다.

2025년 5월

최상용

서문

중용민주주의(Meanocracy)

 인간의 행위는 넓은 의미에서 정치와 무관한 것이 거의 없는 것 같다. 1960년 4.19혁명의 그 날 나는 18세의 어린, 나이로 정치학도의 삶을 시작했다. 그후 60년 넘게 정치학을 공부하고 있지만 정치가 이렇게도 어렵구나, 이 어려운 정치현상을 다루는 정치학이 참으로 어려운 학문이구나 하는 것을 지금도 나는 절감한다. 플라톤은, 정치학은 모든 학문 가운데 가장 알기 어렵다고 하고 통치술은 특수한 학문이라 했다. 그리고 아리스토텔레스는, 정치학은 학문의 대종(大宗, master science)이며 이론학이 아니라 실천적 지혜를 다루는 실천학이라 했다. 이 두 정치철학자의 관점은 오늘도 살아 숨 쉰다. 예나 지금이나 정치철학은 무엇이 가능한 최선의 정치, 정치가 그리고 정치체제인가에 대하여 최적의 해답을 찾으려는 학문 분야이다.

 그동안 나는 정치철학과 국제정치 분야에서 3가지 주제, 즉 nationalism, 평화 그리고 중용에 대해 깊은 관심을 기울여왔다.

 Nationalism은 민족주의, 국민주의, 국가주의 등 번역어가 혼용되고 있고 긍정과 부정의 이중성을 가지는, 지극히 논쟁적인 개념이다. 그럼에도 불구하고 국가와 민족의 독립과 통일을 추구하는 nationalism은 정당화되고 있고 개인이 자기 나라에 대해서 가지는 적절한 애국심도 보편적인 감성으로 받아들여지고 있다. 그리고 개별국가가 국제정치의 권력정치(power politics) 현장에서 국익을 추구하는 nationalism은 주권국가가 해체되지 않는 한 지속될 것이다. 4.19혁명 상황에서 민족통일을 지향하는 nationalism은 20대 한국정치학도라면 누구나 겪었던 지적 홍역 같았다.

1972년 『미군정과 한국민족주의』에서 나는 제2차 세계대전 후 한국 nationalism의 목표를 통일민족주의와 의회민주주의의 결합에 두고, 미소 국제 냉전과 국내 냉전의 이중구조하에서 전개된 좌우 nationalism을 비교 분석한 바 있다. 한국민족주의의 이념적 양극화에 대한 나의 연구의 귀결은 역설적이게도 평화와 중용을 위한 연구 관심의 심화 과정이었다.

1970년대 초부터 나의 연구 관심은 nationalism에서 평화사상으로 이행하게 되었다. 20세기 전반에는 제국주의, 국가주의, 파시즘으로 불리는 nationalism이 세계를 전면전쟁터로 만들었다. 공기는 오염도가 최고조로 올라갔을 때 그 진가를 알 수 있듯이 평화는 참혹한 전쟁의 폐허 속에서 싹이 튼다. 그런데 놀랍게도 평화가 전쟁보다 낫다는 당연한 생각이 수면 위에 오르는 데까지, 인간이 전쟁의 부재를 평화로 자각하는데 2,000여 년이 걸렸다. 좋은 전쟁보다 나쁜 평화가 낫다고 갈파한 에라스무스의 역설적 경고는 인류사에 점철된 모든 전쟁에 대해서 red card를 꺼내든 것이다.

우리는 인간성에 평화파괴 요인이 내재하는 한 전쟁이 불가피하다는 비판적 현실주의로부터 자유로울 수 없으며 그렇기 때문에 평화의 최대화와 전쟁의 최소화 이상을 기대할 수 없는 역사적 현실에 직면하고 있다. 1960년대 후반부터 미국을 중심으로 전개된 민주평화론은 전쟁과 평화의 문제를 민주주의 정치체제와의 상관관계에서 파악한 것이다.

1997년 『평화의 정치사상』에서 나는 민주주의가 평화의 토대라는 명제를 받아들이면서 그 사상적 뿌리를 칸트의 영구평화론에 멈추지 않고 칸트 이전으로 소급하여 고대 그리스 이래 2,500년의 서양정치사상에서 찾으려고 했다. 말하자면 미국의 민주평화이론(democratic peace theories)을 비판적으로 재구성한 것이다.

1970년대 이래 나의 연구 관심은 평화사상과 함께 그 연장선에서 중용의 정치사상에 집중해 왔다. 평화가 민주주의의 핵심가치라면 중용은 민주주의와 함께 정의의 핵심주제이다. 이것이 바로 내가 중용정의론의 뿌리를 찾는 이유이기도 하다. '정의가 중용이다'라는 명제, 즉 중용정의(justice as mean)가 서양의 고대 그리스와 동양의 고대 중국에서 동시병행적으로 확인된 것은 나에게는 놀랍고도 신선한 학문적 충격이었다. 플라톤은 『국가론』에서 소크라테스의 절제사상을 충실히 계승하여 절제와 중용이 정의라는 것을 일관되게 설명했다. 국가론은 정의론으로 시작하여 중용론으로 막을 내리는 거대한 드라마이며, 그런 의미에서 『국가론』은 중용정의를 제시한 최초의 서양고전이다. 아리스토텔레스는 플라톤의 중용정의, 중용의 통치술, 중용의 제도화로서의 『법』의 철학을 융합하여 중용정의를 중용의 정치체제로 체계화하는데 결정적 기여를 했다. 孔孟學에서 제시된 政者正也는 고대 중국의 중용정의를 한마디로 표현한 아포리즘(aphorism)의 정수다. 말의 뿌리부터 政은 正, 정치가 정의라는 것을 짐작케 한다. 孔孟學에서 정의는 인의로 표현되는데 그 인의가 바로 중용이며 중정, 중도, 시중 등과 궤를 같이한다.

공정정의(justice as fairness)를 주제로 하는 20세기 정의론의 대가 롤즈(John Rawls)도 넓은 의미에서 중용정의론의 카테고리에서 해석될 수 있다. 중용과 공정은 형식논리로는 그 내포와 외연이 같지 않지만 의미 내용은 겹치는 부분이 많다. 중용정의와 공정정의에는 정의라는 중심을 공유한 동심원적 유사성(concentric similarity)이 있다. 주목할 것은 롤즈가 자신의 정의론이 독단론(dogmatism)과 환원론(reductionism)의 중용이라고 밝힌 점이다. 실제로 롤즈가 정의론 개념으로 채택한 성찰적 균형(reflective equilibrium), 차등원리(difference principle), 겹치는 합의(overlapping consensus) 등 정치적 구성주의 방법에는 중용적 구상력이 돋보인다.

그동안 평화와 중용이라는 정치철학의 영속적인 물음에 대답하기 위하여 나는 평화의 정치사상연구에서 도출된 민주평화와 중용정치사상의 핵심가치인 중용정의의 융합을 시도해 왔다. 민주평화가 실현되는 평화상태와 중용정의가 실현되는 중용상태는 양극화 갈등, 전쟁과 구조폭력의 최소화를 지향하는 국가, 시장, 시민 단위의 복합적인 국제사회에서 우리가 현실적으로 기대할 수 있는 최선의 정치상태라고 볼 수 있다.

내가 탐구하고자 하는 meanocracy의 정치상태는 롤즈가 추구했던 정의롭고 평화로운 현실주의적인 유토피아(a realistic utopia)나 坂本義和 선생님이 『平和の研究』가 아니라 『平和のための研究』를 호소하면서 정치적 유언처럼 제기한 인명의 존엄이 보장되는 세계로 다가가는 기나긴 과정에서 인간의 치열한 노력에 힘입어 여러 가지 양태로 전개될 것이다.

나의 연구 관심이 nationalism → 평화 → 중용으로 이행하는 과정은 결코 단선적인 직행이 아니었다. 인간과 정치에 대한 회의와 희망의 끝없는 왕복운동, 매개(媒介), 삼투(慘透), 지양(止揚)의 변증법적 과정을 밟아왔다. 상대화의 시대 21세기에 들어오면서 나는 『중용탐구』, 『중용의 삶』, 『중용의 정치』, 『민족주의·평화·중용』, 『중용정의와 민주평화』 등 중용연구 시리즈를 세상에 내놓았다. 이들 연구에 담긴 문제의식과 방법을 살려서 『평화의 정치사상』의 후속편으로 내놓은 것이 『중용의 정치사상』이다. 이제 나에게 남은 시간이 길지 않기에 영속적인 중용탐구의 중간결산만이라도 일본 독자에게 알

리고 싶어 일본어판의 제목을 『中庸民主主義ミーノクラシーの政治思想』으로 하였다.

　내가 민주주의의 가능한 최선의 양태로 제시한 중용민주주의는 중용과 민주주의가 그러하듯이 불완전한 이성적 존재인 인간이 만들 수 있는 가장 덜 불완전한 민주주의 정치체제(the least imperfect democracy)의 하나일 뿐이다. 민주주의의 변태인 좌·우경 populism이 난무하는 정치상황에서 중용민주주의가 populism의 예방과 극복을 위한 유력한 대안이 될 수 있기를 기대하는 바이다.

2025년 5월

최상용

제1부

중용

제1장

"중용"과 행복 : 주자학자들의 모색*

와타나베 히로시**

머리말

이 글은 주희의 "중용" 개념에 내재하는 유교 도덕철학의 근본문제를 분석하고, 나아가 주로 주자학을 공부한 도쿠가와 일본(1600-1867)의 유학자들에 의한, 그 문제에 관한 논의의 일단을 소개하고자 하는 것이다.

1. "중용"의 해석

주지하는 바와 같이 주희는 『대학』, 『논어』, 『맹자』와 나란히 하여

---

* 옮긴이 - 박홍규(朴鴻圭) : 고려대학교 정치외교학과 교수.
** 와타나베 히로시(渡辺浩) 일본 도쿄대학교 법학부 교수.

『중용』을 중시했다. 그 주석서인 『중용장구』(中庸章句)의 처음에서 주희는 이렇게 설명하고 있다.

중(中)이란 한쪽으로 기울거나 치우치는 것 없고, 지나치는 것도 미치지 못하는 것도 없는 것을 이름이며, 용(庸)은 평범하고 떳떳함이다.(中者, 不偏不倚, 無過不及之名. 庸, 平常也)

"불편불의"(不偏不倚)라는 것은 "마치 사방 어느 곳에도 치우치지 않은 것과 같다."(猶立而不近四旁)(주희 『중용혹문』[中庸或問] 제1조) 어디에서도 그 중앙에 당당하게 서 있는 것과 같은 모습을 말한다. "무과불급"(無過不及)이란 『논어』(先進)의 "공자께서 말씀하시기를, 지나친 것은 미치지 못하는 것과 같다"(子曰, 過猶不及)는 구절을 계승한 것이다.

행동이 과도하지도 않고, 부족하지도 않은 것을 말한다. 그리고 주희의 주석서인 『논어집주』(論語集注)에 의하면, "도(道)의 지극함은 중용이다. 현인(賢人)이 지나친 것은 우인(愚人)이 미치지 못하는 것보다는 낫지만, 그러나 중(中)에서 벗어난다고 하는 점에서는 마찬가지이다."(道以 中庸爲至, 賢知之過, 雖若勝於愚不肖之不及, 然其失中則一也)

더욱이 자신의 선구자인 정자(程子)가 "용"(庸)을 "불역"(不易, 변하지 않는 것)이라고 해석하고,[1] 자신이 "평상"(平常)이라고 해석한 것에 관해서 주희는 다음과 같이 설명하고 있다.(『중용혹문』제2조)

다만 평상이라고 하는 것이다. 따라서 항상적이어서 변하지 않는다. 세속을 경악시키는 것은 일시적이어서 항상적일 수 없다.(惟其平常, 故可常而不可易.

---

1) "程子曰, 不之謂中, 不易之謂庸, 中者天下之正道, 庸者天下之定理."(『論語集注』 雍也).

若驚世駭俗之事, 則可暫而不得爲常矣)

이상과 같은 설명만을 보면, "중용"이란 극단을 배제해서 중간적인 입장을 취하고, "세속"으로부터 보아서 상식적이고 온건한 행동을 취하는 것과 같은 것으로도 이해할 수 있을지 모른다.

그러나 그렇지는 않다. "중용"이란 중간적인 것이 아니다. "세속"에 순응하고 있는 것도 아니다. 주희는 더 나아가 이렇게 말하고 있다.(『중용혹문』 제2조)

이른바 평상이란 또한 사리의 당연함이어서, 기괴한 점이 없음을 말한다. 이는 매우 고상하여 행하기 어려운 일을 말하는 것은 아니지만, 어떻게 세속의 더러움을 함께하는 것(『孟子』 盡心下)이라 말하겠는가. 앞서 당연함이라고 말하였는 바, 이는 군신-부자 사이의 일상적인 관계로부터 요임금과 순임금이 (아버지로부터 자식에로가 아니라) 선양에 의해서 천자의 자리를 계승시킨 일이나, 탕왕-무왕이 신하이면서도 폭정과 학정을 자행하는 군주를 폭력을 사용해서) 방벌한 일에 이르기까지 그 구체적인 양상은 무한히 다양하며, 게다가 그 모두가 평상인 것이다.(所謂平常, 亦曰事理之當然, 而無所詭異云爾, 是固非有甚高難行之事, 而亦豈同流合汗之謂哉, 既曰當然, 則自君臣父子日用之常, 推而至於堯舜之禪授湯武之放伐, 其變無窮, 亦無適而非平常矣)

『중용혹문』의 이 문장과 관련하여, 주희의 제자가 "요-순의 선수(禪授), 탕-무의 방벌은 모두 성인(聖人)의 비상한 변(變)입니다. 그런데도 이것을 평상이라고 말하는 것은 어떤 까닭입니까"(堯舜禪授, 湯武放伐, 皆聖人非常之變, 而謂之平常, 何也)라고 질문했다. 그 대답은 다음과 같다.(『주자어류』〔朱子語類〕 권62, 제20조)

요순의 선수(禪授), 탕무의 방벌은 일은 다르지만 모두 그래야만 했던 것이다. 따라서 상사(常事)인 것이다.(堯舜禪授, 湯武放伐, 雖事異常, 然皆是合當如此, 便只是常事)

즉, "중용"이란 그때그때의 세속에서 지향(志向)하는 양극단의 중도(中道)를 취하는 것을 의미하지 않는다. 만약 그렇다면 세속 전체가 한 방향으로 흘러가면, 결국 그 방향을 따라가는 것이 될 것이다. 『맹자』(盡心下)에는 다음과 같은 문답이 있다.

만장이 물었다. 고을 사람이 모두가 근후(勤厚)한 사람이라고 하고, 누구나가 근후한 사람이라고 여기는 사람을 공자가 "덕(德)의 적(賊)"이라고 한(『論語』陽貨) 것은 어째서입니까. 맹자가 대답했다. 그를 비난하려 해도 이렇다 할 비난거리도 없고, 그를 책망하려 해도 이렇다 할 책망거리도 없다. 흘러가는 속세에 동조하고, 혼탁한 세상에 영합하며, 그의 행동은 충신(忠信)하고 염결(廉潔)한 듯하여, 사람들은 호의(好意)를 가지고 자기 자신도 좋다고 생각하고 있다. 그러나 그와 함께 요순의 도에 들어갈 수는 없다. 따라서 덕의 적이라고 말하는 것이다.(萬子曰, 一鄕皆称原人焉, 無所往而不爲原人, 孔子以爲德之賊, 何哉. 曰, 非之無擧也, 刺之無刺也, 同乎流俗, 合乎汙世, 居之似忠信, 行之似廉潔, 衆皆悅之, 自以爲是, 而不可與入堯舜之道, 故曰德之賊也)

맹자는 "자신을 감추고 세상의 호의를 구하는 것은 위선자이다"(閹然媚於世也者, 是鄕原也)라고 말하고 있다.(盡心下) 주희도 "인정(人情)에 따르고, 세상의 동향에 따라 부침하는"(狗人情與世浮沆) 사람을 책망하고 있다.(주자어류) 권121 제96조) 사회적으로 인기가 있고 평판이 좋은 것은 전혀 "중용"이라는 것을 의미하지 않고, 오히려 "동류합한"(同流合汙)한 것으로써 경멸의 대상이 되는 것이다.

주희에 의하면 "중용"이란 "사리(事理)의 당연함"이다. 즉, 세속이나 기성 사실과는 차원을 달리하는 이(理)에 따르고 있는 것이다. 그러한 까닭에 이에 따라, 일견 이상(異常)하고 과격한 행동을 취하는 것도 충분히 "중용"일 수 있는 것이다.

실제 주희는 『중용장구』 제2장에서 "중용"을 더욱 상세하게 설명하면서 이렇게 말하고 있다.

중용이란 한쪽으로 기울거나 치우치는 것 없고, 지나치는 것도 미치지 못하는 것도 없는 평상의 이(理)이다. 즉, 하늘이 명한 당연한 바이고, 정미(精微)함의 극치이다.(中庸者, 不偏不倚, 無過不及, 而平常之理, 乃天命所當然, 精微之極致也)

"중용"이란 "불편불의"(不偏不倚), "무과불급"(無過不及)일 뿐만 아니라, "평상의 이"(平常之理)이고, 게다가 "천명소당연"(天命所當然), "정미지극치"(精微之極致)이다.

즉, 첫째로 "중용"은 단지 "평상"인 것만이 아니다. "평상의 이"이다. "이"란 일이나 사물에서 반드시 있어야만 하는 당연한 존재방식이다.[2] 그리고 "있어야만" 하고, "당연히 있을 것"인 이상, "이"는 현재 있는 사실과는 언제나 거리가 있을 수밖에 없다. 현재 있는 사실이 항상 "이"와 일체라고 한다면, "이"의 개념은 불필요하다. "이"라고 부르는 이상, 설령 "평상지리"(平常之理)라고 하더라도, 그것은 기성의 사실로부터 분리되어 변별될 수 있다. 그리하여 예를 들면 폭군에 순종하는 것은 "평상"이 아니고, 그를 주벌(誅罰)하는 것이야말로 "평상"일 수 있는 것이다.

---

[2] "凡事皆有一箇合宜底道理, 須是見得分明, 雖毫髮不差, 然後得是當"(모든 일에는 하나의 그렇지 않으면 안 되는 도리가 있다. 그것을 분명하게 알아야만 한다. 진정 조금이라도 어긋남이 없는, 그래야만 비로소 적당함을 얻었다고 말할 수 있다) (『朱子語類』 권26 제98조)

둘째로 그것은 "천명소당연"이다. 만물을 생성하는 "천"(天, 대자연)이 특히 사람에게 명령한 그러해야만 하는 존재방식이다. 예를 들면 군주의 "명"(命)이 "천명"(天命)에 반하고 있다고 판단된다면, 경우에 따라서는 군주에 반해서 "천명" 쪽에 따르지 않으면 안 되는 것이 된다.

세론(世論)으로부터 고립해서 격렬한 행동을 취하는 것이야말로 "중용"이고, 그러한 가능성을 주희의 "중용"론은 배제하지 않는다.

그러나 그러한 판단에서의 주관성의 문제는 없는가. 당사자가 "중용"이라고 믿고 있는 것이 단지 주관적인 믿음에 지나지 않는다고 하는 문제는 없는 것인가.

주희는 "중"을 설명하면서 정자의 다음 말을 인용하고 있다.(『논어집주』 告子上)

중(中)이라는 글자는 가장 이해하기 어렵다. 암묵(暗默) 속에서 마음으로 이해하는 것이 필요하다. 시험 삼아 말한다면, 한 방에서는 그 중앙이 중이고, 한 집에서는 그 방이 아니라 당(堂)이 중이고, 한 나라에서는 그 당(堂)이 중이 아니라 나라의 가운데가 중이다. 이와 같이 유추해서 이해해야만 한다.(中字最難識, 須是默識心通, 且試言一廳, 則中央爲中, 一家, 則廳非中而堂爲中, 一國, 則堂非中而國之中爲中, 推此類可見矣)

"중"을 찾아내는 것은 어렵다. 그러나 어떤 일에도 "중"은 있고, 그것은 방의 중앙이 어디에 있는가를 객관적으로 말할 수 있는 것과 마찬가지로 객관적인 것이어서 발견할 수 있는 것이다. "중용"에 근거한다고 하는 것은 가치관이나 입장의 선택이 아니다. 객관적 진리의 발견인 것이다. 방의 중앙이 어디인가에 대해서는 다툼이 있을 수 없다. 그리고 어떤 방의 중앙이 나라의 중앙이 아닌 것에 대해서도 다툼은 있을 수 없다. 무엇이 "중"인가는 자기 안에 "리"를 가지고 있는 사람들이 신중하게 성찰하고 "강습토론"(講習討論)함으로써3) 객관적으로 명확하게 될 것이다. 그것은 현대의 수학자가 그 이론의 보편적-객관적인 옳음을 의심하지 않는 것과 유사하다. 현실에서 그것을 이해할 수 있는 사람은 소수의 현인으로 한정된다고 하더라도, 옳은 것은 보편적-객관적으로 옳은 것이고, 그것에 대한 의심은 없는 것이다.

2. "중용"과 행복

이상은 하나의 일관된 도덕론이다. 그러나 주희는 도덕적 삶에 관한 모든 문제를 해결할 수 있었던 것은 아니다. 예를 들면 도(道)에 합당한 "중용"의 삶이 현세에서의 행복과는 어떠한 관계가 있는가라는 문제가 거기에 잠재해 있다.

"중용"이 그때그때의 세속에 조화를 이루는 선택을 해나가는 것이라면 "중용"적인 삶은 저절로 현세적인 행복에도 연결되는 것이라고 말할 수 있을지도 모른다. 그러나 그것은 공자, 맹자가 말하는 "향원"(鄕原)의 삶의 방식일 것이다. 그러나 "중용"이 현실과는 거리가 있는 "리"에 따라 사는 것이라면 현세와의 충돌이나 현세로부터의 고립을 초래할 수 있을 것이다. 그리고 주희보다 훨씬 이전부터 유학자들은 악인(惡人)이 번영하고 선인(善人)이 고통받는 것이 이 세상의 현실이라는 것을 잘 알고 있었다. 선인이 불행할 수 있는 현실을 알고

---

3) "學, 謂講習討論之事, 自脩者, 省察克治之功." 주희 『大學章句』 傳, 第2章.

있었다. 실제로 공자가 "현인"이라고 칭찬한 백이와 숙제(『논어』 述而)는 수양산 밑에서 굶어 죽었던(『논어』 季氏) 것이다. 그렇다면 "중용"의 삶이 불행을 초래한다는 것인가 - 그래도 좋단 말인가.

우선 첫째로 이 질문에 대한 주자학자다운 해답은 인간은 원래 행복해지기 위해서 사는 것이 아니고, 그것을 목표로 해서도 안 된다고 하는 것이다. "도"에 따라서 사는 것은 행복해지기 위해서는 아니다. 인간으로 태어난 이상, 인간답게 훌륭하게 살아간다 - 그것은 자기목적이다.

인간이 인간의 "도"를 행하고, 짐승의 길을 가지 않는 것은 인간으로써 당연한 것이다.[4] 인간의 "도"를 끝까지 실천했다고 해서 천국에 갈 수 있는 것은 아니다. 존재하는 것은 이 현세일 뿐이고, 사후의 생 따위는 없고, 천국도 존재하지 않기 때문이다. 선을 행하는 것은 뒤에 올 포상을 위한 것은 아니고, 악을 행하지 않는 것도 뒤에 내려질 징벌이 두려워서 때문이 아니다. 선한 것은 선한 것이기 때문에 하고, 악한 것은 악한 것이기 때문에 하지 않는다, 그것이 인간으로서 당연한 것이다라는 주장이다.[5]

---

[4] 그것은 이른바 이슬람법 샤리아(shari'a)의 본래 뜻이 "물이 있는 곳(水場)에 이르는 길"인(大塚和夫 외 編, 『岩波イスラーム辭典』, (岩波書店, 2002년, 466쪽) 것과 대조적이다. shari'a를 걸어가면 영원한 오아시스로서 천국에 도달할 수 있다는 것이겠지만, 유학(儒學)의 "도"(道)에 목적지는 없다.

[5] "萬物之靈"(『書經』 泰誓上)으로서의 "사람"임에 대한 존엄함을 자각하고, 응보(應報)가 어떻든 상관하지 않고, "금수"와 같이 행동하지 않는다는 정신태도는 이성적 존재로서 인간의 내적 존엄(dignitas interna)의 자각을 윤리적 실천의 기초로 생각한 칸트의 사상과 다소 닮아있다. 실제로 후쿠자와 유키치는 필시 존 스튜어트 밀의 *Utilitarianism*(1861)에서의 존엄감(*a sense of dignity*)에 관한 논의(H. B. Acton[ed.], *John Stuart Mill, Utilitarianism, On Liberty, Representative Government*, Everyman's Library, 1972, p. 9)로부터 배워서(安西敏三 씨로부터 교시를 얻었다), "서양에서 말하는 디그니티라는 것"(『日本男子論』, 『福澤諭吉全集』 제5권, 岩波書店, 1959년, 622쪽)

그러므로 일반적으로 유학자는 있지도 않은 천국-지옥의 이야기를 끄집어내서 권선징악(勸善懲惡)을 시도하는 것으로써 불교나 기독교를 경멸한다.[6] 예를 들면 마테오 리치의 『천주실의』(天主實義)의 문답에서는 "중사"(中士, 중국의 선비)가 다음과 같이 기독교를 비판하고 있다. (리치 신부는 이와 같은 비판에 대답할 필요를 느꼈던 것이다.)

이(利)를 향하고 해(害)를 회피한다는 이유로 선(善)을 행하고, 악(惡)을 금하는 것은, 즉 이(利)를 선으로 하고, 해(害)를 악으로 하는 것이어서, 선을 선으로 하고, 악을 악으로 하는 올바른 뜻이 아니다. 우리나라의 옛 성인-현인이 세상을 가르칠 때에는 이(利)를 말하지 않고, 오직 인의(仁義)만을 말했다. 군자는 선을 행하는데 의도가 없다. 하물며 이해(利害)의 의도 따위가 있겠는가.(夫因趣利避害之故, 爲善禁惡, 是乃善利惡害, 非善善惡惡正志也. 吾古聖賢敎世, 弗言利, 惟言仁義耳, 君子爲善無意, 況利害之意耶)

둘째로 도덕적으로 완성된다면, 사람은 행복한가 불행한가 따위는 문제가 되지 않는 경지에 이르게 된다는 해답이 있을 것이다. 주희에 의하면, 이것인가 저것인가, 옳은가 그른가를 생각해서 바른 선택을

의 중요성을 지적하고, "우선 내 한 몸을 독립시켜, 내 한 몸을 중시하여, 스스로 그 몸을 금이나 옥처럼 여기고, 그 위에 다른 사람과 관계를 맺고 인사(人事)의 질서를 유지할 것"(『德有如何』, 同 362쪽)이라고 주장했는데, 거기에는 유학적인 "萬物之靈"의 의식도 중첩되어 있는 것으로 생각된다.

6) 역으로 그러한 가르침을 우민(愚民)을 향한 권선징악에는 어쩔 수 없이 필요하다고 생각하는 경우도 있다. 예를 들면 猪飼敬所는 이렇게 말하고 있다. "서양의 천주(天主)나 서역의 회회교(回回敎) 따위는 모두 불법(佛法)의 설과 같다. 그러므로 우부우부(愚夫愚婦)가 받아들이기 쉬워 성행한다. 내가 가만히 생각하기를, 우부부는 세민(細民)에만 있는 것이 아니라, 귀한 자(者)에게도 있다. 지금의 세상에서 말한다면, 유교를 신봉하는 군자가 세상을 다스림에 있어서 우민을 깨우치는 데는 불설을 빌릴 수도 있다."『猪飼敬所先生書束集』(關儀一郎 編, 『日本儒林叢書』 第3冊, 東洋図書刊行會, 1928년, 13-14쪽).

하고, 실행한다고 하는 것은 인간으로써 충분한 완성의 단계가 아니다. 완벽한 인격자는 일일이 생각해서 올바른 판단을 한다는 것이 아니다. 이미 노력 없이도 저절로 자연적으로 올바르게 행동할 수 있는 것이다. 『논어』(爲政)에 의하면, 70세의 공자는 "마음이 원하는 대로 행해도 규범에서 벗어나지 않는"(從心所欲不踰矩) 상태였다고 한다. 『중용』(제20장)의 말을 근거로 하여, 주희는 그것을 "안이행지, 불면이중"(安而行之, 不勉而中)이라고 설명하고 있다.(『논어집주』) 편안하게 행동하고, 노력하지 않아도 "중"을 얻는다는 것이다.

그것은 마치 경험을 쌓은 모범운전수와 같이 인생을 살아간다고 하는 것이다. 운전의 초심자는 바르게 운전하기 위해서 의식을 집중하고 생각하고 노력하지 않으면 안 된다. 그러나 경험을 축적하면 아무런 생각도 없이 바르게 도로를 달리고, 교통위반도 없고, 사고도 일어나지 않는다. 저절로 올바른 길을 나아간다. 인생을 일관하여 그렇게 살아가는 것이 완벽한 인격자, "성인"(聖人)인 것이다.

그것은 "성인에게는 생각도 감정도 없다고 하는 것이 결코 아니다. 사람으로서 있어야 할 희로애락은 당연히 있다."[7] 부모가 세상을 떠나면 당연히 슬퍼한다. 다른 사람의 선은 당연히 기뻐하고, 불인(不仁)한 행위에는 당연히 화를 낸다. 다만 "성인"은 그러면서도 흐트러짐

---

7) 이와 관련하여 주자어류 권62 제143조에 다음과 같은 문답이 있다. "『중용』의 희로애락 未發謂之中'이란 어떤 의미입니까? 답하기를, 희로애락은 동서남북과 같은 것이다. 그 한쪽에 치우치지 않고, 중간에 있는 것이다. 「중용」의 '發而皆節謂之和'란 어떤 의미입니까? 답하기를, 기뻐해야 할 때 기뻐하고, 성내야 할 때 성낸다고 하는 것이다. 만약 이 일은 50퍼센트 기뻐해야 할 것인데, 70퍼센트 혹은 80퍼센트 기뻐한다면 지나친 것이고, 30퍼센트 혹은 40퍼센트 기뻐한다면 미치지 못하는 것이다."(問. 喜怒哀樂未發謂之中. 曰喜怒哀樂如東西南北, 不倚於一方, 只在中間. 又問和. 曰, 只是合當喜, 合當怒. 如逗事合喜五分, 自家喜七八分, 便是過其節, 喜三四分, 便是不及其節)

이 없다. 사물에 압도당해서 내면이 어지러워져 혼란스럽고 고뇌하고 억울(抑鬱)한 상태에 빠지는 일은 없다. "사려분요"(思慮紛擾, 생각이 어지러운 것)(『주자어류』 권95 제2조, 권115 제32조, 권118 제9조, 20조, 69조, 77조), "산란주작"(散亂走作, 어지럽게 흩어지는 것)(『주자어류』 권115 제31조)이라고 하는 것은 "성인"에게는 없다. "사람은 다양한 일에 대응하지 않으면 안 되지만, 마음은 항상 여기에 아주 고요해 있다"(人須通達萬變, 心常湛然在這裏)(『주자어류』 권115 제35조)라는 것이 이상적인 사람의 모습이다. 이러한 의미에서 인간이 도덕적으로 완성될 때, 이미 행-불행이라는 것 자체가 기본적으로는 문제가 되지 않는 것이다.

셋째로 주자학자의 의견에 따르면, 도덕적으로 완성될 때, 인간은 어떤 깊은 의미에서는 원래 항상 행복한 것이다. 즉, "성인"은 "천리"(天理), 즉 대우주(大宇宙)와 인간을 관통하는 보편의 도리(道理)와 일치하고 있는데, 그 자체가 즐거움을 낳는다는 것이다.

원래 『논어』에는 다음과 같이 기록되어 있다.

공자께서 말씀하셨다. 안회는 어질구나. 한 그릇의 밥과 한 바가지의 물만 먹으면서 누추한 곳에 살고 있다. 다른 사람들은 그 근심을 참을 수 없다. 그러나 안회는 그 즐거움을 고치지 않는다. 안회는 어질도다.(子曰, 賢哉回也, 一簞食, 一瓢飮, 在陋巷, 人不堪其憂, 回也不改其樂, 賢哉回也)(雍也)

공자께서 말씀하셨다. 거친 밥을 먹고, 물을 마시고, 팔을 굽혀 베개로 삼는다. 그러한 가운데에도 즐거움이 있다. 불의로써 부(富)나 높은 지위를 얻는다는 것은 나에게 뜬구름과 같은 것이다.(子曰, 飯疏食飮水, 曲肱而枕之, 樂亦在其中矣, 不義而富且貴, 於我如浮雲)(述而)

이러한 "낙"(樂)이란 무엇인가.

주희의 선구자, 정이는 이렇게 말하고 있다.

옛날에 주무숙(敦頤)에게 배웠다. 그때 주무숙은 항상 안회와 공자가 즐거워한 바, 즐거워한 것이 무엇이냐고 물었다.(背受學於周茂叔, 每令尋顔子仲尼樂處, 所樂何事)(『程氏遺書』卷二上)

거친 밥을 먹고 물을 마시는, 그러한 초라한 생활 자체를 즐긴다는 것은 아니다. 보다 깊은 의미가 있다고 이해하는 것이다. 주희는 정이의 이 말을 인용하면서, 이렇게 설명하고 있다.

내가 생각하기에, 정자(程子)는 말은 인용하고 있지만 그 의미를 명확하게 밝히고 있지 않다. 생각하건대, 학문을 하는 자가 깊이 생각하여 자기 스스로 깨닫기를 바란 것일 것이다. 이에 지금 감히 멋대로 설명하지는 않겠다. 학문하는 자는 박문약례(博文約禮,『論語』雍也)라는 가르침에 따라서 멈추려 해도 멈출 수 없고, 그 재능을 다할 때까지 이른다면 깨달음에 가까울 것이리라.(愚按程子之言, 引而不發, 蓋欲學者深思而自得之, 今亦不敢妄爲之說, 學者但當從事於博文約禮之誨, 以至於欲罷不能而竭其才, 則庶乎有以得之矣)(『論語集注』雍也)

그리고 나아가 이렇게 말하고 있다.

성인의 마음은 천리 그 자체여서, 극한의 곤란에 처한다 해도 항상 즐거움이 있다. 불의(不義)의 부귀(富貴)를 보는 것을 마치 부운(浮雲)이 생겼다 없어지는 것을 보는 것처럼 여겨, 마음속에 동요함이 없다.(聖人之心, 渾然天理, 雖處困極, 而樂亦無不在焉, 其視不義之富貴, 如浮雲之無有, 漠然無所動於其中也)(『論語集注』述而)

유사한 표현은 주희가 제자에게 이야기한 말에도 있다.

생각하건대, 몸은 사람이지만, 실은 한 덩어리의 천리(天理)이다. 즐겁지 않은 것이 있겠는가.(蓋形骸雖是人, 其實是一塊天理, 又焉得而不樂)
(『朱子語類』권31 제66조)

사욕(私慾)이 아직 사라지지 않으면, 입은 맛을 느낌에, 귀는 소리를 들음에도 모두 욕(欲)이다. 그 욕망하는 것을 얻어도 그것은 사욕이어서, 오히려 그로 인해서 괴로움을 당하게 되어 즐길 수가 없다. 만약 그 욕구하는 것을 얻지 못하면, 오직 그것을 구하게 되어 마음은 역시 즐거울 수 없다. 단지 사욕이 사라지고, 천리가 유행하여, 일상의 언어와 동작 모두가 천리가 된다면, 마음속은 활짝 갠다. 즐겁지 않은 일이 있겠는가.(只是私欲未去, 如口之於味, 耳之於聲, 皆是欲, 得其欲, 卽是私欲, 反爲所累, 何足樂, 若不得其欲, 只管求之, 於心亦不樂. 惟是私欲旣去, 天理流行, 動靜語默日用之間無非天理, 胸中廓然, 豈不可樂)
(『朱子語類』권31 제60조)

즉, "성인"과 같이 "천리"와 일체가 될 때, 육체의 욕망의 덫으로부터 벗어나게 된다. 그리고 항상 저절로 올바르게 언동(言動)을 하는 것이 가능해지고, 마음은 활짝 개는 것이다. 그러므로 항상 고요한 즐거움이 마음을 뒤덮고 있다고 말하는 것이리라.

이러한 주장은 기묘하리만큼, 스피노자의 주장과 유사하다.(Ethica, 1677) 스피노자에 의하면, 신(神)을 희로애락이 있는 인격신과 같이 생각하는 것은 잘못이다. 그것은 피조물의 속성을 신에게 잘못 부여하고 있는 것이다. 신은 유일(唯一), 절대(絶對), 완전(完全)한 존재이다. 그러한 이상, 전체로서 변화도 없고, 그 외의 다른 것으로도 될 수 없다. 즉, 영원의 법칙에 따라 움직이고 있고, 그리고 의식을 가진 인간이라는 존재도 그 안에 포함한 대우주-대자연이 그대로 신(神)인 것이다. 따라서 인간은 이 신이 명하는 대로, 인간답게, 올바르게 살면 된다. 있지도 않은 사후의 상벌을 염두에 두고 행동하는 것은 잘못이고, 선을 단지 선이기 때문에 행해야 하는 것이다.

그렇다면 올바르고 선하게 산다는 것에는 어떠한 포상(褒賞)도 없는 것인가. 그렇지는 않다. 자신을 포함하고 있는 영원한 신, 그것과의 합일, 그것에 대한 사랑, 바로 거기에 다함이 없는 기쁨이 있다. 스피노자에 의하면, "기쁨이란 인간이 보다 작은 완전성으로부터 보다 큰 완전성으로 이행하는 것"이며, 사랑이란 "사랑하는 대상이 현재 있는 까닭에 느끼는 만족"이다.[8] (Ethica 제3부 「제[諸]감정의 정의」) 이 사랑의 대상은 다른 것과 달리, 소멸하는 일이 없다. 게다가 일체의 존재 가운데 가장 위대한 것이다. 그런 까닭에 신, 즉 대우주에 대한 사랑 이상의 사랑은 없고, 거기로부터 얻어질 수 있는 만족 이상의 만족은 없다.

물론 스피노자는 갈릴레이 이래 이루어진 자연의 여러 법칙의 발견에 강한 인상을 받고, 그것들에 따라서 정연하게 운행하고 있는 대우주를 머릿속에서 그려보고 있는 것이다. 주자학에서 말하는, 천리를 내재한 천(天)과는 유사성도 있지만, 상이성도 크다. 그러나 인격신의 존재를 인정하지 않고, 사후의 상벌을 부정하고, 어떤 종류의 이성을 내재한 우주-자연과의 일체화(一體化)를 인간의 최고 경지라고 생각했을 때, 자연스럽게 유사한 행복론이 출현한 것이리라.

---

[8] 畑中尚志 역, 『エチカ』, 岩波文庫, 1951년, 241쪽, 243쪽. 또한 Jonathan I. Israel, *Radical Enlightenment: Philosophy and the Making of Modernity* 1650-1750, Oxford University Press, 2001을 참조했다.

3. 천도는 옳은 것인가, 그른 것인가(天道是邪, 非邪)

"중용"적인 삶과 행복의 관계에 대해서 주자학자의 기본적인 해답은 이상과 같은 것이리라. 그러나 문제는 그것만으로는 완전하게 해결되지 않는다. 예를 들면 다음과 같은 이유에서이다.

첫째로 주희 등 유학자들은 인류를 포함한 일체를 생성하고 있는 하늘[天], 즉 대자연-대우주를 신뢰하고 있다. 그것이 도덕사상의 기초를 이루고 있다.

하늘이 만물을 부단히 낳고, 인류를 살아가게 하고 있다. 그런 까닭에 인간의 올바른 삶의 방식도 또한 하늘의 도리, 즉 "천리"이다. 인간의 본성, 다시 말해 인간의 인간다움의 중핵(中核)도 하늘이 만물을 낳고, 자애(慈愛)하고, 살게 하고 있는 하늘의 모습 그 자체, 즉 "인"(仁)에 다름이 없다. 인도(人道)의 중심은 만인(萬人) 더 나아가 만물(萬物)에 대한 "사랑", 즉 자애(慈愛)이며, 그것을 올바르게 실현하는 때, 인간은 "천리"-"천도"에 따르고 있는 것이 되는 것이다.

그런데 그와 같은 선한 인간을, 이 세상을 이같이 존재하게 하는 "천"(天)이 불행하게 할 것일까.

물론 일찍이 사마천은 백이-숙제의 아사(餓死), 안회의 곤궁과 요절, 그리고 그것과 대조적인 "행위가 도에 반하고, 해서는 안 되는 짓을 오로지 범하여, 그것으로써 일생을 즐기고, 대대로 부를 누리"(操行不軌, 專犯忌諱, 而終身逸樂, 富厚累世不絕)는 사람들의 존재를 지적하면서, "나는 심히 의심스럽다. 이른바 천도는 옳은 것인가, 그른 것인가"(余甚惑焉, 所謂天道是邪非邪)라고 말하고 있다(『史記』권61 伯夷列傳). 그처럼 "천도"가 때로는 "그른 것"[非]으로 생각되는 현실을 초래하는 것은 사실이다. 그러나 항상 "천도"가 "그른 것"일 수는 없다. 그렇다면 "천"의 방식에 따라서 사는 것이 사람으로서 가장 훌륭하게 사는 것이라는 근본적인 신념이 무너져버리기 때문이다.

그것은 1755년에 발생한 리스본의 대지진이 볼테르 등의 자연(nature)에 대한 신뢰를 뒤흔들었다고 하는, 잘 알려진 유럽 계몽사상의 문제와 닮은 점이 있다. 리스본의 대지진처럼 다수의 선한 인간이 의미도 없이 고난을 만나는 일이 정상적인 상태라고 한다면(실은 그런 듯이 생각되지만), 자연(nature)을 믿고 자연을 기초로 인간성과 윤리를 말하는 것은 곤란해질 것이다.

둘째로 주희 등에 의하면, 사람의 "도"(道)는 소수의 선발된 자만이 걸을 수 있는 특별한 길이 아니다. "이 길은 고고(孤高)한 길이어서, 그것을 행하는 사람은 속세간(俗世間)으로부터 박해를 받고 비참하게 죽게 되는 것이 보통이다"라는 것과는 거리가 멀다. 주희는 "도"를 이렇게 정의하고 있다.

　무릇 도라는 것은 모두 사물이 당연히 그래야 하는 이치이고, 인간이 함께 말미암는 것을 말한다.(凡言道者, 皆謂事物當然之理, 人之所共由者也)(『論語集注』學而)

인간이라면 누구나가 걸을 수 있는 길, 천하의 대도(大道)가 유학에서 말하는 도이다. 만인이 걸어야 하는 길이고, 만인이 걸을 수 있는 보편타당한 길이다.

따라서 이 길을 바르게 걷는 사람은 오히려 사람들의 모범으로서 흠모되며 존경받고, 때로는 사람들에게 추대되어 천자의 지위에 오르는 것이 순리이며 당연한 것이다. 공자와 같은 사람이 그리스도와 같이 군중의 요구에 의해서 십자가에 매어 달린다는 것은 있을 리가 없다. 그러나 올바른 것과 이 세상에서의 행복한 삶과는 오히려 잘 연결될 것이라고 한다면, 그것은 증명이 필요하게 될 것이다.

셋째로 위의 두 번째 점과 관련하여, 주희를 포함한 유학자들은 이 세상의 "복"(福)이나 "부귀"(富貴) 그 자체를 멸시하지는 않는다. 증오하지도 않는다. 공자도 "불의로써 부(富)나 높은 지위를 얻는다는 것은 나에게는 뜬구름과 같은 것"(不義而富且貴, 於我如浮雲)이라고 말했지, "의로써 부귀를 얻는"(義而富且貴) 사태가 있을 수 없다고는 말하지 않는다. 오히려 "성인"은 이 세상에서 가장 "부하고 귀한"[富且貴] 천자가 되는 것이 당연하다고 생각하는 것이다.

넷째로 주희 등 유학자는 이 세상을 조금이라도 좋게 하고자 생각한다. 『대학』은 "수신제가치국평천하"(修身齊家治國平天下)를 역설한다. 몸을 닦은 남성은 치국-평천하의 직임에 종사하여, 인민을 위해서 일하는 것이 당연하다고 여겨진다."(修己治人) "군자"는 "천하가 근심하기 전에 근심하고, 천하가 즐거워한 후에 즐거워해야 하"(先天下之憂而憂, 後天下之樂而樂) (范仲淹「岳陽樓記」)는 것이다. 따라서 "이 세상은 어차피 허망(虛妄)하고, 공(空)이고, 환상이니, 현세(現世)에 집착하지 말고 홀로 바르게 살면 되는 것이다"라는 식으로 생각할 수는 없다. 이 현세의 상태를 무시하고 초연(超然)하게 있을 수는 없는 것이다.

이렇게 해서, 이 현세에서 "중용"을 선택하고, "이"(理)에 따라서 살아가는 것과 행복과의 어떠한 의미에선가의 결합이 주자학에서도 요청되지 않을 수 없다. 그것은 칸트에게서조차 자신의 윤리철학의 논리적 완성을 위해서는 사후의 상벌이 요청되지 않을 수 없다는 것과 닮아 있다. 그러나 칸트와 달리, 유학자에게는 저 세상이 없다. 저 세상에서 선한 사람에게는 영원의 행복을, 악한 사람에게는 영겁의 징

벌을 초래하는 신의 존재를 유학자는 믿지 않는다. 그렇다면 주자학자들은 이 문제를 어떻게 해결하고자 한 것일까. 예로써 세 가지 유형을 소개한다.

4. 복선화음(福善禍淫): 제1의 유형

오경(五經)의 하나인 『서경』(湯誥)에는 "천도(天道)는 선한 자에게 복을 주고, 악한 자에게 화를 내린다"(天道福善禍淫)고 한다. 또한 『역경』(文言傳)에는, "선행을 거듭 쌓은 집에는 반드시 후에 복이 있고, 불선의 행위를 거듭 쌓은 집에는 반드시 후에 재앙이 있다"(積善之家, 必有余慶. 積不善之家, 必有余殃)고 한다. 선에는 복이, 악에는 재앙이 언젠가는 따라온다고 하는 것이다. 그리고 그 대상은 개인인 경우도 있고, "집"(家), 즉 가족이나 자손인 경우도 있다고 하는 것이다.

맹자도 "선을 행하면 후세에 자손 가운데 왕자(王者)가 될 인물이 나온다."(苟後善, 後世子孫必有王者矣)"(『孟子』梁惠王下)라고 말한다. "선우후락"(先憂後樂)을 말했던 범중엄도, "선조(先祖) 이래 100여 년간 덕을 쌓아, 겨우 자신에 이르러 그 효과가 발생하여 대관(大官)이 될 수 있었다"(自祖宗來, 積德百餘年, 而始發於吾, 得至大官)라고 만족스럽게 말하고 있다.9)

주희와 그 선구자들도 이 "천도"에 의한 응보(應報)를 부정하지 않는다. 정이는 다음과 같이 말하고 있다.

---

9) 주희 편, 『小學』 嘉言 제5에 인용되어 있다.

체(棣)가 복선화음(福善禍淫)이란 어떠한 것인가 물었다. 답하기를, 이것은 자연의 이치이다. 선하면 복이 있고, 악하면 화가 있는 것이다.(棣問福善禍淫如何, 曰, 此自然之理, 善則有福, 淫則有禍)(『程氏遺書』 권22)

주희도 마찬가지이다.

묻기를, 천도가 선한 자에게 복을 주고, 악한 자에게 화를 내린다는 이 이치는 분명한 것입니까. 답하기를, 어째서 불확실한 것이겠는가. 도리로써 정말로 그럴 것이다. 선을 상주고, 악을 벌한다는 것도 또한 이(理)로써 그럴 것이다. 그렇지 않다면, 그 변함없는 이치(理)를 잃은 것이다.(問天道福善禍淫, 此理定否. 曰, 如何不定, 自是道理當如此, 賞善罰惡, 亦是理當如此, 不如此, 便是失其常理)(『朱子語類』 권79 제26조)

그러므로 예를 들어 도쿠가와 일본의 대표적인 주자학자, 아라이 하쿠세키도, "예로부터 집과 나라를 흥하게 한 사람은 그의 선대에 많은 충신(忠信)이 있었다. 또한 좋은 사람의 자손이 쇠락하는 것은 아직 듣지 못했다"고 말하고 있다.[10](「혼신론」[鬼神論]) 그리고 그렇게 믿었던 까닭에, (과거제도도 없이 세습의 무사가 지배하는 도쿠가와 일본에서는 전혀 예외적이게도) 국정에 큰 영향력을 가지고 있었던 그는 사실상의 국왕인 쇼군에게 삼대(三代) 계속해서 남자아이가 태어나지 않는다는 것에 위기감을 가졌다. 그것은 쇼군의 선조나 혹은 쇼군들의 행위에 무엇인가 큰 윤리적인 문제가 있다는 것을 시사하고 있기 때문이다. 그가 정치개혁을 시도한 데에는 이런 인식이 배경에 깔려 있었다.

다만 주희는 "복선화음"(福善禍淫)을 절대적으로 긍정한 것은 아니

---

10) 市島謙吉 편, 『新井白石全集』 제6 (吉川半七, 1907년), 21쪽.

다. 위의 인용문에 이어서 다음과 같은 문답이 기록되어 있다.

또 묻기를, 때로 그렇지 않은 일이 있는 것은 어째서입니까. 답하기를, 선한 자에게 복을 주고, 악한 자에게 화를 내리는 것은 상리(常理)이다. 그렇지 않은 경우가 있는 것은 하늘도 확실하게 포착할 수 없기 때문이다. …… 예를 들어 겨울은 춥고 여름은 더운 것은 상리로써 그런 것이다. 만약 겨울에 덥고 여름에 춥다면, 그것은 상리를 잃은 것이다.(又問或有不如此者, 何也, 曰, 福善禍淫, 其常理也, 若不如此, 便是天也把捉不定了, …… 且如冬寒夏熱, 此是常理當如此, 若冬熱夏寒, 便是失其常理) (『朱子語類』 권79 제26조)

때로는 "상리"대로 진행되지 않는다. 실재로 "천"의 운행 자체가 그렇지는 않은가 - 라고 말하는 것이다.[11]

예를 들면, 무로 규소도 다음과 같이 상세하게 논하고 있다.

선(善)을 행하면 복(福)이 있고 악(惡)을 행하면 화(禍)가 있는 것은 올바른 이치[正理]에 따라 반드시 그렇게 정해져 있다. 그런데 행복이 있고 불행이 있는 것은 때의 운수에 달려 있어서 정해져 있는 것이 아니다. 성인(聖人)은 오직 정리(正理)만을 말씀하시고 계신다. 정해지지 않은 것을 어떻게 말할 수 있겠는가. 예를 들어 몸에 병 없이 장수하고자 한다면 항상 주색(酒色)을 경계하고 양생(養生)을 해야 한다. 주군(主君)의 마음에 들어 입신(立身)하고자 생각한다면 직사(職事)를 게을리하지 않고 잘 봉공(奉公)해야 한다. 그런데 양생을 잘해도 요절하는 사람도 있고, 양생을 나쁘게 해도 오래 사는 사람이 있다. 그렇다고 해서 양생해도 이익이 없고, 양생하지 않아도 손해가 없다고 말할 수 있겠는가. 잘 봉공을 해도 불행히 입신하지 못하는 사람이 있고, 봉공을 잘 하지 않아도 다행히 입신하는 사람도 있다. 그렇다고 해서 잘 봉공해도 이익이

---

11) 紀昀(1724-1805)도 "天道乘除不能盡測, 善惡之報有時應, 有時不應, 有時卽応, 有時緩応, 亦有時示以巧応"라고 말하고 있다. 『閱微堂筆記』 권8 「如是我聞」 2.

없고, 봉공을 잘 하지 않아도 해가 없다고 말할 수 있는 것은 아니다. 만약 양생해도 이익이 없다고 하며, 밤낮으로 주색에 빠진다면 이윽고 병사(病死)에 이를 것이다. 봉공해도 이익이 없다고 하며, 종종 직사를 게을리한다면 머지않아 쫓겨날 것이다. 그렇다면 양생은 장수를 얻는 도(道)이고, 봉공은 입신을 이루는 도라는 것은 바뀌지 않는 이치라고 할 수 있다. 모두들 잘 생각해보시오. 무슨 일이든, 미리 각오를 정할 때에는, 도리로써 정해진 쪽으로 힘써 노력할 것인가, 아니면 때의 운수에 따라 정해지지 않은 쪽으로 힘쓸 것인가. 도리로써 정해진 쪽으로 힘써야 할 것이다. 도리에 따라 최선을 다한 일에는 비록 잘못되어도 후회는 없을 것이다.12)(『駿臺雜話』 권2)

현실에서는 반드시 "정리"(正理)대로 진행되지는 않는다. 선을 행해도 불행이, 악을 행해도 행운이 따르는 경우도 있다는 것이다.

그렇게 인정하는 것은 논리적 일관성을 결여하고 있는 것은 아니다. 첫째로 주희가 지적하고 있듯이, 하늘[天]도 완전하지는 않다. 따라서 현실에서 원칙대로 되지 않는 일은 얼마든지 있다. 신(神)을 완전-전능하고 정의(正義)로운 존재로 규정하는 기독교 등과 달리, 유학에는 신의론(神義論, theodicy)의 난문(難問)은 없는 것이다. 둘째로 규소가 말하는 것처럼 반드시 원칙대로 되지 않는다고 하는 현실을 직시하고 나서, 문제는 어느 쪽에 거느냐에 달려 있다. 원칙에 걸 것인가, 아니면 예외에 걸 것인가. 현실은 종종 불합리하다는 것을 인정한 위에, 그러한 현실 속에서 당신은 어느 쪽에 걸고 살아갈 것인가? 유학자의 입장에서 말한다면, 그 대답은 명백했다.

그러나 정말로 이것은 유리한 내기인가? 사실(事實)은 왕왕 "상리"(常理)를 배반한다. "내 한 몸이 아무리 선을 행한다 해도, 선조

---

12) 三浦理 편 『名家隨筆集』 상권(有朋堂書店, 1913년), 70-71쪽.

의 세대에서 악을 거듭했다면, 그것이 미칠 영향을 생각해야 한다. 그렇기 때문에 재앙이 후손에게 미친다고 말씀하셨다. 나쁜 사람이 복을 받는 것도 또한 그와 같다. 그것은 단지 선조가 쌓은 선행의 영향일 것이다"13)(『新井白石全集』, 「鬼神論」)라고 설명하는 자도 있다. 당사자와 선조의 선악이 복잡하게 교착하기 때문에 "상리"를 확인하기 어렵다는 것이다. 그러나 그렇다고 한다면 개개인의 노력도 헛될 것이다.

거기에서 "복선화음"에 기대하지 않고 올바르게 그리고 즐겁게 살아가려는 구상도 시도된다.

5. 관조와 체념 : 제2의 유형

예를 들면 도쿠가와 시대 전기(前期)의 가장 유명했던 주자학자의 한 사람, 가이바라 에키켄에게는 『낙훈』(樂訓)이라는 제목의 저작이 있다.14) 그에 의하면, 수양을 쌓은 사람에게는 다함이 없는 즐거움이 있다고 한다. 그것은 "복선화음"론에서 말하는 응보의 즐거움이 아니다. 그러한 보수가 없이, 또한 그와 같은 기대와는 별개로, 인간은 스스로 즐기면서 살아갈 수 있다는 것이다.

첫째로 인간의 내면에 본래 존재하는 즐거움이다.

사욕(私慾)을 부리지 않으면, 언제 어디서나 즐겁지 않은 일이 없다. 밖에서

---

13) 앞의『新井白石全集』제6, 22쪽.
14) 三浦理 편, 『益軒十訓』 상권(有朋堂書店, 1911년), 267-319쪽.

구함이 없이, 본성에서 흘러나오는 즐거움이다. 또한 나의 이목구비형(耳目口鼻形)의 오관(五官)이 외물에 접해서, 색(色)을 보고, 소리를 듣고, 음식을 먹고, 냄새를 맡고, 행동하는 다섯 가지의 일들에서, 욕망을 적게 하여 적절한 정도를 지나치지 않는다면, 이런저런 모든 일에 즐겁지 않은 것이 없다. 외물을 가지고 즐거움의 근본으로 삼지 않는다. 또한 외물에 접하여, 즐거워하는 힘을 얻고서 비로소 즐거움이 느껴지는 것도 아니다. 본래 인간의 마음속에 타고난 즐거움이 있는 까닭에, 외물에 접하여 그 도움을 얻어, 안에 있는 즐거움이 성대해지는 것이다.

이것은 주희가 말하는 천리와 일치한 내면의 즐거움에 가까운 것이리라. 그러나 에키켄에 의하면 즐거움은 그것뿐만은 아니다. 그에 더해서 둘째로 "천"(天)이 하는 일을 관조하는 즐거움이 있다.

또 마음속에는 이 즐거움이 있다면, 외부로부터의 음식을 섭취하는 것 등도 모두 즐거움에 도움이 된다. 그뿐만 아니라, 아침저녁으로 눈앞에 펼쳐지는 천지의 위대한 모습, 해와 달의 밝은 빛, 사시(四時)의 운행 질서에 따른 철마다의 아름다운 풍경, 구름과 연기가 길게 뻗어나가며 변화하는 아침저녁의 모양, 산들의 자태, 흘러가는 강물, 살랑거리는 바람, 비와 이슬의 정취, 맑고 깨끗한 눈, 화사한 꽃, 무성한 방초(芳草), 우거진 빼어난 나무들, 조수의 동작에 이르기까지, 모든 것에 만물의 생의가 멈추지 않는다. 이것들을 가지고 놀고 있자면 한없는 즐거움이 된다.

게다가 이 즐거움에는 "한 푼의 비용도 들지 않는다. 마음이 가는 대로 내키는 대로 사용해도 다하지 않는다"는 이점이 있다고 한다. 눈앞에 전개되는 자연을 관조하며 즐기면 된다는 것이다. "천"이 때로는 폭풍우와 홍수, 지진 등을 초래하는 것은 무시할 따름이다.

나아가 셋째로 "대군(大君, 쇼군)의 은택을 입어 이러한 태평(太平)의

치세에 태어나, 마치 요순(堯舜)의 인정(仁政)을 만나 머리가 희어지도록 전쟁을 보지 않는다는 것, 이 어찌 큰 즐거움이 아니겠는가"라고도 에키켄은 말한다. 이것은 "태평"(泰平)을 구가했던 도쿠가와 일본의 사람이 아니고서는 느낄 수 없는 즐거움일 것이다.

그리고 이와 더불어 넷째로 에키켄은 다음과 같이도 말한다.

부귀한 사람은 교만하지 않고 다른 사람에게 은혜를 베푸는 것을 즐거움으로 삼아야 한다. 거지에게도 타고난 몫이 있고, 한정이 있는 것을 깨달아, 자신의 몫에 만족하며 즐겨야 한다.

늙어서는 점점 다른 사람의 것을 탐하지 말고, 모든 일에 생각을 깊게 하고, 사람을 망령되게 비방하지 말고, 화내지 말고, 다른 사람의 방해가 되지 말고, 다른 사람이 나에게 무례하고 불인(不仁)한 짓을 해도 인내하여 원한을 품지 말고……

주어진 신분에 만족하고, 현상을 긍정하고, 소극적으로 살아가는 것이 바르고 또한 즐겁다는 것이다. 이러한 태도를 지탱하는 것은 이 세상의 악에 대한 냉담한 체관(諦觀)이다.

세상 사람들에게 도리에 어긋난 일이 많은 것은 우키요(浮世, 속세)의 풍습이므로 어찌 할 수 없다. 가르쳐도 따르지 않으면 어리석은 사람(偶人)이다. 성인(聖人)조차도 그를 어찌할 수 없다. 사람이 어리석다고 화를 내어 자신의 마음을 괴롭히지 말라. 사람이 악하게 타고난 것은 그 사람의 불행이니, 불쌍히 여길 뿐이다. 그것을 나의 마음에 두고서 원통하고 분하게 여겨서 스스로 괴로워해서는 안 된다. 다른 사람의 악함으로 인해서 나의 마음의 즐거움을 잃는 것은 어리석은 일이다.

결국 에키켄은 마음가짐에 의해서 홀로 즐거움을 지속하며 살아갈 수 있다는 것이다. 과욕(寡慾)과 자연관조(自然觀照), 체관(諦觀)과 보신(保身)이라는 마음가짐의 기술인 것이다. 거기에는 "먼저 근심하고 뒤에 즐거워한다"(先憂後樂)는 드높은 기개(氣槪)는 없다. 그 대신에 작은 선행(善行)과 작은 즐거움을 가지고 살아갈 수 있다고 주장하고 있는 것이다.

6. 대륜(大倫)의 향수 : 제3의 유형

한편 주자학은 금욕적이다. 그러나 완전한 금욕을 선(善)으로 하는 것은 아니다. 사람으로서 먹어야 할 것은 먹고, 마셔야 할 것은 마셔야 한다. 유학자는 절식(絶食)을 수양의 기술로 삼지는 않는다. "먹고 마시는 것은 천리이지만, 아름다운 맛[美味]을 구하는 것은 인욕이다."(飮食者天理也, 要求美味人欲也)(『주자어류』 권13 제22조) 마찬가지로 성(性)도 그 자체는 금기가 아니다. 사람으로서 당연히 자손을 남겨야 하고, 따라서 "남녀가 결혼하는 것은 인간의 대륜이 된다."(『孟子』 萬章上)

그렇다면 남녀의 관계를 욕구하는 것 자체는 금기시해야 할 "사욕"(私慾)인 것인가? 오타 긴죠는 그렇게는 생각하지 않는다.

식욕과 색욕이 마음에 생기는 것은 자연의 묘한 이치[妙理]이다. 이것으로써 성명(性命)을 이어가고, 후손[嗣續]을 낳고 기른다. 세상 사람이 승려를 본받아 남녀의 욕구를 하찮은 일처럼 여기는 것은 잘못된 일이다. 사람이 이 욕망을 끊고서, 마음속이 청정(淸淨)하게 되는 것을 깨닫는 것은 이단(異端)의 극치이다. 욕망이 마음에 생기는 것은 구름이 천지 사이에 생기는 것과 같다. 일 년 내내 천지가 청명(淸明)해서, 구름이 운행하여 비가 내리지 않게 되면 초목이 말라 죽게 되고, 사람과 금수가 모두 굶어 죽게 된다. …… 우리나라 사람들은 출가(出家), 즉 불교를 본받은 풍속이어서, 남녀의 욕망이 적다는 이유만으로 대현(大賢)이나 군자(君子)와 같이 생각하는 어리석고 미혹된 습관을 가지고 있다. 그러므로 도(道)에 뜻을 둔 사람은 잘 생각해야 할 것이다.15)(『梧窓漫筆』상권)

그렇다면 당연히 있어야 하는 남녀 관계의 결과로써 얻을 수 있는 쾌락은 어떠한가? "성인"(聖人)은 즐거워하지 않는 것인가?

주자학자 사토 나오카타의 「은미설」(隱微隱)16)에 의하면, "성인"이란 현세에 살아가는 완전한 인간인 이상, 당연히 있어야 하는 행위를 향수(享受)하는 데도 완전하여, 그 즐거움은 특히 크다고 말한다.

그의 「은미설」은 주희의 『중용혹문』(中庸或問) 제29조의 "생각건대 부부의 관계는 은미(隱微)한 사이여서, 사람이 도(道)에서 떠날 수 없음을 가장 잘 나타내고 있다. 여기에서 실마리가 만들어진다는 것을 알면, 경계하고 삼가고 두려워하는(戒愼恐懼) 실상이 미치지 않는 곳이 없다"(蓋夫婦之際, 隱微之間, 尤見道之不可離處, 知其造端乎此, 則其所以戒謹恐懼之實, 無不至矣)라는 한 구절과 관련하여 전개되고 있다.

그런데 그 은미한 사이라는 것은 부부간에 화목한 것을 말한다. 어쨌든 부부만큼 사이가 좋은 것은 없다. 부모에게도 자식에게도 또한 형제나 친구에게도 말할 수 없는 것을 서로 터놓을 수 있는 것은 부부이다. 부부가 혼합(婚合)하는 일, 즉 다른 사람에게 보이지도 않고 허리띠를 풀고 부둥켜안고 노는 일, 이것이 은미한 사이이다. 여기에도 지나침도 미치지 못함도 없는 도(道)가 있는 것이다. 그 도(道)라는 것은 교합(交合)하는 데 있어 도가 있다고 하는 것이

---

15) 앞의 三浦理 편,『名家隨筆集』상권, 379쪽.
16) 日本古典學會 편,『增訂佐藤直方全集』권1 (ぺりかん社, 1979년), 459-460쪽.

다. 아마도 부부가 교합하는 것은 성인(聖人)도 보통사람[常人]도 같은 것이어서, 여기에서는(주: 글자 해독 불가능한 것이 없다는 것은 아니다. 그렇다고 한다면 태극(太極)에 결함이 있다는 것이 되고 만다. 교합하는 데는 성인이라고 해서 그 품(品), 품격이 다를 바 없다. 성인이라고 해서 올바른 형상(形像)으로 교합한다는 것은 없다. 그렇게 하면 화합(和合)이 안 된다. 다만 성인이 교합할 때는 부부의 정이 지극히 두터워서, 서로 간에 화(和)도 깊고 쾌감을 느끼고 마음이 흡족해하는 것이 보통사람의 교합보다 훨씬 심하다. 따라서 부부 사이의 화목함이 보통사람보다 월등한 것이다. …… 성인은 교합할 때에도 주일무적(主一無適, 정신을 한곳에 집중하여 흩어지지 않음) 하기 때문에, 마음이 밝아서 보통사람처럼 술에 취해 험악한 모습을 보이는 일 따위는 하지 않는다. 그러나 지극히 정이 깊어서 기분이 좋고 마음이 좋은 것은 좀처럼 보통사람이 할 수 있는 바가 아니다. 부부의 친밀함은 이 교합으로부터 생기는 것이다. 그러면서도 음란하지 않고 분별(分別)이 있다. 부부 교합의 사이에 일호(一毫)의 차이로 천리(天理)와 인욕이 나뉜다는 주자의 말도 이것을 말한 것이다. 오늘날 경학자(經學者)가 부부의 별(別)을 잘못 이해해서는, 도(道)를 말할 수 없다. 부부는 본래 타인이 만나 결합한 것이다. 그러한 그들이 지극히 정이 깊게 된다는 것은 왜인가. 교합하여 서로 쾌감을 느껴 몸이 찌르르 할 정도로 되기 때문에, 부자-형제-붕우보다도 화목하고 지극히 정이 깊게 되는 것은 아니겠는가. 그러므로 희롱이 지나쳐서 나쁘게 되기도 한다. …… 희롱이 심하여 음란에 이르는가 아니면 그렇지 않은가의 차이가 바로 천리(天理)와 인욕이 나뉘는 지점이다.

나오카타는 농담을 하고 있는 것이 아니다. 그는 진지하다. 그는 모든 것에 대해서 솔직한 것을 존중하는 사람이었다. 항상 "사물의 모습이나 음사(淫事) 등을 감추는 것은 싫다. 있는 그대로 말하고 싶다"[17] (『오편온장록』[五編韞藏錄])고 말했던 사람이었다. 그리고 그러한

---

17) 위의 『增訂佐藤直方全集』 권3, 64쪽.

신념을 가지고 인간의 일체의 행위에는 "도"가 있다고 하며, 부부 사이의 "교합"의 "도"를 논하고 있는 것이다. 그에 의하면 "성인"은 "교합"할 때에도 어리석지 않다. 그러나 오히려 부부의 애정은 깊고, 그런 까닭에 그 즐거움도 특히 깊다는 것이다.

유학에서 이상적인 사람은 이 세상에서 잘 사는 사람이다. 잘 사는 사람은 그 애정에서도, 사람으로서 해야 하는 것을 향수(享受)하는 데서도 깊은 맛을 느낀다. 이러한 주장은 그 나름대로 논리적이다. 유학은 어디까지나 현세 안에서 바르고 선하게 사는 것을 추구한다. 그렇다고 한다면, 삶의 순간순간은 다양한 의미에서 충실한 것이지 않겠는가? 필시 나오카타는 그렇게 생각했던 것이다.

7. 맺음말

현세에서 바르게 살면서도, 게다가 행복한 것은 가능한 것일까?

대다수의 사람들의 의견이 항상 올바른 것이라면, 그 속에서의 중도(中道)를 걸어가면, 바르고 게다가 (행복하지는 않다고 하더라도) 평온하게 살아갈 수 있는지도 모른다. 그러나 대다수의 사람들의 의견이 항상 올바르다고 하는 보증은 없다.(아돌프 히틀러가 선거의 결과에 의해서 수상이 되었다는 것을 누가 잊을 수 있겠는가) 그런 의미에서, 주자학의 도덕철학이 "중용"을 "세속"에의 순응이라는 점이 아니라, 보편적인 "이"(理)와 연관시킨 것은 분명히 하나의 논리적인 해답이다.

그러나 그것은 "중용"에 따라서 사는 것이 고립과 곤궁의 원인으로도 될 수 있다는 문제를 일으킨다. 이것은 유교철학으로서는 무시할 수 없는 문제이다.

이 어려운 문제에 대한 하나의 해답은 바르게, 혹은 선하게 사는 것이 진정한 의미의 행복이라고 하고, 감각적이고 육체적인 열락(悅樂)이나 고통을 무시해버리는 것이다. 그러나 이것은 주희나 스피노자가 아닌 사람에게는 가혹한 요구일 것이다. 또 하나의 해답은, 어떠한 의미에서든 현세에서 정의와 선과 행복이 분명히 연결되어 있다고 주장하는 것이다. 확률론적으로 보아, 마음의 기술에 의해서, 혹은 나아가 일상의 경험에서 얻는 깊은 향수(享受)를 통해서. 그러나 필시 이것들도 전면적인 해답은 되지 않을 것이다. 용이한 해답은 아마도 없다. 비록 인류 전체의 행복에 연결된 행위가 선(善)이라고 정의해도 (혹은 "최대다수의 최소고뇌"[18]라고 해도 마찬가지이다), 그 실행이 행위자 개개인에게는 반드시 행복(혹은 고뇌의 작음)을 약속하지 않는다는 것이 어쩌면 현실이기 때문이다. 그리고 아마도 이것은 유학자만의 문제는 아니다. 현재 우리들의 문제이기도 하다.

---

18) 大庭健, 『善と惡: 倫理學への招待』, 岩波書店, 2006년, 192쪽.

제2장

양심과 의무 그리고 중용
: 막스 베버에게 있어 정치적 판단의 문제

김성호(金聖昊)*

1. 들어가면서 : 정치적 판단과 근대의 아포리아

　정치적 사유에 있어 소위 근대의 등장과 함께 부각되는 문제가 "정치적 판단"이다. 통일된 "종교적 판단"에 의해서 유지되던 일원적 세계관이 무너지고 가치가 다원화한 상황에서 정치적 판단의 정당성(legitimacy)과 타당성(validity)은 어떻게 확보되는가 하는 질문은 근대 정치사상이 직면해야 했던 가장 심각한 고민이었다고 해도 과언이 아닙니다. 이는 단순한 이론이 아닌 정치적 실천의 문제이기도 했다. 근대의 서막을 장식한 종교전쟁이란 결국 상충되는 신념과 판단 사이의 해소될 수 없는 유혈투쟁이었기 때문이다. 홉스가 최초의 근대적인 정치사상가였다는 주장의 신빙성도 그에게 와서 비로소 이와 같은 시대적 고민

---
* 김성호(金聖昊) : 연세대학교 정치외교학과 교수

이 정치적 사유의 중심 화두로 부상했다는 사실에서 기인한다. 홉스적 기획의 의미가 그 결론의 권위주의보다는 근대성의 자기반성적 결정화에 있다고 할 때, 우리가 주목하게 되는 것이 바로 이 판단의 문제이다.

근대의 가치다원주의적 상황에 직면한 홉스는 주지하다시피 정치적 권력을 인식론적 권위(epistemic authority)로 전화하고, 또 인식론적 권위의 근거를 경험적 지혜(prudence)가 아닌 엄밀한 과학(science)에 정초함으로써 판단의 정당성과 타당성을 둘러싼 정치적 갈등을 일거에 매듭지으려고 시도했다. 즉, "종교적 판단"의 위기에서 비롯된 "정치적 판단"의 문제를 다시금 "과학적 판단"으로 환원시킴으로써 해결하고자 하였던 것이다. 카를 슈미트에 따르면 이는 소위 "정치적인 것"에 대한 실존적 불안에서 기인하는 것으로, 정치적 판단을 신학, 윤리학, 형이상학, 자연과학, 그리고 경제학의 힘을 빌려 길들이고자 했던 다양한 근대적 시도의 일환이었다. 예를 들면 헤겔이나 마르크스류의 역사적 결정주의는 "정치적 판단"을 역사의 보편적 형이상학 내지는 유사과학을 통해서 선험적으로 조타하려고 했다는 의미에서 근대 정치사상의 환원주의(reductionism)적 경향을 답습하고 있다. 또한 권리의 형이상학(Rechtslehre)을 통해서 정치적 도덕주의자(political moralist)의 "정치적 판단"을 도덕적 정치가(moral politician)의 "도덕적 판단"으로 치환하고자 한 칸트의 의무론(deontology) 역시 마찬가지이다. 이러한 일련의 시도의 근저에는 자유로운 정치행위의 주관적 자의성을 통제하기 위해서 "정치적 판단"을 "객관적 합리성"에 정초시켜야만 한다는 강박관념이 자리잡고 있었다. 막스 베버식으로 표현하자면 "주관적 가치의 객관적 합리성"이 정치적 판단의 핵심적 문제로 등장한 것이다.

사실 주관적 가치와 객관적 합리성의 변증법은 베버의 소위 "신교

윤리" 테제의 주제이기도 하다. "신교윤리" 테제의 핵심은 그가 "소명의 인간"(Berufsmensch)이라고 명명한 근대적 자아의 태동이며, 이러한 근대성의 계보학을 구성하는 씨줄과 날줄은 근대 형이상학의 주된 논제인 주관성과 객관성의 이분법을 반영하고 있기 때문이다. 한편으로는 자유로운 판단과 행위를 위한 필수불가결한 전제조건으로서 주관적인 신념, 즉 "양심"을 강조하지만, 다른 한편으로는 이러한 주관성의 행사가 자의성의 위험을 피하기 위해서는 객관적 수단의 합리성에 기초하여 규율화된 삶, 즉 "의무"로서의 삶으로 실재화할 수밖에 없는 근대적 자아의 도덕심리(moral psychology)를 재구성하는 것이 "신교윤리" 테제의 목적이었다.[1] "신교윤리"에 대한 이러한 인간학적 해석은 "소명의 인간"이란 베버의 이상형이, 궁극에는 칸트의 자기규율적 자아(self-legislating self)와 많은 부분을 공유한다는 사실에서 좀더 명백해진다. 칸트와 베버는 근대 개인주의에 대한 공리주의적이고도 자연주의적인 정당화를 거부하고, 그 대안으로서 진정한 자유와 규율적 원칙의 동시적 표현으로서의 자기규율성(Selbsgesetzgebung)을 유지할 것을 주장했다. 그들은 전적으로 자아 내부로부터 형성된 법칙에 따라 자신과 외부세계를 이성적으로 통제할 수 있는 능력에서 규범적 행위와 판단의 근원을 찾고자 했으며, 이러한 역설적인 결합은 궁극적 가치 또는 선험적이고도 이성적인 원칙을 의지적으로 내재화함으로써 가능하게 된다고 보았다.(Schluchter

---

[1] 베버에 대한 인간학적 해석의 예로 Jaspers(1926); Henrich(1952); Löwith(1960); Landshut (1969) 등을 참조할 것. 베버 해석의 인간학적 전통은 베버에 대한 탈파슨스적 해석의 흐름과 맞물려, 헤니스에게 와서 가장 자의식적인 아젠다로 등장한다.(Hennis 1987; 1996) 이러한 복고적 해석의 영미학계에서의 예는 Goldman(1988; 1992)이 대표적이다. "신교윤리" 테제 자체에 대한 인간학적 해석으로는 졸저(2003, Ch. 2)가 있다.

1996, 48-101)

그럼에도 불구하고 도덕 준칙이 전적으로 보편율에 종속되어야 한다는 측면에서만은 칸트의 형이상학적 기획은 베버의 기획과 전적으로 일치하는 것은 아니었다. 이는 객관적 이성과 주관적 가치는 보편적인 법칙의 매개를 통해서 합치되며, 오직 그럴 때에만 도덕적 의지(Wille)가 자의적 선택(Willkür)으로 전락하지 않는다고 본 칸트의 주장을 베버가 받아들일 수 없었기 때문이다. 베버는 자아의식의 성장과 보편적 도덕률의 가능성, 그리고 원칙에 입각하기에 비로소 자유로울 수 있는 판단을 연결해주는 고리가 끊어졌다는 사실에 대해서 민감하게 반응했다. 칸트는 그러한 계몽주의적 연계성을 유지함으로써 보편적 규칙성과 자기규율적 자유 사이의 통일성을 지켜내려고 했다. 즉, 근대적 자아의 자율성을 보장하는 동시에 자유의 자의성을 회피하기 위해서 칸트는 형이상학적 거대담론의 구축에 의존하였던 것이다. 그러나 베버에 의하면, 자아의식의 성장, 즉 주지주의화(主知主義化, intellectualization)라는 것은 단지 극단적인 회의주의에 다다를 뿐이며, 이는 보편적 타당성을 주장하는 그 어떠한 형이상학적 거대담론의 구축을 용납할 수 없는 것이다. 베버는 주관성과 객관성 사이의 변증법적인 분열을 야기하는 동시에 역사의 한순간 소명의 인간의 형성을 가능케 해주었던 소위 합리화의 과정이, 이제는 그 존립의 토양을 잠식하고 있다고 보았다. 달리 말하면, 칸트의 도덕 기획에 있어서 일원적이고 보편적인 윤리적 세계관을 향한 행보는 그 본래적 의도와 역사적 결과물이 대립하는 딜레마에 봉착하게 되는 것이다. 이제 "후기 근대"의(여기에서 "후기"의 의미는 베버에게 있어서 종교개혁과 계몽주의 이후라는 의미에서) 합리화 과정은 그 자신이 만들어낸 거대담론에까지 탈주술(脫呪術, Entzauberung)의 힘을 확장했고, 그 결과는 한때 통합되었던 가치영역의 파편화, 그리고 어떠한 선험적인 믿음도 허락하지 않는 확고한 자아의식의 태동이었다. 요약하면 주관적 가치와 객관적 합리성을 매개하려는 베버의 칸트적 기획은 탈(脫)형이상학적(postmetaphysical)이라는 의미에서의 니체적 현실에 봉착하게 된 것이다.

본 논문은 근대 가치다원주의의 도래와 함께 시도된 보편적 도덕률과 같은 형이상학적 거대담론의 구축이 실패로 돌아간 니체적 상황에서 다시금 정치적 판단의 주관적 가치와 객관적 합리성을 매개하고자 한 베버의 칸트적 시도를 재구성하고, 그 의미를 비판적으로 성찰하는 것을 목적으로 한다. 이를 위해서 (1) 베버에게 있어 근대성과 가치다원주의가 제기하는 딜레마를 진단하고, (2) 베버의 해결책을 신념윤리와 책임윤리를 중심으로 분석하며, (3) 그 문제점을 레오 스트라우스와 볼프강 몸젠의 비판을 중심으로 평가한다. 끝으로 베버의 정치적 판단이론을 요약하고 "중용의 정치사상"과의 선택적 친화력에 대해서 성찰함으로써 결론을 내리고자 한다.

2. 신들의 황혼 탈(脫)주술화와 재(再)주술화의 변증

베버는 근대성의 문제를 그 자체로서 다룬 바 없다. 그럼에도 불구하고 그의 학문적 고뇌의 궁극적 목적은 근대성을 총체적으로 이해하는 데 있었다고 볼 수 있다. "성숙하라. 악마의 본질을 이해할 수 있도록"이라는 괴테의 구절을 그가 좋아했던 이유도 어쩌면 근대성을 자기반성적으로 이해하고자 했던 평생에 걸친 고투의 반영인지도 모른다.[2] (Weber 1919, 248-50/367) 특히 후기 연설과 저작에서 베버는 가치상실의 문제가 근대의 주된 이슈임을 명확히 한다. 지성사적 측면에서 근대가 가지는 가장 중요한 의미를 탈주술화, 주지주의화, 합리화로 볼 때, 과학(Wissenschaft)의 역할에 대해서 묻는 것은 근대적 세계의 의미에 대한 의문에 맞닿아 있다. 구원종교의 독단을 깬 것이 과학적 지식이고, 따라서 베버는 과학을 근대의 징후일 뿐 아니라 근대가 제기하는 고민의 근원으로 보기 때문이다. 베버가 가장 주목하는 근대의 고민은 후기 근대사회에서 지식, 특히 과학의 진보가 모든 형이상학적인 목적론으로부터 탈피하고 있는데, 목적론이 없이는 과학이 다른 분야의 가치는 말할 것도 없고 그 자신의 존재의미도 정당화할 수 없다는 데서 기인한다. 베버는 "모든 과학적 '성취'는 새로운 '문제제기'를 의미할 뿐이며, '뛰어넘게 될 것'을 또 진부한 것이 되기를 자청한다. 이는 원칙적으로 무한한 과정이며, 여기서 우리는 과학의 의미에 대한 문제에 직면한다"라고 덧붙인다.(Ibid., 84-86/12) 근대과학이 해체해버린 목적론적인 결론에 대한 환상이 무너짐과 함께 근대과학은 우리의 일상에 의미를 부여하고 정당화할 수 있는 가능성을 상실하게 된 것이다.

오늘날 누가 천문학이나 생물학, 물리학, 화학에 대한 지식이 우리에게 세상의 의미에 대해서 어떠한 것이라도 알려줄 수 있다고 아직도 믿을까? 설사 그런 것이 있다손 치더라도, 어떻게 누군가가 그러한 "의미"에 대한 실마리를 찾을 수 있을까? 자연과학은 세상의 의미가 있을 수 있다는 믿음을 뿌리에서부터 소멸시킬 뿐이다. …… "행복을 발명해낸 마지막 인간"에 대한 니체의 파괴적

---

[2] 괴테의 『파우스트 II』 2막, 6817-18행에 나오는 전문은 "Der Teufel, der ist alt; so werdet alt ihn, zu verstehen."

인 비판 이후에, (과학적 지식에 기반한 삶에 대한 기술적 지배라는 의미에서의) 과학이 행복을 가르쳐줄 수 있다는 순진무구한 낙관론은 완전히 무시해도 좋으리라. 연구실이나 편집실에 앉아 있는 머리만 큰 아이들(großen Kindern) 빼고는 누가 이를 믿을까?(Ibid., 90-92/17)

베버에 따르면 "문헌학에서 생물학에 이르기까지 거의 모든 과학은 때때로 전문적 지식뿐 아니라 '세계관들'(Weltanschauungen)의 원천이라고 주장해왔다."(Weber 1904, 167/69) 예를 들면 넓은 의미에서의 과학적 지식이 모든 사물의 진정한 형상을 확인할 수 있는 방법을 제공한다는 점은 고래로 인정되어왔다. 따라서 "플라톤의 『공화국』에서 엿보이는 열광도 결국 개념이라는, 모든 과학적 지식의 중요한 도구들 중 하나가 바로 그 당시에 의식적으로 발견되었다는 점에서 설명될 수 있다. 그리고 만약 미와 선, 혹은 심지어 용기와 영혼이나 그 무엇에 대해서라도 올바른 개념만 찾을 수 있다면 우리는 그것의 진정한 본질을 간파"할 수 있다고 믿었다.(Weber 1917/19, 89-90/15) 고대 그리스인들은 철학적 실천과 시민의 도덕적 교육 사이에 아무런 딜레마를 느끼지 못했고, 오히려 "후자를 전자의 존재이유"로 받아들인 것이다. 다 빈치("진정한 예술로의 길"), 갈릴레이와 베이컨("진정한 자연으로의 길") 그리고 데카르트("진정한 신으로의 길")의 주장에서 베버가 보듯이, 이 같은 인식은 심지어 근대 초기만 해도 많이 변하지는 않았다.(Ibid., 93-94/16-17) 이러한 시각에 따르면 현세는 허위의 세계일 수 있으며, 예외적이고 잘못된, 따라서 악한 것으로 설명될지도 모르지만, 이런 인식을 통해서 현세가 무의미한 혼란으로 이해되는 숙명으로부터 구제된다. 다시 말하면, 베버는 이러한 진리에 대한 주장 속에서 지식과 의미의 문제가 자의식적으로, 또 때로는 무의식적으로 연결되어 있음을 간파한 것이다.

진리를 주장한다는 관점에서, 계몽주의도 예외가 아니었다. 달랑베르, 돌바크, 엘베시우스와 같은 대부분의 전형적인 프랑스 철학자들은 그들이 선과 악의 본질적 수수께끼를 풀었다고 확신했다. 흄이 정확히 지적하였듯이 계몽주의의 해법은 뒤엉킨 논리와 얄팍한 말장난에 기초해 있었지만, 당대에 그들의 영향력은 대단했다. 그들은 선과 정의와 진리 사이의 고전적 평형상태에서 자연과학을 덧붙였고 신성을 빼냈다. 즉, 선이 정의이고, 정의가 진리라면, 그리고 과학적 탐구가 보여주었듯이 정의가 또한 자연적인 것이라면(자연은 명백하게 이성을 따르므로), 자연적인 것은 선이 틀림없다는 주장이었던 것이다.(Hawthorne 1979, 13) 베버는 이러한 과학적인 듯 보이는 주장들이 사실은 "18세기 합리주의적 세계관"에서 기인한다고 보았다. 이러한 세계관은 "형이상학적 타당성과 수학적 형식의 개념적인 체계에 의거한, 현실의 총체성에 대한 '객관적이고'(즉, 각각의 우연성과는 독립적인) 일원론적인 지식"으로 표출되나, 궁극적으로는 "현실을 이론과 실천의 차원에서 합리적으로 만들 수 있다는 낙천적 신념"에 불과했던 것이다.(Weber 1904, 185/85) 결국, 계몽주의는 과학이라는 미명하에 자연주의적 관점에서 합리적 목적론을 재건하는 과정에서 나온 절대적 진리에 대한 주장의 세속적 형태였던 것이다.

베버는 그가 "고전적-교부적 인식론"(Ibid., 208/106)이라고 불렀던 지식의 축적이 가치의 증대로 이어진다는 이와 같은 믿음들을 일축하고, 지식의 진보에 목적론적 방향이나 결론은 없다고 주장한다. 의미의 추구는 엄연히 근대과학적 기획의 본질과는 양립할 수 없다. 왜냐하면 근대과학을 규정하는 특징은 "'목적'이란 것이 [즉시] 다음 행위의 원인이 되는 결과의 개념일 뿐"인 단지 무한하고 무의미한 변화이기 때문이다.(Ibid., 183/83) 탈주술화된 근대사회에서는 하나의 목적론적 세계관이 모든 가치영역을 지배한다는 것은 불가능하고, 심지어 과학적 세계관도 근대의 숙명적인 가치다원성을 극복할 수가 없기 때문이었다.

그러나 베버가 말하는 숙명적인 가치다원성이 다양한 가치영역의 평화로운 공존을 상정한다는 의미는 아니다. 오히려 우리가 주목해야 하는 것은 보편적 기독교 윤리의 시대착오성과 가치다원주의의 근대적 생성이 베버의 주안점이 아니라는 점이다. 이는 거대담론이 일련의 분절적 하위담론들에 의해서 대체된 것이 아니라, 신학이 던졌던 것과 같은 절대적 질문에 대해서 나름대로 대답하려는 대안적 거대담론의 다원성에 그 자리를 내준 것이라는 의미이기도 하다. 베버에 의하면 "윤리적 정언(ethischen Imperative)의 확정적 권위(Dignität)는 모든 문화적 이상이 '윤리성'(Sittlichen)을 띠게 됨에 따라 그 의미가 상실되었다."(Weber 1904, 148/52) 모든 문화적 가치와 기호가 정언적 성격을 가지게 되었기 때문에, 특정 가치를 옹호하는 것은 "다른 가치를 거부하는 것"과 같아진다. 가치다양성과 파편화를 인식하는 사람들조차도 이러한 윤리적 함의를 너무 쉽게 간과한다고 베버는 경고한다.(Ibid., 150/53) 즉, 문제는 단순한 다원성이 아니라 제 가치들 사이의 갈등에 있는 것이다. 예를 들면, 미학의 영역은,

자체적으로 정당화되는 독립적 가치들을 점점 더 의식적으로 터득해가며 하나의 보편적 세계를 이룬다. 예술은 어떤 의미에서건 현세의 구원이라는 기능을 자처하게 된다. 예술은 일상생활로부터, 특히 이론적으로나 실제적으로 증가하는 합리주의의 압박으로부터 구원을 제공한다. …… 사실, 윤리적 판단에 따라 책임을 져야 한다는 사실을 부정하려는 근대인들은 윤리적 의도에 대한 판단(Werturteile)을 취향에 대한 판단(Geschmacksurteile)으로, 즉 "비난

받아야 할 짓"(verwerflich)을 "나쁜 취향"(geschmacklos) 정도로 전환시키려는 경향이 있다. …… 행동을 윤리적으로 평가하는 것에서 미학적으로 평가하는 것으로의 전환은 주지주의 시대의 공통의 특성인 것이다.(Weber 1915-16, 555/342)

각각의 가치영역은 의미를 가진 하나의 보편세계로서 내적 총체성을 형성하기 때문에 보편적 선에 대한 그 나름의 판단기준을 제시하고, 각 영역은 다른 영역에는 적용 불가능한 자족적인 행위의 원칙을 강요한다. 즉각 영역들은 본질적으로 양립 불가능하고 그 결과 선에 대한 통합된 표준은 상실된다: "니체 이래로, 우리는 어떤 것이 선함이 부족함에도 불구하고 아름다운 것이 아니라, 바로 선하지 않기 때문에 아름다울 수 있다는 것을 안다."(Weber 1917/19, 99/22) 그렇다면 문제는 각 가치영역들 사이의 파편화뿐 아니라 그들 사이의 투쟁이 된다.

[근대의] 신들은 서로 투쟁하고, 이 투쟁은 그침이 없을 것이다. 이는 아직 신과 악마들에게서 탈주술화하지 않았던 예전의 세계와 같다. …… 확실히 "과학"이 아닌 운명이 이 신들과 그들의 투쟁을 통솔한다. …… 오늘날에도 "일상생활"에는 종교적 본성이 존재한다. 마력을 잃었고 따라서 비인격적 형태로 존재하지만, 예전의 신들은 무덤으로부터 일어나 우리 삶을 지배하기 위한 힘을 추구하며 그들 사이의 영원한 투쟁을 재개하는 것이다.(Ibid., 99-101/23)

베버는 탈주술화의 아포리아를 정확히 읽어냈다. 주술적 세계관의 탈주술화는 일신론적인 구원종교라는 역설을 이끌어냈다. 이는 일상의 판단과 행위에 대한 분절적 원칙들이 일관적으로 통합된 의미와 가치의 총체적 체계에 의해서 대체되었음을 의미한다. 탈주술화는 일상생활의 모든 구석을 빠짐없이 주관하는 총체적 목적론의 등장, 즉 신교윤리에서 그 정점에 달한다고 베버는 주장한다. 그러나 이 역사적 정점이 탈주술화 과정의 대단원은 아니었다. 탈주술화가 두 번째 그리고 후기 단계에 접어들면 일원론적 종교를 비합리의 영역으로 밀쳐내면서, 세속적 근대세계에서 종교의 정당성은 해체된다. 처음에는 종교적 목적론의 효과적 대용물로 환영받은 근대과학도 탈주술화의 그다음 희생양이 된다. 과학마저도 정당성을 잃어감에 따라, 각각 독립적인 의미와 가치의 체계를 갖춘 다양한 가치영역들이 처음에는 종교에 의해서 다음으로는 과학에 의해서 공석이 된 거대담론의 자리를 차지하기 위해서 투쟁하게 된다. 그러나 모두 헛된 일일 뿐이다. 결과적으로는 통합된 세계관을 제시할 수 있는 어떠한 목적론의 정당화도 인식론적으로 불가능해지고, 이에 따라 공존이 불가능한 가치영역으로의 파편화는 멈출 수 없이 계속된다. 인간의 판단과 행위는 통합된 원칙 없는 분절적이고도 임의적 준칙의 나락으로 다시 한번 떨어지게 된 것이다. 근대는 마치 헬레니즘의 다신론적 시대로 다시 되돌아간 꼴이 되었다. 종교가 좀더 정확히 말해 일원론적 목적론 일반이 비합리적인 영역으로 전락하면서, 근대는 다시 종교적인 세상이 된 셈이다. 결국 니체의 우울한 지적처럼 우리는 "아무것도 의지하지 않는 것"보다는 "허무라도 의지"하려고 하기 때문이다.(Nietzsche 1994, 128) 근대세계는 탈주술화의 결과 재주술화하는 것이다.

탈주술화 또는 보기에 따라서는 재주술화한 근대세계는 판단과 행위의 측면에서 절대적 난관을 만들어 내었다. 근대세계는 도덕과 윤리에 따라 개인이 판단하고 행위할 것을 신성한 의무로서 요구하는 동시에, 그 의무의 보편적이고 객관적인 인식기반은 철저히 무너뜨

렸기 때문이다. 그 결과는 근대적 자아 안에 깊숙이 자리잡게 된 죄의식과 그에서 오는 무력감이며, 그 대안은 "마지막 인간"으로서 공리주의적 또는 탐미주의적 쾌락에 탐닉하는 길뿐이었다. 이러한 관점에서 보았을 때 비로소 우리는 『신교윤리와 자본주의 정신』의 대미를 장식하는 그 유명한 한탄의 유장함에 십분 공감할 수 있게 된다: "이 문화적 발전의 끝에 나타난 '마지막 인간'은 의식 없는 전문가(Fachmenschen ohne Geist)와 감성 없는 쾌락주의자(Genu menschen ohne Herz)라는 말이 옳을 것이나, 이 공허한 인간들(Nichts)은 인류가 전례 없는 문명화의 단계에 도달했다고 생각할 것이다."(Weber 1905, 189/121)

바티모는 "신의 죽음"으로 완결되는 근대성의 계보학적 추적을 통해서, 새로운 근대적 조건들하에서의 대안을 고찰한 바 있다. 이 대안들은 니체처럼 자의적 존재로서의 위험도 감수하는 급진적인 자아긍정과 자기창조이거나 또는 초기 푸코의 주장처럼 자율성이라는 근대의 이상으로부터 철저하게 탈피하는 길이다.(Vattimo 1988, 31-47) 만약 첫 번째 접근이 인본주의라는 근대적 기획의 연장인 인간에 대한 극단적인 신성화(divination)로 이끈다면, 두 번째 접근은 탈근대적 계몽이라고도 볼 수 있는 인간의 탈신성화(dedivination)로 귀결될 수밖에 없다.(Pippin 1991) 이와 같은 계보학적 관점에서 볼 때, 베버는 니체적인 신성화나 푸코적인 체념을 모두 거부한다고 할 수 있다. 그의 기획은 자의적 판단과 행위에 대한 일방적 찬사나 자유에 대한 희망이라곤 전혀 없는 암울한 미래에 대한 항복이 아니며, 베버에 따르면 "어떻게 하면 인간이 '개인주의적'인 자유의 향취를 조금이라도 보존할 수 있겠는가"라는 문제에 대한 것이라고 할 수 있다.(Weber 1918, 465-67/159) 이 문제의식을 적극적으로 표현하자면, 베버는 근대적 자아에게 있어서 정초주의(foundationalism)와 자의성을 동시에 피할 수 있는 판단과 행위의 근거를 찾으려고 하는 것이다.

이러한 후기 근대의 인간학적 조건들은 베버에게 심각한 딜레마로 다가온다. 왜냐하면 확고한 도덕적, 인식론적 근거를 잃은 근대적 자아는 흔들림 없는 의무감을 상실하고 원칙에 입각한 도덕적 행위를 취할 수가 없으며, 따라서 부자유하게 되기 때문이다. 간단히 말해, 베버에 따르면 우리의 자유 자체를 지탱해주는 책임성 있는 주체적 판단과 행위의 가능성 자체가 위기에 처하게 된다. 이 베버의 딜레마와 그에 대한 해결책을 이해하기 위해서, 이제 그의 윤리적 기획의 타당성을 검증해보아야 할 차례이다.

3. 주객(主客)의 저편 : 신념윤리와 책임윤리의 사이

베버의 윤리적 기획을 해석하는 데 있어서 가장 큰 특징은 신념윤리(Gesinnungsethik)와 책임윤리(Verantwortungethik) 사이의 대립적 구분이라고 할 수 있다. 이러한 해석은 전후 독일을 휩쓸었던 혁명적 낭만주의 그리고 전통적인 칸트주의적 관념주의 사이에서, 비록 급진적 좌파와 자유주의적 칸트주의의 두 이념들이 역사적으로는 정반대의 정치적 지향점을 가지지만, 둘 다 기실은 정치에 무관심한 윤리(apolitical ethic)를 대변한다는 측면을 공유한다고 베버가 비판했다는 점에 천착하고 있다. 베버는 책임윤리라는 이상형과의 대조를 통해서 이 같은 신념윤리들의 반정치적 본성을 폭로하려고 했다는 것이다. 이런 양분법적 작업의 더 큰 함의는 베버가 정치영역으로부터 윤리적이고 규범적인 것들을 배제하고자 했던 우리 시대의 마키아벨리였다는 평가와 정치적인 것의 영역을 주관적 가치의 광신적인 침투로부터 구해내어 정치적 삶을 좀더 이성적인 바탕 위에 재확립하고자 했다는 평가로 갈린다. 즉, 전자는 베버를 냉혈한 현실주의 정치사상가로 그리고 후자는 고전적 자유주의자로 특징짓는 것이다.

이런 양분법적 해석에 기반하여 슐루흐터는 "사실 베버가 신념윤리를 '저평가'(devalue)했다"고 결론내린다.(Schluchter 1979, 87) 슐루흐터에 의하면, 베버는 의미 있는 삶의 원천을 (정치적) 책임윤리와 (학문에서의) 가치중립성에서 찾았고, 결국 베버의 "소명의 인간"이란 주관적 가치에 대한 관심을 배제한 객관적인 전문가주의(professionalism)의 이상형이었다. 슐루흐터의 해석은 베버가 각 영역의 각기 다른 가치들을 따르는 근대적인 삶의 영역들(Lebensordnungen) 사이의 엄격한 구분을 주장했고, 개인은 자신이 속한 특정한 삶의 영역의 가치가 요구하는 소명을 완수함으로써 비로소 윤리적 인격체(Persönlichkeit)가 된다는 것이다.(Ibid., 74-75, 92-106) 이런 조건하에서 근대적 자아에게 부과되는 의무는, 가치자체의 결정보다는 자신에게 주어진 삶의 영역의 세계관에 충실하게 살아가는 것이 된다. 베버의 윤리적 기획에 있어서 가장 중요한 문제는 가치결단이라기보다는 하버마스가 표현한 "제도화된 가치영역"(institutionalized value sphere)과의 의지적 동일화가 되는 것이다.(Ibid., 74)

베버가 신념윤리와 책임윤리 사이의 절대적인 이분법을 가정하고 있다는 슐루흐터의 논의가 전혀 근거 없는 것은 아니라고 할 수 있다. 사실 베버 자신도 "신념윤리가 책임윤리와 결합되는 것은 불가능하다. 또한 인간들에게 만일 어떤 윤리적인 원칙을 만들어낼 특권이 있다고 하더라도, 목적이 수단을 정당화시킬 것인지를 결정해주는 윤리적 칙령을 만들어낼 수 있는 인간은 없다"라고 확언한 바가 있다.(Weber 1919, 239-41/362) 하지만 우리가 그러한 "윤리적 칙령"이 불가능하다는 주장을 받아들인다고 하더라도, 여전히 베버가 책임윤리에 비해 신념윤리를 저평가했다고 확신할 수는 없다. 두 윤리관 사이의 논리적 불일치가 존재한다는 인식이 곧 규범적 선택을 의미하는 것은 아니기 때문이다.

베버의 신념윤리는 어떤 행위가 시공을 초월한 내재적 선(intrinsic good)을 가지고, 그에 의거해서 행위의 결과에 대한 책임부담도 소멸되는 절대적 신념에 기반한다. 신념윤리의 특징은 모든 행위에 일관된 의미를 부여할 수 있는, 정초적인 가치와 의미의 일원론적인 체계를 상정하고 있다는 점이다. 베버가 청교도적 삶의 방식의 한 단면인 이런 일신론적 종교윤리를 신념윤리의 가장 극단적 형태로 생각하고 있었다는 사실도 놀랄 일은 아니다. 베버는 신념윤리가 경험적 세계의 윤리적 비합리성과 합리적이고 유의미한 이성적 우주 사이의 간극으로부터 기원했다고 주장하며, 바로 그 긴장감이 모든 일신론적 종교의 심리적 뿌리임을 상기시킨다. 즉, "신념윤리를 신봉하는 사람은 세계의 윤리적 비합리성을 견딜 수 없으며, 그는 보편적인 윤리적 '합리주의자'이다."(Weber 1919, 239-41/361) 신념윤리를 따르자면 이제 도덕적 딜레마란 잔재 없이 제거되어야 하는 악인 것이다. 도덕심리학적인 측면에서 보자면, 베버의 신념윤리는 믿음과 행위 사이의 매개되지 않은 일관성을 최고의 덕(virtue)으로 간주하는 윤리관을 의미한다. 신념은 판단과 행위의 본질적인 선을 보장할 수 있고, 그 정당성은 행위 그 자체를 수행함에 의해서 도출되는 것이다. 즉, "결과가 절대주의 윤리의 관심사가 아니라는 것은 명확하며, 이 점이 결정적인 것이다."(Weber 1919, 235-37/359) 요약하자면, 베버의 신념윤리는 정초주의적 가치체계에 기반한 신념의 절대적 성실성을 의무로서 요구하며, 판단의 궁극적인 목표는 행위 그 자체가 되는 것이다.

이에 반해 베버의 책임윤리에 근거한 판단과 행위는 절대적인 윤리적 준칙 대신에 인과적 결과로부터 정당성을 도출한다. 책임윤리에 입각한 행위는 경험적 세계에 있어서 원인과 결과의 매개고리인 것으로 이해되며, 그렇지 않을 경우 명확한 책임소재를 정하는 것이 거의 불가능해지기 때문이다. 즉, 인과적인 관점에서의 행위설정이 책임윤리의 가장 기본적인 전제조건이 되는 것이다. 실제적으로 책임윤리는 인간행위의 의미가 수단-목적의 형식논리에 종속될 것을 요구한다. 베버가 인과관계를 "수단-목적 담론의 전도된 표현"으로 보는 한, 행위가 인과적으로 유효해진다는 것은 사실 수단-목적적 고려에 의해서 규정되는 선택의 상황하에 놓여지는 것을 의미하게 된다."(Weber 1917, 526/35) 행위가 가지는 의미는 특정한 목적에 적합한 수단으로서 이해되며, 윤리적 문제는 이성과 의지의 기술적 절차의 문제로 환원된다. 이런 관점에서 본다면, 덕은 행위의 인과성을 객관적으로 인식하고, 의도된 결과의 성취를 위해서 행위의 요소들을 작위적으로 재설정하는 것을 의미한다. 요약하자면, 베버의 책임윤리는 의도와 행위 사이의 윤리적 일관성으로부터 행위와 결과 사이의 윤리적 일관성으로의 방향전환을 시도한 것이었다.

그렇다면 베버의 책임윤리는 수단적 합리성에 근거하는 소위 윤리적 결과주의의 한 전형적인 사례로 이해될 수 있다. 즉, 결과주의적이라는 관점에서 볼 때, 베버의 윤리적 기획과 공리주의와의 차별성을 찾기가 어려워지는 것이다. 그럼에도 불구하고 잘 알려져 있듯 베버는 두 가지 근거를 들어 모든 공리주의적 윤리관을 단호하게 거부한다.(Schluchter 1996, 50~53) 그 하나는 공리주의적 윤리관이 인간 행위의 다층적 의미를 환원적으로 고정시키고자 하는 정초주의적인 기획을 전제하고 있는 점이며, 다른 하나는 공리주의적 정초주의가 도덕심리를 쾌락주의로, 또는 그가 경멸조로 언급하듯이 "쾌락의 균형"(Lustbilanz)으로 이해한다는 비판에 근거하고 있다.(Weber 1895, 558/14) 베버의 비판은 공리주의가 칸트주의와 유사하게 도덕적 딜레마를 완벽하게 해소하려는 형이상학적 욕구에 기반하고 있으면서도, 동시에 칸트주의와는 정반대로 도덕적 자아를 일관성의 담지자이기보다는 효용적 행위자로서 이해한다는 면에 주목하고 있는 것이다.(Williams 1973) 베버의 관점에서 보자면, 전자는 근대세계의 파편화한 가치다원주의 상황에서는 더 이상 유지될 수 없는 형이상학적 믿음에 불과하며, 후자는 단지 비현실적일 뿐 아니라 그가 혐오하는 인간학이 되는 것이다.

그렇다면 제기되는 문제는, 책임윤리가 신념윤리와 명확히 반대되는 것이라면, 책임윤리는 어떤 면에서 공리주의와 구분되는가이다. 즉, 행위가 결과의 성취를 위한 적합한 수단으로서 정당화된다면, 그 결과의 정당성은 어떻게 그 자체적으로 확신될 수 있는가? 결과의 상대적 정당성은 어떻게 판단되는가? 그리고 어떤 목적을 위해서 행위를 수단-목적적 체계에 구속시킬 것인가? 공리주의는 이런 문제를 동기를 쾌락과 고통의 원칙으로 환원시킴으로써 해소한다. 즉, 쾌락을 증가시켜주는 것은 선이며, 고통을 증가시키는 것은 악이 되는 것이다. 하지만 베버의 책임윤리에서는 공리주의에서처럼 결과의 정당성 문제가 내재적으로 해결되지 않는다.

베버의 책임윤리가 봉착하게 되는 이와 같은 난관은 결국 베버로 하여금 신념윤리를 다시 불러들이는 계기로 작용하게 된다. "신념윤리와 책임윤리는 절대적인 대립물이 아니다. 그것들은 상호보완적이고, 오직 이 둘이 결합할 때에만 '정치에의 소명'(Beruf zur Politik)

을 가질 수 있는 진정한 인간(echten Menschen)을 만들어낸다."(Weber 1919, 250/368) 베버가 말하고자 하는 것은 정당성이 책임윤리만으로 확인될 수는 없는 것이며, 어떤 결과의 선을 담지해줄 수 있는 유일한 요소는 바로 행위의 명분(Sache)에 대한 신념, 즉 "신 또는 악마가 명령한 명분에 대한 정열적 헌신"일 수밖에 없다는 것을 의미한다.(Ibid., 227-28/353) 그러므로 베버에게 있어서 "문제는 어떻게 뜨거운 정열과 냉철한 판단을 하나의 영혼 안에 공존시킬 수 있을 것인가이다. 이는 말 그대로 인간이 스스로 내적인 거리두기(Distanz)에 익숙해질 때에만 가능하고, 정열적인 정치가를 그저 '불모의 흥분'에 휩싸인 정치적 아마추어로부터 구분 가능케 하는 강력한 영혼의 통제력을 획득하는 것을 의미한다. 그리고 이런 의미에서 정치적인 '인격'이 '강하다'는 것은 무엇보다도 먼저 이러한 자질을 갖추고 있다는 것을 의미한다."(Ibid., 227-28/354) 분명히 베버는 한 영혼 안에서의 신념과 책임의 공존을 주장한다. 신념윤리에서 그가 거부하고자 했던 것은 모든 종류의 신념이 아니라 바로 절대적인 신념이었다. "어떤 종류의 신념들은 항상 현존해야 한다. 이는 거부될 수 없는 것이며 만약 그렇지 않으면 심지어 외적으로 화려한 정치적 성과조차도 윤리적 공허함을 피할 수 없을 것이다."(Ibid., 230-31/355) 오히려 신념의 가치는 책임 윤리에 있어서 더 절실하게 되었는데, 왜냐하면 신념의 도움 없이는 공리주의 윤리와의 차별성을 찾기가 쉽지 않기 때문이다. 궁극적으로 베버에게 있어 신념과 책임이라는 것은 "변증법적 결합"(dialectical combination)의 형태를 갖추어야만 하는 것이다.(Scaff 1989, 182)

그렇다면, 책임윤리에서 베버가 강조하는 신념의 기반은 무엇일까? 여기에서 우리는 베버의 근대의 아포리아에 대한 이해를 다시 한번 상기할 필요가 있다. 베버에 의하면, 탈주술화된 근대세계에서의 진정한 신념은 목적론적 형이상학에 기반하는 절대적인 신념과는 달리 그 정당성의 근원을 내재적으로 창출해낼 수밖에 없다. 베버가 추구한 자유롭고, 자율적인 도덕적 행위로서의 "인격체"가 되기 위해서, 근대적 세계는 인간에게 윤리적 결단을 지속적으로 요구한다. "삶이 본질적으로 돌발적인 사건의 연속이 아니라 의식적으로 영위되는 것이 되기 위해서는, 총체성으로의 삶은 플라톤이 말한 영혼이 자신의 운명, 즉 행위와 존재의 의미를 스스로 선택한다는 궁극적인 결단의 연속일 수밖에 없다."(Weber 1917, 507-08/18) 불행히도 그러한 결단이 환원될 수 있는 보편적 객관적 기반은 존재하지 않으나, 그럼에도 불구하고 인간은 여전히 윤리적 결단을 내려야만 하고 그것도 무로부터(ex nihilo) 창출해야 한다. 궁극적으로 결단은 "신념의 문제"가 되는 것이다.(Weber 1904, 152/55) 근대를 사는 인간은 "가치들 사이에서의 취사선택의 문제가 아니라, '신'과 '악마'사이 같은 화해 불가능한, 목숨을 건 투쟁"의 상황을 맞이할 수밖에 없고, 이런 상황 속에서 "상대주의화나 절충이란 불가능하다."(Weber 1917, 507/17) 이러한 근대적 조건들하에서, 베버에게 진정한 신념의 전제는 인간이 이러한 존재의 근대적 비극을 수용할 수 있는지, 그리고 떨쳐 일어나 자신의 행위에 대한 의미부여를 할 수 있는지, 즉 "자신의 행위에 대해서 궁극적인 의미를 부여"할 수 있는지의 여부가 된다.(Weber 1917/19,104-05/26)

내가 여기에서 명백하게 보여주고 있는 전제는 하나의 근본적인 사실로부터 기인한다. 이는 삶이 그것 자체로 이해되는 한에서는, 신들 사이의 끊임없는 투쟁일 뿐이라는 것이다. 말 그대로, 그것은 삶에 대한 가능한 궁극적 태도들 사이의 부조화와 그들 사이의 투쟁의 미종결성을 의미한다. 그러므로 그것들 사이에서 결단이라는 것은 불가피하게 된다.(Ibid., 104-05/27)

정리하자면, 베버의 윤리적 기획의 의미는 도덕적 다원성과 딜레마라는 것을 근대의 피할 수도 해결될 수도 없는 현실로 인정한다는 의미에서 반정초주의적이고, 동시에 도덕적 자아라는 것이 효용의 주체(the agent of utility)라기보다는 일관성의 주체(the agent of integrity)라고 이해한다는 면에서 비공리주의적인 해결책을 모색하고자 한 데서 찾을 수 있다. 베버의 윤리기획 속에서 책임윤리가 반정초주의적 기획의 결정체였다면, 신념윤리는 비공리주의적인 기획을 대표한다고 볼 수도 있을 것이다. 베버의 윤리적 주장은 주관적인 결단주의와 객관적인 결과주의의 이러한 유기적 결합에서 그 절정에 이른다. 즉, 베버의 윤리적 기획에서는 책임윤리라는 이름의 결과주의가 강조되면 될수록, 결단주의적 판단의 절박성 역시 증가한다고 말할 수 있는 것이다. 이렇게 재구성했을 때, 베버의 윤리적 기획이 구체적으로 제시하는 바는 비교적 명확하다. 판단과 행위가 정당성과 타당성을 확보하기 위해서 요구되는 의무는 한편으로는 피할 수 없는 판단의 주관성에 대한 인식에도 불구하고 흔들리지 않는 신념, 그리고 다른 한편으로는 그 인과적 결과를 합리적으로 예측할 수 있는 지적 객관성과 성실성이라고 요약할 수 있다. 더 나아가 이러한 주관성과 객관성에 기반한 이질적인 덕들은 상황적으로 결합되는 것이 아니라, 판단과 행위와 책임의 자기완결적인 주체로서 총체적인 인격체를 형성하여야 하는 것이다. 즉, 베버의 윤리적 기획은 그가 소명의 인간이라고 명명한 윤리적 인격체의 생성과 유지에 그 초점이 맞추어져 있으며, 이런 주관성과 객관성의 초월적 담지자를 복구하고

자 하는 인간학적 기획을 통해서 후기 근대의 마지막 가능성을 짚어본 것이라고 할 수 있다.

4. 어둠의 심연(深淵): 윤리적 허무주의와 정치적 권위주의

베버의 윤리적 기획에 대한 비판은 크게 두 가지로 요약될 수 있다. 첫째, 신념과 책임의 윤리가 판단과 행위의 객관적 합리성을 담지해 줄 수 없기 때문에 궁극적으로는 반합리주의적 허무주의라는 비판, 그리고 둘째, 신념과 책임의 윤리가 너무나 많은 것을 요구하기 때문에 비현실적일 뿐 아니라 자칫하면 정치적 엘리트주의로 경도되기 쉽다는 엄밀주의(rigourism) 비판이 그것이다. 전자의 비판을 대변하는 것이 스트라우스라면, 후자는 몸젠에 의해서 대변된다.

스트라우스의 유명한 베버 비판의 요지는 베버의 책임윤리가 내재적인 모순을 함유하고 있으며, 궁극적으로는 신념윤리와 결합될 수 없음을 밝히는 데 있다. 베버의 방법론적 저작에서 보여준 인식의 객관성에 대한 비판에 비추어볼 때, 베버의 윤리적 기획은 결국 주관적인 가치에 대한 신념과 그에 기반한 무책임한 판단과 행위에 대한 일방적인 찬양으로 귀결될 수밖에 없으며, 책임윤리란 베버의 허무주의적인 결정주의를 감추기 위한 가식에 불과하다는 비판이다. 따라서 스트라우스에 따르면 윤리적 측면에서의 "베버 테제는 필연적으로 허무주의로 귀결되거나, 모든 기호란 비록 그것이 악하거나 저급하거나 광적이더라도 이성의 관점에서는 정당성의 우열을 판단할 수 없다는 입장"을 취할 수밖에 없는 것이다.(Strauss 1950, 42)

끝을 알 수 없는 반합리성이 스트라우스의 베버 비판의 주안점이라면, 몸젠은 베버의 윤리적 결단주의(decisionism)의 정치적인 함의에 주목하여, 베버의 기획이 정치적 권위주의와 친화력을 가질 수밖에 없는 이유를 밝혀내고자 했다. 그에 따르면, 베버의 기획이 내포하는 위험은 스트라우스가 주장한 것처럼 그 기반의 반합리성뿐 아니라, 그 본질적 비민주성에서 기인한다. 베버가 주장하는 윤리적 기획은 기본적으로 의무론과 결과론이라는 본질적으로 양립 불가능한 판단의 방식을 의지의 힘에 의해서 결합할 것을 요구하는 바, 이는 그 가능성 여부를 떠나 일반적인 판단과 행위의 주체들이 감당하기 어려운 엄밀한 윤리적 기준을 강요한다는 의미에서 비현실적이고, 더 나아가 베버 본인도 인정하듯이 오직 소수만이 따를 수 있는 윤리라는 측면에서 비민주적인 영웅주의나 엘리트주의, 그리고 정치적으로는 권위주의의 함정에 빠지기 쉽다는 것이다.(Mommsen 1984, 415-47) 결국, 스트라우스의 허무주의 비판이나 몸젠의 엄밀주의 비판은 둘 다 베버에게서 그의 사후에 등장한 독일 국가사회주의의 한 지적 원형을 발견하고자 했던 것이다.

스트라우스의 베버 비판의 문제는 그 결론의 설득력에도 불구하고, 베버의 윤리적 기획에 대한 오해와 문제점의 과장에 있는 것으로 보인다. 첫째, 스트라우스가 지적하는 객관적 책임윤리와 주관적 신념윤리의 간극 내지 부조화는 베버 자신도 "심연과 같은 대조"(abgrundtiefer Gegensatz)를 이룰 수밖에 없다고 고백한 바 있다.(Weber 1919, 235-37/359) 다만, 베버의 주장은 신념의 주관성과 책임의 객관성 사이의 피할 수 없는 논리적 불일치에 대한 인식이 신념과 책임을 분리해야 한다는 규범적 주장으로 전환되는 것을 막고자 한 데 있었다. 따라서 스트라우스가 지적한 간극은 베버의 윤리기획을 전복한다기보다는 오히려 신념과 책임을 의지적으로 통합할 수 있는 인격체의 형성이라는 베버의 결론의 절실성을 강조하는 역할을 한다고도 볼 수 있다. 이 갈등은 베버의 윤리기획의 출발점인 동시에 그 기획의 긴장감을 유지시켜주는 계기가 되는 것이다.

둘째, 스트라우스의 니힐리즘 비판은 과장에 기초하고 있다. 베버의 인식론적 관점주의(perspectivism)는 이성적이고도 객관적인 대화와 심의가 그 자체로서 불가능하다는 주장이 아닐뿐더러, 오히려 베버가 그리는 소명의 인간이란 인격체는 규범적 문제에 대한 이성적 대화에 적극적으로 참여할 의무가 있다고까지 볼 수 있다. 그 이유는 베버의 책임윤리는 당면한 문제의 객관적 이해를 위한 끊임없는 자기성찰과 지적 성실성을 가장 큰 의무로서 부과하며, 그로부터 공적인 심의의 과정에 참여할 의무가 파생적으로 발생하기 때문이다. 이렇게 볼 때, 베버의 관점주의의 요체는 다만 이러한 이성적인 의무의 주체들 사이의 합리적 토론이 객관적 판단에 대한 일반적 합의를 필연적으로 도출하지는 못한다는 인식에 있고, 더 나아가 공적인 참여의 의무를 그런 식의 근거 없는 낙관론에 전치시켜서는 안 된다는 데 있다. 이는 규범적 판단과 행위에 있어서 합리적인 주체들 사이의 이견(disagreement)은 피할 수 없는 현실로서 직시해야 한다는 주장인 것이다. 밀의 예에서도 보듯이, 이와 같은 이견에 대한 다원적 인식이 스트라우스가 주장하는 것처럼 비합리주의, 상대주의, 허무주의, 심지어 도덕적 타락을 즉각적으로 허용한다고 할 수는 없다.(Ryan 1987)

셋째, 스트라우스의 비판은 판단과 행위의 매개되지 않는 연속성을 강조하는 베버의 주장에 관한 한, 상대적인 설득력을 가진다. 베버 기획의 궁극적인 목표는 그가 밝혀낸 주관과 객관의 근대적 아포리아가 공공행위의 무력함으로 귀결되는 것을 방지하는 데 있고, 이를 위해서 중요한 것은 판단의 피할 수 없는 주관성을 인식하는 동시에 흔들리지 않는 신념을 유지하는 자세였다. 그렇다면, 스트라우스가 비판하는 대로, 이성적 이견이 정상인 상황에서 즉각적으로 실천으로 옮길 수 있을 만큼 강렬한 신념의 기반은 무엇인지 물을 수밖에 없고, 이는 나름대로 설득력 있는 비판이라고 할 수 있다. 그럼에도 불구하고 그러한 신념의 기반이 전적으로 합리화될 수 없다든지 또 비합리적이라는 스트라우스의 주장은 과장인 것으로 보인다. 우리가 상기해야 할 것은 베버가 자신의 윤리적 기획의 가장 좋은 역사적 예를 보름스 의회(Diet of Worms)에서 말했다는 루터의 유명한 토로, "달리 믿을 수가 없습니다. 저의 믿음이 이렇습니다"(Ich kann nicht anders, hier stehe ich)에서 찾았다는 사실이다.(Weber 1919, 248-250/367) 특히 주목해야 할 것은 베버가 주관적 신념의 굳건함을 웅변하는 두 번째 절 못지않게, 첫 번째 절, 즉 달리 믿을 수 있는 길을 모두 다 모색해보았다는 인간적 고뇌를 감명 깊게 받아들였다는 점이다. 베버가 루터에게서 주목하는 점은 바로 흔들리지 않는 주관적 신념이란 우리의 지적 성실성의 의무가 부과하는 길고 험한 자기성찰과 탐구에 전치되어 있다는 인식이었던 것이다. 결국 베버에게 있어 굳건한 주관적 신념이란 스트라우스가 과장하듯이 단순한 즉흥성 내지는 이성적 자기반성의 여과를 거치지 않은 비합리성의 자연적 발로에 기인하는 것은 아니다.

그렇다면, 스트라우스의 허무주의 비판이 과장에 기초해 있다고 할지라도, 베버의 기획이 니체가 말하는 "마지막 인간들"에게 너무 많은 것을 요구하고 있다는 비판에 주목할 필요가 있다. 베버의 기획은 우리의 일상적인 자기성찰, 지적 정직성과 성실성, 판단과 신념을 행위로 옮길 수 있는 실천적 용기, 그리고 행위의 결과에 대한 타협 없는 책임감을 요구한다. 그것은 상충하는 의무들 간의 갈등을 피하지 않고 견뎌내면서도 동시에 그들 사이의 일관성을 창출하고 유지할 수 있는 엄청난 의지의 힘을 필요로 하는 것이다. 즉, 베버는 우리들 평범한 영혼들에게 고전적 비극의 영웅이 되기를 강요하고 있다고도 볼 수 있다. 몸젠이 비판한 대로, 베버의 기획은 비민주적이고도 엘리트주의적인 속성을 내장하고 있다고 하겠다. 그러나 과연 필연적으로 그럴까?

베버의 소명윤리가 비현실적으로 엄격한 의무를 부과하며, 적어도 이론상으로는 소수의 윤리적 장인(virtuoso)들을 상정하고 있음은 부정할 수 없다. 베버의 정치사상이 결코 참여민주주의를 내포할 수 없음은 주지의 사실이다.(Beetham 1974; Breiner 1997) 그럼에도 불구하고 상기해야 할 점은 베버가 결코 지도자에게만 이러한 덕목들을 요구하고 있지는 않다는 사실이다. 오히려 그가 강조하듯이 특히 정치적 지도자들이 소명의 윤리라는 정치적 판단능력을 갖추기 위해서는 사회 전반과 전 시민계층에 걸쳐 소명윤리가 파급되어야 하며, 그런 사회적 조건하에서만 진정한 소명의식을 가진 지도자들이 배양될 수 있다. 소명윤리란 사회적으로 학습되고 사회의 저변에서부터 발굴된다는 의미에서 천부적인 능력이나 세습적인 품성들하고는 확연히 구분되는 것이다. 여기에 베버의 시민사회론의 진정한 의미가 발견된다.[3] 베버는 분권화되고 다원적인 시민사회가 갈등과 경쟁의 장으로 제 역할을 할 때에만 그가 강조한 규범적 판단과 행위의 양식들이 등장할 수 있다고 보았다. 예를 들면 지역 합창단이나 토론공동체 같은 작은 규모의 자발적 결사체가 베버에게 중요했던 이유는 바

---

[3] 베버의 시민사회론 일반에 대해서는 졸고(2000) 참조.

로 그런 시민사회의 미시적 활성화를 통해서만 소명윤리의 수평적 확산과 그런 윤리적 자질을 갖춘 지도자의 양성이 가능하다고 보았기 때문이었다.(Weber 1910) 그가 상정한 사회적 메커니즘은 소명의 윤리를 실천할 수 있는 개인들이 자유로운 경쟁을 통해서 수월성을 입증하는 일종의 메리토크라시(meritocracy)로서, 몸젠이 주장하는 선동적 독재자와 우중의 추종을 합리화하는 논리와는 거리가 먼 것이다.(졸고 2002, 455-57)

그렇다면 몸젠과 스트라우스 외에도 아롱, 하버마스, 마르쿠제를 포함한 많은 사상가들이 주장했듯이,(Aron 1971, 83-100; Habermas 1971, 59-66; Marcuse 1971, 133-51) 우리는 초기 베버의 민족주의와 인식론적 관점주의로부터 전후의 카리스마적 리더십에 대한 강조를 관통하는 일관된 주제를 발견하게 된다. 그러나 이들의 비판적 독해와 달리, 그 일관된 주제는 근대의 가치다원주의적 상황하에서의 윤리적 성격학(ethical characterology)[4]과 대중민주주의하에서의 공공시민(public citizenship)의 문제에서 연원한다고 볼 수 있다.(Hennis 1987, Ch. 5) 그리고 그러한 베버의 문제의식을 이해할 때 비로소 우리는 정치의 작위(statecraft)를 영혼의 작위(soulcraft)의 일환으로 이해하고자 했던, 어찌 보면 플라톤적 영혼의 정치(politics of the soul)의 근대적 계승자로서의 베버의 모습을 확인하게 되는 것이다.(Goldman 1992, 162-63)

---

[4] 베버의 인간학을 표현할 수 있는 인류학(Anthropologie), 심리학(Psychologie) 그리고 성격학(Charakterlogie) 등의 단어의 절실성에 대한 사상사적인 비교 고찰은 Hennis(1996, Ch. 1) 참조.

5. 나오면서 : 양심과 의무, 그리고 중용

요약하면 베버의 정치 판단이론은 모든 문제를 일거에 해결해줄 수 있는 전가의 보도는 없다는 냉엄한 현실인식에서 출발한다. 종교가 영원한 구원을, 과학이 보편적 진리를, 그리고 도덕 형이상학이 초월적 지선을 추구하는 데 반해, 베버는 폭력적 갈등이란 치유될 수 없는 정치의 상수이며, 이를 영구히 해결할 수 있는 보편적이고 초월적인 해법은 없다고 본다. 결국 정치적 판단은 세속적인 현실에서 상황적인 "차악"(次惡)을 선택하는 문제인 것이다. 그렇다고 정치적 판단의 문제가 규범적 요소가 탈색된 권력투쟁 내지는 정치적 상황논리로 치환되는 것은 아니다. 정치란 본질적으로 규범적 확신과 원칙 사이의 투쟁이며, 그 같은 신념이 부재할 때 베버가 가장 혐오하는 기회주의적 관료정치나 저열한 이익정치(interest politics)가 준동하게 되는 것이다. 베버의 궁극적 목표는 오히려 그가 화석화된 철창(iron cage)이라고 표현하는 현대사회에 활력과 생동감을 다시 불러일으키기 위해서 신념에 입각한 가치정치(value politics)를 복원하는 데 있었다.

베버에게 있어 지고지선을 추구할 수 없음에도 불구하고 또 다른 의미에서 규범적이어야만 하는 정치적 판단의 요소들은 무엇일까. 우선 정치적 판단은 한편으로는 규범적 가치에 대한 확고한 신념과 다른 한편으로는 그 같은 신념의 규범적 한계에 대한 냉철한 인식을 동시에 요구한다. 이는 신념에 대한 철저한 자기성찰과 공적 대화를 통한 객관적 자기검증을 필요로 하는 바, 베버의 정치적 판단이 요구하는 첫 번째 미덕은 내적 거리두기에 기반한 지적 성실성(integrity)과 정직성에 있다. 더 나아가 그와 같은 지적 자질 및 자세는 용기라는 두 번째 미덕에 전치되어 있다. 베버에 따르면 어떠한 규범적 가치의 보편적 타당성도 주장할 수 없는 가치다원주의적 상황에서 가치판단의 문제에 대한 정답이 주어질 리 없지만, 그럼에도 불구하고, 내지는 오히려 그렇기 때문에 자기 자신과의, 또 타자와의 끊임없는 대화를 유지해야만 한다. 정답이 없는 고민의 끈을 놓지 않는 자세는 시시포스와 같은 의미에서의 끈질긴 용기를 필요로 하는 법이다. 이는 더 나아가 상호갈등하는 가치들 사이에서 궁극에 가서는 결단을 내려야만 한다는 의미에서도 그렇다. 틀릴 수도 있는 가치를 믿겠다고 결심하는 것보다 더 용기가 필요한 결단이 없음을 베버는 너무나 잘 인식하고 있다. 그만큼 그와 같은 결단을 내릴 만한 용기 있는 소수만이 소명의 정치인이 될 수 있다고 베버는 주장한다.

그렇다고 정치적 판단이 열정적 신념과 냉정한 이성의 영웅적 결합에서 끝나는 것은 아니다. 베버의 정치판단 이론은 또한 주어진 상황에 대한 복합적 통찰력(clear-sightedness)을 세 번째 미덕으로 요구한다. 통찰력은 합리적 이성의 틀을 넘어서는 경험과 상식에 기반한 현실적 숙고(prudence)의 결과이다. 베버에게 통찰력이 중요한 이유는 바로 모든 정치적 판단이 어떤 형태로든 정치적 결과를 낳게 마련이며, 따라서 현시점에서 내리는 정치적 판단은 반드시 미래시점에서 발생할 결과에 대한 객관적 예측을 고려에 넣어야 하기 때문이다. 이를 영국의 철학자 오크숏식으로 설명하면 통찰력은 단순한 "무엇"(what to do)이 아니라 "어떻게"(how to do)에 대한 판단을 제공함으로써 어떤 정치적 신념의 실천수단에 대한 실사구시적인 선택을 가능하게 해준다. 결국 객관적 예측과 효과적인 (efficacious) 실천을 위해서 올바른 정치적 판단은 현명한 통찰력을 필요로 하는 것이다.

그러나 베버는 현명한 통찰력에도 불구하고 미래의 결과를 완벽하게 예측할 수 없는 것이 인간행위의 비극적 숙명이라고 보는 바, 따라서 어떤 정치적 판단으로부터 파생되는 모든 결과, 즉 "의도하지 않은 결과"에 대해서까지도 적극적으로 책임을 지는 강렬한 책임감을 마지막 네 번째 미덕으로 내놓는다. 항상 폭력이라는 비윤리적 수단을 때로는 전면에, 때로는 배후에 놓고 벌어지는 정치행위는 설사 그 목표가 윤리적이더라도 결코 그 실천이 윤리적일 수만은 없다. 그렇다면 정치적 판단의 규범성을 보장해줄 수 있는 궁극적인 길은 규범적 목표를 상정하고, 그 목표를 현명하게 추구하는 동시에 실천과정에서 파생된 의도하지 않은 비윤리적 결과에 대해서는 정치적 판단의 주체가 총체적인 책임을 지는 수밖에 없는지도 모른다.

이를 미국의 정치철학자 마이클 월처의 개념으로 환언하면, 정치적 판단에 있어서 공동체의 공공선 증진을 위한 공리주의적 판단과 그 수단의 윤리성에 관한 의무론적 판단은 결코 양립할 수 없다. 이런 본원적 딜레마 앞에서 "만약 [한 지도자]가 단순히 도덕적 인간(moral man)이라면 그 손을 더럽힐 리 없고, 역으로 그가 그저 정치가(politician)라면 자기 손이 깨끗한 척할 터이다."(Walzer 1973, 168) 그렇다면 진정한 의미의 국가지도자(statesman)는 "손 더럽히기"(dirty hand)를 피하지 않고 개인적 "양심"에 꺼려지는 수단을 동원해서라도 공리를 증진시키는 방향으로 정치적 판단을 내릴 수 있는 사람이다. 아니 그렇게 해야만 한다는 "의무감"에 불타는 사람이다. 그러나 아무리 올바른 정치적 판단이라고 하더라도 그 실행과정에서 발생한 윤리적 문제들은 해소되지 않는 법. 결국 월처는 그 판단을 내린 지도자가 윤리적 "책임"을 질 수밖에 없다는 결론을 맺는다.

그렇다면 모든 정치적 판단은 그 결과에 관계없이 지도자 개인에게는 후회와 회한의 고통으로 귀결될 수밖에 없다. 어떤 정치적 판단의 결과뿐 아니라 그 의도되지 않은 결과에 대해서까지도 책임을 져야 한다는 베버의 책임윤리의 결론도 마찬가지이다. 다시금 월처의 표현을 빌리면,

> 일단 정치의 길에 들어선 이상 마키아벨리의 군주가 저지를 수밖에 없는 범죄들은 경험적인 지혜(prudential control)에 의해서 통제될 수밖에 없을 것이다. 그리고 베버의 비극적 영웅(tragic hero)이 저지를 수밖에 없는 범죄는 개인적으로 참아낼 수 있는 고통(suffering)의 극대치에 의해서 한계지어질 수밖에 없다.(Ibid., 179)

결국 베버가 요구하는 책임윤리는 정치적 판단의 규범성을 보장해주는 최후의 보루이자, 동시에 그 판단의 주체가 설사 소기의 목표를 달성하였더라도 결코 윤리적 죄책감으로부터 벗어나지 못하도록 얽어매는 비극의 기제이다. 베버에게 있어 모든 정치적 판단은 개인적 비극으로 치달을 수밖에 없는 것이다.

여기에 베버가 마키아벨리의 후예인 이유도, 그렇지 않은 이유도 있다. 정치와 도덕의 분리에 대한 필요성을 인정하는 동시에 정치의 탈규범화를 부정하고 정치영역에 고유한 윤리규범을 확인하는데 마키아벨리적 정치사상의 의의가 있다면, 베버는 분명 그 후예임에 틀림없다. 그러나 베버는 정치적 판단 및 인간행위의 본원적 비극성에 대해서 단 한시도 눈을 돌리지 못한다는 의미에서 마키아벨리적 감수성과는 상대적인 차이를 드러낸다. 월처의 표현대로 충만한 인생경험에서 오는 원숙한 지혜와 자기파괴적인 자학만큼의 간극이라고나 할까. 아니면 토스카나의 양지바른 포도원과 슈바르츠발트의 음습한 침엽수림만큼의 차이라고 할까.

베버의 책임윤리가 "중용"의 정치사상과 공유하는 부분도, 그렇지

않은 부분도 여기에 있지 않을까. 정치적 판단에 있어서 중용이 "초월적 최선을 상정한 종교와는 달리 가능한 최선을 추구하는"(최상용 2004, 18) 것이라면, 분명 베버의 정치판단 이론과 책임윤리는 "정치적 중용"을 추구하고 있음에 틀림없다. 그러나 만약 "정치적 중용"이 다만 아리스토텔레스적 의미에서의 원숙한 실천지(phronesis)를 의미한다면 베버의 전(前)실존주의적 감수성과는 차이가 있지 않을까. 고전주의(classicism)가 이상화한 조화로운 삶과 그 대단원으로서의 심장한 죽음에 대한 꿈이 결국은 "행복을 발명해낸 마지막 인간"의 미몽에 불과하다는 믿음, 또한 모든 삶, 특히 정치적 삶이란 비극적 결단의 부조리한 영겁회귀(永劫回歸, eternal recurrence)에 불과하다는 인식. 이는 어찌 보면 현기증 나는 심연을 내려다보며 눈 하나 깜박거리지 않는 초인(超人)적 현실주의자의 면모일 수도 있다. 그러나 달리 보면 베버의 가혹하리만치 냉정한 현실주의가 유사 실존주의적 비극의 외피를 둘러쓰는 순간 정치적 현실은 증발하고 그 자리에 슬그머니 정치적 낭만이 들어서고 있는지도 모른다. 이는 베버가 추구했던 정치과학이 궁극에는 정치미학으로 전화한다는 해석이 그 신빙성을 발견하게 되는 지점인 동시에 "중용"의 정치사상이 기실은 더 현실적인 정치판단 이론을 제공해줄지 모른다는 기대를 하게 되는 대목이다.

이와 같은 한계에도 불구하고 우리가 베버의 윤리-정치적 기획(ethico-political project)에 주목하는 이유는 무엇인가. 그것은 근대의 아포리아와 그것이 던지는 인간학적 딜레마에 대한 성찰이 베버에게서만큼 자의식적인 총체성을 갖추고 결정화된 적이 드물기 때문이다. 베버에 따르면 합리화와 탈주술화는 판단과 행위의 객관성을 보장할 수 없는 세계를 만들어냈고, 그 결과 근대적 자아는 한편으로는 주관적 가치의 무책임한 동요, 또 다른 한편으로는 객관적 합리성으로 인한 관료주의적 화석화 사이에서 분열된 존재로 전락했다. 이러한 근대 비판의 아이러니는 내적으로 자기규율된 도덕적 행위라는 근대적 자유의 지반이 바로 근대화의 내재적 논리에 의해서 파괴된 데 있었다. 근대적 인간은 이제 단지 자신의 주관적 신념을 표현하기 위한 탐미적 내지는 무원칙한 충동에 따라 판단하고 행동하거나, 그나마 주관적 신념조차 형성 못 하는 다수는 이제 관료주의라는 "기계의 톱니바퀴"로서의 삶을 영위할 뿐인 것이다. 신(新)헬레니즘적 "다신주의"(polytheism)와 출구 없는 "철창"(iron cage)의 대안만을 강요하는 근대의 조건들하에서 인간의 자기소외, 허위의식, 그리고 무력감은 깊어만 갈 뿐이다.

후기 저작에 와서 비로소 정점을 이루는 이러한 문제의식은 베버의 종교사회학, 방법론, 그리고 각종 정치적 저작들을 관통하는 하나의 축을 제공한다. 또한 이에 대한 그의 처방 역시 일관성 있게 견지되는데, 그것은 주관적 가치와 객관적 합리성의 초월에 기반한 "소명의 인간"의 복구라는 처방이었다. 베버에 따르면, 이 주객(主客)의 균형이 기울 때 윤리는 도덕적 자기방종이나 저열한 공리주의로, 정치는 헛된 권력숭배나 소아병적 낭만주의로, 그리고 과학은 자기만족적 독백이나 자기반성을 결여한 실증주의의 길로 전락하게 된다.[5] 각각의 가치영역이 각기 서로 다른 형태의 아포리아를 제시하지만, 베버가 "소명의 인간"에게 요구하는 것은 자아 내부의 심연으로부터 형성된 흔들리지 않는 신념을 가진 인격체, 냉철한 안목으로 객관적 현실을 직시하고 의무에 따라 일상에 유기적 통일성을 부여하는 인

---

[5] 각 가치영역이 제기하는 상이한 형태의 아포리아와 그에 수반되는 인간학적 문제에 대해서는 졸지(2004, Ch. 4)를 참조할 것. 1904

간이다. 이러한 "소명의 인간"의 복구라는 베버의 기획의 기저에는 분열된 주객(主客)의 저편을 확보하고자 하는 절박하고도 (비극적이란 의미에서) 영웅적인 시도가 있었다. 그리고 이 시도의 성공 여부를 평가하기에 앞서, 루소가 이상화한 "양심"과 칸트가 추구한 양심의 실천적 형태로서의 "의무", 그리고 니체가 간파한 판단으로서의 양심과 행위로서의 의무를 불가능하게 만드는 근대의 아포리아 사이에서 발생하는 고뇌와 갈등의 자의식적 결정에서 우리는 베버의 사상사적 의미와 현재적 절실성을 발견하게 된다.

참고 문헌

1. 막스 베버

1895

"Der Nationalstaat und die Volkswirtschaftspolitik" in *Max Weber Gesamtausgabe* (MWG) I/4-2 (T bingen : J. C. B. Mohr/Paul Siebeck, 1993), 535-74: "The Nation State and Economic Policy (Freiburg Inaugural Lecture)" in *Max Weber: Political Writings*, ed. and trans. P. Lassman and R. Speirs (Cambridge: Cambridge University Press, 1994), 1-28.

1903-06

"Roscher und Knies und die logischen Probleme der historischen

Nationalökonomie" in *Gesammelte Aufsätze zur Wissenschaftslehre* (GAWL), ed. J. Winckelmann (Tübingen: J. C. B. Mohr/Paul Siebeck, 1985), 1-145: *Roscher and Knies: The Logical Problems of Historical Economics* (New York: Free Press, 1975).

1904

"Die 'Objektivität" sozialwissenschaftlicher und sozialpolitischer Erkenntnis" in GAWL, 146-214: "Objectivity in Social Science and Social Policy" in *The Methodology of the Social Science*, trans. and ed. E. A. Shils and H. A. Finch (New York: Free Press, 1949), 50-112. 1905.

1905

"Die protestantische Ethik und der Geist des Kapitalismus: II. Die Berufsethik des Asketischen Protestantismus," in *Die protestantische Ethik I: Eine Aufsatzsammlung*, ed. J. Winckelmann (Gütersloh: Gütersloher Verlaghaus, 2000), 115-90: "The Protestant Ethic and the ''Spirit' of Capitalism: II. The Idea of the Calling in Ascetic Protestantism," in *The Protestant Ethic and the "Spirit" of Capitalism and Other Writings*, ed./trans./intro. P. Baehr and G. C. Wells (London: Penguin Books, 2002), 67–202. 1906.

1906

"Zur Lage der b reaukratischen Demokratie in Rußland," in MWG I/10 (Tübingen: J. C. B. Mohr/Paul Siebeck, 1989), 86-279: "On the Situation of Constitutional Democracy in Russia" in *Weber: Political Writings*, 29–74. 1910.

1910

"Rede auf dem ersten Deutschen Soziologentage in Frankfurt 1910" in *Gesammelte Aufsätze zur Soziologie und Sozialpolitik*. ed. Marianne

Weber (Tübingen : J. C. B. Mohr/Paul Siebeck, 1924), 441-49; "Voluntary Associational Life (Vereinswesen)," trans./ed./intro. Sung Ho Kim, *Max Weber Studies* 2:2 (2002). 1913

1913

"Die Wirtschaftsethik der Weltreligionen: Einleitung" in *Gesammelte Aufsätze zur Religionssoziologie* (GARS), three volumes, (Tübingen: J. C. B. Mohr/Paul Siebeck, 1920-21) vol. 1, 237-75: "The Social Psychology of the World Religions" in *From Max Weber*, eds. H. H. Gerth and C. W. Mills (Oxford: Oxford University Press, 1946), 267-301. 1915-16

1915-16

"Zwischenbetrachtung: Theorie der Stufen und Richtungen religiöser Weltanblehnung" in GARS, vol. 1, 536–73: "Religious Rejections of the World and their Directions" in *From Max Weber*, 326-59. 1917

1917

"Der Sinn der Wertfreiheit der soziologischen und ökonomischen Wissenschaften" in GAWL, 489-540: "The Meaning of 'Ethical Neutrality' in Sociology and Economics" in *Methodology*, 1–49. 1918

1918

"Parlament und Regierung im neugeordneten Deutschland" in MWG (Studienausgabe: SA) I/15 (Tübingen: J. C. B. Mohr/Paul Siebeck, 1984), 421-596: "Parliament and Government in Germany under a New Political Order" in *Max Weber: Political Writings*, eds. P. Lassman and R. Speirs (Cambridge: Cambridge University Press, 1994), 130-271. 1917/19

1917/19

"Wissenschaft als Beruf" in MWG (SA) I/17 (T bingen: J. C. B. Mohr/Paul

Siebeck, 1992/SA: 1994), 49-112: "Science as a Vocation" trans. M. John in *Max Weber's "Science as a Vocation"* eds. P. Lassman and I. Velody (London: Allen & Unwin, 1989), 3-31. 1919

1919

"Politik als Beruf" in MWG (SA) I/17, 113–252: "The Profession and Vocation of Politics" in Weber: *Political Writings*, 309–369. 1921-22

1921-22

Wirtschaft und Gesellschaft: Grundriss der verstehenden Soziologie, ed. J. Winckelmann (Tübingen: J. C. B. Mohr/Paul Siebeck, 1972): *Economy and Society*, two volumes, Eds. G. Roth and C. Wittich (Berkeley, CA: University of California Press, 1978).

2. 기타

최상용. 2004. 『중용의 정치』. 서울: 나남출판.
Aron, Raymond. 1971. "Max Weber and Power-Politics." in O. Stammer (ed.) Max Weber and Sociology *Today*. Oxford: Oxford University Press.
Beetham, David. 1974. *Max Weber and the Theory of Modern Politics*. London: Allen & Unwin.
Blumenberg, Hans. 1991. *The Legitimacy of the Modern Age*. trans. R. Wallace, Cambridge, MA: MIT Press.
Breiner, Peter. 1997. *Max Weber and Democratic Politics*. Ithaca, NY: Cornell University Press.
Fleischman, Eugne. 1964. "De Weber à la Nietzsche," *European Journal of Sociology* 5. 190-238.
Gellner, Emest. 1974. *Legitimation of Belief*. Cambridge: Cambridge University Press.

Goldman, Harvey. 1988. *Max Weber and Thomas Mann: Calling and the Shaping of the Self.* Berkeley, CA: University of California Press.

----- 1992. *Politics, Death, and the Devil: Self and Power in Max Weber and Thomas Mann.* Berkeley, CA: University of California Press.

Habermas, J rgen. 1971. "Discussion" in O. Stammer (ed.) *Max Weber and Sociology Today.* Oxford: Oxford University Press.

Hawthorne, Geoffrey. 1979. *Enlightenment and Despair.* Cambridge: Cambridge University Press.

Hegel, Georg Wilhelm Friedrich. 1991. *Philosophy of Right.* ed. A. Wood and trans. H. B. Nisbet. Cambridge: Cambridge University Press.

Hennis, Wilhelm. 1987. Max Webers Fragestellung: Studien Zur Biographie des Werkes. Tübingen: J. C. B. Mohr/Paul Siebeck.

----- 1996. *Max Webers Wissehschaft vom Menschen.* Tübingen: J. C. B. Mohr/Paul Siebeck.

Henrich, Dieter. 1952. *Die Einheit der Wissenschaftslehre Max Webers.* Tübingen: J. C. B. Mohr/Paul Siebeck.

Jameson, Frederic. 1972. "The Vanishing Mediator: The Narrative Structure in Max Weber." *New German Critique* 1:1. 52-89.

Jaspers, Karl. 1926. Max Weber: *Eine Gedenkrede.* Tübingen: J. C. B. Mohr/Paul Siebeck.

Kim, Sung Ho. 2000. "Max Weber's *Politics of Civil Society.*" *Political Theory* 28:2. 197-229.

----- 2002. "Max Weber's Liberal Nationalism." History of Political Thought 23:3.432-57.

----- 2004. Max Weber's *Politics of Civil Society.* Cambridge: Cambridge University Press.

Landschudt, Siegfried. 1969. *Kritik der Soziologie und Schriften zur Politik.* Berlin: Hermann Luchterhand Verlag.

Löwith, Karl. 1960. *Max Weber und Karl Marx.* Stuttgart: Verlag W.

Kohlhammer.

----- 1970. *Meaning in History*. Chicago, IL: The University of Chicago Press.

Marcuse, Herbert. 1971. "Industrialization and Capitalism." in O. Stammer (ed.) *Max Weber and Sociology Today*. Oxford: Oxford University Press.

Mommsen, Wolfgang. 1984. *Max Weber and German Politics*, 1890–1920. trans. M. Steinburg. Chicago, IL: The University of Chicago Press.

Nietzsche, Friedrich. 1974. *The Gay Science*. trans. W. Kaufmann. New York, NY: Random House.

----- 1994. *On the Genealogy of Morality*, ed. K. Ansell-Pearson and trans. C. Diethe. Cambridge: Cambridge University Press.

Pippin, Robert. 1991. *Modernism as a Philosophical Problem*. Cambridge: Cambridge University Press.

Ryan, Alan. 1987. "Weber and Mill on History, Freedom and Reason." in W. Mommsen and J. Ostehammel (eds.) Max Weber and His Contemporaries. London: Allen & Unwin.

Scaff, Lawrence. 1989. *Fleeing the Iron Cage: Culture, Politics, and Modernity in the Thought of Max Weber*. Berkeley, CA: University of California Press.

Schluchter, Wolfgang. 1979. "Value Neutrality and The Ethic of Responsibility." in W. Schluchter and G. Roth (eds.) *Max Weber's Vision of History*. Berkeley, CA: University of California Press.

-----. 1996. *Paradoxes of Modernity: Culture and Conflict in the Theory of Max Weber*. Stanford, CA: Stanford University Press.

Strauss, Leo. 1950. *Natural Right and History*. Chicago, IL: The University of Chicago Press.

Turner, Charles. 1993. "Liberalism and the Limits of Science: Weber and Blumenberg." *History of the Human Science*. 6:4. 57-79.

Vattimo, Giani. 1988. *The End of Modernity*: Nihilism and Hermeneutics in Postmodern Culture. trans. J. Snyder. Baltimore, MD: The Johns Hopkins University Press.

Villa, Dana. 2001. *Socratic Citizenship*. Princeton, NJ: Princeton University Press.

Walzer, Michael. 1973. "Political Action : The Problem of Dirty Hands" *Philosophy and Public Affairs* 2:2. 160-80.

Williams, Bernard. 1973. "A Critique of Utilitarianism." in J. J. C. Smart and B. Williams (eds.) *Utilitarianism: For and Against*. Cambridge: Cambridge University Press.

제3장

정치논의의 공동체적 기반
: 중용적 사유 속의 갈등

김우창*

1. 서문 : 글의 제목에 대하여 중도와 원칙

이 글의 마지막 부록을 붙인 부분은 보다 구체적인 정치 주제와 관련하여 구두로 발표하였던 글의 텍스트이다. 거기에는 이미 서문이 들어있다. 그러나 조금 기이한 느낌을 주는 대로 이 글은 서문에 대한 또 하나의 새로운 서문으로서 시작하였다. 구두발표 원고는 2006년 12월 1일 "화해상생의 마당"에서 주최한 세미나에서 발표한 것이다. 당시의 제목은 "화해상생의 중도주의에 대한 성찰 – 정치논의의 공동체적 기반"이었다. 이 제목의 전반은 주최 측에서 아마 다른 발표문들과의 주제적 일관성을 유지하기 위해서 붙인 것이고, 후반의 부제가 필자 자신의 원제목이었다. 이제 다시 제목을 원래대로 하면서 새로운 부제를 첨가하였다. 첫째 이유는 글의 취지가 모든 정치 상황

---
* 김우창 ; 고려대학교 명예교수

또는 어떤 상황에서나 극단적인 입장에 대하여 그 가운데의 입장을 찾고 그것을 견지하여야 한다는 것보다도 인간의 집단적 삶이 불러일으키는 여러 문제들의 해결에서 원칙이 무엇이어야 하는가를 밝히려는 것인데 대하여, 중도주의라는 이름은 오해를 불러일으킬 수 있는 이름이기 때문이다. 원래 발표를 경청하여 주신 화해상생의 마당의 여러분도 필자와 마찬가지로 이 오해의 가능성에 대하여 적지 않은 우려를 가지고 있는 것이라고 생각한다.

  제목을 되살리고, 글을 써나가다 보니, 처음 부분이 토대가 되었던 발표문의 몇 배가 되게 길어졌다. 그리하여 원래의 글을 부록으로 첨가하는 형식이 되었다. 현실적인 문제를 다루는 것보다도 문제 처리의 이론적 근거를 생각하는 것은 더 복잡한 해명을 필요로 한다. 원래 화해상생의 마당에서 의견을 발표했을 때, 여기에 들어있는 모든 이론적인 문제를 생각한 것은 아니다. 글을 쓴다는 것은 사고한다는 것과 같은 과정이다. 그리하여 글을 쓰는 사람들은 쓴다는 행위를 통하여 많은 것들을 새로 생각하고 알게 된다. 그러나 새로운 것들도 대부분 원래 가졌던 직관적 이해의 테두리 안에 남아 있게 마련이다. 그리하여 앞부분과 뒷부분은 하나의 테두리 속에 들어가는 것으로 생각된다. 그러나 앞부분이 너무 길어졌다. 앞부분은 길뿐만 아니라 조금 복잡하다. 필자가 오늘의 문제들과 관련하여 생각한 것을 아는 데에는 짧은 뒷부분으로 족하지 않을까 한다. 그러나 그렇게 생각하게 되는 이론적인 근거를 밝히는 데에는 역시 앞부분이 필요하다. 길이, 목적 그리고 글의 스타일이 다른 대로 원문과 부록의 형태로라도 두 부분을 하나로 둔다.

사실과 형이상학

이 글에서 발표문의 원제를 되살리려고 한 것은 현실적으로는 집단적 삶의 여러 문제, 특히 갈등의 문제를 숙고하노라면, 결국 중도주의에 귀결될 수 있을지라도 그 전에 확인하여야 할 원칙들이 있고, 이것을 확인하는 것이 필요하다고 생각하기 때문이다. 이 원칙이 무엇인가는 쉽게 말할 수 없다. 그러나 원제목에서 시사한 것은 모든 정치행위 – 논의와 행동에는 공동체적 기반이 전제된다는 것이다. 그러니까 상기하고자 하는 원리는 공동체라고 할 수도 있다. 그러나 다시 생각해보건대, 답변은 그것으로 끝나지 않는다. 어떻게 공동체가 가능한가 하는 문제가 있을 수 있기 때문이다. 앞의 문제가 쉽게 답하여질 수 있는 것은 아니지만, 뒤의 문제는 더욱 답하기 어려운 문제로 생각된다. 그 이유의 하나는 그것이 많은 현실적인 과정에 대한 고려를 요구할 것이기 때문이다. 그러나 여기에서 시도하여보는 것은 그 이론적, 달리 말하여 그 철학적 또는 형이상학적 기반이다. 아무리 경험주의적 태도를 견지하여도, 놀라운 일은 인간이 형이상학적 존재라는 사실에 부딪친다는 사실이다. 집단 내의 또는 집단 간의 갈등의 문제는 극히 사실적이고 현실적인 문제인 것 같지만, 사실의 사실적 해결에도 인간존재에 대한 철학적 또는 형이상학적 이해가 깊이 개재되는 것으로 보인다. 간단히 말하면, 갈등 해결의 근본은 함께 살아야 한다는 데에 있다. 그러나 이것을 생각하노라면, 산다는 것은 현실에서 무엇을 말하는 것이며, 보다 근본적인 의미에서는 무엇을 말하는 것인가 하는 문제들이 일어난다. 오늘의 문제들에 대한 본래의 글의 앞부분으로서 – 과분수가 되어버린 이 이론적 부분에서 고찰하고자 하는 것은 이러한 조금 괴팍한 문제들이 될 것이다.

중도와 중용

갈등의 해소는 어떻게 가능한가? 그 방법에 간단한 이름을 붙인다면, 어떤 것이 될 것인가? 중도주의란 말은 오늘날 우리 사회의 갈등과 긴장을 걱정하는 이들이 여기에 대한 대책으로 내놓은 말이다. 그러나 이 말은 듣는 이에 따라서는 타협과 화해만을 강조하고 원칙을 무시하는 것으로 들리는 것으로 생각된다. 갈등의 문제는 일단 이익 상충의 문제라고 할 수 있다. 따라서 그 해소는 이익의 절충에서 찾아질 수 있다고 간단히 이야기할 수 있다. 그 경우 방법의 하나는 갈등 당사자의 이익을 합하여 둘로 쪼개어 반반을 서로 나누어 가진 일이다. 반드시 이러한 뜻으로 쓰이는 것은 아니겠지만, 중도주의라는 말은 이러한 무원칙한 해소의 방법을 옹호하는 것으로 들리는 것이다. 사람들은 갈등의 해소를 원하되, 그것이 사람들이 존중할 수 있는 원칙에 입각하기를 원한다. 그러나 위에서 단순화해본 중도주의까지도 반드시 원칙에 무관한 것은 아니다. 거기에는 이익관계를 넘어가는 원칙들 – 인간의 존재론적 운명에 대한 공통된, 또 실존적인 확인이 개입되어 있다. 무조건의 이익의 절충도 공존의 중요함을 인정한 데에서 나오는 것일 수 있기 때문이다. 그러나 새로 첨가한 부제는 중도가 아니라 중용이라는 표현을 사용하고 있다. 이것은 보다 보편적인 함축을 가질 수 있는 것이라는 생각에서이다. 물론 이 글이 들어가게 될 책의 주제에 그것이 맞기 때문이기도 하다. 중용은 원래 최상용 교수가 제안한 것이지만, 사실 이 글의 철학적 주제에 더 잘 맞는 것으로 생각되기 때문에, 그 제안을 받아들인 것이다. 그러나 아마 이 글은 중용의 개념에 대한 깊은 논의보다 위에서 밝힌 대로 갈등과 그 해소에 관한 철학적 반성의 성격을 띨 것이다. 그러나 중용의 의미를 고려해보는 것도 우리의 주제를 심화하는 데에 도움을 줄 수 있는 일이기는 하다.

　중용은 대체로 극단으로 흐르지 않고 적절한 중간의 길을 택한다는 뜻으로 쓰이는 것으로 보인다. 고전적인 뜻으로 거기에는 불편부당하다는 뜻이 있다. 주자가 중용을 설명하여, "不偏不倚, 無過不及, 而平常之理"라고 할 때의 뜻이 이러한 것일 것이다.(『中庸』의 "仲尼曰, 君子中庸, 小人反中庸"에 대한 주자의 주석). 물론 이것을 자세히 들여다보면 그것은 조금 더 복잡한 뜻을 가진 것으로 해석될 수 있다. 우선 여기에서 치우치지 않고 기울지 않고 더하거나 모자람이 없다는 것은 수량의 합계가 그러하다는 것보다, 그것이 고르고 정상적인 것의 이치이기 때문에 그러하다는 것이다. 중용은 사물의 이치에서 온다.

　그러나 이 이치는 사물의 외적인 이치일 뿐만 아니라 내적인 깨달음을 통하여 도달되는 이치이다. 공자는 중용은 군자만이 실천할 수 있는 일이고 소인은 그것을 하지 못한다고 하였다. 군자가 그렇게 할 수 있는 것은 그의 수양으로 인한 것이다. 수양이란 자신의 마음 깊이로 들어가는 것을 말한다. 중(中)의 뜻은 마음의 가운데를 말한다. 이것은 위 인용한 부분의 앞에 설명되어 있는 바와 같이, 희로애락이 촉발되기 전의 마음 상태이다. 그리고 이어서 설명되어 있듯이 이러한 감정이 움직인 다음 이것을 적절한 균형에 유지하는 것이 화(和)이다. 그러니까 중이나 화란 주로 마음의 상태를 말한다고 할 수 있다. 이러한 마음의 상태가 평상적인 이치인 것이다. 그것은 정상상태의 법칙이고 규범이다.

　그러나 이렇게 안에 있는 것이 중요한 것은 그것이 밖에 있는 것과 일치하기 때문이다. 중용의 庸이 의미하는 바는 이러한 일치를 나타내는 것으로 말할 수 있다. 주자는 『중용장구』(中庸章句)의 첫 부분에서 단적으로 "庸者天下之定理"라는 정자의 말을 인용하고 있다. 그것은 천하의 변함없는 이치이다. 그러면서 그것을 알고 수행하는 것이 쉽지는 않은 일이로되, 사람은 그것을 마음 안으로 끌어들여 삶의 규범으로 만드는 것이다. 그러한 뜻에서 그것은 平常之理, 보통 사람의 관행에 존재하는 규범성이 된다. 두웨이밍 교수는 중용을 번역하여 "Centrality and Commonality"라고 했다. 이것은 가운데와 일반성, 가운데로서의 나와 일반성으로의 대중, 또는 이 모든 것의 가운데 있으면서 일반적으로 통용되는 것들을 의미할 수 있는 번역이다. 그러나 안에도 있고 밖에도 있는 중용의 원리가 보다 본격적으로 나와 사람들의 실천 원리가 되는 것은 정치를 통해서이다. 좋은 통치자는 중용을 몸에 지니고 두웨이밍 교수가 "신의공동체"(信義共同體, fiduciary community)라고 명명한 도덕적 인간체제를 구성하여 사회 전반에 실현하게 된다. 이렇게 하여 그것은 사회제도의 핵심 원리가 된다.

두웨이밍 교수는 『중용』을 종교적인 지향을 가진 책으로 해석한다. 종교적이란 사람의 마음 안에, 그리고 사람들 사이에 발견될 수 있는 이치가 그것을 넘어가는 초월적 근거 – 가령 신(神)과 같은 초월적 근거를 가지고 있다는 것을 두고 쓸 수 있는 말이다. 그러나 두웨이밍 교수는 사람 밖에 있는 초월적 근거를 상정하기보다는 사람들의 마음 안에 그러한 초월적 요소가 있다고 말한다. 그리하여 중용의 사상에서, "삶의 통상적 경험은 도덕적 질서가 근거하고 있는 핵심이다." 그것이 "도덕의 궁극적인 근거이고, 이 근거로 하여 보통 사람의 삶에 있어서의 하늘[天]과 인간의 일치의 이론적 토대가 생긴다."(Tu Wei-Ming, *Centrality and Commonality: An Essay on Confucian Religiousness* [Albany, N. Y.: State University of New York Press, 1989] p.69) 그러니까 사람의 마음에 나타나는 어떤 요소가 바로 하늘이 나타나는 매체라는 것이다.

그러나 중용의 어떤 부분을 보면 도덕의 근거는 두웨이밍 교수의 주장이 시사하는 것보다는 내재적인 것 이상의 것에 있다고 할 수 있다. 다시 한번 주의할 것은 마음에 있는 것이 세계의 이치에 일치한다는 점이다. 중용의 뒷부분에서 되풀이하여 강조되어 있는 것은 사회 윤리의 속성, 즉 쉬지 않고 오래되고 넓고 두텁고, 높고 밝은 것이(不息, 悠遠, 博厚, 高明) 곧 하늘과 땅의 속성이기도 하다는 점이다. 여기에서 하늘이나 땅은 한편으로 초월적인 전체성에 대한 비유라고 할 수 있으나, 다른 한편으로 실제 사람이 거주하는 자연 전체를 말한다고 할 수도 있다. 물론 이것은 사람에 의하여 지각되는 자연이라는 점에서는 절대적인 초월자를 지칭하는 것은 아니다. 그런 의미에서 그것은 두웨이밍 교수의 내재적 원리와 비슷하다. 그렇기는 하나 역시 그것이 사람의 밖에 존재하는 것임은 분명하다. 자연이란 내적이면서 외재적인 전체이다. 『중용』에서 가장 구체적으로 자연을 지시하고 있는 것은 제26장의 다음 장구이다.

이제 하늘은 적게 밝은 것이 많지마는 그 궁진함이 없는 데 이르러서는 해와 달과 별들에 매어 있고, 만물이 덮이어 있는 것이요, 이제 땅은 한 줌의 흙이 많이 모인 것이나, 그 넓고 두터운 데에 이르러서는 화악(華嶽)을 싣고도 무겁게 여기지 않으며, 만물이 실리어 있는 것이요, 이제 산은 한주먹만 한 풀이 많은 것이나, 그 넓고 큰 데에 비쳐서는 초목이 생성하며, 금수가 거처하여, 보화가 거기서 나온다. 이제 물은 한 잔의 물이 많이 모인 것이지마는 측량치 못함에 이르러서는 큰 자라와 교룡과 어별이 생기며, 재물이 번식하게 된다.(韓相甲 역, 『論語, 中庸』, 四書集註 1 朱熹 著, 삼성출판사, 1982.)

여기에서 이야기되어 있는 것은 사람의 생태적 환경의 총체이다. 이것은 위에서 말한 대로 지각적 감각적으로 경험 대상이지만, 동시에 그것을 넘어간다. 조금 밝은 하늘, 한 줌의 흙, 한 잔의 물이 경험의 실체일 수 있으나, 그것은 확대되어 총체적인, 또 시간을 두고 지속하는 전체의 일부이다. 도덕의 여러 속성들은 여기에서 나온다. 높고 맑고 온후한 것 등이 이 자연에서 사람이 감지하는 것 또는 감지하기를 원하는 것이다. 이에 이어서 자연은 또 사람의 도덕적 추론에 대하여 아날로지를 제공한다. 그것은 전체에 비추어서 부분을 판단하라는 것이다. 그리고 자연은 사람의 일도 같은 속성 – 높고 멀고 온후하고 양생하는 것들이 되어야 한다는 것을 시사한다.

이것은 우리가 정치 상황, 그리고 거기에서 일어나는 갈등을 생각하는 데에 있어서도 중요한 예가 될 수 있다. 중요한 것은 상황의 전체성이다. 그 전체성은 궁극적으로 생태적인 환경 – 초목과 동물이 자라는 삶의 자원이다. 정치적 판단은 삶의 전체와의 상관관계 속에서 이루어져야 한다. 갈등에는 이익이 있고 원칙이 있다. 그러나 그것들의 의미는 길고 넓은 삶의 전체성을 북돋아야 한다는 대원칙에 비추어 조정되어야 한다. 이 큰 테두리에 비추어볼 때, 좁은 의미에서의 이익과 원칙은 보다 큰 이익과 원칙 – 생태학적 사실의 전체 속에서 종속되어야 마땅하다. 물론 이 전체성은 지나치게 추상적인 것일 수 없다. 초목 한 포기 금수 한 마리와 마찬가지로 사람 하나하나가 이 전체성의 일부이다. 이러한 복합적인 전체성의 테두리와의 관련에서 이루어지는 고려의 결과가 타협일 수 있다. 이 타협은 비열한 타협이 아니라 삶의 총체적 사실의 복귀를 의미하고, 보다 큰 원칙에 의한 작은 원칙들의 재조정 또는 해체를 의미할 수 있다.

이하에서 우리는 조금 더 구체적으로 갈등과 그 상황을 생각하고, 그것이 어떻게 보다 큰 삶의 현실에 의하여 해소될 수 있는가를 살펴보기로 한다. 물론 해결될 수 없는 갈등이 있다는 것도 생각해본다.

그러나 이 경우도 해결될 수 없는 원인과 이유를 검토한다는 것은 해결을 향하여 움직여가는 단서가 될 수 있다.

2. 원칙과 사실 상황

사실과 원칙

간단히 생각하면, 갈등의 원인은 이익의 상충에서 온다. 이 이익 상충이 파국에 치닫지 않고 해결 또는 해소될 수 있는 것은 갈등의 당사자들이 보다 높은 원칙을 받아들임으로써 그들의 이익에 대한 주장을 거두어 들일 때 가능하다. 그러나 사람들이 사실적 이해관계가 아니라 일정한 가치에 입각하여 행동한다고 해서, 그것이 반드시 갈등의 해소에 기여하는 일이 되지는 않는다. 사람들의 행동은 거의 모든 경우에 있어서, 사실의 이해관계에 못지않게 그들이 받아들이고 있는 원칙에 의하여 격화된다. 그리고 이 원칙은 오히려 갈등을 격화시키는 수가 많다. 위에서 말한 간단히 해석한 중도주의에 대하여 많은 사람이 유보의 느낌을 가진다는 것 자체가 벌써 이것을 증거한다. 원칙 없는 중도주의로써 갈등을 해결하는 것이 가능하다고 할 때, 그것을 유보하는 것은 바로 갈등을 연장한다는 것을 의미하는 것이 아니겠는가? 물론 문제는 원칙이 어떤 것인가 하는 것이다. 그러나 모든 원칙이 반드시 갈등 해소에 우선한다고 할 수는 없다. 또 사실적 이해관계만 주의하고 그에 입각하여 갈등 해소를 도모하는 것도 반드시 원칙을 버리는 것이 아니라는 것도 생각할 필요가 있다. 방금 말한 바와 같이 사람의 행동에 사실적인 것 이외에 가치평가적인 것이 따른다고 한다면, 사실적 이해관계에 충실한 행동에도 어떤 가치평가와 그에 따른 원칙이 작용할 수 있다. 다만 가치와 원칙이 다를 뿐이다. 사람과 사람의 갈등은 사실과 이익과 가치 - 이 삼자의 요인이 합쳐서 일어난다. 이 세 요인에 똑같은 비중을 두면서 궁리하는 것이 참으로 고려해야 할 것 전부를 고려하면서 해결을 모색하는 일이다. 세 요소는 구분하기 어렵게 서로 순환한다. 그러나 궁극적인 해소의 실마리는 사실부터 온다. 또는 가치를 빼놓을 수 없다고 한다면, 사실 전체에 밀착된 가치만이 갈등 해소의 실마리가 된다.

자동차 사고의 처리

두 대의 자동차의 충돌에서 맨 처음 일어나는 시비는 어느 쪽 운전사의 잘못인가 하는 것이다. 이 시비의 바탕이 되는 것은 운전이 상식에 맞는 것이었는가 하는 등 여러 고려가 있겠지만, 궁극적인 기준은 교통규칙이다.

물론 이 앞에 사고에 대한 다른 종류의 반응들을 생각해볼 수 있다. 첫째 사고가 나자마자 당장 싸움이 붙고 물리적인 대결이 일어나는 경우가 있을 수 있다. 시비는 적어도 이러한 물리적 대결보다는 한층 발달된 행동양태이다. 거기에는 사물의 이치, 그에 따른 행동수칙에 대한 이해, 그리고 그 이해를 공적 질서가 되게 하는 사회체제가 개입되어 있다. 위에 말한 것과는 다른 의미에서의 물리적 반응 - 물리적인 대결이나 시비를 떠난 반응도 생각할 수 있다. 사고가 산 위에서 떨어져 내려온 바위로 인한 것이었다면, 자동차와 운전자가 입은 피해는 두 대의 자동차가 충돌했을 경우 비슷한 것이라고 하더라도 시비가 일지는 않을 것이다. 필요한 것은 사고에 대한 대책일 뿐이다. 그리고 이것은 아무 말 없이 그렇게 하는 수가 있고, 운수가 사나운 데 대한 저주 또는 죄책감을 되뇌거나 마음에 새기면서, 그렇게 하는 수도 있을 것이다. 낙반 사고가 아니라 자동차 사고의 경우에도 이러한 사실적 조처만을 생각하는 수도 있을 것이다. 가령 자동차 사고에서 사람이 죽었거나 다쳤다고 한다면, 아마 시비는 뒤로 연기되고 일어난 재해에 대한 조처가 우선하는 것이 도리가 될 것이다. 그러나 반드시 인명의 피해가 없더라도, 사고의 사실적 상황에 주의하고, 그것을 바로잡는 데 모든 노력을 기울이는 사람이 있다면, 그러한 사람은 완전히 바보이거나 세속적인 이해관계를 초월한 도인으로 간주될 것이다. 어느 쪽이든 이 경우에는 교통규칙도, 시비도, 손해 정도에 대한 계산도 문제가 되지 않을 것이다. 이 경우는 적어도 외면적으로는 사고 당사자 또는 피해자의 행동은 산 위에서 떨어진 바위로 인한 사고를 처리하는 것과 크게 다르지 않을 것이다.

이러한 여러 조건이 없더라도 사고 처리가 조용하게 이루어지는 경우가 없지 않다. 자동차 충돌 등으로 인한 시비를 크게 줄이는 데 기여한 것이 보험의 발달이다. 그로 인하여(물론 이것은 최선의 조건하에서의 보험을 말하는 것이기는 하지만), 자동차 사고에서, 잘잘못의 시비보다도 피해상황에 대한 확인을 중요한 것이 되게 했다. 그리고 사회에서 – 적어도 길거리에서 갈등과 긴장을 감소시키고, 그러한 의미에서 조금 더 인간적인 사회가 되게 하는 데에 기여한다고 할 수 있다. 보험회사가 인간사회의 윤리적 규범에 대해서 큰 관심을 가진 것은 아니다. (역사적으로 보험회사는 그 시작의 초기 단계에서는 사회복지제도에 비슷하게 사회적 공익성의 명분을 표방하기도 하였다.) 보험회사를 움직이는 것은 이윤의 동기이다. 보험회사는 다른 사람의 불행을 미끼로 하여 자신의 이익을 채우는 얄미운 기업이라는 누명을 쓸 수도 있다. 사람들이 보험으로 인하여 보다 인간적인 행동을 한다고 할 때, 그것은 내면의 윤리의식에서 나오는 것이 아니기 때문에, 그러한 외관을 보여주는 것일 뿐이라고 할 수도 있다. 그러나 보험이 사회를 인간적으로 만들어가는 데에 도움을 주는 것임은 틀림없다. 그리고 단순히 외면적인 것이라고 하더라도 보험을 통한 보다 사실적 대응이 일상화되면, 그것은 삶의 양식의 일부가 되어 내면까지를 바꾸어놓게 될 수도 있다. 동기에 직접적으로 관계되지 않는 결과가 생겨나는 것이다. 사람들이 원하는 것과는 달리 동기와 결과 또는 결과와 동기는 반드시 선형적 연계관계를 가지지는 아니한다. 사회정책의 계획자가 종종 충분히 이해하지 못하는 것은 이 둘 사이의 착잡한 관계이다.

그렇기는 하나 보험에 의한 사고 처리가, 보다 큰 의미에서 인간적인 사회, 윤리적인 사회에 전혀 관심이 없는데도 인간적 사회유지의 효과를 발생하게 하는 것이라고만 할 수는 없다. 보험회사의 이윤추구에도 복잡한 고려들이 작용한다. 사람들이 보험에 드는 것은 자신의 이익 때문이다. 보험회사는 그것을 보전해주겠다는 것이다. 그러나 이 보전은 무조건적인 것은 아니다. 사고의 당사자, 같은 회사 또는 다른 회사인 보험회사와의 관계가 개재되어 있고, 이것을 적절하게 조정하는 것은 보험금 지불 이전에 해결되어야 할 문제이다. 그 전에 사고의 해결에는 현장에 대한 객관적 조사가 있어야 한다. 그리고 조사는 사실적 상황을 전체적으로 분석하고 그에 입각하여 갈등의 상황을 해결할 수 있다는 소신에서 이루어진다. 전체적이란 방금 말한 바와 같이, 상황에 대한 일방적인 이해로는 여러 당사자들을 만족시킬 수 없기 때문이다. 해결은 보험회사의 이익이라는 관점에서 또 해당 보험회사의 가입자의 관점에서 추진되겠지만, 그것은 모든 당사자들이 만족할 수 있는 것이라야 한다. 또 생각하여야 할 것은 사실이 관계자들의 만족의 기준은 이익이나 시비가 아니라 정상적인 상태 - 사고 이전의 상태를 복구하는 일이라는 점이다. 이익이나 시비가 문제되는 것은 이 복구에 필요한 부담의 공정한 배분이다. 이렇게 생각해볼 때, 근본 상황은 손해나 시비에 관계없이 피해 상황을 확인하고 그것의 회복에 노력하는 경우 – 낙반 사고에 있어서 그 대책에 사실적 노력을 기울여야 하는 상황과 같은 것이다. 이렇게 볼 때, 싸움과 시비, 책임과 이익의 배분은 이 원초적 상황에 이르기 위한 복잡한 수속에 불과하다. 어떤 방도로든지 이 원초적 상황을 확보하는 방법이 있다면, 싸움도 시비도 원칙도 필요한 것이 아니라고 할 수 있다. 모든 사고에 대하여 사회 또는 국가가 무조건 책임을 진다면, 그러한 것들은 필요 없는 것이 될 것이다. 다만 인간성의 연약함을 생각할 때, 그 경우 사고에 대한 경계심이 약해질 수는 있다.

그러나 사고 시의 시비와 같은 것이 전적으로 무의미한 것은 아니다. 다만 그것이 바르게 이해될 필요는 있다고 할 수 있다. 가장 중요한 것은 자연상태이다. 그다음은 그 손상이고 그것의 복구문제이다. 다른 것은 이 복구에 필요한 사회적 절차에 관계된다. 그 절차가 중요한 것은 사람들이 자신의 이해에 의하여 지배되기 때문이다. 이익문제에 대해서 폭력에 의한 해결을 배제하기 위하여 일정한 절차가 필요하다. 여기에 관계되는 것이 교통에 관계된 법규이다. 그러나 법규는 원래 갈등이나 시비를 위한 것이 아니다. 그것은 원활한 교통질서를 위한 사실적 규정이다. 그 기초는 자동차 운행에 관계된 사실적 상황에 있다. 그다음 그것에 기초하여 사람들의 행동을 적절하게 조정하려는 것이다. 가장 중요한 것은 다시 한번 사실 상황이다. 물론 이것을 어떻게 정의하느냐 하는 것이 논의가 될 수는 있다. 자동차 교통을 제한하는 수도 있고, 환경 등의 이유로 하여 그것을 완전히 금지할 수도 있을 것이다. 그러나 이것도 사실의 인식에 관한 논의가 되지 규칙에 따른 시빗거리가 되는 것은 아니다.

지금까지 자동차 사고의 경우를 지나치게 길게 이야기한 혐의가 있지만, 그 교훈은 어떤 원칙도 그 자체로 절대적인 것은 없다는 점이다. 오히려 절대적인 조건에 가까운 것은 주어진 사실 상황이다. 원칙에 의미가 있다면, 그것은 사실적 상황과의 관계에 있어서만 그러하다. 사람들이 받아들여야 하는 주어진 상황의 재정의가 논의될 수 없다는 것은 아니다. 그 논의에서 어떤 원칙이 도출될 수도 있다. 그러나 이 논의도 주어진 상황 또는 받아들여야 하는 상황과의 관계에 있어서만 의미를 가질 수 있다. 갈등의 문제를 생각할 때, 거기에는 사실적 상황이 있고, 관련된 행동준칙이 있을 수 있다. 그리고 그에 대하여 해결의 제안이 있을 수 있다. 이것들은 서로 연결된 관계 속에서만 의미를 가진다. 원칙이 전혀 필요 없는 것은 아니지만, 문제는 그 원칙이 주어진 상황에 의하여 정당화될 수 있느냐 하는 것이다. 어떤 경우 무조건적인 합의가 타당성을 가진 것도 상황과의 관계에서이다.

3. 갈등과 공동체적 공존

힘의 질서

정치적 갈등의 상황에 있어서도 자동차 사고의 경우와 마찬가지로, 맨 먼저 생각할 수 있는 것은 힘의 대결로 인한 갈등이다. 이때 간단한 상황 해결의 방법은 불균형의 현상에 그대로 승복하는 것이다. 이것은 대부분의 사람에게 받아들이기 어려운 일로 생각된다. 국제정치에서 사용되는 "힘의 균형"의 개념은, 그 이름이 의미하는 바와는 달리, 이러한 가능성을 포함하고 있는 개념이다. 물론 그것은 유럽의 정치사상에서 지나치게 강대한 한 국가의 전횡을 방지하기 위하여 여러 국가들이 연합하여 세력의 균형을 유지하여야 한다는 생각을 표현한 것이다. 그러나 이것은 그 아래에 국제적 현실 또는 인간적 현실을 규정하는 것이 힘이라는 현실주의가 놓여 있다. 그러니까 강한 힘이 있다면, 그의 지배를 막을 다른 원칙은 없다는 것이다. 국제관계의 원리로서 이 개념이 가장 중요하게 작용하였던 것은 19세기 빈 회의에서 확인된 국제질서였다. 그것은 주로 당대의 오스트로헝가리 제국 등 보수 강대국들을 중심으로 하는 국제질서를 옹호하는 데에 사용되었다. 이것은 또한 유럽 여러 나라에서 국내적으로도 혁명세력을 탄압하는 연합체제를 의미하는 것이기도 하였다. 다시 말하여 그것은 이름이야 어찌 되었든 원칙에 있어서, 그리고 사실에 있어서 힘의 현실을 삶의 질서로 인정하는 개념인 것이다.

그렇기는 하나 여기에 들어있는 냉철한 현실인식이 쉽게 무시될 수 있는 것은 아니다. 모든 상황에서 힘의 상황에 대한 인식은 삶의 문제의 근본적 참조사항의 하나이다. 그리고 어떤 조건하에서 힘의 상황은 싫든 좋든 받아들여야 하는 상황이다. 그것은 타협을 의미하면서도 어떤 추상적인 원리주의보다도 살아남는 것을 존중한다는 태도를 나타낸다. 여기에는 사실과 함께 가치가 들어있다. 냉전시대에 세계질서가 공산주의와 자유주의적 자본주의의 두 체제로 갈라지고 서방 자유주의 체제에서 공산주의의 승리를 막아내기 위하여 핵전도 불사하여야 한다는 논의가 일 때, 버트런드 러셀은 공산주의가 최악의 정치체제를 의미한다고 하더라도, 핵전에 의한 인류 공멸보다는 공산주의를 택하는 것이 옳다는 것을 주장한 일이 있다. 자유나 민주주의도 인류가 살아남는다는 전제하에서 의미를 가진 것이며, 살아남는다면 자유나 민주주의의 또 다른 인간의 가치는, 다시 공유의 가치로서 부활할 기회를 가질 것이라는 것이 그의 생각이었다.(Bertrand Russell, *Has Man a Future?* [London: Allen and Unwin, 1961]) 비슷한 것은 한 나라의 존패가 문제가 되는 경우에도 말하여질 수 있을 것이다. 또는 한 사람의 경우, 생명을 유지하느냐 잃느냐 할 때, 그의 선택을 어떤 선험적 가치만으로 재단하기는 심히 어려운 일이 될 수 있다. 이렇게 말하는 것은 힘의 질서가 좋은 것이라기보다는 나쁜 것이라는 것을 말하는 것이지만, 동시에 모든 선택은 삶의 현실과의 관계를 떠나서 이야기될 수 없다는 것을 확인하는 일이다.

공동체 내에서의 타협

그러나 한 사회 안에서 일어나는 갈등을 타협으로 해결한다고 할 때, 그 타협은 보다 적극적으로 가치의 포기를 의미하지 않을 수가 있다. 그것은 일단 타협이 나의 원칙을 손상하는 것으로 보일 때에도 그렇다. 즉, 현실주의가 나의 원칙에 위배되는 것이면서도 잠재적으로는 (앞의 힘의 질서의 수락도 간단히 생각할 수 없는 일이지만) 그 이상의 윤리적 차원을 포함하는 것일 수도 있다.

생존과 공존/보편성으로 승화

가령, 갈등 상황에서 갈등하는 사람들의 공멸보다 공존을 택한다는 것은 일단 윤리적 의미를 가진 것이 될 것이라는 것은 분명하다. 원초적인 의미에서 힘의 열세로 인하여 현상과의 타협을 받아들인 경우에도 그렇다. 그러나 공존이 아니라 매우 간단한 의미의 생존을 위한 타협도 생존의 존귀함을 확인하는 행위라는 측면을 가진다고 할 수 있다. 생명의 존귀함을 확인하는 일이야말로 모든 것의 근본이다. 숭고한 가치나 이상을 위하여 목숨을 버린다고 할 때, 그리고 그것 자체가 숭고한 행위라고 할 때도 이러한 행위의 바탕이 되는 것은 생명의 존귀함이다. 생명이 존귀한 것이 아니라면, 그것을 버리는 것이 그다지 귀하게 생각될 이유가 없다. 바로 자기희생의 고귀함은 주어진 생명의 고귀한 가능성을 수행해내는 일이다.

그러나 흥미로운 것은 단순한 의미에 생명의 보존을 도모하는 경우라도, 그것은 생명현상이 사실적 차원으로부터 의식의 차원으로 승화되는 계기가 될 수 있다는 사실이다. 생명의 가치화는 두 가지의 관련에서 일어난다. 자신의 생명을 아끼는 것은 그것을 존귀하게 생각한다는 뜻이다. 그것은 적어도 잠재적으로 그것을 일반화할 동기를 가진다. 내가 내 생명을 위하여 연구해낸 타협안에도 나의 적이 내가 생명을 귀하게 여긴다는 사실에 동의할 것이라는 계산이 들어 있다. 이 계산은 나의 생명을 내가 존중한다는 것을 타자가 인정하는 것을 생각한 것이지만, 이것은 생명의 가치에 대한 보편적 인정이 암암리에 전제되어 있다. 적의 나의 생명에 대한 인정은 자신의 경우에 비추어본 것일 가능성이 크다. 이것이 의식화됨으로써 그것은 일반적 행동의 규범적 전제가 될 수 있다. 그리하여 규범적 차원에서, 가치로서 존중되어야 할 것은 나의 생명만이 아니라 나와 갈등관계에 있는 적대자의 생명이기도 하다. 이것은 보다 공평한 관점에서 절로 타협의 길을 열어놓는 것이 된다. 이 타협은 단순히 주어진 생명의 맹목적인 보존을 위한 것이 아니라, 모든 생명의 존중이라는 보편적 가치를 위한 것이 될 수 있다. 나의 생명에 대한 애착도 맹목적인 것이 아니라 보편적 가치의 일부가 된다. 그리하여 타협은 단순히 이기적인 것이 아니라 보편적 의무이고 책임이 된다. 이때의 타협은 보편적 원칙에 입각한 것이다. 그리고 그것은 다시 이 원칙에 입각한 공동체 – 생명의 원리에 입각한 공동체에로 나아가는 시작이 될 수 있다.

다른 한편으로 생명의 가치화는 가치 일반에 대한 의식을 수반할 수 있다. 생명의 가치는 다른 가치에 비교된다. 그리고 다른 가치에 의하여 뒷받침된다. 내가 내 생명을 구하였다면, 그것이 구차한 연명보다도 더 높은 가치실현의 매체가 될 수 있기 때문이다. 대체로 생명을 구차하게 빈 사람은 그것을 다른 가치를 위한 봉사에 의하여 정당화할 강박을 느낀다.

이러한 존명의 타협이 생명의 가치화와 일반적 가치인식을 높일 수 있다는 것은 궤변이 될 수 있다. 그러나 이것이 반드시 무의미한 것이 아님은 이러한 생명의식 - 사실적 생명과 가치로서의 생명의식이 없는 사람의 경우를 생각해보면 알 수 있다. 그러한 사람의 경우 자신의 생명을 가볍게 생각함과 아울러 다른 사람의 생명, 다른 생명체에 대한 잔학행위를 가볍게 생각할 가능성이 커지게 될 것이다. 가장 원초적인 의미에서의 생명의식도 의미가 없는 것은 아니다.

물론 이러한 보편성은 전혀 실현되지 않을 가능성이 있다. 타협은 단순히 갈등에 있어서 위장전술에 불과할 수 있기 때문이다. 그리하여 갈등은 다시 재연된다. 그러나 생명의 타협도 다시 반복된다. 그러는 사이에 공존이라는 사실적 근거를 상기하게 될 가능성은 커진다고 할 수 있다. 이것이 확실한 것이 될 때까지 갈등은 지속될 것이다. 그러나 공존의 근거에 대한 상기가 조금이라도 설득력을 가진 한 그것이 완화될 가능성도 남아 있다고 할 수 있다.

생명의 가치와 다른 가치

위에서 말한 것은 타협의 문제를 생명의 유지 또는 공존의 문제와 관련하여 극히 단순화하여 말한 것이다. 그러나 문제가 생명의 유지와 존귀함에 있지 않은 경우가 허다함은 말할 필요도 없다. 갈등적 대결에서의 타협이 생명이 아니라 재산상의 또는 다른 사회적 이익에 관한 것일 때, 그것은 생명의 유지, 그리고 그것이 보유하고 있는 어떤 가능성을 유지하려는 것과는 전혀 다른 것이 된다. 이 경우, 타협은 반드시 생명이라는 사실의 원칙에 의하여 정당화되지 않는다. 그것은 밀고 당기는 보다 불확정한 싸움에 비슷한 것이 될 가능성이 크다. 위에서 말한 바, 위장전술로서의 타협이 끼어드는 것도 이 부분에서 빈번해진다고 할 수 있다. 그러나 다른 한편으로 이 경우, 생명의 절실성으로부터 거리가 생기는 만큼, 타협과 양보가 더 쉽게 이루어질 것으로 생각될 수도 있다. 생명과는 달리 재산이나 다른 세속적인 이익은 절대적 가치를 가진 것일 수 없다. 그러나 이것은 보다 유연한 협상 대상이 되어야 한다는 것이 증명될 필요가 있다. 또 증명되더라도 그에 대하여 설득되어야 한다. 중요한 것은 생명과 비생명의 차이, 또는 사람이 소중하게 생각하는 목적과 가치의 서열적 순위가 인간행동의 기준, 또는 집단적 행동의 기준으로서 중요하다는 사실을 갈등의 쌍방이 받아들일 수 있느냐 하는 것이다. 이것을 받아들이는 것은 사회 안에, 또는 갈등의 당사자의 사회에 그러한 담론의 영역이 존재하고 유지됨으로써 가능하다. 즉, 그것은 일정한 기준의 윤리적 사고가 통용될 수 있는 공동체가 이미 성립되어 있어야 한다는 것을 말한다. 그러나 모든 인간사회는 일단 생명과 비생명의 구분, 그것의 우선순위에 대한 논의에 열릴 수 있다고 전제할 수는 있을 것이다. 그때에 갈등의 중재자 – 제삼자이거나 사람의 내면에 존재하는 이성으로서 존재한다고 할 수 있는 중재자가 이러한 우선순의의 논의에 의존하는 것이 가능할 것이다.

생명의 물질적 사회적 조건

그러나 비생명적 갈등도 생존과 공존의 문제에 관련되는 것일 수 있다. 생존과 공존이 무겁게 받아들여야 할 근원적 사실이라고 한다면, 그것은 추상적 원리가 아니라 현실이어야 한다. 생명은 일정한 조건하에서만 유지된다. 생존이 귀중하다면, 그것은 이 조건의 충족을 요구한다. 그리고 사람들은 이것이 일정한 물질적 사회적 질서 속에서만 보장된다고 생각한다. 사람들에게 이 보장이 두루 적용될 때 공존의 질서가 성립한다. 이 조건들, 그것들의 보장, 그리고 그것의 공존적 질서로서의 확립 - 이 모든 것들은 갈등의 원인이 될 수 있다. 이것을 둘러싼 갈등은 직접적으로 생명의 갈등과 같이 치열한 것이 될 수 있다. 그런데 모든 간접적 수단의 성격을 가진 투쟁이 그러하듯, 이 생존의 조건에 대한 투쟁도 절대화될 수 있다. 그러면서 그것은 최소한도로 존재하는 생존의 질서, 공존의 질서 자체를 파괴하는 것이 될 수 있다. 그러한 경우에 기본적 관심사가 생존의 수단보다도 - 적어도 최소한도의 것이 확보되어 있다고 할 때 - 생존과 공존 자체라는 것을 상기하게 되는 것은 부질없는 일이 아닐 것이다. 간접적인 목적 또는 가치는 언제나 기초적인 생명현실에 연결되어 고려되는 것이 적절하다. 모든 것은 되풀이하여 생명원칙 속에서 고려되어야 한다.

평등과 공평성

생존의 조건은 물론 여러 가지로 정의될 수 있다. 생존과 공존을 위한 물질적 사회적 조건의 충족은 최소한도의 생물적 필요를 말할 수도 있고, 일정한 사회에서 받아들여지는 인간적 삶의 조건을 말하는 것일 수도 있다. 또한 그것은 사회적 존재로서의 평등한 권리, 또는 인간으로서 사회적 인정에 대한 요구에 합당한 것일 수도 있다. 그러나 이러한 요구는, 특히 마지막의 것은 반드시 산술적인 평등을 의미하는 것은 아니다. 사람이 반드시 빵으로만 사는 것이 아니라고 한다면, 사회 전체에서의 배분의 마련이 공평한 것이어야 한다는 것은 틀린 요구가 아니다. 그러나 생존과 공존의 원리가 배분의 원리보다 중요하다면, 평등에 대한 요구는 이 테두리 안에서 규정되는 것일 수 있을 것이다. 또 위에서 언급했던 현실주의적 체제하에서 그것은 그때그때 성립하는 힘의 타협이 될 수도 있다. 그러나 생존과 공존을 보다 적극적인 원칙으로 받아들인다면, 존 롤스가 정의론에서 말한 것처럼, 불평등은 사회적으로 가장 열세에 있는 자들의 상황이 그로 인하여 나아지는 것이라면, 반드시 공평성의 원리에 어긋나는 것이 아니라고 할 수도 있다.(John Rawls, *A Theory of Justice*, Harvard University Press, 1971, p.15) 이것은 평등과 공평성의 문제가 공존의 테두리 안에서 적절하게 해결되어야 한다는 말이다. 공존의 원칙하에서, 물질에 대한 권리를 포함하여 다른 여러 권리가 절대적인 것일 수 없음을 말하는 것이기도 한다. 이 절대적인 사실 이외의 다른 조건들은 생존과 공존의 문제에 종속되는 것일 수 있다. 이러한 논의도 일정한 공적 토의 - 합리적 사고를 받아들이는 공적 토의의 영역이 어느 정도까지 성립한다는 것을 전제로 한다.

공존의 필요, 개인적인 권리

그런데 위에서 말한 평등이나 공평성의 원리는 대체로 사람이 어울려 사는 데 관계되는 원리들이다. 그러나 그것과 다른 종류의 권리들이 있다. 그러면서도 많은 사회에서 그것들 없이는 사람이 사람답게 살 수 없다는 생각이 받아들여지고 있다. 그것들은 대체로 개인의 자유에 관계된 권리들 - 신체의 자유라든지, 언론의 자유 또는 사회 구성에 참여하는 권리 등 민주사회의 기본으로 생각되는 정치적 권리들이다. 위에서 우리는 공존을 갈등 해소의 중요한 기초로 말하였지만, 이것들은 일단 공존의 원칙과 관계가 없는 것으로 보인다. 뿐만 아니라 공존에 대한 강조는 오히려 이러한 권리들의 신장을 억제하는 역할을 할 수도 있다고 말하는 것이 가능하다. 그러나 이것은 이 권리들이 존재하는 방식의 일면만을 말한 것이다. 그러한 권리 또한 반드시 생존이나 공존의 테두리를 벗어나는 것은 아니다. 지난 수십 년간 한국 사회의 격동은 일단 이러한 민주주의의 권리를 위한 투쟁이었다. 그러나 주의할 것은, 그것도 대체로 생존의 필요와 관련하여 주장되었다는 사실이다. 즉, 언론의 자유가 중요하였다면, 그것은 물질적 사회적 차원에서 불평등을 호소하는 데에 그것이 필요하다는 사실과 밀접하게 연계되어 있었다. 이 점에서는 신체나 정치 참여 또는 결사의 자유의 경우도 마찬가지였다. 이에 대하여 경제발전을 추구한 군사정권은 이러한 권리들을 억제하면서 사회 전체의 발전을 크게 이야기하였다. 사회 전체의 이익이 중요한 것도 사실일 것이나, 그것은 다시 구체적인 인간의 삶에 비추어 조정됨으로써 현실적인 내용을 얻게 되는 것일 것이다. 사회의 전체와 사회 성원의 공존은 반드시 하나라고 할 수는 없다.

물론 사회 전체뿐만 아니라 공존의 질서에 대한 강조가 개인의 자유에 제한을 가할 수 있는 것을 부정할 수는 없다. 자유주의 체제하에서 이야기되는 자유는, 그것이 다른 사람에게 해를 미치는 것이 아닌 한, 각자가 자신이 원하는 대로 행동한다는 것을 의미한다. 이러한 자유를 제한하려는 여러 가지 사회적 압력이 있을 수 있고, 사실 한국 사회에 이러한 압력이 적지 않다. 또 그것이 정치적인 통제로 나타난 일도 있는 것도 사실이다. 그러나 지금에 와서 그것이 정치제도의 일부가 되어 개인의 자유를 심각하게 침해할 가능성은 사라졌다고 할 것이다.

인간완성의 이상

그러면서도 되풀이하건대, 개인의 자유가 사회를 떠나서 존재할 수는 없다. 어떤 경우나 개인의 자유와 사회는 불가분의 관계에 있다. 개인의 자유가 최대한 존중되어야 한다고 할 때, 그것은 사회 전체가 여론으로서 또 더 나아가 제도로서 거기에 동의하는 한에서만 현실화될 수 있다. 위에서 말한 민주사회의 자유의 정의는 존 스튜어트 밀의 생각인데, 밀은 자유가 이러한 것이 되어야 한다고 하여 모든 것이 허용되는 것이 좋다고 생각한 것은 아니다. 그는 사람이 사람으로서의 가능성을 한껏 발전시키는 데에 그러한 자유가 필요하다고 생각하였다. 그는 인문주의자였다. 그가 생각한 것은 인간의 자기완성의 가능성이었다. 물론 자기완성을 생각하는 개체는 자연스럽게 사회의 진정한 발전에 기여하는 사람이 되는 것이었다. 밀이 원한 것은 문명화된 사회였다고 할 수 있는데, 문명화된 사회의 문제는 갈등의 문제보다도 한 사회가 발전시키고 유지하는 인문적 가치에 관계되는 문제이다.

기업의 자유와 그 사회적 의미

사실 밀도 상당 정도로 거기에 동조했지만, 지금 우리에게 쟁점이 되는 것은 개인에게 주어지는 자유가 결국 사회 전체의 발전 - 실질적인 발전에 기여한다는 공리주의자 또는 자유주의 경제이론가들이 가졌던 견해일 것이다. 민주화가 많이 진행된 현시점의 한국에서 개인의 자유가 적어도 이론적으로는 제한되어야 한다는 주장은 없을 것으로 생각한다. 다만 많이 듣는 것은 기업의 자유가 더 확대되어야 한다는 주장들이다. 이것은 도덕과 윤리 또는 진보주의의 이름으로 묵살되어야 할 주장은 아니다. 그러나 따지고 보면, 개인이 하는 일로 사회에 좋든 나쁘든 영향을 미치지 않는 일이 있겠는가? 밀은 남에게 해를 끼치지 않는 한 자유로워야 한다는 견해를 밝히면서도, 물에 빠진 아이를 보면서 구하지 않는 것도 해를 끼치는 일의 일종이라고 생각하였다. 기업의 일이 어떻게 사회에 영향을 미치지 않겠는가? 규제 없는 기업의 자유를 말하는 것은, 선의로 해석하건대, 기업의 자유 그 자체보다는 그것이 결과적으로 사회 전체의 이익을 가져온다는 것을 말하는 것일 것이다. 이것은 개인이나 기업의 자유와 사회의 필요가 일정한 연관관계를 가지고 있으면서도 그것이 직접적인 것이 아니라 복잡한 변증법적 관계를 가지고 있다는 것을 지적하는 일일 것이다. 여기에서 일어나는 갈등은 두 가지 다른 과정이 시차를 두고 빗나가는 데에서 오는 것으로 이해될 수 있을 것이다. 자유로운 기업이 사회에 기여하는 것은 일정한 시간이 지나야 나타날 것인데, 사회는 이 시차를 허용하지 않을 수 있다. 그렇다고 자유로운 기업의 신장이 전적으로 사회에 기여한다는 보장은 없다. 궁극적으로 그것은 사회의 관점에서, 또는 더 구체적인 사람들의 삶의 관점에서 측정되어야 하는 것이다. 필요한 것은 전체를 아우를 수 있는 계획과 시간표이다. 나는 화해상생의 마당의 발표에서 이 문제를 두 동력의 관계의 대립과 조화를 변증법적으로 수용하는 방법으로 "사회국가"라는 제도를 제시해보았다.

타협과 그 근거로서의 진실

갈등이 생명의 보존이나 공존의 최저선을 벗어나면서, 논의는 점점 복잡해질 수밖에 없고 갈등의 원인들이 무엇인가를 쉽게 가려내기가 어려워진다. 이것은 방금 말한 것처럼 문제의 복잡성에도 기인하지만, 이기적 또는 파당적 이익의 추구가 진실을 흐리게 하기 때문이다. 진실과 언어는 이익 추구를 위한 전략의 일부가 된다. 그리하여 모든 언어의 해독은 사실과의 관계에서가 아니라, 그 숨은 동기와의 관계에서 해독되어야 하는 위장전술이 된다. 사실 이러한 상황 속에서 갈등의 진지한 해결의 노력이 의미가 있는 것인지조차 의심스럽지 않을 수 없다.

갈등의 해결을 위한 논의는 이치대로 움직이는 공정 토의의 장이 존재한다는 것을 전제로 한다. 그렇지 않은 경우 해결은 오직 폭력에 의해서만 가능할 것이다. 그리하여 여기에서 우리는 갈등과 그 해결과의 관계에서 진실과 언어의 문제에 대한 언급을 피할 수 없다. 다시 말하여 비폭력적 타협은 진실에 대한 정직성이 있고서야 가능하다. 타협이 힘의 관계에 기초하여 이루어지는 경우까지도 힘의 사실의 정직한 인정을 전제로 한다. 상호 이익의 인정의 경우도 마찬가지이다. 조금 전에 말한 생명과 비생명, 생명 유지의 자원의 필요, 인간적 삶의 조건 – 이러한 기준에 의한 논의가 갈등 해소의 기반이 되려면, 거기에 대한 사실적 인정의 가능성이 존재하여야 한다. 또는 적어도 그것을 사실적으로 논의할 수 있는 분위기가 공공 담론의 영역에 존재하여야 한다. 그러나 대부분의 경우 이러한 사실이나 논리 존중의 기풍이 없는 것과 갈등이 격화되는 것은 병행한다고 할 수 있다. 따라서 이러한 사실적 논리적 분위기의 존재를 가정하고 갈등의 문제를 이야기하는 것은 전적으로 비현실적이라고 할 수 있다. 다른 모든 것을 떠나서 진실 존중의 기풍 또는 그것을 전제로 하는 공적 담론 풍토의 조성이야말로 갈등의 해결을 위한 전제조건이라고 할 수 있다. 그런 다음에 비로소 참으로 대립하고 있는 것이 무엇이며, 그것이 어떻게 일정한 타협점에서 해결될 수 있는가가 논의될 수 있다. 그러나 이 문제는 사회의 윤리적 기반의 확실성 또는 과학적 사고 습관의 진전 등에 관계되는 일이어서, 일단 갈등의 문제를 고려하는 데에서는 가장 중요한 것이면서도, 제외될 수 있는 별개의 문제라고 할 수 있다. 물론 윤리와 과학적 태도가 존재하게 된 다음에도 갈등은 존재한다. 다만 이때 갈등은 사물의 다양한 존재방식, 그리고 인간이 사물에 대하여 가진 관계의 다양한 방식으로부터 나오는 것이 된다.

물론 갈등은 언제나 사실적으로 존재하는 것이라기보다 다른 목적으로 위하여 조장되는 것일 수 있다. 이것은 타협의 경우도 마찬가지이다. 위에서도 언급한 바와 같이 타협안도 갈등의 상황을 유리하게 역전시키기 위한 임시방편일 수 있다. 사실적 과학적 태도가 없이 다른 목적에 봉사하는 갈등은 많아지고, 무엇이 그 원인인가를 사실적으로 가려내는 것은 지극히 어려운 일이 된다. 그러나 여기에서 주목하고 싶은 것은 모든 주장의 허위적 성격을 강조하는 것 자체가 역설적으로 갈등의 합리적 해결을 불가능하게 하는 원인이 될 수 있다는 사실이다. 어떤 주장과 제안도 그 사실의 진실성, 의도의 정직성, 현실적 가능성 등의 관점에서 조심스럽게 검토되어야 하는 것임은 말할 것도 없다. 그러나 그것은 반드시 그러한 주장과 제안 전체의 근본적 허위성을 전제하는 것일 필요는 없다. 갈등의 주장이나 타협안은 그 자체의 논리적 차원에서도 논박이 될 수 있는 틈을 보이게 마련이다. 즉, 허위일 수도 있는 수사를 그 자체로서 고려 대상으로 삼아도 크게 잘못이 될 수는 없다는 말이다. 이렇게 하는 것은 담론의 영역을 살리는 일이 된다. 마르크스주의는 인도주의를 부르주아 계급이 이익을 옹호하기 위한 위장전술에 불과한 것으로 생각한다. 자유주의는 사회주의의 평등을 공허한 것으로 치부한다. 이런 주장들은 반드시 틀린 말이 아닐지 모른다. 그러나 이러한 것들은 사실의 차원에서 문제삼을 수 있는 것이다. 사실적 논박의 수고를 헛된 것으로만 간주한다면, 정치의 장은 다시 야만적 힘의 정치로 돌아가는 도리밖에 없다. 일단 시작된 의심의 정치학은 끝이 없다. 그것은 결국 모든 언어행위를 전략적 수단이 되게 하고 공통적 토의의 가능성, 진리의 가능성을 말살하고 만다. 오늘날 우리 사회에서 모든 것을 음모와 숨어 있는 동기로 돌리는 의심의 정치학은 이러한 상태를 낳고 있는 것으로 보인다.

 모든 아이디어와 제안과 언어는 허위의 가능성을 내포하고 있다. 그럼에도 불구하고 일체의 논의가 무의미한 것이 되지는 아니한다. 언어가 전략적 수단, 즉 선전의 방편이 될 때에도, 언어가 가지고 있는 수사적 설득력 – 사실과 논리를 완전히 버릴 수 없는 언어의 수사적 설득력이 완전히 무용지물이 되지는 않는다. 전체주의 국가에서 그에 고유한 선전의 기술에도 불구하고, 역설적으로 언론의 통제가 필수적인 통치수단이 된다는 사실에서도 이러한 증거를 발견할 수 있다. 이러한 언어의 속성을 인정할 때, 더 건설적인 것은 정의와 이념의 모든 위장전술에도 불구하고, 참으로 해소하기 어려운 정의와 이념의 대결 상황이 존재한다는 것을 인정하는 일이다. 그 전제 하에서 논의의 진정성을 되살리는 방법은 위장전술로서의 수사까지도 일단 보다 성실한 논의 또는 논쟁의 일종으로 받아들이고, 사실과 논리의 차원에서의 검토를 계속하는 것이다. 이것이 위장전술의 동기의 비열함에 대한 폭로를 일삼은 것보다는 논의의 진정성을 회복하는 길이다.

4. 갈등의 가치화와 갈등의 요인/ 그 해결을 향하여

다시 사실적 차원의 갈등의 문제로 돌아가서, 모든 갈등은 생명의 존귀함과 공존이라는 절대적인 사실에 비추어 해소될 수 있어야 한다. - 이것이 위에서 말한 글의 요지라고 할 수 있다. 이렇게 말하는 것은, 이미 시사한 바와 같이, 그러한 논의를 받아들이는 공공 토의의 영역이 있을 때만 해당되는 일이다. 이것은 해결의 기반이 될 수 있는 원초적 사실을 확인하는 것에 불과하다. 개인의 생존과 집단적 공존이 양립할 수 없는 경우는 없을 것인가? 사람들이 받아들이는 가치가 근본적인 상황과 관계없이, 다른 어떤 것에도 양보할 수 없는 것으로 절대화될 수 있다는 것은 위에서도 언급하였다. 이것이 현실의 총체적 상황 속에서 용해되는 것이 마땅하다는 것이 위에서 언급한 내용이지만, 그것이 쉽지 않은 것임은 말할 필요도 없다. 사실적인 관점에서 양보를 얻어내기가 어렵다기보다 인간존재의 구조와 현실의 모순으로 인하여 그렇게 되지 않는 경우도 없는 것이 아니다.

절대적이라고 할 수는 없지만, 집단의 요구도 그와 비슷한 성격을 가질 수 있다. 또는 앞의 경우도 모순은 집단의 개입으로 인하여 더 해소될 수 없는 것이 된다. 어느 사회에서나 보게 되는 집단에 대한 배반은 가장 가혹한 판단의 대상이 된다. 이 경우에 공존과 생존의 관점에서 그것을 다시 고려하거나 해체하는 일은 용서되지 아니한다.

영국의 작가 E. M. 포스터는 자신이 국가가 요구하는 충성심에 대하여 친구에 대한 신의를 우위에 놓을 수 있는 용기를 가지기를 원한다고 말한 일이 있다.("What I Believe," in *Two Cheers for Democracy* [1951]) 충효를 중시한 조선조에서 충과 효 사이에 갈등이 있을 때, 그리고 그것이 지나치게 극단적으로 대립하는 것이 아니면, 효가 충에 우선하는 것으로 생각한 것도 사적인 의무를 공적인 의무 위에 둔 것으로 말할 수 있다. 가령, 국가의 위기에 처하여 중대한 임무를 맡고 있던 충무공이 상을 당하여 직을 사퇴하고 귀향하는 것과 같은 것이 그 실례가 될 것이다. 그러나 포스터의 경우에도 반드시 자기 혼자의 목숨을 말하는 것이 아닌 것에 주의할 필요가 있다. 충무공의 경우에도, 문제가 되어 있는 것은 단순한 존명(存命)이 아니다. 문제는 가치의 대립이다. 여기에서 대립하는 것은 우정과 애국, 충과 효라는 가치이다. 가치는 사람이 절대적인 단독자가 될 수 없다는 사실을 말해준다. 보다 큰 것과 관계없이 사람은 혼자 존재할 수 없는 것으로 보인다. 인간존재를 규정하는 보다 큰 것이, 사실을 보편화하는 가치이다. 이 가치는 추상적으로 표현될 수도 있지만, 많은 경우 개인과 집단의 관계에서 구체화한다. 위에서 포스터나 충무공의 선택은 하나의 집단적 의무에 대하여 다른 집단적 의무를 대치한 것이다. 이 선택은, 개별적 존재를 보편화하는 가치의 바탕 위에서 이루어진다. 그럼으로써 그것은 더 강렬하고 처절한 선택이 된다. 이러한 가치와 사실의 변증법은 생명의 논리만으로, 갈등 해결의 기반을 마련할 수 없다는 것을 말한다.

사실과 가치는 서로 교환관계에 있고, 이것을 구분해내기는 쉽지 않다. 이 두 가지를 구분하고 가치를 생명의 사실에 기초하여 해석하는 것이 중요하다는 것이 위에서 말한 요지의 일부이다. (물론 생명도 사실보다 가치화되어 이해되는 것이라는 역설은 새삼스럽게 말할 필요도 없다.)

그러나 갈등이 불가피한 것으로 보이는 경우는 너무나 많다. 이 경우에도 해야 할 일은 가치를 사실과의 관계에서 해체하고 - 또 필요하면 재구성하는 것이다. 또 갈등이 참으로 피할 수 없는 경우라고 하더라도 이 불가피성을 최대한으로 그 전체적인 맥락에서 이해하는 것은 갈등 해결을 위한 보다 큰 관용의 테두리를 생각하는 데에 도움이 된다고 할 수 있다. 이하에서 시도하려는 바, 이러한 경우들을 살피는 것은 반드시 헛된 일만은 아닐 것이다.

집단의 이념/보편성의 회로

방금 말한 바와 같이 갈등의 주체로서 집단의 절대화는 타협을 어렵게 하는 가장 큰 요인이 된다. 나라를 위하여 또는 계급적 정의를 위하여 갈등과 대결이 일어날 경우, 사람들은 대체로 추호의 타협도 없이 집단의 보존과 이익을 위하여 투쟁하는 것이 정당하다고 생각한다.

집단은 다른 집단을 타자로 정의함으로써 탄생한다. 나라와 민족은 다른 나라와 민족에 대하여 상대적인 의미만을 가지고 있다. 그러나 이러한 상대화가 쉽게 인지되는 사람은 그의 편협한 시각과 강박적 집념으로 전체를 파악하고 그것을 보편화한다. 한 집단의 상대성 또는 특수성을 인정하는 경우에도 이 부분적 사실성은 종종 보편성, 그리고 절대적인 가치의 실현을 위하여 특별한 역할을 떠맡고 있는 부분적이고 특수한 집단이라는 관점에서 이해되는 수가 있다. 정의를 표방하는 부분적인 집단은 많은 경우, 이러한 스스로 부여하는 전위적 임무에 의하여 스스로를 보편화한다. 이것을 전적으로 자기합리화 작전이라고만 할 수는 없다. 가치는 존재하는 것이 아니라 실현되는 것이다. 그리고 이 실현은 일정한 시간적 전개를 요구하는 사실의 변증법적 지양을 통하여 이루어진다. 이 변증법 속에서, 즉 사실적 집단은 보다 보편적인 가치의 실현에 있어서의 현실적인 동인으로 이해될 수 있다. 이것은 현실이다. 그러나 동시에 그것이 심리적 정당화의 방편이기도 하다는 것을 부인할 수는 없다. 달리 보면 사람은 그만큼 가치지향적인 존재 또는 이데올로기적 존재라고 할 수 있다.

국가와 보편성

나라와 나라의 갈등에 있어서 강대국은 그 제국주의를 문명의 담지자라는 관점에서 이념화하는 것이 상례였다. 서양의 강대국이 표방했던 "문명화의 사명"(la Mission civilisatrice)이나 "백인의 무거운 책임"(White Man's Burden)과 같은 말들이 나타내고 있는 것이 이러한 예이다. 일본은 한국과 중국을 침략하면서 서양에 대하여 동양의 정신문명을 수호한다는 명분을 내세웠다. 평화를 위한 전쟁이란 개념도 전적으로 무의미한 것은 아니면서도 전쟁을 위한 전쟁의 명분이 될 수 있다. 최근에 와서는 보편적 가치로서의 민주주의도 그러한 것으로 작용한다. 그러나 오늘에 와서 그것이 패권주의의 형태로 남아 있다고 할 수 있을지는 모르나, 제국주의는 대체로 세계사에서 후퇴한 것으로 보인다. 또는 적어도 이론적으로 여러 식민주의, 탈식민주의의 이론적 작업은 앞에서 말한 여러 보편적 명분들의 허위성을 충분히 폭로하였다고 볼 수 있다. 이러한 강대한 집단의 명분에 대하여 다른 작은 집단의 자기주장들은 그 나름의 현실성을 가진다고 할 수 있다. 제국주의나 폐권주의에 대한 방어적 민족주의, 민족해방의 이념, 작고 큰 것에 관계없이 모든 집단이 지켜야 되는 주체성 등이 그러한 명분들이다. 그러나 이러한 것들은 보다 큰 인간공존의 이상의 실현에 대하여 방해요소로 작용할 수 있다. 민족주의는 잠재적인 큰 갈등을 전제하면서 잠정적인 공존의 이상을 긍정하는 것이라고 할 수 있다.

사회혁명의 이상과 그 모순

여러 사회혁명의 이상들도 공존의 이상에 의한 갈등의 심화를 받아들인다. 이것을 완전히 극복할 수 없는 것이 인간의 현실이라고 할지 모른다. 계급혁명의 이론에서, 노동계급은 모든 인간을 포용하는 유토피아 실현의 보편계급이다. 마르크스주의의 혁명에 있어서도 개인이 혁명을 위하여 목숨을 버린다는 것은 집단의 정의로운 공존을 위한 것이다. 혁명투쟁은 당장에 공존의 이상이 위태로운 것은 아니지만, 공존을 위한 모든 사람의 삶을 위한 물질적 사회적 수단을 위한 것이다. 그리고 혁명의 목표는 궁극적으로 불평등과 착취와 억압이 없는 보편적 사회질서의 확립이다. 그러나 진정한 의미에서의 보편성의 대두는 무한히 지연될 수 있다. 현실 정치에 있어서 보편적 이념은 상실되고 그 중간단계가 절대화된다. 계급투쟁 자체가 목적이 되고 노동계급에 대한 충성심에 입각한 윤리가 절대화되는 것이다. 지금까지의 현실 마르크스주의의 실험에서 드러난 것은 바로 이러한 현상들이다. 중요한 것은 다시 한번 이상을 현실과의 밀착된 관계에서 비판적으로 검토하는 일이다. 그 결과 이상이 만들어내는 과도적 현실을 수정할 수도 있고, 또 이상 뒤에 숨어 있는 부정적 요소를 들추어낼 수도 있고, 또는 이상 자체의 비현실성 내지 허위성을 받아들여야 할 경우도 있다.

혁명적 정열의 동기

사실, 집단의 이념은 대체로 개인의 윤리적 각성보다는 보다 직접적인 심리적 기제를 통하여 작용한다. 혁명투쟁에 반성되지 않은 근원적 원한이 큰 동력으로 작용한다는 것은 쉽게 추측할 수 있는 일이다. 사람이 참으로 자유롭고 평등한 공존적 질서를 만들어낼 수 있는 심리적 자산을 가지고 있지 못하다는 견해도 전혀 무시할 수는 없다. 『토템과 타부』(Totem and Taboo) 등의 후기 저작에서 프로이트는 사람의 무의식 속의 심리적 동인들의 작용이 안정된 민주적인 사회질서를 유지하게 어렵게 한다고 생각하였다. 아버지의 지배에 대한 반항이 아들로 하여금 권위주의를 뒤집어엎고 형제애에 입각한 평등사회를 만들어내지만, 그것은 형제 사이의 시새움 그리고 아버지와 아들의 수직적 관계의 원형의 작용으로 다시 다른 형태의 권위주의적 체제로 돌아가게 마련이라는 것이다. 이러한 정신분석학적 견해가 옳든 그르든, 집단화된 인간관계가 권위주의적 서열의 강박 속에서 움직이기 쉬운 것은 사실이다. 의식 속에 또는 무의식 속에 강하게 움직이고 있는 한국 가부장제의 전통은 아버지의 권위가 모든 집단행동의 원형이 된다는 사실을 확인해주는 것처럼 보인다. 한국 사회에서의 이데올로기적 정당성에 대한 투쟁은 누가 아버지의 목소리로 이야기할 수 있는 권리를 획득하는가 하는 문제와 밀접하게 연결되어 있다고 할 수 있다. 그리하여 모든 정치적 호소 ─ 부분적인 개인적 집단적 이익의 의도를 가진 것까지도 집단의 이름으로 행하여진다. 이러한 사회조직과 심리적 동기의 복합성에 대한 고려를 떠나서도, 그것이 혁명의 수단이 되든 아니 되든 정치권력은 그 자체로 사람의 본능적인 추구의 대상이 될 수 있다. 이로 인해 갈등을 통해서 혁명의 목적들을 달성한다는 현실주의는 정치적 관행이 될 가능성을 가진다. 현실의 복합성이 권력의지의 실현을 위한 중요한 구실이 되는 것이다. 이러한 요인들이 이상과 현실 동력의 변증법을 간단히 받아들이기 어렵게 하는 한 이유가 된다.

부분적 사회공학

그러나 심리적 해석을 떠나서도 혁명적 이상의 실현에는 모순과 고민이 없을 수 없다. 그것은 혁명이 요구하는 인간적 희생은, 그 희생의 대상이 누구든지 간에, 희생을 강요받는 사람은 물론 그것을 강요하는 사람에게도 큰 고민과 고통을 불러일으키는 일이 되는 것임에 틀림없다. 이상은 이러한 느낌을 마비시키는 역할을 한다고 하더라도 이것을 가볍게 생각하는 것이 인간적인 것일 수는 없다. 이러한 모순을 완화하려는 노력이 혁명적 변화의 명예를 지키는 방법일 것이다.

그러나 혁명적 변화기의 고통은 일반적인 것일 수 있다. 그리고 문제는 고통의 비인간성만이 아니라 그것이 사실적 근거를 이탈한 사람의 좁은 가치지향적 집착에서 야기되는 것일 수 있다는 것이다. 카를 포퍼는 그러한 고통을 줄이는 방법으로 지나치게 원대한 유토피아의 이상을 실현하려는 유토피아를 겨냥하는 전체적인 사회 공학에 대하여 임기응변적 "부분적 [사회] 공학"(piecemeal engineering)을 주창하였다. 이것은 그때그때 인간의 고통에 대처하는 일에 개혁의 목적을 한정하는 사회계획이다. 그것은, 지상선을 최대로 확인하고 그것을 위하여 투쟁하는 것이 아니라 사회의 최대의 악을 찾아내어 그것을 줄이기 위하여 투쟁하는 방법이다.(Karl Popper, *The Open Society and Its Enemies*, Vol 1 [London: Routledge & Kegan Paul, 1965], p.158) 이것은 포퍼가 사회주의를 비롯하여 여러 사회개혁의 실험의 문제점을 의식하고 유토피아적 사회개혁의 사상들을 검토하면서 말한 것이지만, 과학적 사고의 방법론에 대한 성찰에 입각한 제안이기도 하다.

과학의 방법론은 그의 일생에서 가장 큰 관심사였거니와 『과학적 발견의 논리』(The Logic of Scientific Discovery, 1959)에서부터 그가 강조한 것은 과학의 명제가 절대적일 수 없다는 점이었다. 과학의 명제는 그 논리적 엄밀성에도 불구하고 경험적 사실이나 다른 이론에 의하여 오류로서 증명될 수 있는, 그리하여 언제나 고쳐지거나 폐기될 수 있는 가설로서의 성격을 가지고 있다. 일정한 법칙에 따르는 집단행동에 의하여 역사가 어떤 유토피아적 종착역에 이를 수 있다는 생각은 과학적 명제보다 더 가설적인 것이라고 할 수밖에 없다. 포퍼 이후 가설적이기는 하지만, 일단 연역적 엄격성을 가지고 있는 과학의 이론에 대한 확실성의 주장은 복합성의 이론이나 혼돈의 이론에 의하여 더욱 근거가 박약해졌다고 할 수 있다. 그렇다고 과학이 믿을 수 없는 것은 아니지만, 적어도 이러한 과학의 새로운 반성이 말하고 있는 것은, 자연현상이 선형적 논리보다 체제의 전체적인 자체 조정에 의하여 설명된다는 사실이다. 사회는 자연현상보다도 더 복합적이고 유기적인 관계 속에서 변화하고 설명된다고 하는 것이 맞는 것일 것이다. 그렇다고 한다면, 어떤 일방적인 가치지향적 이상에 의하여 부과되는 개체나 집단의 희생은 더욱 쉽게 정당화할 수 없는 것이라고 할 것이다. 물론 이것을 너무 철저하게 믿고 나가는 것은 일관된 정책적 계획에 의한 사회개선을 완전히 부정하는 것이 될 것이다. 그러나 적어도 그러한 계획이 한발 한발 사회체제 전체, 그리고 그것을 구성하고 있는 구체적인 인간의 고통과 행복에 의하여 시험되면서 또는 "오류 가능성"(falsifiability)을 검증하면서 진행해야 할 것이라는 점은 분명하다.

개인과 휴머니즘

포퍼는 마르크스주의를 비롯한 역사주의가 말하는 사회구조의 구속력에도 불구하고, 정치 변화에 있어서 최종적인 행위자는 개인이라는 것을 강조했다. 그가 주의를 주어야 한다고 생각한 고통의 문제에 있어서도 고통의 당사자는 개인이다. 사회계획의 추진에 있어서 그것이 경험적으로 시험되어야 한다면, 그 시험은 낱낱의 개인의 고통과 행복이 시험문제가 되는 것일 것이다. 집단의 존속이나 이익이 중요한 것도 그것이 궁극적으로 개인의 생명이나 이익의 담지자가 되기 때문이다. 역설적으로 개인이 집단을 위해서 희생될 수 있다면, 그것은 개인의 생명과 삶이 궁극적으로 귀중한 것이기 때문이다. 이렇게 볼 때, 개인이야말로 생명과 그 이해관계를 궁극적으로 구현하는 존재이다.

다시 한번 가치의 실체는 가변적이다. 개인보다 큰 가치를 위해서 희생된다고 할 때, 그 가치의 궁극적 정당성은, 조금 전에 말한 바와 같이, 개인의 생명에 있다. 이 생명의 사실은 사실로서만 받아들여지는 것이 아니라 가치로서 받아들여질 수 있다. 또 암암리에 그렇게 받아들여진다. 이때 그것은 집단의 가치를 정당화하는 보다 보편적인 가치가 된다. 그리하여 개인의 생명과 삶을 궁극적인 보편가치의 담지자로 보는 것이 가능하다. 이것을 하나의 일반적인 입장으로 정립한 것이 인도주의 또는 휴머니즘이다. 여기에서 볼 수 있는 것은, 위에서 말한 바 가치와 사실의 순환인데, 어떤 가치의 사실적 기반을 캐어보면, 그 사실적 기반은 다시 보다 큰 가치로 드러나기도 한다. 그러나 다른 한편으로 이것은 가치의 확대 보편화 과정에 따라 나오는 결과라고 할 수도 있다. 어떤 계급의 불행을 바꾸기 위한 투쟁이 무엇을 위한 것인가 하고 묻는 것은, 그것이 어떤 큰 목적이나 가치를 위한 것인가를 묻는 것이 된다. 그리고 여기에서 답변은 구체적인 인간의 인간적 행복이 되고 다시 그것은 개인들의 행복이 될 수밖에 없다. 그러나 목적이나 가치 차원에서만의 물음은 목적과 가치의 사실적 기반을 충분하게 밝히지 않고 모호하게 둠으로써 현실적 의미를 가질 수 없는 경우가 생긴다. 종종 휴머니즘의 주장이 공허한 것으로 간주되기 쉬운 것은 이러한 이유로 인한 것이다. 그리하여 그 사실적 조건의 개선을 위한 고려 또는 투쟁이 생각될 수 있지만, 그것은 다시 그 자체로서 새로운 목표가 되어 전체 상황을 망각할 수 있는 가능성이 생겨난다. 필요한 것은 생명과 삶의 궁극적 기반이 생물학적인 개체라는 것을 상기하는 일이다. 그러나 말할 것도 없이 생물은 적절한 조건과 환경 안에서만 생명으로 존재할 수 있다. 이러한 부분과 전체의 변증법을 잊지 않는 것은 적어도 투쟁의 사실적 과정의 치열함. 그 비열함을 완화할 것이다.

5. 갈등의 실존적 기반

정의의 문제

대체로 갈등에 있어서의 투쟁적 입장은 정의라는 이름으로 정당화된다. 이것은 앞에서 생명유지의 물질적 사회적 조건에 관한 문제로서 이야기한 바 있다. 그러나 정의는 이러한 수단의 의미를 초월하여 절대적 성격을 가진 것으로 보인다. 플라톤은 『공화국』(*Republic*)에서 정의의 심리적 근거를 "복받쳐 오르는 성질"(영어 번역에서 spiritedness, 그리스어로 thymos)에서 찾았다. 이것은 불의를 보면 불같은 화가 치밀어 오르고 그것에 대항하여 싸울 수 있는 용기가 솟아나는 것을 말하기도 하지만, 사람이 자기의 위엄에 관계된 일에서 화를 내고 싸움을 벌이고 하는 억제하기 어려운 심리적 에너지를 말한다.(플라톤,『공화국』1권, 375a-375e) 이것은 거의 사람의 육체적 조건의 일부이면서 사람이 자신에 대하여 가지고 있는 자기의식, 자기존엄성의 의식에서 핵심적 부분이라고 할 수도 있다.

보다 큰 이념적 체계 밑에 들어있는 심리적 에너지의 많은 부분도 이 정의감이라고 할 수 있다. 사회혁명을 지향하는 이념적 체계는 말할 것도 없이 기존 체제의 비판으로부터 시작한다. 거기에서 그것은 정의의 원리에 위배되는 것으로 드러난다. 정의의 질서의 회복은 투쟁의 제일 목표가 되는 것이 당연하다. 그것이 회복됨으로써 사회질서는 사람의 위엄에 맞는 것이 되고 참다운 의미에서 공존의 질서가 된다. 그러나 정의를 위한 투쟁이 극단화될 때, 그것은 삶 그 자체를 파괴하거나 또는 견딜 수 없는 것이 되게 할 수도 있다. 의를 위해서라면 죽어도 좋다는, 또는 세상이 다 망해도 좋다는 생각은 동서고금에 두루 발견되는 생각이다. 이 극단적인 심성을 잘 표현하고 있는 것이 라틴어 격언 - "세상이 망하여도, 정의가 이루어지게 하라"(Fiat justitia, et pereat mundus)라는 격언이다. 여기에 대한 정상적인 반응은 세상의 존속이 정의보다 중요하다는 것일 것이다. 위에서 언급한 버트런드 러셀의 핵전에 대한 발언은 바로 정의보다는 세계의 존속이 중요하다는 입장을 나타낸 것이다. (여기의 라틴어 격언은 한나 아렌트의 에세이「진리와 정치」에서 따온 것이다. 이 글에서 아렌트는 정의를 진리로 대체하여 질문을 제기하고, 이 진리가 철학자의 절대적인 진리나 이데올로기적 진리 - 허위와 거의 일치하는 이데올로기적 진리가 아니라 사실적 진리라면 진리는 끝까지 수호되어야 하는 민주사회의 기초의 하나라고 주장한다. 그러나 다른 글, 가령, 레싱상 수상 연설에서 아렌트는 추상적 진리보다는 인간성의 보존이 우선하여야 한다고 말하고 있다. 이것은 전체적으로 그의 정치사상의 기조를 이룬다고 말할 수 있다.)("Truth and Politics," Between Past and Present [New York: The Viking Press, 1961], "On Humanity in Dark Times: Thoughts About Lessing." *Men in Dark Times* [New York: Harcourt, Brace & World, 1968] 참조). 위의 격언과는 다른 또 하나의 라틴어의 격언, "Summum ius-summa inuria"(극단의 정의는 극단의 해)라는 말은 극단적 정의감에서 나오는 행동의 폐해를 표현한다. 이것은 헤겔의 생각을 표현한 것이지만, 그의 생각으로는 이러한 결과는, 추상화되는 진리는 그대로 살아 있는 현실의 움직임을 벗어날 수 있기 때문이다. "느낌으로 알지 못하는 초감각적인 세계는 존재의 한 면만을 나타낸다. 이에 대하여 참 현실은 스스로 안에 움직이고 있는 삶의 현실이다."(한스 게오르크 가다머의 해설, 영문번역, Hans-Georg Gadamer, *Hegel's Dialectic: Five Hermeneuitc Studies* [Yale University Press, 1976] pp. 52-53)

이와 같이 정의는 삶에 대하여 양의적인 관계를 가지고 있다. 세상이 정의보다 중요하다고 한다면, 정의를 해소하는 간단한 방법의 하나는 정의가 단순히 자기주장과 확대, 즉 권력의지의 표현이라고 말하는 것이다. 이것은 정의가, 위에서 말한 것처럼, 복받쳐 오르는 성질에 관계되는 것이라는 사실에 이어져나오는 것이다. 이 경우, 정의의 갈등은 다시 사실적 차원에서의 갈등으로 파악되는 것이 정당할 것이다. 정의가 사실적 대립의 문제라는 것이 대립의 쌍방에 의하여 인정되면, 사실적 차원에서 다시 한번 타협은 이루어질 수 있는 것이 될 것이다. 그러나 이것은 하나의 해결방법에 불과하다. 정의감이 바른 세계의 수립을 위하여 중요한 일을 한다는 상식적인 평가를 제쳐두고라도, 플라톤의 정의와 시모스의 일치는 그것이 실존적인 차원에서 상황에 따라서 어떤 사람에게는 삶의 의의를 형성하는 것일 수 있다는 것을 말한다. 거기에는 불가항력적인 것이 있다. 비극작품들에서 보는 정의의 의미는 이러한 실존적 절박감의 관점에서 제시된다. 다만 이 경우에 정의의 느낌은 추상적인 이념으로 존재하기보다는 더 깊이 개인의 삶의 기저에 자리해 있는 것으로 생각된다. 그 경우에도 물론 추상적인 이념으로서의 정의는 그 개인의 사회적 기반을 대표한다. 그것이 개인의 실존적 절실성과 일치하는 것이다. 정의가 얼마나 개인의 실존 속에 얽혀 들어가 있는가 하는 것은 정도의 문제이고 개인의 진정성의 문제이다. 우리가 갈등의 의미를 깊이 생각하는 데에는 이러한 경우를 고려하는 것이 필요하다. 이것은 일단은 합리적 해결 - 타협이나 동의의 해결을 찾아내는 길이 거의 보이지 않는 경우도 있다는 것을 알게 하는 장점이 있다. 물론 과제는 그럼에도 불구하고 해결의 방법을 모색해보는 것이다.

안티고네의 경우

전통적으로 서양의 그리스 비극을 비롯하여, 비극은 이러한 어느 한쪽이 옳다고 할 수 없는 - 해결이 없는 갈등을 주제로 한다. 헤겔이 그의 『미학』(Ästhetik)에서 해결하기 어려운 비극적 대결의 예로 든 『안티고네』(Antigone)의 상황은 대결과 파국만을 보여주는 전형적인 예가 된다. 이것은 사람의 삶이 현실적 이해관계뿐만 아니라 해결을 허용하지 않는 숨은 가치 충동 또는 형이상학적 정열에 의하여 움직인다는 것을 느끼게 한다.

널리 알려진 줄거리의 핵심만을 상기한다면, 여주인공 안티고네는 세베스에 반란을 일으키다 전사한 오빠의 장례를 치르고자 한다. 그러나 통치차 크레온은 반란군 전사자들의 장례를 금한 바 있다. 그러나 안티고네는 이 국가적 명령을 어기고 오빠의 장례를 치르게 되고,

그 결과로 동굴에 갇혀 목매어 자살하게 된다. 이에 이어서 그 충격으로 안티고네의 약혼자였던 아들 하이몬과 아내가 죽자 크레온은 왕위를 버리고 유랑의 길에 들어서게 된다. 이 비극에서 헤겔은 두 개의 율법 또는 정의의 충돌을 본다. 안티고네는 신의 율법 또는 자연과 종족의 율법을 따르려 한 것이고, 크레온은 국가의 법을 옹호하려고 한 것이다. 이 둘을 철저하게 지키려고 한두 사람 중 어느 쪽에 더 정의가 있다고 하기는 어렵다. 물론 조금 더 유연한 태도로서 신 또는 자연의 법과 국가의 법을 조화시키는 것이 불가능하지는 아니하였을 것이라고 생각할 수 있다. 이 입장을 강조하면, 이 비극의 원인은 참으로 모순되는 두 법의 충돌만이 아니라 지나치게 강한 자기과신 또는 자기의 정의로움에 대한 확신에 있다는 해석이 가능하다. 그러나 헤겔의 생각으로는 이 비극에 관여된 정의에 대한 확신 – 일방적인 확신은 개인의 의지로는 어찌할 수 없는 불가항력적인 것이다. 이 소포클레스의 주역과 그 반대역을 움직이는 것은 단순한 고집이나 격정이 아니라, 그 나름으로 그들의 이성에 기초한 확신이다. 이것은 그들 자신이 어찌할 수 없는 근원적인 파토스, 즉 정열에 연결되어 있다. 그것이 그들의 실존적 운명에 일치한 것이다. 이것은 아마 위에서 말한 플라톤의 생각처럼, 인간세계에 정의가 나타나는 방식이 "복받쳐 오르는 성질"로 인한 것이라는 사실을 다시 확인해주는 것일 것이다. 안티고네나 크레온의 정열은 반드시 자신들의 정열이라기보다 모순을 피할 수 없는 인간조건 속에서 정의가 표출되는 방식이라고 할 수도 있다. (헤겔, 『미학 II권 3부, III, 3장, 3,, C "극시와 장르의 구체적인 전개"[Die konkrete Entwicklung der dramatischen Poesie und ihren Arten])

이러한 두 개의 정의의 모순을 어떻게 해결할 것인가? 위에서 언급한 바와 같이 헤겔의 생각의 하나는, 이것은 해결될 수 없는, 결국 일방적 정의의 담당자들이 개인적으로 파멸에 이르는 것으로 끝날 수 밖에 없는 모순의 상황이라는 것이다. 그러나 더 일반적으로 말하여 그리스 비극의 모순에 대한 헤겔의 다른 생각은 - 그의 발전사관에 비추어 더 일반적인 생각은 이러한 모순된 정의의 추구는 주관적으로 이해될 수는 있으나 객관적으로는 용서될 수 없다는 것이라고 말할 수 있다. 가장 중요한 것은 아테네라는 국가의 윤리적 삶의 일체성이다. 비극의 주인공들이 죽음이나 불행한 최후를 맞는 것은 바로 이 질서에 비추어 그러한 일방적 정의의 추구가 허용될 수 없다는 것을 보여주는 것이다. 이것은 『법철학』(Recht philosophie)에서 『안티고네』에 언급하는 대목에서도 추측할 수 있지만(『법철학』, III부, 1, b), 다음에 잠깐 살펴볼 오이디푸스의 비극에 대한 그의 생각에서 더욱 분명하게 나타난다.

그러나 만약 개인적인 정의감보다는 사회의 시민적 질서가 더 중요한 것이라고 한다면, 개인적인 정의까지도 수용하는 사회질서를 보다 참을성 있게 구성하는 것이 불가능한 것은 아니라는 것을 생각하게 한다. 『안티고네』에서 안티고네와 크레온의 갈등은, 생명이라는 현실에 비추어보면, 안티고네의 정의가 더 근원적인 것이라고 말할 수 있다. 이 비극에서 관객의 동정을 사는 주인공은 크레온이 아니라 안티고네라는 사실도 이것을 증거해 준다. 안티고네의 정의는 생물학적 본능과의 연대에 기초해 있는 정의인데 대하여, 크레온의 정의는 합리적 국가체제의 개념에 입각한 정의이다. 이 합리적 체제는 원초적인 삶의 현실을 포함함으로써 보다 포괄적인 국가질서가 될 수 있었을 것이다. 현실적으로 크레온의 권력의지와 경직된 사고가 아니라면, 안티고네가 원하는 장례식이 허용되지 못할 이유가 없다고 할 수도 있다. 그것이 허용되어도 크레온이 다스리는 국가질서가 손상되지는 아니하였을 것이다. 여기에서도 우리는 일방적으로 경직된 해석에 따른 정의나 법이 삶을 해친다는 것을 보게 된다. 사회는 이념이나 법 이외에 그에 모순될 수 있으면서도 더 포괄적일 수 있는 동정과 자비 그리고 용서로서 균형을 유지할 수 있다.

오이디푸스의 경우

『안티고네』는 해결 없는 갈등의 비극이지만, 그것을 넘어서 포괄적 시민적 사회질서로서 갈등을 덮게 하는 것으로 해결방식을 찾는다면, 그것은 너무나 외면적인 해결방식으로 생각된다. 『콜로노스의 오이디푸스』(*Oedipus at Colonus*)는 좀더 내면적 해결의 방식을 보여준다고 할 수 있다. 추상적 정의의 모순에 비하여, 헤겔에게도 이 비극은 보다 내면적인 해결 또는 형이상학적인 해결방식을 제시하는 것으로 생각된다. 오이디푸스의 이야기를 다룬 연극들의 주제가 간단한 의미에서의 정의의 갈등이라고 할 수는 없다. 그러나 이것을 정의의 갈등이라는 관점에서 읽는다면, 그것은 오이디푸스 한 사람이 겪게 되는 두 가지의 정의이다. 그러나 연극의 끝에서 이 두 정의는 하나의 정의로 수렴된다. 이 최종 정의의 관점에서 보면, 정의는 오이디푸스가 그의 죄에 대한 죗값을 치르고 다시 자기가 어지럽혔던 근원적 질서 속에 수용되는 데에서 완성된다. 그러나 오이디푸스의 죄는 그의 의식적 결정과는 관계없는 죄이다. 그 개인의 관점에서 보면, 그는 정의의 인간이다. 그는 스핑크스의 수수께끼를 풀어 세베스를 구하였다. 그는 다시 환란에 처하게 된 세베스를 위하여 그 원인을 밝히고자 노력한다. 그 과정에서 그것이 바로 자기 자신의 도덕적 오염이라는 것을 짐작하게 되지만, 진실을 밝혀야 하는 통치자로서의 의무를 중단하지 않는다. 그 결과 그 자신이, 자기도 모르게 아버지를 죽이고 어머니와 결혼한 사람이란 것을 알게 된다. 그리고 그로 인하여 자신의 눈을 빼고 유랑의 길로 들어선다. 오이디푸스가 정의의 추구에서 얻게 되는 결과물은 결국 자신의 근원적 죄를 들추는 것이 되고, 운명의 형벌을 받아들여야 하는 사람이 되는 것이다. 이것이 오이디푸스 왕에 나와 있는 이야기이다. 그는 수난에 이르는 과정에서 운명의 정의로움, 세계의 정의로움에 대하여 도전하는 질문을 던질 수 있었을 것이다. 그러나 전체의 질서 속에서 오이디푸스의 (적어도 의도상의) 무죄와 정의는 무의미하다. 그는 그의 원죄로 인하여 고통과 수난을 겪는다. 그 결과 스스로 떠맡는 고통으로 자신을 정화하고 자신과 그리고 신들과 화해한다. 그리하여 망명의 길에서 찾아든 아테네의 교외 콜로노스에서 신들의 질서에 수용되고 아테네의 수호신이 된다. 이것이 『콜로노스의 오이디푸스』에 이야기되어 있다. 최종적으로 그가 신들의 질서에 편입된다는 것은, 헤겔의 해석으로는, 그가 다시 한번 아테네의 윤리적 질서 속에 편입된다는 것을 뜻한다. 이것은 상당히 기독교적인 해결방식이라고 할 수 있다. 다른 점은 죄와 고행과 구원의 최종의 틀이 되는 것이 신의 질서라기보다는 아테네의 공동체적 질서라는 점이다.(『미학』, 3부 제3장, Ⅲ, 3, c)

대결적 상황과 실존/ 민족주의와 보편주의

『안티고네』의 갈등은, 헤겔도 언급한 바 있지만 역사적 성격을 가진 것으로 볼 수 있다. 그것은 한편으로는 씨족 또는 종족 중심의 사회로부터 국가질서에로의 이행해가는 과도기에 일어나는 것이라고 할 수도 있기 때문이다. 그렇다고 하여 연극에 나와 있는 실존적이고 존재론적 상황의 아포리아가 사라지는 것은 아니다. 여기의 대결은 역사이면서 또 불가항력의 것이다. 그것은 역사 속에 사는 인간의 생존의 구조 속에 들어있는 모순이면서, 실존적으로 부딪치는 상황인 것이다.

　이러한 모순의 상황은 훨씬 더 현실적으로 규정될 수도 있다. 즉, 피할 수 있는 것처럼 보이면서도 주어진 이데올로기적 여건하에서는 피하기 어려운 선택만을 제시하는 모순의 상황이 있다는 말이다. 메를로퐁티는 제2차 세계대전의 경험을 통하여 국가 간의 무력 대결 또는 점령 – 피점령의 관계가 어떻게 보편적 인간주의의 입장에 서 있는 개체까지도 비이성적이고 비보편주의적이고 파당적인 대결의 상황에 빠뜨리는가, 그러면서도 그것을 무시할 수 없는가를 말한 일이 있다.("전쟁은 일어났다,"『의미와 무의미』소재, "la guerre a eu lieu," *Sens et non-sens* [Paris: Les Edition Nagel, 1948] 참조) 그는 전쟁 전까지 독일인, 유대인 또는 중국인을 종족이나 국적에 관계없이 인간으로서 생각하고 대할 수 있었다. 그리고 독일과의 전쟁 중에도 독일인 병사를 인간으로 볼 수 있었고, 프랑스군의 총에 맞아 신음하는 독일 병사의 구출을 위하여 노력할 수 있었다. 그러나 프랑스가 항복하고 독일의 점령하에 들어간 다음에는, 독일인을 다 같은 인간이라는 범주가 아니라 독일인이라는 범주로만 보아야 한다는 것, 또 스스로를 보편적 인간의 관점에서가 아니라 프랑스인이라는 관점에서 생각하여야 한다는 것을 깨닫게 되었다. 그는, 독일군의 점령하에서 프랑스인 전부는 부자유의 인간이 되고, 혼자의 힘으로서는 자유는 되찾을 수 없으며, 여러 사람과의 연대를 통해서만 개인의 자유는 현실이 된다는 것을 알게 된 것이었다.

　무엇보다도 중요한 것은 사람의 보편적 의식도 구체적 지형 속에 존재한다는 사실이었다. 거기에서 그것은 실존적으로만 존재했다. 구체적 지형의 현실은 보편성의 관점에서는 정당화될 수 없는 집단투쟁을 받아들이지 않을 수밖에 없는 과제가 되게 하였다. 독일군의 프랑스 점령은 인간의 현실로 하여금 보편적 지평으로부터 실존적 한계로 내려가는 것을 불가피하게 한 것이다.

집단투쟁이 불가피한 것이 현실이라면, 내가 가담하여야 할 집단은 어떻게 선택되는 것인가? 그것은 선택되는 것이 아니라 인간실존을 한정하는 여러 조건, 말하자면 혈연적 관계와 거주 토착의 우연적이면서 운명적인 사실에 의하여 주어지는 것이다. 이러한 우연적 투쟁을 통하여 인간현실은 어떤 균형에 이를 수 있는가? 인간의 보편적 가치는 무의미한 것인가? 메를로퐁티는 점령자와 피점령자의 집단적 투쟁의 사실적 구속의 불가피성을 인정한다. 그러나 다른 한편으로 그의 이성주의는 이것이 반드시 이성의 보편적 기준을 완전히 벗어나는 비이성적인 운명이라고 생각하는 것을 허용하지 않는다. 전쟁과 점령은 그를 사유하는 개체가 아니라 민족이나 국가의 일원 - 독자적 사유를 포기한 존재로 바꾸어놓는다. 자유의 박탈이 프랑스인의 투쟁을 정당화한다는, 위에 소개한 그의 생각에는 이미 집단 간의 힘의 투쟁을 넘어가는 이념적 판단이 들어있다. 그는 다음과 같이 말한다. 집단화는 이성의 기능을 마비하고, 그 주체적 자유를 빼앗고, 집단적 범주의 사고를 강요한다. 이 자유를 되찾기 위하여 집단적 범주의 사고를 받아들이고 저항운동에 참여하여야 한다. 이것이 그가 프랑스인의 저항을 정당화하는 말이다. 그는 여기에 추가하여 독일의 유대인 박해와 학살의 비인간성을 강조한다. 이것은 다시 한번 프랑스인으로서의 저항의 선택이 반드시 파당적 투쟁에 흡수되어 보편적 인간가치를 버리는 것이 아니라는 것을 정당화한다. 이러한 정당화들이 참으로 정당한가? 전쟁과 프랑스의 피점령 상태는 보편적 개념으로서의 인간주의와 사실적 개념으로서의 민족주의의 모순을 생각하게 한다. 메를로퐁티의 사고에도 불구하고 그가 소속되어 있는 민족 집단의 원초적인 압력 – 출생의 뿌리와 사회적 공간에서 나오는 힘이 이성 이전에 그의 사고에 일정한 벡터로 작용하는 것이 아닐까?

그의 사고의 복잡한 굴곡에도 불구하고, 그는 또 개체의 자유롭고 주체적인 사고가 보편적 인간의 기본이라고 할 때, 독일인이나 프랑스인이라는 범주는 일종의 망상이나 허깨비에 불과하다고 말한다. 그러나 이것은 곧 망상이 현실이라는 역설을 인정하는 것이 된다. 그리고 실존적 고민의 핵심은 이 망상이 현실의 일부라는 점에 놓인다. 과거의 상처들이 사라지고, 자유가 당초부터 현실로서 존재하게 될 때에만, 보편성은 사실이 될 수 있다고 그는 말한다. 그러나 "그때가 오기까지는 사회의 삶은 허깨비 사이의 대화이고 싸움으로 남을 수밖에 없다." 그리고 "이 실존적 선택 또는 우연의 선택에서 흐르는 눈물과 피는 살아 있는 사람의 눈물이다." 그러니까 민족주의를 넘어가는 보편적 진리가 없는 것은 아니면서도, 프랑스의 민족주의는 망상이고 허깨비일망정 그 나름의 정당성을 가진다.

이념과 실존적 현재의 절실성

이것은, 위에서 언급한 대로 메를로퐁티가 국가와 민족의 정당성을 받아들이는 사유의 경로이다. 그러나 그의 사고에서 민족주의와 보편주의의 모순과의 싸움은 계속된다. 최종적으로 그는 모든 것을 보편적 입장에서 정당화한다. 민족주의를 일단 수긍하는 것도 그러하다. 그에게 진정한 보편주의란 구체적인 문제들을 넘어가는 것이 아니라 그것을 통하여 실현된다. 어떻게 보면, 사실의 구체적인 현재성에 주의하는 것이야말로 진정으로 보편적 이성의 명령에 충실한 것이다. 그리하여 그는 실존을 통하여 보편적 휴머니즘에 이른다.

그는 데카르트의 후예로서 이성주의자고 휴머니스트이기도 했지만, 그 나름의 마르크시스트이기도 했다. 그러나 어떤 중의(衆意)가 설정하는 보편적 이상은 실존적 현실을 통하여 나타나는 것이지 추상적으로 나타나는 것이 아니다. 이것은 그의 마르크스주의에 대한 입장에서 가장 잘 나타난다. 그는 일정한 한계 안에서 이성주의와 휴머니즘은 마르크시즘과 일치하는 것으로 생각하였다. 이론적 마르크시스트들에게는 국가 간의 전쟁은 전적으로 부르주아 사회의 무의미한 놀이에 불과하다. 그리하여 그것을 심각하게 생각할 이유가 없었다. 이 전쟁에 프롤레타리아를 대표하는 소련이 개입되어 있다는 사실 이외에는, 독일이 이기느냐, 프랑스가 이기느냐 하는 것은 전적으로 중요한 일이 아니었다. 세계사의 진로에서 중요한 것은 오로지 전 세계적인 계급투쟁이지 국가 간의 전쟁이 아니었다. 메를로퐁티는 이러한 입장에 대하여, 마르크스주의자의 관점에서도 프랑스를 위하여 싸우는 것이 중요한 일이라는 것을 설득하고자 하였다. 그가 강조하고자 한 것은 마르크스주의가 말하는 보편적 인간해방의 이상도 추상적으로 실현되는 것이 아니라, 얼핏 보기에 무의미한 허깨비의 싸움과 같은 국가 간의 전쟁을 통해서, 그리고 더 일반적으로 주어진 현실에 그때그때 일어나는 갈등과 투쟁을 통해서 진전 또는 후퇴한다는 것이었다. 이것은 국가 간의 분쟁에서만이 아니라 계급투쟁 또는 더 일반적으로 모든 사회정의를 위한 투쟁에도 해당되는 것이다. 역사는 일직선이 아니라 복잡한 굴곡을 그리며 앞으로 나아간다. 그러한 관점에서 프랑스의 해방은 중요한 것이었다. 따라서 큰 보편적 이상의 관점에서 볼 때, 부질없는 것으로 보이는 투쟁도 의미가 있다. 메를로퐁티가 이러한 국지적 투쟁에서 흐르는 눈물도 거짓된 눈물이 아니라고 한 것은 헛될 수도 있는 희생을 말한 것으로서, 실존주의자로서의 그의 생각의 다른 면을 드러낸다. 그렇다는 것은 보편적 이념이 무엇이든지 간에, 인간생존의 진실의 하나는 사람이 주어진 조건 속에 산다는 사실이다. 그리하여 모든 삶의 순간은 그것이 어떤 이념적 의미를 가지고 있든지 간에 그 나름의 절실성을 가진다. 특히 고통과 희생은 그렇다고 할 수 있다. 제2차 세계대전 중의 영미 국민들의 투쟁과 희생은 그들 사회의 자유민주주의를 수호한 것이라고 할 수 있는데, 메를로퐁티는 이를 긍정적으로 보면서, 그 이유의 하나로 사회정의를 위한 투쟁도 "백 년을 살 사람이 아니라 오십 년 정도를 파시즘의 통치하에서 살아야 할지 모르는 사람들"을 위한 것이기 때문이라고 하였다. 즉, 사회주의를 지향하는 사람에게는 적어도 그들의 생존기간 중에 파시즘보다는 자유주의 체제하에서 사는 것이 나은 것이다.

갈등 해결의 투쟁과 실존

이렇게 하여 메를로퐁티는 마르크스주의가 지니고 있다고 생각하는 큰 인간주의적 보편이념과 그때그때의 작은 실존적 투쟁의 절실성을 종합하고자 한다. 그러나 최종적으로 우리는 그를 마르크스주의자이기보다는 실존주의자이며 휴머니스트라고 부를 수밖에 없다. 결국 마르크스주의가 포용한 것처럼 보이는 휴머니즘의 이상은 구체적 실존 속에서 현실이 되는 외에는 다른 방도가 없다. 사회적 보편주의의 이념이 잊혀지는 것은 아니다. 그러나 실존의 역사적 궤적은 한없이 길고, 보편적 이념은 이 과정에 나타남으로서만 현실이 된다.

메를로퐁티의 이러한 입장은 지금 우리가 생각하고자 하는 갈등과 그 해결의 문제에 대하여 매우 착잡한 함축을 가진다. 우선 간단명료한 이념과 입장만을 강조하는 사람들에게는 실존에 대한 강조는 사회이상을 포기하는 것이고, 훼손된 인간됨의 상태에 그대로 순응하는 것이다. "과거의 상처들이 사라지고, 자유가 당초부터 현실로서 존재하게 되는 때"는 영원히 보류되어야 한단 말인가? 이 과정의 상처란 부정의의 사회기구에서 오는 억압과 원한의 결과물이다. 여기에서 갈등이 이는 것은 불가피하다. 이념에 관계없이 실존적 현실만을 인정하는 것은 이 갈등의 항구화를 의미하고, 보편적 이념에 의한 화해의 가능성을 제거해버리는 일이다. 그러나 다른 각도에서 보면, 이것은 인간현실의 진실을 벗어난 이론에 불과하다. 갈등과 폭력과 유혈을 조장하는 것은 오히려 모든 인간의 해방을 말하는 보편주의를 배반하는 것이다. 갈등의 본질적이고 항구적인 또는 적어도 장기적인 해소를 위하여, 과정으로서의 일시적 갈등의 격화로서의 투쟁을 피하는 것은 비겁한 일일 수 있다. 마르크스주의는 바로 이 두 모순을 하나로 연결하려는 이데올로기이다. 그러나 실제에 있어서, 그것은 현실 사회주의의 실천과정 속에서 드러나듯이 당초에 표방하였던 이상을 실현하지도 못했고, 또 그 실패의 역사 속에서 보편적 차원도 잃어버리고 영원한 갈등의 이념으로 전락하였다. 이것은 집단과 집단 간의 관계에서도 그러하지만, 개인과 개인의 관계에서도 그러하다고 할 수 있다. 뿐만 아니라 집단과 개인 그리고 개인과 개인 사이에 새로운 갈등을 만들어냈다고 할 수 있다. 그렇다는 것은 집단은 집단화를 말하고 그것은 개체로서의 인간의 진실을 부인함으로써, "우리" 편으로 간주될 수 있는 집단과 개인 사이에 갈등을 만들어냈다. 사람이 적대적인 집단 속에 존재하는 것이 사실이라고 하더라도, 그 안에서 다시 개체로 존재하는 것은 보다 근원적인 사실이다. 이렇게 인간이 집단의 일원으로서 또 개체로서 존재한다는 사실을 떠나 집단적 존재로만 생각하여도, 사람이 백 년이 아니라 오십 년을 산다는 사실은 참으로 중요한 사실이다. 그런데다가 개체적 실존의 시간에 역점을 두고 이것을 다시 생각하면, 사람의 의미 있는 삶의 시간은 참으로 매 순간에 있다고 할 수도 있다. (사람의 숨이 끊어지는 데에 5분이나 10분의 호흡장애로도 충분하다는 것을 생각해볼 일이다.) 이러한 사실은 먼 유토피아의 의미를 크게 감소하는 것이지만, 아마 인간에 대한 결정적인 진실은 영원히 유토피아의 단순성이 아니라 복합적 요소의 현실이 실존의 현장이라는 사실이다.

실존적 화해와 그 형이상학적 토대

실존의 강조는 갈등을 피할 수 없는 인간조건으로 받아들여야 한다는 것이 될 수 있다. 그것은 갈등 속에 대립하는 두 편을 하나로 화해하게 하고 통합할 보편적 이념의 실체를 부정하는 것으로 취해질 수 있기 때문이다. 그러나 이것을 이렇게만 취하는 것은 다시 한번 이론적인 사고의 한 결론에 불과하다. 화해의 길은 오히려 개체적 실존의 인정을 통하여 새로이 열릴 수도 있다. 이러한 화해에도 그 나름의 복잡한 역학이 작용한다. 갈등은, 처음에 말한 바와 같이, 가장 간단한 차원에서는 개인적 집단적 이익관계에서 발생한다. 이것은 일단 단순한 힘의 대결, 그리고 거기에서 출발한 타협에 의하여 평화의 균형에 나아갈 수 있다. 그러나 이 타협도 자세히 들여다보면, 평화의 가치 그리고 생명의 지속의 가치의 인정에 기초한다. 단순한 이익관계가 타협에 이르는 데에도 이해의 합리성에 대한 상호인정이 개입되게 마련이다. 이 인정을 통하여 보편적 가치가 삽입된다. 사람의 삶과 그 필요가 상호인정되는 것이기 때문이 다. 이를 확대하면, 대화해의 바탕은 사람의 삶에 대한 대긍정에 있다. 이 삶은 추상적으로 생각되는 가치와 목적을 초월한다. 이때 긍정되는 삶은 본인의 의도에 관계없이 사람에게 가해지는 부정의와 고통을 포함하는 삶일 수 있다. 부정의와 고통에도 불구하고 받아들이는 이 대긍정은 다른 사람들과 그리고 나의 삶과 화해가 이루어지게 되는 근본이다. 삶의 부정적인 측면까지도 긍정한다면, 다시 그것이 고통스러운 의식이 될 수밖에 없는 한, 사람의 삶의 보다 나은 가능성은 다시 시발되게 마련이다. 그리스 비극에서 공포와 연민은 바로 이러한 뜻을 가진 것이라고 할 수 있다. 모순의 삶을 동정적으로 이해하게 하는 것이 그리스 비극과 같은 위대한 문학이 수행하는 일이다. 이 동정적 이해는 삶에 대한 우리의 시각을 확대한다. 이러한 이해와 긍정은 형이상학적 차원에서의 깨달음이라고 하겠지만, 그렇다고 하여 현실사회와 정치에 영향을 미치지 아니하는 것은 아니다. 결국 사회질서의 기저에 있는 것은 그 사회가 가지고 있는 인간에 대한 이해이다.

오이디푸스의 고통과 긍정

우리는 앞에서 오이디푸스가 고통을 통하여 자신과 신들과 화해하게 된다는 헤겔의 해석을 언급했다. 그러나 이 연극은 또 다른 해석과 가능성을 가지고 있다. 이것은 갈등과 화해의 문제에 대한 다른 해답의 가능성으로 이어진다. 헤겔적으로 해석된 오이디푸스의 최종 화해의 구조는 위에서 언급한 대로, 죄와 속죄와 구원의 기독교적 구도에 비슷하다. 그러나 헤겔보다는 더 자세히 작품을 읽었다고 할 수 있는 문학자들은 오이디푸스가 회한이나 속죄의 모습을 보여주지 않는다는 사실이 이러한 해석을 어렵게 한다는 점을 지적한다. 오이디푸스는 고통의 방랑이 끝나갈 즈음에서도 세베스의 왕으로서 수난을 자초하였던 때와 같이 급하고 격한 성질의 인간으로 남아 있다. 오이디푸스가 그의 죄를 뉘우친다고 해도 그것은 죄와 뉘우침보다는 복잡한 경로를 통하여서이다. 아버지를 살해하고 어머니와 결혼한 것이 전적으로 자기도 모르게 일어난, 그의 의식적 의도와는 관계가 없는 죄라는 것을 생각하면, 속죄의 문제는 간단할 수가 없다. 그는 사실 죄없이 죄를 저지른 것이 된 것이다. 그가 속죄한다면, 그것은 자신이 책임질 수 없는 죄에 대한 책임을 수긍하는 것이다. 소포클레스가 그로 하여금 죄를 수긍하게 하는 것인지 어쩐지는 분명치 않다. 오이디푸스는 그의 고통의 길에서 삶의 부조리에 대한 반항과 울분을 버리지 않는다. 그러면서도 그가 고통의 길을 계속하는 것은, 다른 한편으로 그가 운명 – 죄 없는 죄를 짓게 한 운명을 받아들인다는 증표라고 할 수 있다. 그러니까 그가 죄의 결과를 사실적으로 받아들인다는 것은 분명하다. 다만 그것을 내적으로 자신의 죄를 받아들였는지는 분명하지 않다. 고전학자 세드릭 휘트먼은 마지막 오이디푸스의 성격적 특징은 고통을 참고 견디는 힘이라고 강조한다. 그러면서 그는 위엄을 잃지 않는다.(Cedric Whitman, "Apocalypse: *Oedipus at Colonus*," in Thomas Woodward ed. *Sophocles: A Collection of Critical Essays* [Englewood Cliffs, N. J. : Prentice Hall, 1966] 참조) 통치자로서 문제를 해결하고 스스로의 과거에 대한 조사를 밀고 나갔던 그의 지적 능력과 용기가 그대로 지속되고 있는 것이다. 이러한 능력에도 불구하고 그는 자기도 모르게 잘못을 저질렀던 것이다. 그의 지적 능력은 그를 잘못으로부터 지켜주지 못한다. 결과적으로 그의 잘못은 흔히 그리스 비극과 관련해서 말하여지는 "휘브리스" 오만이다. 그러나 그가 오만을 후회한다고 할 수는 없다. 그는 인생이 주는 모든 것 – 영화와 함께 고통을 지적 용기와 위엄을 가지고 맞이한다. 그는 무자비한 삶의 부조리를 그대로 참고 견디면서 삶의 마지막까지를 산다. 그러한 삶을 받아들이는 것이다. 이것보다도 더 큰 삶에 대한 긍정이 어디에 있겠는가. 그의 죽음이 나이팅게일이 우는, 인간이 근접할 수 없는 복수의 신들의 숲에서 일어나는 것은 그가 인간의 세계를 넘어 신성한 위치를 얻었다는 것을 나타낸다. 그는 신들의 세계에 편입되고 아테네의 수호신이 된다.

『콜로노스의 오이디푸스』의 교훈은 인간의 정의에 대하여, 인간의 이해할 수 없는 신의 정의가 승리하며, 그 속에 논리적 연결이 없는 채로, 인간의 정의는 수합된다는 것이다. 그러면서도 인간의 정의가 완전히 패배하는 것은 아니다. 그것은 신의 정의의 신비 속에 거두어 들여진다. 휘트먼의 해석으로는, 소포클레스가 시도한 것은 모든 역경에도 불구하고 오이디푸스가 버리지 않는 진리나 용기나 고결함이 존중하여서 마땅한 인간적 품성이라는 것을 강조하는 것이었다. 이 연극 안에는 오이디푸스와 크레온, 그리고 오이디푸스의 아들과 대면하는 장면이 나온다. 그들은 오이디푸스가 세베스로 돌아오면 세베스가 전쟁에 승리할 수 있을 것이라는 예언에 따라 그를 유인하여 세베스로 돌아오게 하려고 한다. 그러나 오이디푸스는 이를 거부하고 아테네에 남아서 아테네의 수호신이 된다. 이것은 어디까지나, 그가 분노의 인간으로 남아 있었다는 것을 말하는 것이면서, 동시에 그를 전략적으로 이용할 목적으로 술수를 사용하는 정치인들과는 다른 종류의 인간임을 드러내는 것이라고 휘트먼은 말한다. 소포클레스의 의도는 모든 역경에도 불구하고 정략적 계산에 굴하지 않고 그 자체로 존중할 만한 덕성의 우위를 보여주고, 세베스와는 달리 아테네가 그러한 높은 덕성 - 진실과 정의 그리고 용기, 존엄성, 인내심과 같은 덕성에 기초한 사회라야 한다는 것을 설파하려 했다고 말한다. 소포클레스 이후에 아테네가 그러한 사회로서 남을 수 있었는지는 분명치 않다. 그러나 소포클레스가 현실적 승패에 관계없이 높은 인간적 덕성이 있다는 것을, 이 연극뿐만 아니라 그의 여러 작품에서 표현하고자 했던 것은 확실하다고 할 수 있다. 그럼에도 불구하고 오이디푸스의 비극이 우리에게 일으키는 감정은 운명의 가혹함이고, 그 가혹함을 그대로 견디고 받아들이는 인간의 숭고함이다. 여기에서 이렇게 오이디푸스의 운명과 의미에 언급하는 것은 이 소포클레스의 연극을 분석하자는 것이 아니다. 그것은 이러한 연극이 갈등의 문제에 중요한 시사를 던져주기 때문이다. 오이디푸스는 객관적으로는 잘못을 저질렀지만, 주관적으로 죄가 있는 것은 아니다. 그는 최선의 의도로서 – 또는 적어도 고전시대의 그리스의 기준으로 볼 때 최선의 동기로 행동했을 뿐이다. 그러나 아마 큰 관점에서 볼 때 – 가령 헤겔이『안티고네』의 비극에서 최종적인 중재자가 시민적 질서의 유지라고 할 때, 그가 반드시 죄가 없다고 할 수는 없을지 모른다. 그러나 대부분의 독자나 관객들은 오이디푸스에게 깊은 동정심을 느끼게 될 것임이 분명하다. 이것은 오이디푸스가 유죄인가 아닌가와는 크게 관계가 없는 일이다. 물론 오이디푸스가 존경할 만한 인물이라는 것 – 모범적인 인물이라기보다는 복받쳐오는 진실에 대한 정열을 가지고 그것에 대응하여 행동하는 사람이라는 것이 중요한 일이기는 하다. 그가 숨은 계략에 능한 전술적 인간이라면, 관중은 그에게 큰 동정을 느끼지 않을지 모른다. 관중은 그의 진실을 향한 정열에 압도된다. 그리고 그의 죄는 조금은 뒷전으로 물러난다. 비극에서는 대체로 지은 죄에 비하여 그에 따라서 겪어야 하는 고통이 너무나 큰 것이 보통이다. 이 둘 사이의 불균형이 관객으로 하여금 비극의 공포를 느끼게 하는 것이다. 그런데 이 동정은 조금 더 자세히 검토해볼 필요가 있다. 이것은 사회에 일어나는 갈등의 문제에도 관계가 없는 것이 아닌 것으로 생각되기 때문이다.

아리스토텔레스의 『시학』(The Art of Poetry) 이후에, 비극에서 느끼는 공포는 그것이 관객 자신에게도 일어날 수 있는 일이기 때문이라고 이야기된다. 이러한 효과로 하여 관객은 연극 속으로 완전히 빨려 들어간다. 그렇다는 것은 관객이 현장에 있는 것처럼 느낀다는 것을 말한다. 가다머는 연극과 비극을 말하면서 이 현장성을 강조한다. 이 현장은 관객이 연극을 보는 현장에 있는 것을 말하고, 또 연극의 사건의 현장에 있는 것을 말하고, 다시 바로 관객 자신의 실존적 현장에 있다는 것을 말한다. 이 마지막의 현장성이란 연극이 "그에게 드러내어 보이는 것 그리고 거기에서 자신을 보게 하는 것 그것이 바로 그 자신의 세계, 그가 살고 있는 종교적 도덕적 세계의 진실이다"고 깨달음으로써 자신의 삶의 세계를 절실하게 느끼게 된다는 것을 말한다.(Hans-Georg Gadamer, *Wahrheit und Methode*, Tübingen: J. C. B. Mohr, 1968] p. 133, pp. 126-138 참조) 자신의 세계의 진실을 알게 하는 것이 연극이다.

이것은 다시 아리스토텔레스의 주인공의 고통과 그에 대한 동정의 이론으로 돌아가는 것처럼 보인다. 그러나 가다머는 비극의 경험이 되풀이하건대, 이 감정적 일치를 넘어가는 현장성에 의의가 있다고 말한다. 그는 물론 주인공으로 하여금 죗값을 훨씬 상회하는 고통을 치르게 하는 운명의 힘에 관객이 압도된다는 것을 인정한다. 그러면서도 관객의 체험은 이 운명에 대한 동정을 넘어간다는 것이다. 그는 비극의 효과, 거기에서 이는 감정을 다음과 같이 요약한다. "비극적 감정은 비극적 사건의 전개 그 자체 또는 주인공을 쫓아 사로잡는 운명의 정당성 여부에 대한 반응이 아니라 우리 모두에게 해당되는 형이상학적 존재 질서에 대한 반응이다."(Ibid., p. 137)

가다머가 관객이 비극에 반응하는 것이 단순히 참혹한 운명이 아니라 그것을 넘어가는 존재의 질서라고 할 때, 이것은 무엇을 말하는 것인가? 이 형이상학적 존재 질서(metaphysische Seinsordnung)란 어떤 특정한 비극적 이야기를 지칭하는 것이 아니라 그러한 이야기가 나오게끔 하는, 그러니까 그에 비슷한 비극적인 이야기를 얼마든지 만들어낼 수 있는 근원을 말한다고 할 수 있다. 가다머는 이것을 다시 정의하여, 그것은 이러한 이야기들을 가지고 있는 서구의 역사적 체험 전체를 말하는 것이라고 한다.(Ibid., pp. 137-138) 그리하여 비극의 현장에 있다는 것은 이 서구의 역사적 체험 속에 들어간다는 것을 말한다. 비극의 감동, 동정 또는 고통스러운 느낌은 나의 삶 자체가 이 역사적 체험 전체에 이어졌다는 데에서 나오는 것이다. 그러니까 연극의 현장적 체험은 역사의 연속성의 체험이다. 이러한 가다머의 해석은 지나치게 서구 중심적인 것 같기도 하고, 그의 주장을 겸손하게 자신이 아는 세계에 한정하려는 것이라고 할 수도 있다.

그러나 비극의 체험에 대한 그의 해석은 결코 서구의 역사에만 해당되는 것은 아닐 것이다. 비극의 체험에서 "형이상학적 존재 질서"에 반응한다는 것은, 가다머의 표현에 이미 암시되어 있는 바와 같이, 관객이 어떤 전통의 사람이든지 간에 존재의 시간에 참여한다는 것, 그러니까 관객 자신도 그 안에 있다는 점에서, 자신의 존재의 시간적 현재성에 완전히 잠겨들게 되는 것을 말하는 것이라고 할 수 있지 않을까 한다. 가다머는 연극 또는 심미적 경험의 현장성이란 거기에서 "참으로 존재하는 것에 함께 하는 것"이며, 자신의 현존성을 그리스도의 구원의 행위에 일치시키는 기독교의 성찬의식의 그것에 비슷한 일이라고 말한다. 또 미적인 참여의 순간은 "절대적인 현재성," "절대적인 순간"이며, 파루지아(parousia) 순간이라고도 말한다. 이러한 설명은 연극, 특히 비극의 체험에 몰입한다는 것이 존재론적 의미에서 근원적 시간 속으로 들어간다는 것을 시사하는 것이라고 할 수 있다. 그것은 역사적 체험의 범위를 벗어난다. 다만 그러한 비극을 산출한 역사는 그것의 실재를 증명하는 역할을 한다고 할 수 있다. 사실 뛰어난 예술작품은 독자나 관객의 이성적 능력에 호소하기 전에 그의 감정이입의 능력에 호소한다. 즉, 재현되는 체험의 시간에 함께 참여하기를 요구하는 것이다. 그리고 이 체험의 시간 속에서 그의 선악, 또는 정의와 부정의에 대한 판단은 잠시 보류상태에 들어간다. 이 보류상태에서 잠깐이나마 사람은 시간 속에 지속하는 존재의 질서를 경험한다. 이 질서는, 그 전체로 볼 때 인간이 겪게 되는 모든 행복과 불행의 모체, 더 나아가 행불행, 정의와 부정의가 태어나기 이전에 모든 것의 일어남을 가능하게 하는 기저이다. 연극이나 축제에 본격적으로 참여한다는 것은 그리스에 있어서, 가다머가 말하는 바에 의하면 "제찬"(祭粲, communion)의 성격을 가지며, 중요한 축제나 의식에 참여한 사람은 "성스러움의 증표"를 얻어 "불가침" 의 특권을 얻었다.(Ibid., p. 129) 이렇게 보면, 오이디푸스는 그 고통을 통하여, 또 그것을 그의 모든 인간적 위엄을 가지고 그것을 받아들임으로써 정사를 넘어가는 불가침의 신성성을 얻은 사람이다.

존재의 무게와 그 초월

이러한 것들이 갈등과 그 해소의 주제에 어떻게 관계되는가? 오이디푸스의 비극과 같은 것이 보여주는 것은 인작(人作)의 체험에 시비를 넘어가는 차원이 있다는 사실이다. 갈등과 그 해결은 아무래도 시비의 차원에 속하는 인간사이다. 비록 거기에 시비, 정사, 정의와 불의, 죄와 죗값, 부당하거나 마땅한 고통과 고통으로부터의 해방의 문제가 개재되어 있다고 하더라도, 그걸로 하여 일어나는 어떤 일들 앞에서 우리는 깊은 외포를 느끼는 외에는 달리 어찌할 수 없는 경우가 있음을 안다. 그때 우리는 형이상학적 존재의 질서가 우리의 이해와 실천적 능력을 넘어가는 것일 수 있음을 안다. 그러한 경우 우리에게 이는 느낌은 외포와 무력감이지만, 동시에 모든 존재하는 것에 대한 동정이나 연민이기도 하다. 여기에서 용서와 화해에 대한 절실성도 생각하게 된다. 갈등은 우리의 이익, 정의감, 시비판단의 능력의 소산이다. 따라서 그것은 사람이 살아가는 데에 그 나름의 의미와 역할을 가지고 있다. 살아가는 것이 중요하다면, 거기에서 일어나는 갈등은, 그 범위 안에서 해결되어야 한다. 그러나 존재의 질서는 갈등과 그 해결을 넘어간다. 그것은 갈등과 그 해결이 쉽게 이루어질 수 없다는 것을 말하는 것으로 보인다. 그러나 역설적으로 그것은 선악과 정의 부정의를 넘어서 모든 사람이 화해할 수 있는 길을 열어놓는다고도 할 수 있다. 인간은 사람의 판단으로는 그 전부를 헤아릴 수 없는 존재의 질서에 참여한다. 이것이 참으로 깊은 의미에서 인간공동체의 기초이다. 이 사실에 대한 깨달음은 갈등 해결의 절실성에 대한 우리의 의식에 깊이를 더해주게 될 것이다. 그리고 시비를 초월하여 인간 모두가 화해할 수 있는 가능성을 생각할 수 있게 할 것이다.

부록: 화해상생 마당의 발표문

1. 다시 서문을 대신하여

지난 11월 9일에 있었던 화해상생 마당의 결성식에서 말했던 축사의 일부를 인용함으로써, 우리가 처해 있는 상황의 설명을 대신하고자 합니다.

저는 최근에 우연히 일제에서 해방 후 6·25까지 활동한 언론인 소오 설의식 선생의 글을 되돌아볼 기회를 가졌습니다. 해방 즉후 그가 걱정한 것은 좌우대립이었습니다. 한편으로는 "공식에 사로잡히고 종파(宗派)에 굳어진 대로 음성(陰性)의 지하적 수법과 고의의 파괴적 공작을 위주(爲主)로 하는 세칭 극좌(極左)"가 있고 다른 한편으로는 "구각(舊殼)에 파묻히고 독선에 치우친 채 고루한 정와적(井蛙的) 소견과 저열한 목전적(目前的) 영욕에 급급하는 세칭 극우(極右)"가 있다고 그는 말했습니다. 이 둘의 대립을 초월하여, 하나가 되기 위하여 필요한 것은 "대포용(大包容), 대희생(大犧牲), 대용맹(大勇猛)이다"라고도 썼습니다. 그렇다고 무조건적인 대동단결을 말한 것은 아닙니다. 그는 "상호투쟁이 있어야 혁신이 있고 진보가 있다"는 것을 인정하였습니다. 그러나 "투쟁만을 고집하는 것은 건설을 위한 투쟁이 아니라 투쟁을 위한 투쟁"이며, 시대가 요구하고 있는 것은 "평화를 위한 투쟁, 조화를 위한 투쟁"이고, "'무자비한 투쟁'이 아니라 '대자대비'한 투쟁"이라 하였습니다. 이러한 경고에도 불구하고 이 좌우의 대립은 결국 한국 역사상 가장 파괴적인 6·25전쟁에 이르렀습니다. 우리는 전쟁이 끝나고 50년이 넘은 지금에 와서도 그 상쟁의 그늘을 벗어났다고 할 수 없습니다.

위에 언급된 대결적 사고의 원형은 정치 갈등을 생각하는 우리의 모든 사고에 작용한다고 할 수 있습니다. 그것의 해체 방안을 생각하려는 것이 이 발표의 목적입니다.

2. 공동체적 기반의 확인

1) **갈등과 공동체.** 문제의 해결에서 기초가 되는 것은 모두가 하나의 공동체에 묶여 있다는 것을 확인하는 일입니다.

많은 문제는 사회의 물질적 제도적 조건에서 발생합니다. 이 조건이 적절한 것이 되게 하기 위하여 모든 사람이 공동체의 목표를 위하여 노력할 것을 촉구하여야 합니다. 그러나 이 목표의 토의에 있어서나, 사회의 물질적 제도의 적절성을 염두에 두고 하는 생각과 행동에 있어서나 갈등이 없을 수 없습니다.

평등의 문제. 물질적 발전과 그 발전의 과실의 분배가 중요한 지금의 시점에서 가장 중요한 것은 평등의 문제라고 할 수 있습니다. 불평등으로 인하여 발생하는 문제는 적절하게 해결되어야 합니다. 그러나 갈등과 분열에 주목하면서, 그것만을 강조하는 것이 아니라 공동체적 유대를 확인하는 것이 문제해결의 방법입니다.

2) **국가권력, ressentiment, 추상적 정책.** 평등의 문제에 있어서 추상적이고 기계적인 평등이나 ressentiment에서 나오는 평등의 요구는 바른 해결로 나아가는 방법이 아닙니다.

추상적으로 생각된 평등은 거대한 국가권력에 의해서만 사회에 부과될 수 있습니다. 그것은 a) 한편으로 국민의 자유와 사회의 복합성을 손상하고, b) 국가권력에 의한 특권계급을 창출하게 됩니다.

3) **복합사회에서의 평등의 영역.** 현대사회는 기능적으로, 인간적으

로 복합적이고 다양할 수밖에 없습니다. 평등은 다음 몇 개의 층위 위에서 생각되어야 합니다. a) 모든 사람은 법과 정치의 측면에서 동등합니다. 이것은 계속 확인되어야 합니다. b) 기능적 차이와 필요와 동기 부여의 관점에서 일어나는 불평등은 불가피한 면이 있습니다. 그러나 물질적 보상과 사회적 인정의 불평등은 여러 사회적 노력을 통하여 완화되어야 합니다. c) 생활의 차원에서의 불평등을 완화하여야 합니다. 그러나 사회적 관심의 대상이 되어야 할 것은 우선적으로 최소 생활의 기준에 따른 생활조건이라는 관점에서의 사회구조(社會救助)입니다. 최고 한계의 불평등도 문제가 아니 될 수 없습니다. 이것은 공동체를 파괴합니다. 그러나 이것은 주로 사회적 윤리와 도덕의 문제로 생각될 수 있습니다.

3. 합리적 토의, 투쟁, 정책적 선택

사회와 정치의 문제가 합리적인 토의를 통해서 해결되는 것이 가장 바람직하다는 것은 말할 필요도 없습니다.

1) 합리적 토의조건, 윤리적 성실성, 공동체적 유대. 하버마스는 합리적 토의의 조건으로 네 개의 조건, 해독가능성, 사실성, 진실성, 정합성을 들었습니다. 토의 대상이 사실을 존중하고, 거짓이 없고 논리의 일관성에 맞는 것이라야 한다는 말입니다. 그러나 가장 중요한 것은 토의 당사자들의 상대방에 대한 윤리적 성실성의 유지입니다. 여기에 이어져 있는 것이 공동체적 유대의식입니다.

2) 이해관계의 차이와 타협. 공동체의 공동 목표 그리고 여러 집단과 개인들의 다른 이해관계에 대한 합의, 인정 또는 타협이 필요합니다. 목표의 우선순위에 대하여서도 이견이 있을 수 있으나, 이 이견이

커지는 것은 이해관계가 개입될 때입니다. 이것은 a) 이해의 차이에 대한 상호양해(이것은 현상에 대한 이해와 수락 - 두 가지를 포함합니다), b) 힘의 관계의 조정으로서 타협이 성립될 수 있습니다.

3) 투쟁과 법질서. 이해관계의 문제에 있어서 갈등과 투쟁을 배제할 수 없습니다. 그러나 그것은 a) 합의할 수 있는 공동 목표와 b) 공동체적 상황 확인에 의하여 완화될 수 있습니다.

투쟁은 합의된 법질서 안에서 평화적으로 이루어져야 합니다.

4) 이견과 대안의 존재 인정. 모든 문제가 완전히 합의에 의하여 이루어질 수 없다는 것은, 이해관계의 차이로 인한 것이면서 동시에 문제의 해결에 다수의 대안이 있다는 것을 의미합니다. 정책의 결정은 선택을 말합니다. a) 큰 테두리는 다수결에 의하여 결정되는 수밖에 없습니다. b) 그러나 그것도 하나의 선택에 불과하고 세부의 정책도 여러 대안 중 하나의 선택입니다.

5) 선택과 수행 그리고 관용. 모든 선택에는 위험이 따릅니다. 용기와 책임의 문제가 여기에서 일어납니다. 동시에 선택이라는 것을 인정하는 데에서 선택자에 대한 칭찬, 관용, 용서도 나옵니다.

6) 열린 토의, 결단의 순간, 민주적 절차. 위의 고려에서 나오는 중요한 결과의 하나는 토의는 늘 다면적으로 열려 있어야 한다는 것입니다. 그러나 그것이 끝나는 것은 결단의 순간입니다. 토의에서 모든 가능성이 고려되어야 합니다. 그러나 결단의 순간은 투쟁적 순간일 수밖에 없습니다. 이론의 차원이 아니라 행동의 차원에는 늘 갈등의 계기가 들어있습니다. 행동은 하나에 대한 선택, 결단을 요구합니다. 그러나 이것을 평화적이고 준법적이게 할 수 있다는 것이 민주주의입니다. 결정된 것에 대하여는 존중과 승복이 있어야 합니다. 나의 견해와 다른 것도 대안 중의 하나입니다. 그것이 적절한 절차에 의하

여 채택된 것인 한, 그것은 현실 속에 시험될 기회를 가져야 합니다.

4. 사회국가의 이념

1) 자본주의와 사회주의 종합. 갈등을 최대한으로 피하면서 평등의 문제를 해결할 수 있는 정치제도가 있는가? 물질적 보상과 생활의 사회적 구조(救助)와 보장이라는 면에서 우리가 참조할 수 있는 제도의 하나가 독일의 사회국가(Sozialstaat)의 이념입니다. 이것은 독일에서 기독교민주연합이나 사회민주당이 모두 받아들이고 있는 이념입니다.

독일의 기본법, 즉 헌법은 독일을 "민주사회연방국가"(ein demokratischer und sozialer Bundesrepublik)라고 규정하고 있습니다.(기본법 20조 1항) 독일의 정치학 사전 하나를 보면, 사회국가(Sozialstaat)는 "자본주의적 시장경제에서 발생하는 생존상의 위험과 사회적인 부작용을 민주제도의 범위 내에서 해결하고자 하는 국가적인 제도, 조정 조치, 규범 일체"를 말합니다.(Frank Nullmeyer, Handwörterbuch des politischen Systems der Bundesrepublik)

2) 자유, 창의성, 경쟁, 사회의 비인간화. 자본주의가 일으키는 사회적 문제의 혁명적 지양을 말하는 중요한 한 이론이 사회주의입니다. 이에 대하여 자본주의와 사회주의의 긍정적인 측면을 함께 수용하는 개념이 사회국가라고 하겠습니다.

자본주의는 쉽게 폐기될 수 없습니다. a) 국가나 사회가 고립하여 존재할 수 없는 오늘의 세계 속에서 그것은 세계질서이기 때문이고, b) 그것은 개인과 사회의 자유와 창의성의 조건이고, c) 사회적 목적을 위하여 자유와 창의성을 촉진하는 바탕이 되기 때문입니다.

그러나 자본주의 체제하에서 자유과 창의성은 경쟁에 이어지게 됩니다. 경쟁은 양가적 의미를 가집니다. 그것은 자유와 창의성을 북돋는 일을 하면서, 전적으로 물질적 추구와 사회적 인정의 수단이 될 때, 인간성의 자연스러운 표현으로서의 자유와 창의성의 의미를 왜곡하고 인간성과 공동체를 파괴하는 결과를 가져올 수 있습니다. 또 그것은 생존의 근거를 잃어버린 사람들을 생산해내는 사회기구 비인간화의 기본 기제가 될 수 있습니다.

3) 권력독점, 새로운 불평등, 사회의 비인간화. 20세기 사회주의 실험은 자본주의를 쳐부수고 인간공동체의 이념을 실현하는 유토피아 건설의 목표를 표방하였습니다. 그러나 결과적으로 더 비인간적인 사회를 만들어냈습니다. 국가기구의 비대화, 새로운 특권계급의 대두, 개인의 자유와 창의성의 말살, 생산기구의 비능률화, 단일 이념체제에 의한 인간정신의 압살 – 이러한 것들이 그 결과였습니다.

4) 사회국가. 되풀이하건대, 사회국가는 자본주의의 기능성을 수용하면서 그것의 문제점만을 사회정책에 의해서 수정하고자 합니다.

사회적 국가는 여러 가지 다른 모양으로 존재할 수 있을 것으로 생각됩니다. 그러나 일단 자본주의를 받아들이되, 그것이 일으키는 인간적 문제를 교정하는 장치를 가져야 한다는 것은 지금의 시점에서 국가에 대한 기본 구상으로서의 최저선이라고 할 것입니다. 민주사회주의는 자본주의의 능률과 자유, 그리고 사회주의의 평등과 정의를 절충하여 수용하자는 제도입니다. 사회국가는 이 두 제도를 반드시 절충한다기보다도 서로 대립하는 부분, 모순되는 부분이 있음을 인정하면서, 대증적(對症的)으로 또는 변증법적으로 통일하자는 이념으로 생각할 수 있습니다.

5) 유교 전통과 민생정치. 유교의 정치 이상은 민생의 안정입니다.

이것은 우리가 의식하든 아니든 우리 사회에서 오늘의 정치를 생각하는 데에서도 씻어낼 수 없는 사고의 기반을 이루고 있습니다. 이것을 무시할 수 있다고 생각하는 것은 비현실적이고 중요한 문화자본을 폐기하는 일이 될 것입니다.

5. 환경의 문제

자본주의나 사회주의가 전부 발전사관에 자리 잡고 있습니다. 여기에서 발전은 물론 경제발전입니다. 케네디 대통령의 유명한 말로, 항구에 물이 들어오면 모든 배가 다 뜰 수 있게 된다는 것은 발전의 희망적 가능성을 두고 한 것입니다. 그러나 무한한 물질적 발전이 참으로 가능한가 또 바람직한가 하는 것은 이제 새로운 문제가 되었습니다.

1) 환경의 한계, 에너지, 공해, 기후변화. 환경이, 인간이 원하는 모든 것을 그대로 담아낼 수 없다는 것은 날로 분명해져 갑니다. a) 자원은 한계에 이르고 있습니다. b) 그중에도 에너지 자원의 고갈은 당장에 모든 국가의 경제를 위협하고 자원 전쟁의 가능성을 열어놓습니다. c) 공해문제와 지구 기후의 변화는 인류 전체의 생존을 불가능하게 할 수 있습니다.

2) 자연의 정신적 의미. 환경은 자연을 인간생존의 조건으로 파악한 말입니다. 자연의 문제는 단순히 자원과 환경의 관점에서만 의미를 가진 것이 아닙니다. 사람의 삶의 큰 기쁨과 보람이 자연에서 옵니다. 자연 훼손은 인간의 삶에서 행복과 정신적 만족의 바탕을 없애는 일입니다.

얼마 전의 보도에 의하면, 한국은 이미 지구 2개를 필요로 하는 생활의 물질적 수준을 가지고 있다고 합니다.(William Rees의 ecological footprint 개념 참조)

3) 소비경제의 지속 가능성. 한국의 관점에서도 그러하지만, 지구 전체의 관점에서 볼 때, 소비 생활수준의 유지나 향상에 기초한 사회질서가 무한히 지속될 수는 없습니다.

4) 생활수준의 조정, 후퇴의 전략. 소비 생활수준을 조절하는 장치가 필요합니다. 그리고 생활수준의 하향 조정이 필요할 때, 그것을 어떻게 해야 할 것인가 하는 것을 보여주는 "후퇴 전략"의 수립이 필요합니다. 일시에 환경 우호적인 경제체제를 수립하는 것은 불가능합니다. 무한한 생활수준의 향상을 지향하는 경제로부터 보다 환경친화적인, 그러면서 만족할 만한 체제로 옮겨가기 위하여, 조심스러운 후퇴 전략에 대한 면밀한 연구가 필요합니다. 이 전략은 정부, 학계, 시민 등이 참여하여 국제적으로 연구되어야 합니다. 자본주의 체제에서 이윤은 가장 중요한 기업의 동기입니다. 환경친화적인 산업이 돈이 될 수도 있습니다. 기업도 이러한 산업의 발달에 투자하여야 합니다.

5) 환경기구로서의 정치제도. 환경 우호적인 사회제도의 수립을 위하여서도 경제와 정치를 별도로 생각하여, 서로 견제하고 균형을 꾀하는 제도가 필요합니다. 자본주의 체제의 최대의 문제점은 환경 훼손에 있고, 정치는 이것을 교정하는 임무를 떠맡아야 합니다.

독일 기본법의 예를 다시 들면, 그것은 이미 환경보호를 정부의 임무로 규정하고 있습니다. "국가는 미래 세대에 대한 의무로서, 입법, 행정력과 판결을 통하여 법적 조처를 취함으로써, 법의 테두리 안에서 자연의 생태환경과 동물을 보호하여야 한다."(20조 a 항) - 이것이 기본법의 규정입니다.

6) **높은 이성과 문화 그리고 교육.** 생활수준의 하향 조정에 있어서, 사회는 어느 때보다도 위에 말한 합리적 토의의 기구를 필요로 합니다. 궁극적으로 이러한 토의에 바탕이 되는 것은 단순한 합리성이 아니라, 보다 높은 인간성의 이해에 열려 있고 인간의 행복을 바르게 파악하는 이성입니다. 이것의 개발을 위하여 높은 수준의 교육과 문화가 필요합니다.

6. 다른 의제들

1) **윤리도덕, 행복.** 사회가 바르게 움직이는 데에 토대가 되는 것은 바른 윤리도덕입니다. 이것은 단순히 사람이 지켜야 할 규범과 엄숙한 명령을 말하는 것이 아니고, 사람의 진정한 행복을 말하는 것입니다.

2) **문화.** 이러한 윤리와 도덕과 행복의 개념은 좋은 문화에서 저절로 나오는 것일 때, 가장 덜 억압적일 것입니다.

3) **꿈, 문화, 정책.** 문화에는 대체로 사람들이 동의할 수 있는 큰 꿈 또는 꿈들이 있어야 합니다. 무엇이 행복이고, 무엇이 사람답게 사는 것인가를 생각하게 하는 탐구가 사회 속에 지속되어야 합니다. 이것은 정치의 정책과 일치하지 않습니다. 정치가들은 그들의 정책이 곧 인간의 꿈을 실현시켜준다고 생각하기 쉽습니다. 정책은 꿈에 관계되면서도 그 한 표현에 불과합니다.

4) **집단의 명분으로서의 도덕적 명령, 인간 상호 간의 윤리.** 윤리, 도덕은 대체로 집단의 명령과 명분을 말하는 것으로 생각됩니다. 집단의 이름은 권력의지에 이어지기 쉽습니다. 윤리는 집단의 명령이기 전에 사회 성원 상호 간의 존중의 규범을 말합니다.

5) **집단적 도덕, 삶의 이상, 일상적 삶.** 집단의 명분은 실질적 내용

이 있는 삶의 이상에 기초하여야 합니다. 이 이상은 일상적 삶에 이어져 있어야 합니다. 상호존중은 다른 사람의 큰 꿈을 존중한다는 것을 말하기도 하지만, 그의 작은 일상적 삶을 존중한다는 것을 말합니다.

6) **일상적 삶과 민주주의.** 일상적 삶의 존중 – 이것은 민주주의의 근본입니다. 민주주의의 역사적 전개를 철학적 차원에서 말하면서, 캐나다의 철학자 찰스 테일러가 들고 있는 중요한 항목의 하나가 정치제도에 의한 일상적 삶의 인정입니다. 이것이 역사적 발전의 한 단계를 이룹니다.

7) **존중과 예의.** 다른 사람에 대한 존중은 심리적 문제이고 윤리적 태도의 문제이면서, 동시에 행동적 표현의 문제입니다. 예의와 바른 언어가 바로 그것입니다. 모범을 보여주어야 할 정치계에서 사라진 것이 상호존중의 윤리이고, 그것의 외적인 표현으로서의 예의와 절차 그리고 존중의 언어입니다. 이것의 상실에서 오는 피해는 우리가 이미 잘 알고 있는 일입니다.

8) **문화와 삶의 고양.** 문화가 이러한 것에 한정되지 않는 것은 더 말할 필요가 없습니다. 그것은 삶을 보다 드높은 것이 되게 하고 보다 행복한 것이 되게 하는 모든 개인적이고 집단적인 상상적, 구성적, 실제적 표현을 포함합니다. 이것이 결국은 집단적 에소스의 형성에 바탕을 이룹니다.

9) **삶의 물질적 환경, 도시, 주거.** 보람 있는 삶은 정신적 문화의 문제이면서 그 물질적 표현의 문제입니다. 도시환경, 주거환경, 주택, 자연경관의 보존의 문제는 사람의 정신의 외적인 표현에 관계되는 문제입니다. 이것을 단순히 부동산과 실용성의 문제로 환원하는 것은 인간의 인간됨을 훼손하는 것입니다.

10) **아파트와 동네.** 아파트 짓기를 그만두고 동네를 지어야 합니다. 동네를 고치더라도 동네와 그 작은 역사를 보존하면서 그 재건을 계획하여야 합니다. 아파트도 그 범위 안에서 생각되어야 합니다. 사람의 삶의 기본은 공동체입니다. 이것은 단순히 비유적인 의미에서 사회 전체만을 지칭하는 것일 수 없습니다. 그것은 지극히 구체적인 동네에 구현되어야 합니다. 가장 결정적인 것이 동네의 거리와 광장과 건축물의 구도입니다. 이것은 사무실이나 공장에도 해당되는 이야기입니다.

7. 통일의 의제

많은 사람들의 마음을 사로잡고 있는 가장 큰 민족적 과제는 통일일 것입니다. 여기에서 이것을 충분히 논의할 수는 없는 일입니다. 위에서 말한 것에 이어서 간단히 몇 가지만을 말하겠습니다.

1) **정열과 너그러운 이성.** 통일은 정서적 차원에서가 아니라 이성적 차원에서 생각하여야 합니다. 그것은 단순히 정열로 극복될 문제가 아니라 너그러움을 지닌 이성적 태도로서 풀어나가야 할 과제입니다.

2) **합리적 토의.** 통일문제의 핵심은 잠재적으로 무력 내지 폭력을 불사할 당사자들의 관계에 있습니다. 이것이 합리적 토의와 이성적 합의의 절차를 통하여 여과될 수 있느냐 하는 것이 가장 중요한 과제입니다.

3) **무력, 공동체, 현실적 방안, 세분하는 사고.** 남한 내의 갈등 해소의 방안도 그러한 바와 같이, 남북관계에서도 폭력적 파국을 피하여야 합니다. 그러기 위하여 a) 공동체적 유대를 상기시키는 일을 계속하여야 합니다. b) 그러나 상대방이 무력이나 폭력의 대결을 불사

한다고 하는 경우, 거기에 대한 현실적 방안을 가져야 합니다. c) a) 와 b)를 합치는 방안으로 북과의 관계를 섬세하게 구분할 필요가 있습니다. 11월 29일자 「한겨레신문」에는 유진벨 재단의 의료진단 지원 사업에 관한 보도가 실려 있습니다. 이러한 의료사업은 물론 계속되어야 할 것입니다. 주목하고자 하는 것은 이사장 인세반 씨의 식량지원에 대한 발언입니다. 그는 미사일 발사 후부터 쌀 등의 식량 지원이 중단된 데 대하여 말하며, "식량은 지원하지 못하더라도 비료는 지원할 수 있었으면 좋겠다"고 했다고 합니다. 현재의 조처는 현재의 조처라고 하더라도 미래의 준비는 가능하게 하는 것이 좋겠다는 뜻으로 보입니다. 이것이 반드시 맞는 말인지는 몰라도 현실적 압박과 이상적 유대의 확인에는 남북관계의 세부에 대한 섬세한 구분이 필요할 것입니다.

4) 열린 토의. 궁극적으로 사실을 사실대로 이야기하고 문제의 해결을 위한 여러 대안을 토의하는 것이 가능해져야 합니다. 남에서의 열린 토의의 이상은 북에서도 통용되어야 합니다. 물론 이것은 공동체적 유대의 수립을 위한 성실성을 수반하는 것이어야 할 것입니다.

5) 비정치적 교류, 대중 정보매체의 상호수용. 이것을 위하여 a) 비정치적인 다방면의 교류가 있어야 하지만, b) 피차에 대중 정보매체에의 접근 자유가 허용되어야 합니다. 북으로 하여금 이것을 수용하게 할 방안을 연구해야 합니다. 전자의 교류는 단순한 정서와 명분을 확인하는 것이 아니라 내용이 있는 교환이어야 합니다. 최근에 나는 중국과 타이완의 수학자들이 홍콩에서 수학의 세미나에 함께 참여하는 이야기를 들은 바 있습니다. 독일에서 통일 전에, 동독인들은 공산당원을 포함하여 서독방송과 TV를 큰 방해 없이 청취

할 수 있었습니다.

 갈등 상황을 평화적으로 해결하는 데에 관계되는 일로 이 이외에도 많은 것이 토의될 수 있을 것입니다. 우선 화해와 상생을 위하여 생각해보아야 할 항목들에 대해서 간단히 언급해본 것입니다.

제4장

문화의 시대 미학적 사유

김지하[*]

현대의 키워드는 문화이다. 정치-경제가 아닌 문화가 세계변혁의 화두요 국가경쟁력이요 개인적 삶의 나침반이다. 문화 안에 새 정치, 새 경제의 씨앗이 배태되어 있다. 전 지구 표면을 신경망화하고 있는 정보화도 그 확산작용을 강화할수록 더욱더 문화로 내면화하는 수렴작용을 촉발하고 있으며, 생태계 오염과 온난화, 기상이변과 테러, 전쟁 등에 대한 생명과 평화의 대안 찾기 역시 문화 안에서 진행될 수밖에 없다.

문화와 유희를 배제한 채 도덕과 자연, 즉 정치경제로부터만 진행된 프랑스 혁명, 러시아 10월 혁명과 산업혁명은 참혹한 실패를 기록했다. 국가주의에 의한 폭력과 분업에 의한 소외는 인류와 지구 생명체를 파멸로 몰아넣었다. 인류의 눈은 문화와 유희에로 되돌아간다.

그러나 마오쩌둥의 문화혁명은 문화라는 말이 창피할 정도로 깡패

---

* 김지하(金芝河): 시인.

들의 난장판이었고, 유럽의 68혁명은 부분적 성취가 있었으나 역시 절대적인 함량 미달이었다. 현금의 문화 자본주의는 절정을 향해 나아가고 있다. 그것은 주목경제(注目經濟, attention economy)나 영혼경제(靈魂經濟, soul economy) 따위를 통해서 강한 시장적 촉발력으로 어두운 연못 속에 숨어 있는 문화의 내면을 일상적 소비의 트랜드로 올려놓음으로써 지구적 삶의 표면을 크게 바꾸고 있다. 일단은 "그렇다"(yes)인 것이다.

그러나 문화 자본주의는 이른바 "인지자본"(認知資本, cognition capital)으로까지 나아감으로써 상품화할 수 없고, 상품화해서는 안 되는 인간과 생명의 영성내면, 심층무의식까지 상품화하는 "사막화"(砂漠化)의 범죄를 저지르게 된다. 이것은 "아니다"(no)인 것이다.

인류의 정신사는 타락의 역사이기도 하지만 동시에 깨달음의 역사이기도 하다. 문화 자본주의가 도저히 상품화할 수 없는 영성내면, 심층무의식까지 파내려가 그것을 상품화하려고 시도할 경우, 바로 그 "하강(下降)의 알파파(波) 운동"의 결과로 심층무의식으로부터 거꾸로 역상(逆上)하는 것이 반드시 있는 법이니, 그것이 바로 다름 아닌 "정신적 항체"(精神的 抗體)이다.

"정신적 항체"가 이른바 "깨달음"이다. 그것은 삶의 일상성을 수정하는 능력이요 기능이다. 따라서 그것은 이 경우 문화 자본주의 자체를 수정한다. 한마디로 줄이자면, 문화 자본주의가 문화를 크게 들어올리지만, 그 결과로 문화 자체가 자본주의를 크게 바꾼다는 말이다.

바로 이 정신적 항체가 근본적인 문화의 힘이다. 정신적 항체는 근본에 있어 공(空), 무(無), 허(虛)에 토대를 두고 있다. 이것이 항체의 힘이다. 그리고 정신적 항체는 현시기 우리가 지향해야 할 새 문화의 모순어법(oxymoron)과 이중성의 역설(duality, paradox)인 "아니다-그렇다"(no-yes, 不然期然)의 생활화와 일상문법화에 연결된다.

오늘날 문화가 인간의 미적 교육에 토대를 두어야 하는 까닭이다. 바람직한 문화혁명은 바로 새로운 미적 교육의 원리인 모순어법과 이중성과 역설의 미학, 즉 "규범미학"(規範美學, normative aesthetics)을 토대로 불붙어야 하기 때문이다.

규범미학은 전환기의 미학이다. 문화자본주의적 시장 흐름을 타고 정치경제가 아닌 문화의 힘을 크게 들어올려야 하지만("그렇다"-yes이다), 또한 그 내권화(內倦化) 과정에서 정신적 항체를 역상(逆上)시켜 자본주의 자체를 크게 수정하는("아니다"-no이다) 이중기능을 행사하는 미학인 것이다.

한류(韓流)를 예로 들어보자. 제2기 한류, 신한류의 으뜸 과제는 "콘텐츠"이다. 그러나 거기에 "미학"이 덧붙여져야 한다. 그리고 또 하나의 으뜸 과제로서의 이중성이 요구된다. "엔터테인먼트 전 분야에로 다양화함으로써 '대중화'하고 동시에 기초예술 및 사상과의 깊은 연관 속에서 '고급화'해야 하는 것"이다.

이중성은 계속 제기된다. 신세대의 "퓨전"이나 "크로스오버"의 경우 "민족적"이기만 하거나 "탈민족적"이기만 해서는 안 되는 것이 원칙이며, "민족적-탈민족적", 즉 "Logical-global"이 대전제가 된다. 이 경우의 "대시"(dash), "브리지"(bridge)가 곧 규범미학이다.

"브랜드"의 경우에도 "고요한 아침의 나라"(Land of morning calm)와 "다이내믹 코리아"(dynamic Korea) 어느 한쪽에만 기우는 것은 결핍이다. 반드시 "역동적 균형"(dynamic equilibrium)을 찾아야 하는 것이니, 이 경우 나는 동학적인 영적 부적인 "궁궁태극"(弓弓太極)을 한류 브랜드로 제안한 바 있다. "궁궁"이 『정감록』(鄭鑑錄) 등에 나타난 대혼돈 시대의 혈처(穴處)이자 한민족의 르네상스인 역동적 "다물"(多

勿)을 뜻한다면, "태극"은 중국 주나라 이후 3,000년 동아시아 우주론의 전통적 질서와 균형의 개념이기 때문이다.

인류의 네오-르네상스 또는 문화혁명은 동아시아로부터 비롯된다. 정확히 말하자면 "동아시아-태평양 생명과 평화의 신문명에 대한 한-미 간의 창조적 파트너십"(正易의 艮兌合德)과 여기에 대한 일본과 중국의 대의(大義)에 입각한 협조보필(正易의 震巽輔弼)이 그 산파인 것이다.

한국 문화는 아시아의 압축이다. 그러나 정확히는 유럽의 충격을 흡수한 아시아의 반응이다. 19세기 근대 한국 사상을 말하는 것이다. 그 콘텐츠 안에는 현시기 지구와 인류의 대혼돈(Big chaos)에 대한 처방으로서의 원형이 숨어 있다. 그러나 그것이 현실의 과학적 처방이 되기 위해서는 앞서 제기한 미국-유럽의 하드웨어와의 종합과 일본-중국의 협조보필이 반드시 필요하다. 다시 말하면 아시아와 서양이 다 함께 참가하는 전 인류문명사, 문화사의 거대한 네오-르네상스, 문화 대혁명이 요청되는 것이다.

지금은 후천개벽(後天開闢) 시대이다. 인류문명사 전체의 대전환기이며 원시와 고대 회복의 시대라는 뜻이다. 이것은 이미 19세기에 한국의 동학, 정역, 증산(甑山)에 의해서 선포되었으며, 현금에 있어 한류의 태동과 함께 한민족의 상고대사, 고대사, 8세기, 12세기, 15세기 및 18세기 등 300년 주기로 되몰아치는 문예부흥기에 대한 관심과 연구열의 증폭으로 차차 실체화하고 있다. 바로 지금이 또 하나의 300년 주기의 문예부흥기인 점에 눈을 돌리자.

지금의 한국 문화는 어떠한가? 이 시기 한국 문화와 미의식의 실상을 우선 살펴야 할 것이다. 아까 나는 정신적 항체의 근본은 공(空), 무(無), 허(虛)라고 했다. 그리고 항체의 실상은 이중성, 모순어법, 역설로 나타난다고 말했다.

공(空)과 이중성(二重性). 이것은 영성, 즉 마음과 정신의 실상이다. 때문에 이것은 생명 생성의 실상이기도 하다. 모순어법과 차원 변화이다. 전환기 미의식의 원리 또한 그렇다. 여기에 규범미학이 개입한다.

그러나 엄밀히 말한다면, 전환기 미의식의 현실을 인식하기 위해서는 먼저 추(醜)의 미학과 질병의 미학이 필수적이며, 그 전환과정에서 규범미학이 요청된다면 그것의 본격적인 극복 차원에서는 공 또는 무(無)의 미학이 개입해야 한다.

우리 문화에서의 전환기는 어떠한가? 문화를 우선 문학으로 좁혀보자. 모든 문화예술의 첫 발자국으로 인정되는 시(詩)에 있어서 전환기의 실상은 어떠하며, 그것은 어찌해서 전환 극복될 것인가?

현재 한국 시는 크게 보아 세 갈래의 흐름으로 나뉜다. 첫째는 고전사상과 불교를 바탕으로 하는 정신주의 시, 둘째는 생태학과 생명사상에 입각한 생태시, 셋째가 바로 저 말썽 많은 미래파이다. 이 세 갈래 흐름은 사실 미학적 인식 차원에서는 서로 긴밀히 연결되어 있다. 정신주의 시가 근본에서 공, 무, 허의 체험과 연관된다면 생태시는 원리적으로 모순어법, 이중성, 역설을 체득-체현하는 것이 바람직한 일이나 지금 유행하는 생태시가 그렇게 하고 있다는 것은 아니다. 세 번째의 미래파는 그 자체로서 인정될 수 있는 것이 전혀 아니다. 어떤 이는 "쓰레기"라고까지 폄하할 정도이다.

그러나 전환기의 문화현실을 살피려면, 그리고 미래의 차원 변화를 예감하려면 이 미래파 현상을 냉정하게 객관적으로 잘 들여다봐야 한다. 전환기, 그것도 큰 전환기에는 반드시 미의식의 변화와 감수성의 변동이 오는 법이다. 한 시대의 지배적 스타일이 무너지고 새

시대의 스타일은 아직 구축되지 않은 공백기에, 더욱이 일반적 소통 양식이 "아날로그"에서 "디지털"로 전면 전환하는 이행기(移行期)에, 그리고 온난화 등으로 인류 존망이 위태로운 현재 상황에서 그 변화와 변동은 거대하고 막심할 수밖에 없다.

일단은 민족민중 시의 쇠퇴와 함께 그 반응이 불교적 영성에로의 침잠과 환경 및 생태에 대한 고발 비판으로 나타났지만, 이어서 미래파의 대광란이 필연적 결과인 양 자리잡았다.

본디 문화 역시 생명체인지라 한 공간에서 독초(毒草)와 약초(藥草)가 함께 자라는 법이다. 병적 현상과 대안의 예감이 서로 얽혀 있다는 점에서도 생명 및 영성의 빛과 현실적 관심의 그림자는 크게 보아 혼돈의 질서를 형성하고 있는 것이다.

미래파는 곧 혼돈의 그림자이니 미의식에서는 명백한 추(醜)의 등장이다. 추는 미(美), 특히 우아와 품위의 아름다움이 현실에서 그 영향력을 잃어버릴 때 나타난다. 내용에서는 엽기, 괴기, 망상, 패륜, 죽임, 잔혹으로, 형식에서는 시작도 끝도 콤마도 피어리드도 일체의 절제나 축약도 없는 장광설과 혼돈 일변도의 줄글로 나타나며, 무정부 상태의 이미지 범벅, 환유, 제유, 상징의 홍수와 같은 범람으로 그것은 완전한 추로서 뿐만 아니라 오히려 추까지도 넘어서는, 일종의 윤리적 악에서까지 접근하고 있다.

그러나 중요한 것은 이 점이다. 극단적인 추의 피안에서 새로운 아름다움인 해학(諧謔)과 비장(悲壯) 또는 숭고(崇高)와 심오(深娛)의 차원이 열리기 때문이다. 그 추가 극단적이면 극단적일수록 새 차원의 가능성도 그만큼 크다. 추의 미학의 미묘한 전환점이다.

칼 로젠크란츠의 『추의 미학』(Ästhetik des Häßlichen)은 다음과 같이 분석한다. "'단순한 괴기'(怪奇, Grotesque)가 아닌 극단적인 일그러짐(歪曲, Fratze) 일수록, 숭고(崇高)의 차원에 가깝다."

미래파는 이미 단순한 괴기-엽기의 차원을 넘어섰다. 그것은 단연코 "일그러짐"이다. 그러나 그것이 단순한 괴기의 차원이라고 하더라도 사정은 같다. 추사(秋史)는 일찍이 다음과 같이 중요한 미학적 견해를 밝힌 바 있다. "'괴기 없이 어떻게 지극한 예술(至藝-예컨대 숭고와 심오의 경지)'에 도달할 수 있겠는가?"

미래파의 시들은 거의 대개가 존재론이나 신체학 또는 의학적으로 보아 병든 감각들의 산물이다. 여기에서 또한 중요한 점은 그들이 거의 대부분 20대, 30대의 젊은이들이라는 것이다.

추의 미학과 함께 역시 이 경우 신중히 참고해야 할 『질병의 미학』(*Ästhetik der Krankheit*)의 저자 아돌프 루텐버그는 다음과 같이 말한다. "최고의 미(美)인 존재미(Ontische Schönheit)의 형성 과정에서 결정적 역할을 하는 것은 청춘기의 폐결핵이나 류머티즘과 같은 통과성 질병이다. 그 병을 앓은 사람과 앓지 않은 사람의 존재미, 예컨대 눈자위의 서늘하고 미묘한 그늘 따위의 존재 여부가 바로 그 청춘기의 병의 통과에서 결정된다."

숭고미에 있어서, 그리고 존재미에 있어서 추와 함께 질병의 계기성은 치명적일 만큼 필연적이고 중요하다. 이미 정신주의 시와 생태시의 경우에서 지적했듯이 영성과 생명의 미학에서 최고의 미적 범주는 숭고와 심오이다. 영성과 생명의 문학의 시대로 접근하고 있는 현대 예술에서 예술가들이 성취해야 할 최고의 아름다움도 역시 숭고와 심오이다.

물론 해학과 비장의 범주가 무시될 수는 없다. 그러나 문화 대혁명과 네오-르네상스가 요구되고 있고, 그 바탕으로서 인간의 미적 교육이 강조되며 정신적 항체에 의해서 문화자본주의와 시장이 수정되는 전망 아래에서, 온난화와 기상이변과 생태계 오염의 문제가 전 인류와 지구의 사활문제로 압도해오고 전쟁과 테러와 전염병이 그치지 않는 이 생명 말살의 시대에 숭고와 심오의 미적 범주에 대한 미학 및 문화예술 운동에서의 강조는 그것이 아무리 강조되어도 결코 지나치지 않을 것이다.

유럽뿐만 아니라 전 세계에서 거대한 과도기요 전환기였던 이탈리아 르네상스를 대표하는 조각미술에서의 숭고미의 최대 걸작이 「라오콘」(Laokoon)이다. 수많은 뱀에게 물어뜯겨 고통에 몸부림치며 하늘을 향해 구원과 함께 원망을 부르짖는 한 사나이에 대한 미학적 견해 안에 르네상스 문화의 모순어법과 이중성과 역설이 자리 잡고 있다.

구원과 함께 원망이 동시에 있다는 바로 그 점이다. 역설적 전환기의 바로 이 특징을 규범화하는 곳에 발터 에를리히의 『규범미학』(normative Ästhetik)의 탁월함이 있다. 규범미학은 이 영역을 다음과 같이 "브리지"로서 압축한다.

"기독교적-이교적."(christlich-heidnisch)

구원을 외침은 기독교적이요, 반대로 하늘을 원망함은 이교적(異敎的)인 것이다. 바로 이 모순과 이중성과 역설에 르네상스 과도기 문화의 숭고 미학이 자리잡는 것이다. 동아시아 전통과 관련해서는 "율려"(律呂)의 전복으로서의 "여율"(律呂)과 직결된다.

그러나 규범미학에서의 "브리지"의 존재는 무엇일까? 그야말로 중도(中道)일 것이다. 그리고 중도는 본디 "양극단을 떠나 중간도 아닌 것"이며 전체를 들어 올리는 차원 변화이니 숨은 차원이 드러난 차원으로 "개시"(開示, offenbarung)되는 공, 무, 허의 현실 개입이요 숨은 이면의 공이 표면으로 드러남이다.

미래파 현상의 지속적 생성과정에 불교를 바탕에 둔 정신주의 시의 공 체험과 생명 생태시의 모순어법이 애당초부터 깊이 관련되어 있다는 나의 주장은 바로 이런 점에 토대를 둔다.

나는 이미 오래전부터 생명시와 관련한 언급을 하는 과정에서 "생명의 기초는 무요 공이며, 그것이 오히려 생명의 주체이기도 하다"고 말했다. 중국의 현대 미학자 장파(『동양과 서양, 그리고 미학』의 저자) 역시 "생명의 기초는 무"라고 주장한다.

미래파의 극복-전환 과정에서, 그리고 생태시와 정신주의 시의 이에 대한 관련 평가과정에서 이 점이 참고되었으면 한다. 그리고 마찬가지 관점에서 이성희 시인의 『무(無)의 미학』이 참고되면 좋을 터이다.

미래파 시의 내용뿐만 아니라 형식에 있어서도 혼돈과 무정부 상태의 "줄글"의 원초적인 장점(혼돈적 생성 속으로 뛰어듦으로써 그 혼돈 속으로부터 혼돈 그 나름의 숨은 질서를 새롭게 찾아내려는 용기 있는 결단)을 살리면서 그 줄글의 혼돈 밑에서 새로운 행갈이를 시도하는 정열은 근본적으로 모순어법, 이중성, 역설적 문법과 함께 "텍스트에 대한 공의 개입"에 의한 "시 형식의 자발적 가난"에서 비로소 제대로 타오르게 될 것이다.

동아시아 산수화(山水畵)에서 산과 물과 마을과 사람을 결정하는 것이 오히려 여백, 즉 허공이며, 이 "공의 텍스트 개입"의 형식이 도리어 산능선의 표현법인 준법(皴法)이라는 점을 반드시 기억해야 할 것이다.

일제 말기 반일(反日)도 친일(親日)도 할 수 없는 막힌 상황에서 정지용이 선택한 산수시(山水詩)의 절정인 「백록담」에 이 같은 이중성 및 "자발적 가난"과 "공의 텍스트 개입"이 그 차원을 높여 "흰 그늘의 숭고와 심오"에 이르고 있음과 동일한 미학적 원리에 의해서 이육사의 「광야」라는 한국 현대시 최고의 숭고미가 꽃 피어난 것을 또한 결코 잊어서는 안 될 것이다.

줄글은 그 줄글의 추 및 혼돈 밑에서 그 추의 미학, 그 혼돈의 질서로서의 새로운 행갈이를 시도해야 한다. 지금의 질서 없는 혼돈과 이미지 범벅과 비유 및 상징의 범람은 독자들을 제한 없는 과소비와 경계 범람, 자연 약탈, 탐욕과 정신착란으로 이끌 수밖에 없다.

이 지점에서는 생태시의 줄글 또한 마찬가지이며, 반대로 이러한 흐름에 대해서 형식적 도피로 일관한다고 지적받을 수도 있는 정신주의 역시 책임이 없다고 단언할 수는 없다. 공, 무, 허는 생성이나 진술, 소통과 순환이라는 시적 육체활동의 전제 없이는 성립 불가능이기 때문에 정신주의 시는 시의 책임에 관해서 한번 깊이 생각해봐야 할 것이다. "거품시대의 문학원죄"에 관한 한 모두가 책임이 있기 때문이다.

텍스트에 개입하지 않는 공, 혼돈 속으로부터 고통과 함께 태어나지 않은 무, 모순어법, 이중성, 역설을 통해서 생명 생태환경의 차원 변화를 시도하지 않는 고발자들의 위선적인 허. 이 모든 것이 사실은 거품이요 원죄이다. 참다운 차원 변화는 생명의 이중성과 함께 영성의 공, 무, 허의 흰빛과 미래파의 시커먼 그림자 사이의 중도적 통합적 새 차원인 "흰 그늘"이 아닐까?

문화의 시대에 있어, 한류와 콘텐츠와 르네상스의 시대에 있어, 그리고 문화혁명과 문화 자본주의의 시대에 있어, 미적 교육과 미학적 사유가 현시기 한국 문화와 예술, 한국 문학, 한국 시의 과도기, 전환기 현실에 대해서 마땅한 진단을 내림으로써만 우리 자신의 역할과 국가의 문화정책을 질책할 수 있겠기에 순서 없이 몇 마디 적어

보았다.

　마지막 한마디 더 덧붙인다면 혼돈의 생명의 탐구와 미적 교육과 정신적 항체를 연결시킴으로써 문화 자본주의를 한류, 르네상스라는 "그렇다"의 차원으로 들어 올리며 동시에 세계 문화 대혁명이라는 "아니다"의 차원에서 그것을 또한 과감히 수정해야 하는 한국 문학, 한국 기초예술과 한국 문화의 이중적 과제를 결코 잊지 말자는 것이다.

제2부

평화

제1장
근대 서양의 평화사상에 관한 성찰

최상용[*]

1. 문제의식과 방법

서양이 중심이 되어 전개되어온 평화연구는 대체로 다음과 같은 세 가지 수준의 접근방법으로 나누어진다.

첫째, 인간적, 개인적 접근방법이다. 이것은 전쟁의 원인을 인간성에 내재해 있다고 보고 인간의 공격성 전쟁본능을 순화함으로써 내면적 마음의 평화는 물론 국가 간의 전쟁을 막는 데도 이바지할 수 있다고 보는 관점이다.

둘째, 국가 수준의 접근방법이다. 이는 전쟁과 평화의 행동 주체나 논의의 거점을 개별 국가에 두고 국내의 정치개혁 또는 민주화를 통해서 전쟁을 막고 평화에 접근하려는 발상이다.

---

[*] 최상용(崔相龍): 고려대학교 정치외교학과 교수. - 이 논문은 21세기『평화학』(풀빛, 2002)에 실렸던 것이다.

셋째, 국가 간의 교섭이나 기구를 통한 국제 수준의 접근방법이다. 이는 어떤 형태로든 개별 국가의 주권을 제한하여 연맹이나 세계정부를 설립함으로써 평화에 접근하려는 시도이다.

그 외에 생태적 접근방법이나 세계화에 따른 지구 수준의 다양한 접근이 가능하나 현실적으로 평화에 대한 논의는 정치단위로서의 국가로부터 자유로울 수 없다.

1970년대 이래 미국 학계를 중심으로 제기되어온 민주평화론(democratic peace theories)은 국가적 수준의 평화연구를 발전시켜 정치체제의 민주화와 평화와의 관련을 경험적으로 설명하려는 학문적 성과이다.

"민주주의 국가 간에는 전쟁을 하지 않는다"는 명제로 널리 알려진 민주평화론을 대변하는 연구자들은 그들 이론의 사상적 거점을 칸트의 공화제 평화(republican peace)론에서 찾는다. 그리고 최근 마이클 하워드는 그의 저서 『평화의 발명』(The Invention of Peace, 2000)에서 평화에 대한 문제의식은 근대 계몽사상가들에 의해서 제기되었고 그 정점에 칸트가 있다고 보았다.

필자는 위의 논점들을 대체로 받아들이면서도 다음과 같은 두 가지 점에서 의문을 제기하지 않을 수 없다.

우선 체제의 민주화와 평화의 상관관계는 칸트 이전에도 다양한 형태로 존재해왔다는 점이다. 필자는 졸저 『평화의 정치사상』에서 칸트 이전의 시대, 즉 고대 플라톤에서 근대의 루소에 이르는 오랜 기간 동안에도 오늘날 민주주의와 친근한 의미를 가진 여러 유형의 정치체제가 국내의 평화에 기여한 점을 논증해보고자 했다.

그다음 "평화의 발명가" 칸트에 관한 논의에 대해서도 재정의의 여지가 있음을 지적하지 않을 수 없다. 즉, 칸트의 평화사상의 내용

가운데 공화제를 평화의 조건으로 본 관점에 주목한다면 위에서 지적한 것처럼 아리스토텔레스에서 마키아벨리로 이어지는 혼합체제론과 루소의 민주개혁론 등 이미 유사한 문제의식이 있었음을 확인할 수 있다. 그리고 근대적 의미에서의 평화사상의 출발이라는 점에서 보아도 공리적인 관점에서 평화가 전쟁보다 좋다는 자각은 칸트 이전에 이미 에라스무스의 평화사상에서 치밀하게 논의되고 있음을 강조하고자 한다.

이렇게 봤을 때 칸트의 평화사상은 적어도 사상 내재적으로는 고대 서양사상과 그 연장선에 있는 르네상스 이래의 평화사상의 선각자들에게 힘입은 바가 크다고 하지 않을 수 없다. 그것은 흡사 르네상스가 고대 그리스 정신의 재발견이듯이 칸트의 평화사상도 고대 그리스 이래 칸트 이전의 다양한 평화사상의 획기적인 재발견이라고 할 수 있기 때문이다.

비유컨대, 우리는 종교개혁의 지도자로 루터와 칼뱅을 교과서적으로 받아들이고 있지만, 그들보다 1세기 이전에 이미 종교개혁의 기본 발상을 제기하고 비명에 간 후스나 위클리프와 같은 선구자들의 존재 이유를 잊어서는 안 될 것이다.

이 장에서는 서양 근대의 평화사상에 한정하여 칸트 이전에 다양한 접근방법으로 평화를 논의했던 선구자들 이를테면 단테, 에라스무스, 그로티우스, 홉스, 로크, 생 피에르, 루소, 벤담 등의 평화사상의 핵심을 제시하고, 이러한 논의들이 칸트의 공화제 평화사상으로 용해되는 과정을 간략히 설명해보고자 한다.

2. 칸트 이전의 평화사상

단테는 중세의 황혼에 서서 근세의 여명을 내다본 사상가이다. 그의 세계제국론은 근대 이래 각종 세계정부사상의 효시라고 할 수 있으며, 평화에 대한 국제적 접근의 원형이라고 볼 수 있다. 단테의 세계국가사상은 그 뿌리를 기독교와 로마제국에서 찾을 수 있다. 기독교는 보편적 인간 조직의 사상이 바탕에 깔려 있기 때문에 개개 국민 간의 장벽을 깨는 데 기여했고, 로마제국은 북방으로부터의 침입자인 게르만인에게 그 문화와 함께 세계제국의 관념을 전수함으로써 로마의 유산을 계승하도록 했다. 그러나 중세의 제국사상은 아우구스티누스 이래 간헐적으로 논의되기는 했으나 그 내용은 비체계적이었으며 독립된 사상으로서 세계정부를 논한 것은 단테가 처음이다.

단테가 고난의 정치투쟁을 통해서 추구했던 목표는 세계제국에서 유일 황제의 지배로 평화를 실현하는 것이었다. 그는 인간의 자기완성을 위해서 필요한 것은 무엇보다도 평화이며, 이 평화는 여러 국가가 하나의 대제국으로 통일되어 공평무사한 황제에 의해서 통치될 때만이 가능하다고 보았다.

단테에 의하면 인간은 두 개의 목적을 가진다. 영혼의 행복과 신체적 행복이 바로 그것이다. 단테는 이 목표를 천상의 낙원과 지상의 낙원이라는 말로 표현했다.[1] 전자에 대한 배려를 하는 것이 교황이고 후자에 대한 배려를 하는 것이 황제이다. 전자의 목적, 즉 천상의 낙

---

[1] Alighieri Dante, *On World-Government or De Monarchia*, translated by H. W. Schneider (New York: Liberal Art Press, 1949), Bk, III, 16, pp. 77-79.

원은 은총과 신앙에 의해서 달성되고 후자의 목적, 즉 지상낙원은 인간 고유의 이성에 의해서 달성된다. 이 두 목적을 실현하는 관리자인 교황과 황제는 다 같이 직접 신으로부터 임명되었으며 일방이 타방에 종속되어 있는 것이 아니다. 교황과 황제는 한 사람의 아버지로부터 나온 형제와 같은 관계로서 전자의 할 일은 영혼의 구제이며 후자의 할 일은 지상의 평화이다. 국가는 지상의 평화를 실현해야 한다는 단테의 주장은 아우구스티누스가 그의 지상국가의 평화에 부여한 의미와 질적으로 차이가 없으며 평화를 국가의 중대 임무로 본 토마스 아퀴나스의 관점을 계승한 것이라고 볼 수 있다.

단테는 당시 대세였던 스콜라 철학의 개념을 사용하면서도 그것을 뛰어넘는 구상력을 발휘했다. 그러나 평화론의 영역에서 단테의 존재는 르네상스의 서광에 지나지 않았다. 르네상스의 태양이 떠오를 때 이 양광 아래에서 성숙한 평화사상가가 바로 에라스무스이다.

서양사상사에서 르네상스 인문주의의 대표적 사상가의 한 사람으로 에라스무스를 꼽는 데는 아무런 이론이 없다. 그러나 그의 연구는 신학, 문학, 시사평론 등 광범한 영역에 걸쳐 있기 때문에 참다운 에라스무스상(像)을 이해하기가 쉽지 않다. 그래서 그에게는 창백한 입술의 냉소주의자, 애매주의의 왕, 순수관객 등의 별칭이 따라다녔다. 이처럼 다양한 평가에도 불구하고 그의 작품 속에 관류하는 특징은 자유지식인으로서의 독자성과 비판적 이성의 견지이며, 바로 이러한 사상과 방법을 통해서 그가 추구했던 궁극의 목표는 신-구 기독교의 화해와 그것을 통한 세계의 평화였다. 르네상스와 종교개혁이라는 거대한 변혁기의 와중에서 에라스무스는 고대 그리스인의 이성과 기독교의 신앙을 종합하려는 엄청난 지성적 과제를 안고 있었다. 그래서 그는 정통과 이단의 제로섬적 전쟁상태 속에서 신-구 기독교의 어느 한쪽에 가담하는 것을 거부하고, 분열된 기독교인의 마음을 유일신 그리스도로 통일하여 사랑과 평화의 세계를 실현하고자 노력했던 것이다. 에라스무스는 기독교 군주가 자행하는 전쟁의 원인을 철저히 분석하고 전쟁이 인민의 생활에 미치는 참화를 지적함으로써 평화의 유지야말로 군주와 인민의 번영을 위한 기본 조건임을 역설했다. 그는 근대 서양 정치사상사에서 평화문제를 생각하는 데 선구적인 역할을 했다.

에라스무스에게 전쟁이란 좁은 의미의 전쟁, 즉 무장집단에 의한 투쟁 행위만이 아니라 넓은 의미의 전쟁, 즉 인간 사회생활의 여러 측면에 생기는 불화 일반인 것이다. 요컨대 "전쟁이란 세상에 만연해 있는 불화"의 총칭이며, 평화는 "인간 상호 간의 우애"에 다름이 없다.[2]

그러나 에라스무스는 국가 간의 전쟁을 가장 중시했으며 이를 일으키는 당사자가 바로 궁정이었기 때문에 궁정이야말로 모든 전쟁의 원천이요, 온상이라고 보았다.

그는 그리스도를 철저히 평화의 군주[3]로 파악하고 기독교의 가르침의 핵심을 산상수훈(山上垂訓)에 나타난 적에 대한 사랑과 반폭력의 윤리에서 찾았다. 에라스무스는 아우구스티누스와 토마스 아퀴나스

---

2) Desiderius Erasmus, *Dulce bellum inexpertis*, in J. Clericus (ed.), Opera omnia Deiderii Erasmi Roterodami, Vol. 2 (Leiden, 1703-1706), 月村辰雄 譯, "戰爭は體驗しない者にこそ快し", 二宮敬 エラスムス (講談社, 1984) (이하 Dulce bellum inexpertis, 日譯), p. 130.
3) *Querela pacio*, 箕輪三郎 譯, 『平和の訴え』 (岩波書店, 1961) (이하 *Querela pacio*, 日譯), p. 36.

로 이어지는 그리스도교의 평화사상을 근대에 접목시킨 사상가이다.

그러나 여기서 주목할 것은 에라스무스가 고대의 키케로에서 중세의 기독교 평화사상에 이르기까지 면면히 이어져 온 정전(正戰)론을 거부하고 있다는 점이다.[4]

우선 에라스무스의 평화사상이 압축되어 있는 『평화의 호소』(The Complaint of Peace, 1521)에는 정당한 전쟁이라는 말이 전혀 등장하지 않고 있다. 주저 『기독교 군주 교육』(The Education of a Christian Prince, 1516)에서 에라스무스는 설령 정당화될 수 있는 전쟁이라도 전쟁은 다수에게 해악을 가져오며 누가 자기의 주장을 정당하지 않다고 생각하겠는가라고 반문하고 있다.

에라스무스는 악을 처벌하기 위한 전쟁은 허용된다는 견해도 정당화될 수 없다는 것을 다음과 같이 설명했다. 즉, 악인이 법정에서 그 유죄를 인정받아 법률에 따라 처벌받는 데 반해 전쟁에서는 양 당사자가 서로 상대방을 고발한다. 전자의 경우는 재앙이 악인에게만 일어나지만 후자의 경우는 재앙의 대부분이 전쟁과 무관한 사람들에게 일어난다. 죄를 지은 자가 벌을 받지 않는 것이 부정이라면, 죄 없는 다수가 혹독한 재앙에 휘말리는 것이야말로 더 큰 부정이다. 이와 관련하여 주목해야 할 것은 에라스무스의 공리적 관점이다. 그는 군비와 전쟁의 비(非)경제성을 강조함으로써 전쟁과 평화의 문제를 종교적, 윤리적, 법적 측면만이 아니라 경제와 복지라는 인간의 공리적인 측면에서 파악했다. 무기의 구입, 진영의 설치, 용병 등 전쟁의 비용, 더욱이 전쟁에 의한 도시의 파괴, 농촌의 황폐화, 통상의 단절 등에서 생기는 경제적 손실을 생각하면 평화는 이들 전쟁에 드는 비용의 10

---

4) R. H. Baiton, *Erasmus of Christiandom* (New York, 1969), p. 120.

분의 1의 비용으로 살 수 있다고 말했다.5)

에라스무스의 평화사상의 특징은 다음과 같이 요약할 수 있다.

1) 에라스무스는 정전(正戰)의 관념을 부정하고 자위전쟁만을 불가피한 것으로 받아들였다. 그러나 자위전쟁의 경우도 그것이 결코 정전은 아니고 죄악이며 도덕적으로 정당화될 행위는 아니다.

2) 에라스무스는 경제적 득실이라는 공리적 관점에서 전쟁을 부정했다. 특히 경제적 이득이라는 점에서는 부정한 평화라도 정당한 전쟁보다 낫다고 한 점과 국가 간의 통상이 평화에 기여한다고 보는 발상은 칸트의 영구평화론을 거쳐 현대의 경제적 상호의존에 의한 평화의 논의로 이어진다.

3) 에라스무스는 평화를 위한 유효한 체제로서 혼합정체를 제기함으로써 아리스토텔레스의 혼합정체에서 칸트의 공화정에 이르는 가교의 역할을 했다. 이러한 사고는 혼합정체를 중용의 제도화로 파악한 아리스토텔레스의 사상에 그 뿌리를 두고 있다. 그리고 군주제가 대내적으로 폭정에 빠질 위험이 있고 대외적으로 전쟁을 일으키기 쉬운 체제로 본 것은 루소와 칸트의 평화사상으로 이어지는 중요한 계기라고 볼 수 있다.

4) 에라스무스는 근대에 들어와 최초로 등장하는 평화사상가이다. 마키아벨리가 전쟁을 군주의 통치술의 중요한 부분으로 보고 평화는 어디까지나 힘에 의한 평화임을 인정했다면, 에라스무스는 통치술 이전에 통치 이념을 제시했다고 볼 수 있다. 또한 동시대에 살면서 전쟁을 당연시했던 루터와는 달리 에라스무스는 인간에 내재

---

5) *Dulce bellum inexpertis*, 日譯, pp. 310-311.

하는 자연적 본성이나 기독교의 복음윤리에서 평화의 원리를 찾으려고 했다.

전쟁과 평화의 문제는 르네상스 사상가들의 초미의 관심사였다. 마키아벨리는 권력정치와 국가이성의 관점에서 전쟁의 현실을 설명했고, 에라스무스는 『평화의 호소』를 통해서 적극적으로 전쟁 비판에 나섰다. 그로티우스는 후자의 계보를 이으면서 평화론을 전개했다. 특히 그가 살던 시대는 약탈과 살육이 자행되던 30년 전쟁의 시기였다. 신-구 기독교 간의 피비린내 나는 싸움에 대한 그로티우스의 혐오감이 바로 그가 대저 『전쟁과 평화의 법』(De Jure Belli ac Pacis, 1625)을 쓰게 된 직접적인 동기였다.[6]

이 책에서 그로티우스가 추구한 궁극적인 목표는 종교전쟁의 비참함을 극복하고 국가 간의 전쟁을 합리적인 룰에 따라 규제하는 것이었다. 따라서 그로티우스의 일차적 논의는 전쟁에 관한 것이며 에라스무스에게서 볼 수 있는 평화에 대한 적극적인 호소는 보이지 않는다. 그러나 그로티우스는 당시 전쟁의 비참이 극한에 달했던 종교전쟁에 종지부를 찍고 신-구 기독교의 화해로 평화를 달성하려고 했던 것이다. 이처럼 출발점은 다르나 결국은 원시 기독교 시대의 순수한 복음윤리에 호소한 에라스무스의 문제의식과 궤를 같이 했다.

그런데 주목할 점은 에라스무스가 정전론을 거부한 데 대해서 그로티우스는 단순히 비(非)전이나 반(反)전이 아니라 독자적인 정전론을 전개했다는 점이다. 그는 에라스무스의 비(非)전론의 동기에 호

---

6) *Letter from Hugo Grotius to Johann Grellius*, 10 May 1631, Bibliotheca Visseriana, VII(1928), P.208.

의적인 이해를 보이면서도 그 귀결에 대해서는 부정적 평가를 내렸다.[7] 그로티우스는 에라스무스를 "교회와 국가의 평화에 가장 헌신한 동포"라고 예찬하면서도 그의 비전론을 유해한 극단론이라고 비판했다.

그로티우스에 의하면 전쟁은 권리가 침해되어도 그 구제를 법정에 호소할 수 있는 길이 막혔을 때 일어난다. 따라서 전쟁이 발생하는 원인은 소송이 일어나는 것처럼 무수히 많으며, 그래서 사법적 해결이 실패했을 때 전쟁이 일어난다.[8] 이렇게 보면 그로티우스에게 전쟁은 다른 수단을 통한 소송의 연장이라고 말할 수 있다. 그로티우스가 『전쟁과 평화의 법』에서 의도한 바는 국가 간의 무력항쟁에서도 그것을 규제하는 법이 존재한다는 것을 증명하여, 그것으로 야수화된 전쟁을 인간화하고 나아가 법으로 전쟁을 억제하는 것이었다.

그로티우스에 의하면 인간이 자연법을 따르면 평화를 유지할 수 있다. 자연법은 평화의 길을 가르쳐주는 규범인 동시에 바로 그 자연법이 전쟁을 정당화하는 규범이기도 하다. 그는 전쟁을 정당화하는 원인으로서 무엇보다 권리침해를 들었다. 권리침해는 부정이며 이 부정한 권리침해를 방어하기 위한 전쟁은 자연법상 허용된다는 것이다.

또한, 그로티우스는 전쟁을 억제하기 위해서 목적과 수단에 관한 사려(prudence)를 권했다. 목적 상호 간 그리고 수단의 실효성에 대한 비교 고찰이 전쟁의 억지에 도움이 된다는 것이다. 그에 의하면 개인이 그 생명을 유지하기 위해서 자유를 방기하고 노예가 될 수 있는

---

[7] *Hugo Grotius, De jure belli ac pacis libri tres,* Latin Texts Translated by Francis W. Kelsey et al.(Oxford, 1925), P.29.

[8] P. Haggenmacher, *Grotius et La Doctrine de la guerre juste* (Paris :Presse Universitaire de France, 1983), p.550.

것처럼 국민도 그 자유를 방기하고 노예의 평화를 감수하는 것이 전멸보다는 낫다는 것이다. 왜냐하면 생명은 자유에 우선하는 가치이기 때문이다. 이처럼 목적과 수단에 관련된 전쟁억제론을 전제로 할 경우 그로티우스가 승인한 정전(正戰)은 두 가지에 한정된다. 하나는 노예의 평화가 견디기 힘들 경우이고, 다른 하나는 상대방도 정당한 원인이 있고 무력에서 상대보다 우월할 경우이다.

이처럼 그로티우스는 생명의 가치, 무력의 우열, 그리고 전쟁이 국민에게 끼치는 손해 등 공리적 관점에서 전쟁을 억제할 것을 권고했다.

그로티우스는 에라스무스보다는 현실의 무게를 인정했지만, 그의 사상 속에는 마키아벨리에게서 시작한 국가이성의 관념과 그에 따른 전쟁관에 대한 비판이 내재하고 있다. 그로티우스가 기대한 대로 인간이 자연법을 준수하고 있는 한, 평화로운 생활을 영위할 수 있다. 그러나 현실의 개인 간이나 국가 간에는 권리의 침해가 무수히 일어난다. 그로티우스의 최대의 결함은 인간이 왜 자연법을 준수하지 않고 권리를 침해하는가에 대한 논증의 부족이다. 여기서 그로티우스는 권리의 침해는 무수히 많고 그렇기 때문에 전쟁은 그치지 않는다는 사실 앞에 속수무책이 되고 만다. 결국 자연상태에서의 인간의 조건을 규명하고 새로운 정치공동체의 건설로 평화로운 질서를 창출하려는 구상은 홉스, 로크, 루소 등 사회계약론자들을 기다리지 않을 수 없었다.

홉스의 정치사상은 공포와 전쟁과 같은 폭력상황을 회피하고 견고한 정치질서로서 평화를 추구하는 것을 그 목적으로 한다. 홉스에게 폭력은 그것이 자연상태든 정치상태든 간에 인간이 피할 수 없는 엄청난 현실로 등장한다. 그의 정치사상의 출발점은 자연상태, 즉 무정부적인 폭력이며 그 귀결은 리바이어던, 즉 제도화된 정치적 강제력이다. 그에게 정치의 존재 이유나 국가의 존립 근거는 한결같이 폭력이었으며, 자연폭력을 극복하고 평화를 추구하기 위해서는 물리적 강제력을 가진 체계로서의 국가가 절대적으로 필요하다. 이렇게 볼 때 홉스의 리바이어던, 즉 제도화된 폭력장치의 독점자로서의 주권자는 중세 교황의 대체물이라고 해도 과언이 아니다. 홉스는 자연폭력을 정치적 강제력의 체계로 극복하는 이론 구성을 통해서 절대주권을 주장했으나 그 절대주권의 존립 목적은 어디까지나 인간의 자연권의 철저한 실현이며 그러한 점에서 그의 사상은 중세를 뛰어넘는 근대적 의미의 혁명적 성격을 띠고 있다.

홉스가 『리바이어던』에서 묘사한 인간은 중세 1,000년 동안 당연시되었던 신의 피조물로서의 인간이 아니라 바로 그 신의 질곡으로부터 해방된 인간이다. 그는 "인간은 태어날 때부터 평등하다. 자연은 인간을 심신의 여러 가지 능력에서 평등하게 만들었다"고 주장했다.[9]

홉스의 자연상태는 바로 이 인간의 자연적 평등이라는 조건을 전제로 한다. 그는 인간의 지력의 차이에 근거한 자연적 지배복종의 질서를 부정했다. 아무리 약한 인간이라도 "비밀의 기도나 또는 비슷한 입장에 있는 타인과의 공모로 강한 인간을 죽일 수 있다"고 했다.[10] 멍청이도 철학자를 목 졸라 죽일 수 있다는 것이다.

홉스에게 인간의 적나라한 자연상태는 끝없는 행복(felicity)의 추

---

9) Thomas Hobbes, *Leviathan* (London: Collier Macmillan, 1974), p. 98.
10) Ibid.

구이다. 그의 정의에 의하면 행복은 욕구의 지속적인 과정,[11] 다시 말하면 계속적인 성공을 추구하는 힘의 경쟁상태일 뿐이다. 힘의 평등은 공포의 평등이며,[12] 이 공포의 상호성이 인간 간의 전쟁을 불가피하게 한다. 그리하여 인간의 자연상태는 그 당연한 귀결로서 폭력과 기만이 난무하는 만인의 만인에 대한 전쟁상태가 되고 만다는 것이다.[13]

죽음에 대한 공포는 인간으로 하여금 평화를 지향하게 하는데 여기서 인간은 자연상태에서 탈출하여 국가를 건설하고 평화로운 사회를 만들려는 절실한 필요를 느끼게 된다. 홉스에게 평화는 다름 아닌 전쟁상태의 부재이며, 보다 근원적으로는 인간의 자연적 생명의 안정이 보장되는 상태이다. 욕구한다는 것은 삶의 의지 표현이고 참다운 삶은 평화롭게 사는 것이다. 따라서 홉스의 평화는 초월적인 선에 대한 적극적인 추구가 아니라 자기 생명의 안전을 지향함으로써 전쟁이라는 최대의 악을 피하기 위한 최소한의 조건이다.

그런데 인간이 자연상태의 고통을 피하면서 자기보존의 자연권과 평화를 실현하기 위해서 무엇보다 필요한 것이 바로 자연법이다. 홉스의 자연법은 최고선을 실현하기 위한 것이라기보다 죽음의 공포라는 최고 악을 피하기 위한 규범이다. 자연법은 쾌락의 추구와 고통의 회피, 그리고 생존을 위한 합리적 계산에서 나온다. 그러나 자연법만으로는 평화의 조건으로 충분하지 않다. 왜냐하면 자연법은 야심과 탐욕에 사로잡혀 있는 이기적인 인간의 본능을 바꿀 수 없기 때문이

---

[11] Ibid., p. 86.
[12] Thomas Hobbes, *De Cive or The Citizen,* ed. by Stering P. Lamprecht (New York: Appleton-Century-Crofts, 1949), p. 25.
[13] *Leviathan,* op. cit., PP. 100-101.

다. 원칙적으로 보면 자연법의 준수가 모든 사람들에게 이익이 되지만 현실적으로는 자연법을 침해함으로써 자기의 이익을 실현하고자 하는 사람이 있기 마련이다. 이리하여 이성의 추론은 자연법에만 안주할 수 없고 신약을 통한 국가 설립의 필연성을 제기한다. 인간으로 하여금 자연법을 지키게 하고 신약을 준수하게 하기 위해서는 신약을 침해함으로써 얻을 수 있는 이익보다 형벌을 가함으로써 인간을 두려움에 떨게 하는 공통의 권력이 필요하다. 칼 없는 신약은 한낱 말에 불과하기 때문이다.

로크는 그의 시민정부에서 "여우를 피하려다 사자에게 몸을 맡긴" 홉스의 주권론을 비판했다. 그는 동의에 의해 성립된 정부가 난폭한 사자로 변하는 위협을 막기 위해서 정부의 권력을 시민법에 복종하게 하고 정부가 동의의 목적에 반할 경우 저항권, 혁명권을 인정했다. 로크에게 "여우" 정도로 밖에 보이지 않았던 자연상태의 해악이 홉스에게는 모든 악의 뿌리였다.

따라서 당연하게도 홉스의 평화는 튼튼한 국민국가의 틀 속에서의 평화, 즉 국가 수준의 평화이다. 그에게 전쟁은 내전이었고, 그 내전의 강박관념이 그로 하여금 평화적 정치질서의 중요성을 그토록 강조하도록 했다. 그에게는 평화의 조건으로서 정치체제의 민주화라는 발상은 거의 없다. 그리고 국제평화에 대한 문제의식의 결여도 그의 평화사상에 대한 한계를 말해주고 있다.

전쟁과 평화에 관한 로크의 사상은 자연상태와 자연법에 대한 그의 관점에서 실마리를 찾을 수 있다. 즉, 로크는 무질서로서의 자연상태가 전쟁으로 이어지고 규제원리로서의 자연법의 역할에서 평화를 기대할 수 있다고 보았다.

자연법은 약자를 보호하는 의무를 규정하며 정당한 전쟁을 수행할 경우도 폭력의 사용은 공격자의 처벌과 보상의 획득을 위한 목적에 한정해야 한다. 정당한 전쟁의 목적은 공격자를 항복시키는 것이지 모든 시민을 전멸시키는 것이 아니기 때문이다.

국제관계에서도 원칙적으로는 자연법이 준수되어야 한다. 그러나 세계의 현실은 무질서와 전쟁으로 가득 차 있어 "정의의 약한 손으로 제어할 수 없는 큰 강도"가 많다는 것이다. 그래서 무법의 공격자가 자연법을 준수하는 쪽을 악용하는 사례도 적지 않다. 심지어 정당하게 공격자를 응징하는 전쟁에 호소하기도 전에 다른 공격자로부터 공격을 당하는 사례도 있다. 확고한 실정법에 호소할 수 없는 국제관계의 현실에서 전쟁은 최후의 해결책일 수 있기 때문이다.

원칙적으로 전쟁은 방어나 침략자의 처벌, 그리고 정확한 보상을 위해서만 정당하다. 그러나 실제로 개별 정부는 제각기 자연법의 판정자요, 집행자이기 때문에[14] 그 정부의 권력 남용을 궁극적으로 판정하는 법정이 없다. 그래서 그는 국가 간의 자연상태는 현실의 전쟁과 불안한 평화 간의 끝없는 동요의 연속이라고 보았다.

로크는 개인의 자기보존 욕구에 대한 국가의 부자연스러운 제한을 반대하면서도 국가가 외적에 대항하는 것은 정치사회의 속성으로 보았다. 그래서 그는 정치사회에 국내질서를 위한 법의 제정권과 함께 외침으로부터 국가를 방위하기 위해서 폭력을 사용할 수 있도록 권한을 부여했다.[15]

로크에 의하면 개인은 정치사회 내에서 국내법과 경찰에 의해서 보호받지만, 개별 국가는 국제관계를 규제할 유효한 법정이 없기 때

---

14) Locke, *Treatises*, II. p. 136.
15) Ibid., p. 3.

문에 대외안보에 일차적 관심을 가지지 않을 수 없다. 특히 로크의 외교정책에 대한 중시는 그가 왕의 일차적 역할을 전쟁에서의 수장으로 본 데에서도 알 수 있다.16) 외교정책의 우위를 인정한 로크의 사상은 국내의 정치질서를 우선시한 플라톤, 아리스토텔레스 등 고전 정치철학자의 관점과는 좋은 대조를 이룬다. 그들에 의하면 좋은 통치자는 인간본성을 충분히 개발하고 국내 평화의 요구에 상응한 법과 제도를 정비하는 사람이었다. 그들에게 가장 평화로운 삶이란 자족적이고 명상적인 삶이었다. 그렇기 때문에 그들에게 외교정책은 이차적인 중요성을 지닐 뿐이다. 이에 반해서 로크에게 평화는 계약에 의한 정치권력의 형성을 통해서 안으로는 인간의 자연적 욕구를 제도화하고 밖으로는 외침으로부터 정치사회를 방어함으로써 사회구성원이 자기의 생명, 자유, 재산을 안전하게 보존하는 상태인 것이다.

결국 로크는 원초적 자연상태를 두 가지 요인, 즉 현실적 무정부와 잠재적 평화가 공존하는 상태로 파악하여 전자를 극복하고 후자를 극대화하기 위해서 계약에 의한 정치사회의 성립을 주장했다. 그러나 개별 정치사회는 자연상태의 무정부적 속성을 극복함과 동시에 주권국가 간의 새로운 무정부 상태로 이행하고 말았다. 왜냐하면 계약에 의한 정치사회의 성립으로 평화의 국내적 조건은 충족되나 그 국제적 조건은 여전히 불안정한 상태로 남아 있을 수밖에 없기 때문이다.

로크는 개별 국가의 지배자는 자연상태에 있기 때문에 세계정

---

16) Ibid., pp. 108-110.

부는 과거에도 없었고 지금도 없고 미래에도 없을 것으로 보았다. 동의에 의한 세계정부 창출 이외의 유일한 대안은 정복에 의한 세계정부인데, 로크는 정복을 정당한 수단으로 보지 않았다. 로크는 전자는 불가능하고 후자는 부당하다고 보았다. 불가능한 것은 인위적 능력의 범위를 넘고 부당한 것은 작위적으로 막아야 하는 것이다.

로크에 의하면 정치는 서로 다른 두 부분으로 나누어지는데 하나는 정치사회의 근원, 정치권력의 형성 및 범위와 관련된 것이고, 다른 하나는 정치사회에서 인간을 다스리는 기술, 즉 정치적 사려이다. 역사는 지도자가 국가가 위기에 처했을 때 적절한 행동을 취하기 위해서 무엇보다 사려와 지혜가 필요함을 가르쳐준다. 로크는 국가 간의 평화와 방어도 지도자의 사려에 의존한다고 보았다. 아리스토텔레스는 좋은 지배자를 사려 깊은 사람이라고 부르고 정치가는 사려가 깊어야 한다고 했다.[17] 로크에게 사려는 안전, 독립, 그리고 편안한 삶에 대한 자연적 욕구를 만족시켜주는 여러 가지 수단에 대한 적절한 계산이다.

요컨대 로크에게 평화는 정치적인 작위의 산물이며 국내 정치에서의 평화는 계약에 의한 정치사회를 통해서 가능하다. 국제사회에서의 평화는 국내 정치사회에서와 같은 공통의 권력의 부재, 즉 무정부적 속성을 직시하고 그때그때의 특정한 상황에 대해서는 정치적 사려로 접근해가는 길 외에 없다.

---

17) Aristoteles, *Politics*, Eng. translated by Emest Barker, (Oxford : Clarendon Press, 1948), 1277a.

사회계약을 통한 새로운 국가 건설로 평화로운 정치질서를 구상했던 홉스나 로크와 동시대에 살면서도 평화의 실현을 어디까지나 군주의 이성에 호소했던 사상가가 바로 생 피에르이다. 그가 구상한 유럽의 평화는 유럽의 모든 국가가 분쟁의 해결에 무력을 사용하지 않고 중재에 의해서 분쟁을 평화적으로 해결할 것을 약속하고, 동맹을 체결하는 것을 골격으로 하고 있다.

생 피에르에 의하면 전쟁은 인간이 가진 이기심의 대립, 충돌에서 시작하여 그것을 평화적으로 해결할 유효한 방법이 없어 무력에 호소할 수밖에 없는 상태이다. 이해의 대립은 인간이 살아가는 과정에서 필연적으로 생기게 마련이어서 그 자체를 없앨 수는 없다. 그러나 이기심 그 자체가 전쟁의 직접적 원인은 아니며, 같은 이기심이 인간으로 하여금 평화를 추구하게끔 할 수도 있다는 것이다. 이기심을 잘못된 방향으로 가지 않게 하기 위해서 그는 종교와 도덕과 당위에 호소하는 대신 인간의 이기심 자체를 인정하고 공리적으로 문제를 해결하려고 했다. 군주도 인간인 이상 이기심의 존재 바깥에 있는 것이 아니라 다른 인간과 마찬가지로 그의 고유한 행복 증대를 지향하기 때문이다.[18] 따라서 생 피에르는 군주의 잘못된 행동인 전쟁을 방지하기 위해서는 우선 전쟁의 불이익과 평화의 이익을 대비해서 후자가 군주에게도 유리하다는 것을 증명하여 군주가 스스로 평화를 지향하게끔 하는 것이 중요하다고 보았다.

생 피에르는 모든 인간을 이기심이라는 유일한 기준으로 생각하고 군주나 개개 인간은 같은 동기에서 움직인다고 보면서 종국에는

---

18) *Abrégé du project de paix perpétuelle* (Rotterdam, 1729), p. 43.

군주의 이성에 기대했을 뿐 전쟁의 본질, 군주제의 본질에 대한 깊은 통찰이 없다. 그리고 그는 준거집단으로서 가족에 역점을 두었으나 민족 간, 계급 간의 갈등에 대해서는 자각증세가 거의 없었다. 이런 점들이 루소가 "그의 제안이 실시되지 않은 것을 오히려 위로하자"고 냉소한 이유이기도 하다. 그러나 이러한 약점에도 불구하고 근대 평화사상에서 생 피에르가 차지하는 위상은 주목하지 않을 수 없다.

우선 그의 평화론에 일관되게 흐르는 공리적 관점이다. 그는 전쟁의 불이익과 평화의 이익을 인민은 물론 군주가 자각함으로써 전쟁을 막아야 하고 또 막을 수 있다고 보았다. 공리적 관점은 근대 평화사상의 핵심이며, 에라스무스에게서 현대의 민주평화사상까지 이어지고 있다.

그다음 생 피에르의 평화론은 근대적 의미의 정치구상으로서 선구적 역할을 했다고 볼 수 있다. 그의 뒤를 이어 유럽 각지에서는 많은 무명의 평화주의자가 배출되었고 그의 주장은 넓은 계층에 침투되었다.[19] 더욱이 그의 평화사상은 루소의 해석과 비판을 거쳐 사상 내재적으로 벤담, 칸트로 계승되었다.

루소는 생 피에르와 칸트의 가교역할을 함으로써 근대 평화사상의 형성에 획기적인 공헌을 한 사상가이다. 루소에게 최우선 순위의 과제는 국가주권을 넘어서는 국제기구의 제안이 아니라 그 국가주권의 내용, 즉 국내 정치체제의 근본 원리를 규명하는 것이었다. 그의 평화사상도 사회계약설로 불리는 그의 국가이론, 권력이론, 주권이론

---

19) Ruyssen, Th., *Les Sources doctrinales de Internationalisme* (Paris, 1958), Tome. II, p. 592.

과 따로 떼어서 생각할 수 없다. 현대적인 용어로 풀어서 말하면, 루소는 국제정치를 국내정치의 연장으로 보았고 국내 체제의 변혁, 민주화를 통해서 평화를 실현하려고 했다.

루소의 저술들 가운데 국제관계에 관한 체계적인 연구는 없다. 그는 구체제로 불리는 절대국가를 구조적으로 비판하고 그 대안으로서 사회계약설에 의한 인민주권의 국가를 수립하기 위한 이론적 변증에 전력투구했을 뿐, 국가 간의 전쟁과 평화에 관해서는 총론적인 문제의식의 단계에 머물렀고 본격적인 저술 작업도 하지 않았다.

그러나 그는 국제정치에 대해서 지속적으로 관심을 가지고 있었다. 그는 국내 체제와 국제정치의 밀접한 연계를 전쟁의 방지, 평화의 달성이라는 관점에서 파악한 최초의 정치사상가라고 말할 수 있다.

루소의 자연상태는 홉스나 로크처럼 극복해야 할 상태가 아니라 근본적으로 평화로운 상태로서 나쁜 사회상태, 즉 현실의 문명상태에 대한 비판 개념이다. 특히 만인에 대한 만인의 투쟁으로 묘사한 홉스의 자연상태와는 그 근본 발상부터 다르다. 루소에게 개인의 자연상태는 평화상태이나 국가의 자연상태는 홉스의 자연상태와 같은 전쟁상태이다. 루소는 전쟁은 개인 간의 관계가 아니라 국가 간의 관계에 고유한 것이라고 봄으로써 개인 간의 자연상태와 국가 간의 자연상태의 질적인 차이를 설명했다. 그런데 개인의 능력은 유한하지만 국가의 능력에는 한계가 없기 때문에 결국 국가 간의 투쟁, 즉 전쟁이 야기되고 만다고 보았다.[20] 루소가 국가의 자연상태를 극복하기 위해서 제기한 것이 바로 국가연합사상이다. 루소는 생 피에르가

---

20) Oeuvres III, Du contrat social, p. 388.

군주들의 이성에 호소하여 영구평화계획을 수립하려고 한 데 대해서 국가연합의 성립에 의해 평화가 보장되고 개별 국가를 넘어선 중재자에 의한 분쟁처리가 가능하다고 보았다. 그러나 루소는 그의 『사회계약론』(Du contrat social)의 속편에서 국가연합의 문제를 다루겠다고 해놓고도 끝내 그 다짐을 이행하지 않았다. 그는 국가주권의 침해 없이 국가연합의 권리를 어떻게 행사할 수 있을까 하는 문제만 제기했을 뿐 그 해답은 내놓지 않았다.

일반적으로 국제기구를 만들어 평화에 접근하기 위해서는 정도의 차이는 있으나 개별 국가의 주권을 어떤 형태로든 제한하지 않을 수 없다. 루소의 경우는 국제기구로서의 국가연합의 중요성보다 국가주권의 침해가 없어야 한다는 데에 더 큰 역점을 두었다. 그가 국가연합을 제기하면서도 동맹이나 연방국가를 채용하지 않은 것도 주권의 제한이나 침해를 막으려는 데 그 근본적인 원인이 있었던 것으로 보인다. 그는 국가 간의 결합의 농도가 약하고 영속성이 없는 동맹에는 만족할 수 없었고, 그렇다고 결합의 밀도가 높고 영속성이 있는 연방국가는 구성국의 주권을 지나치게 제한한다고 생각했다. 그래서 그는 결합이 느슨한 동맹과 결합이 견고한 연방국가 간의 혼합형을 채용한 것으로 보인다. 그는 국가연합이야말로 국제기구와 그 구성원의 주권을 가장 효과적으로 조화시킬 수 있는 방법이라고 생각했다.

루소에 의하면 개별 국가는 국가연합회의의 법의 지배에 복종함으로써 참다운 권리를 확보한다.[21] 그것은 사회계약에서 법에 복종하

---

21) Oeuvres III, Paix, pp. 583-584.

는 것이 개인의 자유를 제한하지 않은 것과 마찬가지이다. 루소는 국가를 구성원으로 하고 그 국가의 의지를 특수의지로 하는 세계사회를 꿈꾸었으나 국가연합 자체의 일반의지에 대해서는 명백하게 언급하지 않았다. 이것이 루소 자신의 이론 구성 능력의 한계에 연유하는 것인지 근본적으로 국제사회의 일반의지의 형성에 대해서 절망 또는 체념하고 있었는지 정확히는 알 수 없다.

루소는 모든 국가가 전쟁 가능성을 가지고 있으며 인민이 주권을 가지고 있는 공화국도 예외가 아님을 인정했다. 그러나 그는 전쟁은 반드시 압정을 가져오며 전쟁의 피해는 송두리째 인민에게 돌아오기 때문에 인민의 평화에 대한 요구는 군주보다 훨씬 강하다고 보았다. 루소는 생피에르처럼 군주에게 큰 기대를 하지 않고 인민에게 희망을 걸었다. 루소는 "인민이 전쟁을 하는 것은 군주보다 훨씬 드물다"고 보았다.[22]

따라서 전쟁을 회피하고 평화를 추구하기 위해서는 인민에게 주권이 주어져야 하며 인민이 주권을 가지기 위해서는 구체제의 변혁이 필요한 것이다. 루소는 소국에서 이상적인 정치의 모델을 찾으려고 했으며, "국가연합은 소국이 대국의 폭력을 물리치고 국가 간의 평화를 유지하기 위해서 이용할 수 있는 수단"이라고 했다. 그는 소국연합의 선례로 페르시아 대왕에 저항한 그리스의 여러 도시 그룹과 오스트리아 왕가에 저항한 스위스와 폴란드의 연합을 들었다.[23]

결국 루소는 국제 평화사상의 기본 틀을 국가연합에 두면서도 그 국가연합의 구성에 앞서 평화를 위한 전제조건으로 국내 체제의 민

---

22) C. E. Vaughan, *Political Writings of J. J. Rousseau, I* (London, 1915), Extrait, p. 396.
23) Oeuvres, *Du Contrat Social,* p. 427.

주적 변혁의 정당성을 이론화하는 데 전력을 기울였다. 그리하여 그가 내린 결론은, 참다운 의미의 국제 평화기구를 구성해야 할 국가의 정치체제는 인민주권을 바탕으로 하지 않으면 안 된다는 것이다. 평화의 조건으로서의 인민주권의 정치체제는 생 피에르의 평화사상에 대한 비판과 함께 칸트의 영구평화론으로 이어지는 루소 평화사상의 핵심개념이라고 말할 수 있다.

벤담은 로크의 자연법과 계약설을 거부했으나 그의 정치적 자유주의, 개인주의의 이념은 계승했다. 영국의 신흥 시민계급은 18세기 로크에게서 찾은 대변자를 19세기 벤담에게서 찾은 셈이다.

벤담의 "보편적 영구평화계획"(A Plan for a Universal and Perpetual Peace)은 생 피에르의 "영구평화구상"과 마찬가지로 평화에 대한 이론적, 철학적 고찰이 아니라 현실의 정책적 제안이었다. 벤담은 평화의 목표가치를 자명한 것으로 보았기 때문에 평화가치의 천착보다는 전쟁의 방지와 평화의 조건에 대한 규명과 그 실천을 위한 정책을 제안했다.

벤담은 루소와 같이, 아니 그 이전의 사상가들 누구 못지않게 정열적으로 전쟁을 반대했으며, 공리주의의 대변자답게 전쟁에 대해서도 공리의 원리를 적용했다.

벤담은 전쟁은 반도덕적이며 행복을 추구하고 불행을 회피하려는 공리의 원리에 반(反)하고 "최대 규모의 해악"이며,[24] "모든 악의 복합"이라고[25] 하여 그 반(反)도덕성을 역설했다.

---

24) John Bowring, *The Works of Jeremy Bentham*, (New York, 1962), Vol. II, p. 101.
25) Ibid., p. 538.

벤담의 "영구평화계획"은 그의 사후에 발표된 것과도 관련이 있지만 현실정치에는 큰 영향을 끼치지 못했다. 더욱이 현실의 제국주의 전쟁은 벤담의 평화구상을 비웃기라도 하듯 오히려 정반대의 방향으로 달리고 있었다. 물론 당시 영국 내에서 식민지 축소를 주장한 논의가 없었던 것은 아니나 후발 자본주의국 독일이 경쟁국으로 등장하여 영국의 기득권을 위협하게 되자 영국은 오히려 자신의 식민정책을 강화하여 이미 영유하고 있는 식민지에 대해서도 자원의 개발, 저렴한 노동력의 착취 등으로 식민지 이윤을 올려 정치, 경제적으로 더욱 본국에 종속시켜나갔다. 세계 각국은 남은 식민지의 분할에 혈안이 되어 세계적 규모의 제국주의 전쟁에 들어가기 시작했다.

역사상 위대한 사상이나 정치구상이 대체로 미래를 선취한 조숙한 사고였듯이 벤담의 평화사상도 예외는 아니었다. 벤담이 그의 평화사상에서 외쳤던 식민지의 독립, 민족자결, 권력정치에 대한 비판과 여론의 중시 등이 현실의 과제로 등장한 것은 그의 사후 1세기가 지나서였다. 우리는 19세기 벤담의 평화사상에서 움직일 수 없는 몇 가지 보편성을 발견할 수 있다.

1) 벤담은 식민지를 전쟁의 원인으로 보고 평화의 조건으로 식민지의 방기를 주장함으로써 반(反)식민주의를 평화사상의 기반으로 한 최초의 사상가였다. 식민지의 방기가 근본적으로는 그의 공리주의적 사고, 자유무역주의의 입장에서 나온 발상이기는 하지만 그의 사망 후 유럽 열강이 식민지 쟁탈전을 둘러싼 제국주의 경쟁을 통해서 결국 제1차 세계대전으로 진행했고, 그후 그의 식민지 해방의 주장이 보편적 원칙으로 뿌리내린 것을 생각하면 그의 선견지명은 높이 평가할 만하다.

2) 벤담은 평화의 조건으로 국제조직의 필요성을 인정하지 않고 평화의 국내 정치적 기초로서 사회여론의 역할을 중시함으로써 권력정치에 대한 새로운 비판의 지평을 열었다. 벤담은 당시까지만 해도 당연시되었던 세력균형 원칙의 한계를 깊이 통찰하고 있었으며 전쟁의 원인을 권력정치에 있다고 보았다. 국제수준에서의 평화의 연구는 어떤 형태로든 권력정치에 대한 비판을 수반한다는 것을 생각할 때, 벤담은 근대적인 국제관계에서 평화문제를 제기한 선구적인 사상가라고 할 수 있다. 칸트는 벤담을 19세기 국제정치론의 선각자이며 제재(制裁)로서의 여론의 역할을 강조한 사상가로 평가한 바 있다.[26]

3) 여론을 중시한 벤담의 당연한 귀결이기도 하지만 민주주의와 자유주의에 대한 그의 확신을 빼놓을 수 없다.

벤담은 18세기의 자연법 사상에 대신하여 공리주의로 19세기의 자유주의를 이론적으로 옹호했다. 왈츠는 벤담이 여론을 중시한 것을 가리켜 "민주주의 국가는 본래 평화적이라는 신념"의 선구적 발상이라고 높이 평가했다.[27]

여기서 문제되는 것은 평화와 정치체제와의 관련이다. 루소에 이어 벤담과 함께 동시대인인 칸트는 공화제를 평화의 기본 조건으로 보았다. 벤담은 분명히 평화에 대한 열정과 민주주의에 대한 신념을 공유하고 있었으나 이 양자의 관계에서 평화의 조건으로서의 민주주의 또는 공화정에 대한 확고한 문제의식은 결여하고 있었다. 그러나

---

26) E. H. Car, *Twenty Year's Crisis, 1919-1939* (London, 1958), pp. 26-27.
27) K. Waltz, *Man, the State and War* (New York: Columbia University Press, 1959), p. 101.

벤담에게 민주주의는 자명한 원리였기 때문에 평화의 조건으로서 이미 소여(所與)로 받아들여져 있었다. 그래서 그는 자유주의 대의민주주의의 대세를 읽고 있으면서 현실적으로 결여되어 있는 여론의 중요성을 다시 한번 확인함으로써 여론이 전쟁 방지와 평화 구축에 도움이 된다는 것을 분명히 했다. 더욱이 그는 만년의 대작『헌법전』(*A Treatise on Judicial Evidence*, 1825)에서 인민주권에 바탕을 둔 대의민주제를 주장함으로써 당시의 지배계층에 기대했던 평화의 실현을 제도적으로 뒷받침하는 것이 필요하다고 생각했다. 그리고 이 헌법에서는 전쟁을 특정 정부형태와의 관련에서 파악함으로써 결과적으로 귀족제하에서 평화실현을 주장했다. 벤담에 의하면 절대군주제 귀족제하에서 지배계급은 국민의 보편적 이익에 반(反)하는 사악한 이익을 추구한다. 때문에 그러한 체제하에서 전쟁은 그들 지배계급의 이익 추구를 위한 수단으로 이용되고, 인민은 언제나 그의 적대자로서 그 보편적 이익은 희생이 되고 만다.[28]

이렇게 보았을 때 자유주의 사상과 대의제 민주주의 정치체제는 벤담 평화사상의 당연하고도 자연스런 전제가 아닐 수 없었다. 특히 벤담의 모든 저작에 일관되게 흐르는 여론의 중시, 언론자유의 사상은 그의 "영구평화구상"에서도 비밀외교 배제, 공통의 국제재판소 창설 등의 제안 속에 면면히 흐르고 있다.

근대 평화사상의 흐름에서 보면 생 피에르, 루소에 이어 벤담에 이르기까지 평화의 수립을 유럽 문제와 결부시켜 탐구한 경향이 농후하다. 그것은 근대 유럽이 로마 가톨릭 교회의 세계지배에서 해방되

---

[28] Bentham, Works, Vol. IX, p. 71.

어 개별 민족국가로 발전하기 시작했지만 근본적으로 기독교라는 문화적 동질성을 계승하고 있다는 의식이 강했기 때문이다.

제2차 세계대전 후 유럽 공동체에 의한 서구 통합의 운동은 19세기의 유럽 통합에 의한 영구 평화사상에 그 역사적 근거를 두고 있다고 볼 수 있다.

3. 칸트의 영구평화론

칸트의 영구평화론은 단테, 에라스무스, 루소, 벤담으로 이어지는 근대 평화사상의 연장선 위에 있다. 이를테면 근대의 여명을 꿰뚫어 보면서 평화사상사에서 최초로 세계정부를 제창했던 단테, 르네상스 인문주의자로서 교회의 정전(正戰)의 발상을 거부하고 군주 - 성직자 - 지식인 등 지도자들의 이성에 평화를 호소했던 에라스무스, 군주의 이성에 의한 유럽의 영구평화를 주장했던 생 피에로, 전제적 구체제의 변혁을 통해서만이 전쟁을 막을 수 있다고 확신했던 루소, 그리고 공리적 관점에서 평화의 존재 이유를 설명하고 대의제 민주주의 하에서의 여론을 중시함으로써 권력정치에 대한 비판의 지평을 열었던 벤담 등, 이들 근대 평화론자들의 의견들이 사상 내재적으로 칸트에게 연결되고 있다.

특히 칸트의 『영구평화론』은 현대 평화연구의 한 분야인 철학적, 규범적 평화연구에서 가장 체계적인 저술이며 불후의 고전으로 평가받는다.

칸트의 『영구평화론』 속에는 평화연구의 다양한 접근방법에 대한 칸트 특유의 관점이 잘 용해되어 있다. 인간성에 대한 균형 잡힌 관점이 있는가 하면 세계정부의 어려움을 인정하면서도 그에 대한 부단한 노력의 일환으로 연맹과 세계시민법을 제창하고 있다. 그리고 칸트는 결코 속류 내셔널리스트가 아니면서도 그의 평화론의 정치적 거점을 근대 국민국가에 두었다. 칸트는 인간성에 대한 깊은 통찰과 국제사회의 무정부적 현실을 직시하면서 어디까지나 국민국가의 정치체제에서 평화의 돌파구를 마련했던 것이다.

칸트는 『영구평화론』에서 평화의 조건을 예비조항, 확정조항, 추가조항의 세 항목으로 나누어 설명했다. 그리고 추가조항에는 비밀조항이 포함되어 있고, 부록에서는 영구평화의 관점에서 정치와 도덕의 관계를 설명했다.

칸트는 영구평화를 실현하는 저해 요인으로 6개의 항목[29]을 예비조항으로 들었는데, 그 내용은 대체로 다음과 같다.

① 장래의 전쟁에 대비한 자료를 비밀로 유보한 채 평화조약을 맺어서는 안 된다. 즉, 전의를 숨긴 무장휴전은 기만이며 결코 평화라고 말할 수 없다.

② 어떠한 독립국가도 상속, 교환, 매수 또는 증여에 의해서 다른 나라를 취득해서는 안 된다. 즉, 도덕적 인격으로서의 국가를 물건처럼 취급해서는 안 된다는 것이다. 현대적 용어법으로 표현하면 민족적 자결권의 주장과도 같다.

③ 상비군은 폐지되어야 한다. 상비군을 유지하는 데 드는 비용 때문에 평화가 오히려 단기간의 전쟁보다 더 큰 짐이 되고 이 부담으로부터 탈피하기 위해서 상비군 그 자체가 공격전쟁의 원

---

29) Immanuel Kant, *Zum Ewigen Frieden*: Ein philosophischer Entwurf Reclam, (Verlag Stuttgart, 1795), pp. 16-20.

인이 되는 악순환을 피할 수 없다는 것이다.

④ 국가의 대외적 분쟁과 관련하여 어떠한 국채도 발행해서는 안 된다. 금력(金力)의 축적은 타국을 예방전쟁에 몰아넣는 위험성이 있기 때문에 전쟁수행의 원인이 될 수 있는 국채발행을 금지해야 한다.

⑤ 어떠한 국가도 타국의 헌법체제 및 정권에 대해서 폭력으로 간섭해서는 안 된다. 칸트에 의하면 어떤 국가의 내전은 독립한 국민이 자기 내부의 질환과 싸우고 있다는 것을 의미한다. 따라서 그 내전의 결말이 나기 전에 외부에서 간섭하는 것은 그 국민의 권리를 훼손하는 것일 뿐만 아니라 국가의 자율성에 위협이 된다. 그러나 예외적으로 한 나라가 내부의 분열로 둘로 나뉘어 제각기 독립을 주장할 경우는 다른 나라가 어느 한쪽을 원조하는 것은 용인되었다. 왜냐하면 이 경우는 국가 자체가 무정부 상태에 있기 때문에 그 국가의 체제에 대한 간섭이 아니라는 것이다. 프리드리히의 해석에 따르면 칸트는 한 나라가 전체주의적 쿠데타에 의해서 그 헌정질서를 위협받을 경우도 타국의 내정간섭을 허용했을 것이다.[30]

⑥ 어떤 나라도 다른 나라와의 전쟁 중에 장래의 평화 시의 상호신뢰를 불가능하게 하는 적대행위를 결코 해서는 안 된다. 이를테면 암살자-독살자의 고용, 항복조항의 파기, 적국에서의 반역의 선동 등,

칸트에 의하면 테러리즘은 비열하고 흉악한 수단이며 최대의 평화

---

30) Carl Friedrich, *Inevitable Peace,* (Cambridge, 1984), p. 178.

파괴행위인 것이다. 적에 대한 최소한의 신뢰마저 없다면 평화조약도 체결할 수 없고 신뢰의 소지가 없는 적대행위는 결국 섬멸전쟁이 될 수밖에 없다는 것이다.

위에 든 6개의 예비조항은 영구평화를 위해서 최소한 필요한 금지조항으로 "해서는 안 된다"는 형식의 진술인 데 반해서 3개의 확정조항[31]은 그것이 충분히 보장된다면 영구평화가 가능하다는 격률(格律)로서 "해야 한다"는 형식의 진술을 취했다.

제1 확정조항 : 모든 국가에서 시민적 체제는 공화적이어야 한다.

칸트는 영구평화의 조건으로 공화제를 명백히 주장함으로써 그로 하여금 근대 평화사상의 "발명가"라는 평가를 받도록 했다.

칸트는 공화제를 채택한 나라 사이에서만이 영구평화의 전망이 열릴 것으로 보았다. 왜냐하면 공화제하에서는 전쟁에 대한 인민의 협조를 얻기 어렵기 때문이다.[32] 공화제가 아닌 체제하에서는 국가원수가 전쟁을 유희처럼 보며 전쟁으로 인해서 잃을 것이 없다.[33] 국민이 협조하지 않을 전쟁의 어려움을 전제한다면 국민의 의사가 잘 반영되는 국내 체제일수록 전쟁의 가능성이 줄어든다는 것이다.

루소는 국내 체제가 전제체제이면 전쟁을 막을 수 없기 때문에 그 전제정치의 변혁을 통해서만이 평화를 실현할 수 있다고 본 근대적 의미의 최초의 정치사상가이다. 이렇게 볼 때 칸트의 공화제 발상은 근본적으로 루소의 계승이라고 할 수 있다. 칸트의 연구실

---

31) Kant, op. cit., pp. 24-33.
32) Kant, op. cit., p. 27.
33) Kant, op. cit., p. 28.

에 걸렸던 유일한 초상화의 인물이 루소였다는 사실의 의미를 짐작케 한다.

　제2 확정조항 : 국제법은 자유로운 국가들의 연맹에 토대를 두어야 한다.

　칸트는 불가능한 최선으로서의 세계국가보다 그것에 접근하는 과도적 상태, 가능한 최선의 상태로서의 연맹(Völkerbund)을 제안했다.[34] 칸트에 의하면 세계국가는 실현성이 없을 뿐만 아니라 개별 국가의 의지와 인간의 자유 이념에 반(反)한다고 보았다. 그가 자유국민의 자발적 통합으로서의 연맹을 내놓은 이유도 바로 여기에 있다. 이 경우 연맹은 몇 개의 국가 간의 조직일 수도 있고 이웃 나라들 간의 연방조직일 수도 있다.

　제3 확정조항 : 세계시민법은 보편적인 우호의 제 조건에 한정해야 한다.

　칸트에 의하면 평화의 보증은 법적 상태의 수립에 의해서만 가능한데, 이 법적 상태는 국법, 국제법, 세계시민법의 순서로 배치되어 있으며 영구평화는 이들 세 가지 분야에서 인류 전체를 포괄하는 법적 상태가 실현됨으로써만이 가능한 것이다.

　칸트가 72세의 노령에 쓴 『영구평화론』에서 세계시민법을 제창한 점, 이보다 11년 전 『일반역사』에서도 "세계시민의 견지"라는 부제가 붙어 있는 점, 그리고 『영구평화론』을 저술한 2년 후에 나온 『법률학의 형이상학적 시원』에서도 법률적 사고가 관철되어있는 점 등을 고려하면, 그에게 세계시민법은 이른바 "목적의 왕국"을 세계의 역사

---

[34] Kant, op. cit., p. 23.

속에 구현하려는 이상으로서 공법의 최후단계이다.

이렇게 볼 때 칸트가 평화를 위한 최후의 확정조항으로 세계시민법을 제기한 것은 마치 플라톤이 형이상학적 이데아론, 철인 국가론에서 법률 국가론으로 이행하는 사고의 행적과도 유사하다.

그 다음 자연, 도덕 그리고 정치에 대한 칸트의 개념을 중심으로 그의『영구평화론』을 관류하는 철학적 기초를 규명해보자.

일반적으로 서양사상사의 흐름, 특히 19세기 자유주의 사상의 흐름 속에는 인간의 자연적 조건을 조화와 평화로 보는 관점과 갈등과 전쟁으로 보는 관점이 있어왔다. 칸트의 평화사상은 가끔 전자의 흐름에서 파악되는 경우가 많았다. 그러나 칸트의 철학을 정치사상의 관점에서 자세히 관찰해보면 칸트는 계몽적 이성에 대한 신뢰와 도덕적 확신을 바탕에 깔면서도 권력정치의 현실을 직시하고 있었다.[35] 그는 이러한 인간성의 양면, 역사적 경험의 양면을 인간의 예정조화적 운명, 섭리, 다시 말하면 자연의 메커니즘으로 받아들였다.

칸트 자신의 설명에 의하면 "무릇 피조물이 가지고 있는 모든 소질은 언젠가는 각각의 목적에 합치하여 남김없이 발전할 수 있도록 미리 정해져 있다."[36] 이 자연적 소질을 발전시키기 위해서 사용하는 수단을 둘러싸고 적대관계가 나타나기 마련이지만 바로 이 적대관계야말로 궁극적으로는 사회적 질서를 만드는 원인이 되는 것이다.

---

35) K. Waltz, *"Kant, Liberalism and War,"* American Political Science Review, Vol. 56, No. 2, (1962), p. 331.

36) *Kant, Idee zur einer allgemeiner Geschichte in Weltb rgerlicher Absicht,* Werke, Bd. IV., p. 152.

이 자연적 소질로서의 적대관계는 일체의 역사를 꿰뚫는 추진력으로서 인간으로 하여금 새로운 생활양식을 낳게 하는 힘인 것이다. 칸트는 이 자연적 소질로서의 길항관계를 "비사회적 사회성"(ungesellige Geselligkeit)이라고 했다.

칸트는 인간에게는 "사회를 형성하려는 경향"과 함께 "고립하려는 강한 경향"이 길항하고 있다고 보았다. 이리하여 인간의 모든 능력은 비록 개인주의적으로 보이지만 사회에서 자기와 대립하는 타자와 같이 존재하지 않을 수 없다. 한편 이러한 길항관계로부터 많은 악이 발생하지만 다른 한편 인간의 모든 능력을 새롭게 긴장시켜 자연적 소질을 더욱더 발전시키기도 하는 것이다. 칸트의 "비사회적 사회성"에 나타난 인간성에 대한 개념은 고대 이래의 성선설과 성악설을 통합할 수 있는 것이며, 정치적 인식과의 관련에서 보면 아리스토텔레스의 "정치적 동물"과 에피쿠로스의 "탈정치적 인간"을 역동적으로 파악한 변증법적인 개념이다.

칸트에게 정치란 이 자연의 메커니즘을 인간의 통치를 위해서 이용하는 기술이다. 정치와 도덕의 관계에서 칸트는 전자에 대한 후자의 우위를 주장한다. 그는 도덕을 정치가의 이익에 합치시키려는 실천가를 정치적 도덕가라고 하고, 국가적 전략의 원리를 도덕과 합치할 수 있도록 하는 정치가를 도덕적 정치가라고 불렀다.[37] 그가 즐겨 쓰던 도덕적 정치가란 자기의 양심에 따라 행동할 때 그 의무와 책임을 다하는 것을 의미한다. 여기에서 윤리적 이상주의와 정치적 리얼리즘을 결합하는 발상이 나온다.

---

37) Kant, *Friede*, p. 55.

칸트는 영구평화를 향하는 인류의 노력을 도덕적 의무인 동시에 이성적인 필연으로 보았다. 칸트의 영구평화론은 자연이라는 이름의 섭리의 확신에 바탕을 둔 상대적 낙관주의의 산물이라고 할 수 있으며, 이 자연이라는 틀 속에서 칸트는 영구평화를 인간이 끊임없이 접근해야 할 정치적 최고선으로 보았다.

제2장
한국의 근대 평화 개념 도입사*

하영선**

1. 머리말

사대와 교린의 중국적 천하질서에 오랫동안 익숙해왔던 한반도는 19세기 중반 전쟁과 평화를 기반으로 하는 유럽의 근대 국제질서를 새롭게 겪게 된다.[1] 새 만남에서 상대적으로 우세한 군사력, 경제력 그리고 명분력을 장악한 구미 중심의 근대 국제질서는 중국적 천하 질서를 압도하게 된다. 한국도 새로운 문명 표준으로 등장한 근대 국제질서를 본격적으로 받아들여야 했다. 새롭게 체험하는 근대 국제

---

* 이 글은 "근대한국의 평화 개념 도입사" (하영선 편, 『21세기 평화학』(서울: 풀빛, 2003) 를 『한국근대국제정치론연구』(근간)의 해방론(海防論), 원용부회론(援用附會論), 양절체 제론(兩截體制論), 자강균세론(自强均勢論), 국권회복론(國權回復論)이라는 역사적 전개 틀에 따라 수정, 보완한 것이다.
** 하영선: 서울대학교 교수
1) 하영선, "변화하는 세계와 개념사", 『세계정치』 제25집 2호(2004년 가을/겨울) 기획 : 개념 도 입사; 하영선, "문명의 국제정치학 : 19세기 조선의 문명개념 도입사," 국제관계연구회 엮 음, 『근대국제질서와 한반도론』(서울 :을유문화사, 2003) : 하영선, "근대한국의 평화 개념 도 입사" 하영선 편 : 하영선, 『한국근대국제정치론연구』.

질서 속에서 독립국가로 살아남기 위해서는 근대 국민전쟁의 패배자가 아니라 승리자가 될 수 있는 국민 부강국가의 자격을 갖춰야 하고 보다 적극적으로는 근대 평화 개념을 제대로 이해하고 실천에 옮겨야 했다.

정치집단들이 자신들의 이익을 추구하기 위해서 조직적인 폭력 수단을 동원하는 전쟁은 인류의 역사와 함께 존재해왔다. 이러한 전쟁을 피해보려는 평화의 노력도 마찬가지로 오랜 역사를 가지고 있다. 그러나 국민국가를 기반으로 한 유럽의 근대 국제질서는 과거의 전쟁과는 규모와 강도 면에서 전혀 새로운 전쟁의 위험성에 직면하게 되었으며, 나폴레옹 전쟁을 겪으면서 본격적 국민전쟁의 시대를 맞이하게 된다. 평화의 논의도 새로운 장을 열게 되었다. 마이클 하워드는 『평화의 발명』에서 정치지도자들이 계몽주의 사상가들이 발명한 평화가 실현 가능한 것으로, 또 진실로 추구해야 할 목표로서 받아들이기 시작한 것은 지난 200여 년 사이에 일어난 변화라고 지적하고 있다.[2]

그는 19세기 유럽의 평화를 위한 노력을 다음과 같이 요약하고 있다. "결국 보수주의자들은 평화는 현존하는 질서를 보존함으로써 이루어진다고 믿었던 반면에, 자유주의자들은 경제적, 사회적 진보를 통해서 바로 그 질서를 변혁해야만 평화가 도래할 것이라고 믿었다고 할 수 있다. 세 번째 집단인 민족주의자들은 보편적인 인간의 권리보다는 자신의 존재를 현시하기 위해서 싸우고, 현시된 이후에 자신의 존재 자체를 지키려고 하는 민족들의 권리에 정초한 질서를 신봉했다."[3]

---

2) Michael Howard, *The Invention of Peace* (New Haven: Yale University Press, 2000).
3) 같은 책, pp. 44-45.

이러한 19세기 유럽의 평화관들은 유럽 근대 국제질서의 전 세계적 확산과 함께 한국, 중국, 일본의 동양 삼국에서도 전통과 근대의 치열한 각축 속에서 자리잡게 된다. 그리고 뒤이어 구미의 기독교 평화론, 사회주의 평화론이 동아시아에 전파되었다. 서양의 근대적 peace 개념이 동아시아에 도입되면서, 평화(平和)라고 번역하여 본격적으로 쓰이기 시작한 것은 일본 메이지 시대 조직적 평화운동의 선구자인 기타무라 도코쿠가 1889년에 "일본 평화회"(日本平和會)를 창설하고, 1892년 기관지 「평화」(平和)를 창간한 이후이다. 그는 창간사에서 "평화라는 문자는 대단히 새롭다. 기독교인이 아닌 사람들에게는 보다 더 새롭다. 더구나 평화는 세상의 관심을 끌기가 쉽지 않을 도덕상의 문제이다. 그러나 종교가 이 세상에 존재하고, 인간의 정심(正心)이 세계를 떠나지 않는 한, 우리는 평화가 반드시 원대한 문제라는 것을 믿는다"라고 말하고 있다.[4]

기타무라 도코쿠가 일본 평화회를 설립하게 된 것은 퀘이커 교도의 모임인 "영국 평화회"(British Peace Society)의 윌리엄 존스가 1889년 도쿄에서 행한 연설에서 영국 평화회를 설명하면서 1871년 보불전쟁의 비참한 상황을 체험에 기반하여 전하면서 기독교 평화주의를

---

4) 北村透谷, 「『平和』發行之辭」; 家永三郎 編, 日本平和論大系 1 (東京:日本図書センター, 1993), p.314; 北村透谷, 『透谷全集』(東京: 岩波書店,1950) 第1卷; 田畑 忍, 『日本の平和思想』(東京: ミネルウァ書房, 1972) 田畑 忍 編著, 『近現代日本の平和思想』(東京:ミネルウグ書房,1993); 村瀨裕也, 『東洋の平和思想』(東京:青木書店, 2003) 第Ⅲ部, 日本近代の平和思想 기타무라 도코쿠가 "平和"라는 용어를 처음 사용한 것은 아니다. "平和"는 원래 개인 차원의 평정이라는 의미로 사용되다가 19세기 중반 peace의 번역어로 정착하게 된다. 그 이후 점차 국가 간의 관계에 사용하게 된다. 예를 들자면 도쿠도미소호(德富蘇峰)는 『將來之日本』(1886)에서 세계의 장래상을 "腕力世界"로부터 "平和世界"로 설명하고 일본의 장래를 논하고 있다. 기타무라는 "平和"라는 개념을 기독교 평화사상의 시각에서 본격적으로 사용하기 시작했다.

주장하는 것에 자극받아 이루어졌다.5)

평화라는 용어가 한반도에서 국가 간에 전쟁이 없는 상태의 의미로 본격적으로 사용되는 것은 1890년대 후반이다. 1880년대의「한성순보」(1883-1884)나「한성주보」(1886-1888)에서는 찾아볼 수 없는 평화라는 용어가 1890년대 후반의「독립신문」(1896-1899)에서는 30회나 사용되고 있다.6) 그러나 근대 한국이 국가 간의 관계를 유럽 근대질서의 전쟁과 평화의 시각에서 보려는 노력을 처음 시작하는 것은 제1차 아편전쟁(1840-1842) 이후 동아시아에 등장하는 해방론(海防論)과 함께였다. 이런 노력은 제2차 아편전쟁(1856-1860) 이후 원용부회(援用附會)의 시각에서 이루어지는 만국공법의 도입과 함께 보다 구체적으로 진행된다.

2. 해방론의 평화

중국은 제1차 아편전쟁을 치르면서 영국을 비롯한 유럽 국가들과의 전쟁과 평화문제를 새롭게 검토하기 시작했다. 골치 아픈 영

---

5) 家永三郞 編, 같은 책, pp.424-425; 石田雄,『日本の政治と言葉(下)』(東京:東京大學出版會, 1989); Nobuya Bamba, "Kitamura Tokoku: His Pursuit of Freedom and World Peace" in Nobuya Bamba and John F. Howes, eds., Pacifism in Japan: The Christian and Socialist Tradition(Kyoto: Minerva Press, 1978), pp.35-66.
6)「한성순보」와「한성주보」의 검색은 http://www.koreaa2z.com/hanseong을 이용하고「독립신문」의 검색은 http://www.kinds.or.kr/in_index.html을 이용했다. 번역을 현대어로 했기 때문에 번역문과 원문의 검색 결과는 반드시 일치하지 않으므로 조심스러운 검토가 필요하다. "평화"의 경우 현대어 번역을 검색하면「한성순보」에 30회,「한성주보」에 9회 사용된 것으로 되어 있으나 원문을 검색해보면 "평화"라는 단어를 직접 사용하고 있지 않다.

국의 아편문제를 해결하기 위해서 1839년 광둥 총독으로 온 린쩌쉬가 제일 먼저 착수한 일은 양무(洋務) 또는 이무(夷務)에 관한 본격적 정보수집과 번역이었다. 그중에서 가장 대표적인 것이 휴 머리의 *An Encyclopedia of Geography*(1834)를 번역한『사주지』(四洲志, 1841)였다.『사주지』는 세계 5대주 30여 국가의 지리와 역사를 비교적 체계적으로 소개한 본격적 번역서였다. 린쩌쉬는 1841년 파직을 당하고 북쪽으로 유배를 가는 도중에 친구 웨이위안을 만나『사주지』의 수고와 그동안 수집하고 번역했던 외국 자료들을 건네주면서 이 자료의 출판을 부탁했다."7)

웨이위안은『사주지』(9만 자) 외에 역대사지 및 명대 이래 도지와 고금 학자들의 글, 지도, 도설 등을 모아서 1843년 음력 12월에『해국도지』(海國圖志)라는 이름으로 50권(57만 자)을 출판했고, 1847년에는 60권으로 늘리고 1852년에는 쉬지위가 공을 들여 완성한『영환지략』(瀛環志略, 1848) 등의 도움을 받아 최종적으로 100권(88만 자)을 완성했다.8) 이 책은 19세기 중반 중국뿐만 아니라 한국, 일본을 포함한

---

7) 林則徐,『四州志』, 1841(華夏出版社, 2002); 林則書全集(全10冊)(海峽文艺出版社, 2002); Gideon Chen, Lin Tse-hsu: *Pioneer Promoter of the Adoption of Western Means of Maritime Defense in China* (Peiping: Yenching University, 1934: reprinted edition, New York: Paragon Book Reprint Corporation, 1961).

8) 魏源,『魏源全集』(岳麓書社, 2004), 第四冊~第七冊,『海國圖志』의 전집은 21년에 걸친 작업을 거쳐 전20권으로 2004년 출판되었다. 웨이위안에 관한 지난 100년간 중국 내 연구현황에 대한 자세한 소개는 夏劍欽 "夏源研究百年回畔"(http://yueluhistory.com/review/review_show.asp? review_id); Jane Kate Leonard, *Wei Yuan and China's Rediscovery of the Maritime World*(Cambridge, Mass. : Council on East Asian Studies, Harvard University, 1984); Suzanne Wilson Barnett, Wei Yuan and Westerners : Notes on the sources of Hai-Kuo Tu-chih,"『清史問題』 2, IV, November 1970, 1-20; 이광린 『한국개화사연구』(일조각, 1974) "『海國圖志』의 한국 전래와 그 영향"; 錢國紅,『了ジァにおくる近代思想の先驅-佐久間象山と魏源-』(長野:信每書籍, 1992), 徐繼畬,『瀛環志略』, 1848; Fred W. Drake, *China Charts the World: Hsu Chi-yu and his Geography*

동아시아의 가장 대표적 세계지리, 역사, 정치 및 해방에 관한 종합 지식서의 역할을 했다.9)

웨이위안은『해국도지』의 서문에서 이 책이 과거의 해도서(海圖書)와 다른 점으로 "과거의 책들에서는 모두 중국인들이 서양을 이야기한 것이라면, 이 책에서는 서양인이 서양을 이야기하는 것"(彼皆以中土人譚西洋此則西洋人譚西洋)이라고 지적하고 있다. 그리고 책을 쓴 이유는 "오랑캐로 오랑캐를 공격하고 오랑캐로 오랑캐를 친화적으로 대하고 오랑캐의 장기를 배워서 오랑캐를 제압하기 위한 것"(爲以夷攻夷而作 爲以夷款夷而作 爲師夷長技以制夷而作)10)이라고 밝히고 있다.

『해국도지』의 일차적 중요성은 중국 입장에서 보면 책의 제목에서도 나타나고 있는 것처럼 청조 이래 오랫동안 잠재적 위협의 대상으로 신경 쓰고 관리해왔던 북방의 육국(陸國)들 대신에 남방의 해국(海國)들의 중요성을 부각시킨 것이다. 한 걸음 더 나아가서 영미권의 웨이위안에 관한 대표적 연구자인 제인 레너드의 흥미 있는 지적대로 이 책은 흔히 생각하듯이 19세기 서양의 충격에 대한 중국의 대응이라는 차원의 서양 지리서가 아니라 서양 세력들의 진출에 따른 전통 해양 아시아의 변화를 분석하고 그 대안을 모색하고 있다.11) 그리고 마지막으로 중요한 것은 방대한 양의 책 도입부에 자리 잡고 있는 아주 짧고 축약된 모습의 해방론이다. 그는 해방론의 핵심으로

---

of 1848(Cambridge, Mass. : Harvard University Press, 1975): Federico Masini, *The Formation of Modern Chinese Lexicon and Its Evolution toward a National Language: The Period from 1848 to 1908,* Jounal of Chinese Linguistics number 6, Berkeley, 1993.

9) 錢國紅『日本と中國における「西洋」の發見』(東京;山川出版社, 2004)
10) 魏源, 같은 책, 第四 p.1.
11) Jane Kate Leonard, 같은 책.

"의수(議守)", "의전(議戰)", "의관(議款)"을 들고 있다. 의수는 외양이나 바다보다 내수를 지켜서 오랑캐를 막는 방법과 객병(客兵)을 토착병으로 수사(水師)를 수용(水勇)으로 대체하는 법을 다루고 있다. 의전은 오랑캐를 공격하는 방법으로 오랑캐의 적으로 오랑캐를 공격하는 법과 전함, 화기, 양병, 연병법 같은 오랑캐의 장기를 배워 오랑캐를 제압하는 법을 설명하고 있다. 의관은 각국에 호시(互市)를 허용하고 아편에 높은 세를 적용한 무역을 하는 친화적 수단으로 오랑캐를 대하는 법을 설명하고 있다.[12]

웨이위안이 『해국도지』에서 보여주고 있는 이러한 해방론은 19세기 중반 한국을 포함한 동아시아 해방론의 전형적 표준이 되었다. 『해국도지』 60권본(1847)은 1851년에, 그리고 증보된 100권본(1852)은 1854년에 일본에 전해졌다. 1854년에서 1856년 사이에 일본에서 『해국도지』의 각종 판본이 21종이나 출판된 것을 보면 일본인들의 이 책에 관한 관심의 정도를 쉽게 읽을 수 있다. 이 시기 일본 지식인을 대표할 만한 사쿠마 쇼잔과 요시다 쇼인도 웨이위안의 문제의식에 강한 공감을 표시하고 있다.[13]

한국은 『해국도지』 50권본이 간행되자마자 연행사를 통해서 국내에 반입한다. 제주도에서 유배 중이던 김정희는 1845년에 이미 『해국도지』를 읽고 높이 평가하는 글을 남겼다. 한국의 해방론을 검토하기 위해서는 윤종의가 쓴 한국판 해도지인 『벽위신편』(闢衛新編)을 주목할 필요가 있다.[14] 윤종의는 『벽위신편』의 서문에서 "사

---

12) 魏源, 같은 책, 卷一, 卷二.
13) 王曉秋, 『近代中日啓示錄』(北京出版社, 1978)/신승하 번역, 근대중국과 일본: 타산지석의 역사(고려대학교 출판부, 2002); 錢國紅, 『日本と中國における「西洋」の發見』.
14) 윤종의, 『闢衛新編』(한국교회사연구소, 1990).

교(邪敎)를 없애는 방법은 마음을 바꾸게 하는 것이 상책이고, 외구(外寇)를 방어하는 요령은 적정(敵情)을 캐내는 것이 가장 급선무다"(誅邪之法 革心爲上 禦寇之要 鉤情最急)라는 한마디로 책의 내용을 요약한다. 조선이 당면한 가장 중요한 위협을 천주교의 전파와 이양선(異樣船)의 출몰로 보고 있는 것이다.

글의 서문은 다음과 같이 계속된다. "우리나라는 원래 사교(邪敎)를 엄히 다스려 왔는데, 근래에 서양 선박이 빈번하게 출몰했기 때문에 사교에 물든 자들을 누차 제거했으나 서양의 정세를 캐고 또 사망(邪妄)함을 변별해서 오도(吾道)를 밝혀 국세(國勢)를 튼튼히 하는 것은 아직 요원하므로, 나는 이것을 깊이 우려했다. 변방의 근심은 날로 커지고 오도(吾道)는 점차 잠식되는데, 아직도 이런 일들을 여사(餘事)로 보아 한가한 얘깃거리로 삼는 것으로 그치고 만다. 이에 나는 『벽위신편』 일곱 권을 편집하고, 홀로 한탄한다"라고 쓰고 있다.[15]

윤종의의 『벽위신편』은 책 이름이 벽위로 시작하고 있는 것에서 쉽게 알 수 있듯이 당시 척사론의 전통 위에 서 있다. 그는 「벽위신편총설」에서 유교의 사천지도(事天之道)를 제대로 밝혀서 천주교의 무천유인(誣天誘人)을 깨닫게 만드는 것이 천주교를 막는 최상의 방책임을 강조하고 있다. 그러나 동시에 책 이름이 신편으로 끝나고 있는 것에 주목할 필요가 있다. 기존의 척사론과는 달리 윤종의는 중국의 척사론과 해방론을 광범위하게 소개하면서 국내 척사론 논의의 지평을 확대했다. 그는 1850년대에 들어서서도 『해국도지』 등의 도움을 받으면서 책을 계속해서 수정 보완했다.

---

15) 윤종의, 같은 책, pp.7-8.

윤종의의 이러한 노력과 연관하여 박규수는 「벽위신편총설」을 평하는 「벽위신편평어」(1848)라는 비교적 짧은 글을 남겼다. 그는 윤종의의 척사론을 좋은 글이라고 평가하면서 천주교 비판에 다소 미흡한 점이 있음을 지적하고 천주교 교리의 사교(邪教)성과 역사의 침략성을 밝히고 있다. 그리고 나서 천주교를 막기 위한 대책으로서는 소극적으로 금지하기보다는 적극적으로 서학서를 공개적으로 연구하여 그 사교성을 널리 밝히는 것이 바람직하다고 보았다. 마지막으로 중국 경전들을 해외에 번역 수출하면 언젠가는 서양인들이 깨닫고 바른길로 돌아올지 모른다는 자신감을 보이고 있다.[16]

박규수는 이 시기에 척사론에 관한 글과 함께 해방론에 관한 글을 남겼다. 세계지리와 천문관측의 이중기능을 수행할 수 있는 지세의(地勢儀)를 제작하면서 지은 명(銘)과 서문인 「지세의명병서」(地勢儀銘幷序)이다. 이 서문은 서양의 지원설(地圓說)이 고대 중국에서 시작했다는 주장으로 시작하고 있다. 이어서 서양 지리학의 오대주설(五大洲說)을 비판한다. 다음으로 지세의를 제작하면서 국도지를 주로 참고한 이유를 밝히고 있다. 중국에도 옛날부터 먼 여행을 한 사람들이 있으나, 지도가 전해지지 않았으므로 웨이위안이 바다를 지키고 적을 살피기 위해서 먼 야만의 구역, 진정과 거짓, 연혁을 요즘 사람들의 직접 견문에 의거해서 만든 『해국도지』를 참고했다는 것이다. 그리고 마지막의 명에서는 「벽위신편평어」와 마찬가지로 중국의 도를 해외로 수출하여 언젠가 사방 오랑캐가 머리를 조

---

16) 윤종의 같은 책, 권7. 「벽위신편총설 끝에 제목 없이 "筠心齋曰" 이하의 小註로 수록되어 있음. 「벽위신편평어」에 대한 주요 연구는 손형부, "'벽위신편평어'와 '地勢儀銘幷序'에 나타난 박규수의 서양론", 「역사학보」 127집, 1990; 손형부, 『박규수의 개화사상연구』(일조각, 1997); 이완재, 『박규수연구』(집문당, 1999).

아리고 돌아와서 같은 문자를 쓰겠다면 오는 자를 받아들이겠다는 포부를 밝히고 있다.[17]

박규수가 이 시기에 쓴 글들을 얼른 읽어보면 척사론과 해방론이 뒤섞여 서로 모순되는 느낌을 주는 면이 있다. 따라서 학계의 기존 연구들도 적지 않은 해석의 혼란을 겪고 있다. 그러나 경직화되어 있는 척사론은 19세기의 전통적인 천하질서 무대에 새롭게 등장하는 구미의 국민국가라는 주인공들의 존재 자체를 부정하는 것에 반해서 해방론은 보다 현실적으로 새로운 주인공의 존재를 일단 인정하고 그 장점과 단점을 충분히 검토해서 보다 유연한 대응전략을 마련하려는 새로운 노력을 하고 있다. 그러나 여전히 척사론이 주도하고 있는 국내외의 정치풍토에서 새로운 해방론은 서양 주인공의 존재를 조심스럽게 인정할 수는 있으나 서양 주인공의 사고나 행동원칙, 그리고 제도를 새로운 문명의 표준으로 받아들일 수는 없었다. 따라서 전통질서가 여전히 문명의 표준인 것을 강조하고 있다.

3. 만국공법의 평화

중국은 제1차 아편전쟁 이후 제2차 아편전쟁을 겪으면서 톈진조약(1858)과 베이징조약(1860)을 체결해야 했다. 이러한 새로운 변화 속에서 중국 정부는 전통적으로 사대질서를 관리해온 예부(禮部)와 별

---

17) 김명호, "박규수의 '地勢儀銘幷序'에 대하여", 「震檀學報」 82, 1996.

도로 구미의 근대 외교를 담당하는 총리아문(總理衙門)을 설치해서 이 중외교를 시작해야 했다. 한편, 구미 열강들은 청을 군사적으로 다루는 것을 넘어서서 만국공법의 틀 속에서 외교적으로 다룰 수 있기 위해서 중국에 국제법을 소개하기를 원했고, 청나라도 구미 열강들의 사고와 행동양식이 단순히 폭력적이 아니라, 일정한 원칙을 가지고 있다는 것을 인식하고, 만국공법에 대한 관심을 보였다.

당시 청의 정국을 주도하고 있던 공친왕은『만국공법』(萬國公法) 간행의 재가를 청하는 상주문(上奏文)에서 중국과 서양 제국의 외교 교섭에서 상대방이 자주 중국의 법률을 원용하여 중국을 논파하려는 것을 그대로 뒤집어서, 서양 제국의 만국공법을 원용하여 상대방을 논파하기 위해서 만국공법이 중요하다는 것을 강조하고 있다.

또 하나 중요한 점은, 청이 구주 제국의 행동양식이 단순히 금수와 같이 무력행사에만 의존하는 것이 아니라 만국공법이라고 부를 수 있는 법 규범에 따르고 있는 면이 있다는 것을 인정한 것이다. 그러나 청은 이러한 규범을 바로 문명의 표준으로 받아들이지 않았으며, 오히려 중국의 오랜 역사 중에 춘추전국시대에 유사한 모습을 찾아볼 수 있다는 부회론(府會論)을 전개했다.

1850년부터 중국에서 활동하던 개신교 미국인 선교사 윌리엄 마틴은 미국의 국제법학자 헨리 휘턴의 *Elements of International Law*를『만국공법』이라는 제목으로 한역하여 총리아문의 지원하에 1864년 출판했다.[18]『만국공법』은 원용론과 부회론의 틀 속에서 중

---

18) 이광린, 한국에 있어서 만국공법의 수용과 그 영향,「동아연구」1집, 1982; 김용구,『세계관 충돌의 국제정치학 : 동양 예와 서양 공법』(서울: 나남출판사, 1997); 김용구,『세계관 충돌과 한말외교사, 1866-1882』(서울: 문학과지성사, 2000); 김용구,『외교사란 무엇인가』(서울: 도서출판 원, 2002); 김효전,『근대 한국의 국가사상 : 국권회복과 민

국에 서양 국제법을 구체적으로 알리기 시작했다. 점차 빈번해지는 구미 제국과의 관계에서 중국은 그들의 요구를 전통적 천하질서의 논리로서 거부하기보다는 상대방의 사고와 행동의 규범논리를 원용하여 상대방을 물리치는 것이 훨씬 효율적이라는 주장이 어느 정도 설득력을 발휘했다. 마틴은 1876년에 샤를 드 마르텡의 *Guide diplomatique*를 『성초지장』(星軺之掌)이라는 제목으로 번역했고, 1877년에는 미국 예일대학 교수인 테오도르 드와이트 울지의 *Introduction to the Study of International Law*를 『공법편람』(公法便覽)이라는 제목으로 번역했다. 그리고 1880년에는 유럽의 스위스 학자 요한 카스파 블룬칠리의 *Das moderne Völkerrecht der civilisierten Staaten als Rechtbuch dargestellt*를 『공법편람』(公法會通)이라는 이름으로 번역했다. 마틴이 교장으로 있었던 동문관(同文館)과 함께 구미 서적 번역의 쌍벽을 이루고 있던 상하이의 강남제조국번역관(江南製造局飜譯館)에서 존 프라이어도 대영백과사전의 국제법 항목을 번역한 다음에 로버트 조지프 필모어 경의 *Commentaries on International Law* 네 권을 『각국교섭공법론』(各國交涉公法論)(1-3권)과 『각국교섭편법론』(各國交涉便法)(4권)으로 번역했다. 그러나 중국

권수호』(서울: 철학과 현실사, 2000); 김세민, 『한국근대사와 만국공법』(서울 :경인문화사, 2002); 左藤愼一, 『近代中國の知識人と文明』(東京:東京大學出版會, 1996);田濤, 『國際法輸入與晚晴中國』(濟南出版社, 2001) ; Lydia H. Liu, "Legislating the Universal : the Circulation of International Law in the Nineteenth Century" in Lydia H. Liu, ed., Tokens of Exchange: *The Problem of Translation in Global Circulations* (Durham & London: Duke University Press, 1999); Lydia H. Liu The Clash of Empires: *The Invention of China in Modern World Making* (Cambridge, Mass.: Harvard University Press, 2004); Rune Svarverud, "The Formation of a Chinese Lexicon of International Law 1847-1903," Michael Lackner and Natascha Vitinghoff, eds., *Mapping Meanings: The Field of New Learning in Late Qing China* (Leiden : Brill, 2004).

은 청일전쟁의 패전 이후 비로소 원용론 차원의 만국공법 도입을 넘어서서 보다 본격적으로 일본에서 서양 국제법을 도입하게 된다.[19]

마틴은 『만국공법』의 서문에서 중국 사람들이 주장하는 서학동원(西學東源)과 짝을 맞춰 만국공법의 기본 원리가 단순히 서양의 전통 속에서 창출된 것이 아니라 중국 고대 춘추전국시대의 국가들 사이에 존재했던 행동의 규범원칙에서도 찾아볼 수 있다는 부회론을 긍정적으로 받아들이고 있다. 그는 1881년 9월 베를린에서 열린 동양학자 대회에서 "Traces of International Law in Ancient China"라는 제목의 강연을 했다. 중국은 이 강연에 커다란 관심을 보였다. 왕펑짜오는 이 내용을 중국어로 번역하여 1884년 동문관에서 『중국고세공법논략』(中國古世公法論略)이란 제목으로 출판했다.[20] 이러한 원용부회론은 중국에서 뿐만 아니라 한국에서도 상당한 설득력을 발휘했다.

일본은 1857년 11월 미국과의 통상교섭 당시까지 만국공법에 대한 기본 지식을 체득하고 있지 못했다. 협상과정은 만국공법의 살아 있는 현장교육이었다. 마틴의 『만국공법』은 간행 즉시 나가사키에 수입되었으며, 1865년에는 개성소(開成所)의 번각판이 발행되어 전국에 배포되어 중국과는 대조적으로 많은 사람들의 관심 대상이 되었다. 한편 1862년에 네덜란드에 파견된 일본 유학생들 중의 한 사람인 니

---

19) Rune Svarverud, "The Formation of a Chinese Lexicon of International Law 1847-1903," Michael Lackner and Natascha Vitinghoff, eds., *Mapping Meanings: The Field of New Learning in Late Qing China* (Leisen : Brill, 2004), pp. 507-536.
20) 佐藤愼一, 『近代中國の知識人と文明』(東京大出版會, 1996), 第一章, 「文明と万國公法」; M.A.P. Martin, *The Lore of Cathay: The Intellect of China, Reprinted from the 1912* edition (Honolulu: University Press of the Pacific, 2004).

시 아마네는 1864년에 귀국한 후 개성소의 교수가 되어 1868년 네덜란드 라이덴대학 피세링 교수의 강의를 역술한 『관판만국공법』(官版萬國公法)과 민간판인 『화필주림씨만국공법』(和蘭畢酒林氏萬國公法)을 출판했다. 그러나 일본은 동아시아 삼국 중 가장 적극적으로 만국공법을 받아들여 현실 대외관계에 활용하는 동시에 가장 먼저 후쿠자와 유키치의 경우와 같이 만국공법의 한계를 지적하고 새로운 현실주의 대안의 모색에 나섰다.[21)]

『만국공법』이 정확하게 언제 한국에 전해졌는지에 대해서는 현재까지 명시된 기록을 찾을 수 없다. 만국공법이라는 용어가 우리 문헌에 보이는 것은 한일수호조약의 협상 전후이다. 그러나 당시 청나라 연행사를 통한 동아시아 지식질서의 전파 경로와 속도를 고려하면 1840년대의 『해국도지』 경우나 마찬가지로 출판된 직후 한국에 전해졌을 가능성이 높다.[22)] 셔먼호 사건(1886)부터 신미양요(1871)까지 박규수의 글들을 보면 『만국공법』을 직접 읽었는지 확인하기는 어려우나 만국공법적 표현을 여러 군데서 원용하고 있는 것을 찾아볼 수 있다. 1868년 셰난도어호의 내항과 관련하여 박규수는 동진첨사에게 보낸 3월 28일자 편지에서 "해구의 방비는 각국의 동일한 법규이다"(海門防範 各國同規)라는 표현을 쓰고 있다.[23)] 그리고 4월 16일 셰난도어호와 오페르트 사건을 중국에 알리면서 협조를 요청하

---

21) 安岡昭男, "日本における万國公法の受用と適用," 東了ジ了近代史, 第2(1999년 3월): John Peter Stern, *The Japanese Interpretation of the "Law of Nations" 1854-1874*, Princeton University undergraduate studies in history 3(1979):東了ジ了近代初期國際法テキスト對讀データベース (http://kande0.ioc.u-tokyo.ac.jp/kande/gaikoku/index.html).
22) 이광린 같은 글; 김용구, 같은 책
23) 김명호, 같은 책, p.179.

는 「보양이정형자」(報洋夷情形咨)에서 외국 병선의 무단 입항을 막는 것은 "국방을 지키는 군율상 어느 나라나 마찬가지이다"(關防師律 各國同然)라고 쓰고 있다. 1871년 신미양요 직전 미국 공사 로우의 편지를 동봉한 중국의 자문에 대한 회자문으로 작성한 「미국봉함전체자」(美國封函傳遞咨)에서 박규수는 "그 편지에서 '상인과 선원을 돌보아주며 결코 다른 나라가 함부로 모멸하고 학대하지 못하게 하려고 한다'고 했는데, 이는 실로 사해만국이 똑같은 바이다"(此實 四海萬國之所同然也)라고 밝히고 있다.[24]

그러나 만국공법을 원용부회의 시각에서 본격적으로 활용하기까지는 상당한 시간을 필요로 했다. 이 시기 조선은 병인양요(1866) 제너럴 셔먼호 사건(1866), 오페르트 남연군묘 도굴사건(1868), 신미양요(1871) 등을 거치면서 유럽의 근대 국제질서와의 만남이 불가피해졌으나, 당시 우리 사회의 주도적인 정치, 사회 세력들은 서양 세력에 대해서 위정척사의 입장을 견지하려는 노력을 기울였다. 위정척사론을 대표하는 사람들 중의 한 사람인 이항로는 그의 「양화」(洋禍)에서 "中國의 道가 亡하면 夷狄과 禽獸가 몰려온다"고 지적하고, 이를 다시 주석에서 "北虜(청)는 夷狄이니 오히려 말할 수 있지만, 西洋은 禽獸이니 가히 말할 것이 못된다"고 설명하고 있다.[25]

李恒老의 이와 같은 「華夷之別」에서 「人獸之判」으로 전개된 斥邪思想은 그의 제자인 金平黙의 「禦洋論」에서 보다 본격적으로 전개되고 있다. 그는 중국과 조선은 人類이나 서양은 禽獸라고 주장하고 그 근거로서 중국과 조선은 人

---

24) 박규수, 같은 책, pp.453-458.
25) 李恒老 『華西雜言』, 卷 十二, 第 三五, 洋禍(學古房, 1986 영인).

道를 가지고 있으나, 서양은 禽獸之道를 가지고 있기 때문이며, 人道의 내용으로서는 仁, 義, 禮, 智의 四端之德과 五品之倫 및 禮樂刑政之敎를 들고 있다.[26]

한일수호조약 체결 다음 해인 1877년에 일본 공사대리 하나부사 요시타다가 예조판서 조영하에게 마틴이 한역한『만국공법』을 증정했다. 그러나 1979년 7월 이홍장은 한국의 영부사(領府事) 이유원에게 보낸 편지에서 이렇게 이야기하고 있다.[27] "지금 형편으로는 독으로 독을 공격하고 적으로 적을 제압하는 계책(以毒攻毒 以敵制敵之策)을 써서 이 기회에 서양의 여러 나라와도 차례로 조약을 맺어서 일본을 견제해야 할 것입니다. …… 작년에 터키가 러시아의 침범을 당하여 사태가 매우 위험했을 때 영국, 오스트리아와 같은 나라들이 나서서 시비하였기 때문에 러시아는 군사를 이끌고 철수하였습니다. 이전부터 터키가 고립되어 있었고 원조를 받을 데도 없더라면 러시아 사람들이 벌써 제 욕심을 채우고 말았을 것입니다. 만약 귀국에서 먼저 영국, 독일, 프랑스, 미국과 서로 통하면 비단 일본만을 견제하는 것이 아니라 러시아인들이 엿보는 것까지 아울러 막아낼 수 있습니다. 러시아도 반드시 뒤따라서 강화 통상할 것입니다. …… 조선의 힘만으로 일본을 제압하기는 부족하겠지만 서양과 통상을 하면서 일본을 견제하면 충분하고도 남습니다. 서양의 일반 과례로는 이유 없이 남의 나라를 멸망시키지 못합니다. 대체로 각 국가들이 서로 통상을 하면 그 사이에 공법이 자연히 실행

---

26) 金平默,『重菴先生文集』, 卷 三人, 雜著,「禦洋論」(宇鐘社, 1975 영인).
27)『高宗實錄』, 高宗 16년 7월 9일 김세민,『한국근대와 만국공법』(경인문화사, 2002) 原田環,「朝·中「兩歡體制」成立前史」,『朝鮮の開國と近代化』(溪水社, 1997), p.208.

하게 됩니다. 또 구라파의 벨기에, 덴마크도 다 아주 작은 나라이지만 자체로 여러 나라들과 조약을 체결하자 함부로 침략하는 자가 없습니다."

이유원은 이홍장에게 다음과 같은 답장을 보냈다.[28] "서양 공법에는 이미 이유 없이 남의 나라를 빼앗거나 멸망시키지 못하도록 러시아와 같은 강국으로서도 귀국에서 군대를 철수했으니 혹시 우리나라가 죄 없이 남의 침략을 당하는 경우에도 여러 나라에서 공동으로 규탄하여 나서게 되겠습니까. 한 가지 어리둥절하여 의심이 가면서 석연치 않은 점이 있습니다. …… 터키를 멸망의 위기에서 건져준 것으로 보아서는 공법이 믿을 만한데 멸망한 유구국을 일으켜 세우는 데는 공법이 그 무슨 실행하기 어려운 점이 있는 것입니까. 또한 일본 사람들이 횡포하고 교활하여 여러 나라들을 우습게 보면서 방자하게 제멋대로 행동해도 공법을 적용할 수 없는 것입니까."

이유원의 편지는 1870년대 말 원용부회로서의 만국공법에 대한 우리 조정의 분위기를 잘 보여주고 있다. 그러나 1880년에 들어서서 분위기는 점점 바뀌기 시작했다. 고종을 비롯한 개화세력의 만국공법에 대한 관심은 빠르게 높아갔다. 1880년 9월 김홍집은 제2차 수신사로 일본을 다녀오면서 주일공사 참찬관인 황쭌셴이 청의 입장에서 19세기 조선의 생존전략을 요약한 『조선책략』(朝鮮策略)과 청의 대표적 양무론자인 정관잉(1841-1923)이 쓴 『이언』(易言)을 가지고 왔다. 이 글들은 근대 한국의 생존전략으로서 자강(自强) 균세(均勢)를 강조하고, 이를 위해서는 만국공법의 회의론을 넘어

---

28) 『高宗實錄』, 高宗 16년 7월 9일.

서서 만국공법을 활용할 것을 권고하고 있다.29) 『이언』은 1883년 3월 복각판이 간행되고 한글 번역본이 나와서 널리 알려졌는데, 상하 2책에서 설명하고 있는 36개 항목 중 첫 항목이 "논공법"(論公法)이었다.30)

국내 정치사회 세력들의 적지 않은 논쟁 속에서, 고종은 조심스럽게 개화정책을 시행하기 시작했다. 1880년 12월에는 관제를 개혁하고 대외 관계기관으로 통리기무아문을 설치했다. 1881년 2월에 조사시찰단(朝士視察團)을 일본에 파견하고, 1881년 11월에는 영선사를 청에 파견했다. 그리고, 1882년 5월 미국과 조미수호통상조약을 체결하여, 조선은 실질적으로 만국공법체제를 수용하게 되었다.

임오군란을 겪은 직후 고종은 1882년 9월에 발표한 개화정책에 관한 교서에서 만국공법에 대해서 다음과 같은 입장을 밝히고 있다.

우리나라는 바다의 한쪽 구석에 치우쳐 있어서 일찍이 외국과 교섭을 해오지 않았다. 따라서 견문이 넓지 못하고 삼가 스스로의 지조나 지키면서 500년 동안을 내려왔다. 근년 이래로 천하의 대세는 옛날과 판이하게 되었다. 구라파와 아메리카의 여러 나라들, 즉 영국-프랑스-미국-러시아 같은 나라들에서는 정밀한 기계를 만들고 나라를 부강하게 만드는 일에 최선을 다하며 배나 수레가 온 세상을 두루 다 돌아다니고 세계의 수많은 나라들과 조약을 체결함으로써 병력으로 서로 대치하고 공법으로 서로 대치하고 있기를 마치 춘추열국시대를 방불케 한다. 그러므로 홀로 존귀하다는 중화도 오히려 평등한 입장에서 조약을 맺고 척양에 엄격하던 일본도 결국 수호를 맺고 통상을 하고 있으니 어찌 까닭없이 그렇게 하는 것이겠는가. …… 조약을 맺고 통상하는 것은 세계의

---

29) 송병기 편역, 『개방과 예속: 대미수교관련수신사기록(1880)초』(서울: 단국대학교 출판부, 2000); 鄭觀應, 「易言」.
30) 鄭觀應, 「易言」, pp.28-30.

공법에 근거하고 있을 뿐이다. …… 만일 그들이 우리 사람들을 업신여기거나 모욕할 때에는 응당 조약에 근거하여 처벌할 것이며 절대로 우리 백성들이 굽히게 하고 외국인을 두둔하는 일은 없을 것이다. …… 그리고 이왕 서양의 각국과 좋은 관계를 가진 이상 京外에 세워놓은 척화비는 시기가 달라진 만큼 모두 일제히 뽑아버릴 것이다.31)

고종의 이와 같은 입장표명이 이루어지자 만국공법에 대해서 부정적이 아닌 긍정적인 입장의 논의들이 상소 등을 통해서 활발하게 이루어졌다. 그러나 이러한 논의의 수준은 청의 만국공법 원용부회론과 마찬가지로 구미 국제질서의 중요한 원칙으로서의 만국공법을 우리의 원칙으로 받아들이기 전에 구미 국가들의 잘못된 행동을 그들의 논리로서 논파하려는 원용론이었으며, 만국공법의 논리를 이미 우리의 전통 속에서 찾아볼 수 있어서 새로운 것이 아니라는 부회론이었다. 19세기 조선의 동도서기론을 대표하는 인물인 김윤식은 이러한 입장을 다음의 글에서 잘 보여주고 있다.

우리나라는 원래 他交도 없으며 오직 淸國을 上國으로 모시고 동쪽의 일본과 통교하였을 뿐이다. 수십 년 전부터 세상의 정형이 매일같이 변하며 歐洲는 雄長이 되고 동양의 제국이 모두 그 公法을 따르게 되었다. 이것을 버리면 고립하고 도움이 적어지며 혼자만으로는 나라를 유지할 수 없게 되었다. 따라서 청국과 일본도 泰西 각국과 함께 이것을 수호하고 조약을 체결한 나라들이 벌써 20여 개국에 달한다.32)

---

31) 『高宗實錄』, 高宗 19년 8월 5일.
32) 金允植, 『金允植全集』下卷(서울: 아세아문화사, 1980), 「天津奉使緣起」, p.512.

김윤식은 만국공법을 따라야 하는 것을 인정하면서도 조선의 생존을 위한 방론을 다음과 같이 강조하고 있다.

(朝鮮이 中國의 屬方이라는 것을) 각국에 聲明하고 條約에 大書해놓으면 후일 (中國은) 우리나라 有事時 힘써 도와주지 않으면 천하의 웃음거리가 될 것이며, 각국은 中國이 우리나라를 擔任하는 것을 보고 우리를 가볍게 보지 못할 것입니다. 또한, 그 밑에 自主權의 보유를 기재해두면 각국과 外交하는 데 無害하여 平等權을 사용할 수 있을 것입니다. 自主權 상실의 걱정도 없고(不觸), 事大의 義에도 背反되지 않으니(不背), 가히 兩得이라고 하겠습니다.33)

김윤식의 양득체제(兩得體制)는 청과의 자주적 속방관계를 유지하면서 태서 각국과 만국공법에 따라 조약을 체결할 것을 권고하고 있다. 그는 1885년 거문도 사건 당시 교섭통상사무아문 독판으로서 한성주재 청국 상무총판, 미국 대리공사, 일본 대리공사, 독일 총영사에게 다음과 같은 조회를 보냈다.

어제 北京에 있는 영국 공사관으로부터 조회가 왔는데 거기에는 이미 영국 해군장관이 거문도에 임시로 가 있으면서 지킬 것에 대비하여 비준했다는 등의 말이 기록되어 있었습니다. 이는 뜻밖의 사실로서 실로 公法에 허용할 수 없는 것이니 본 대신은 개탄하여 마지않는 바입니다.34)

김윤식의 이 조회는 구미 제국들이 상대방 국가들의 법률을 이용하여 상대방을 규제하는 것을 원용하여 구미 국가 자신들의 법인 만국공법으로 상대방 국가들의 행동을 규제해보려는 중요한 시도였다.

---

33) 金允植, 『陰晴史』, pp.57-58.
34) 『高宗實錄』, 高宗 22년 3월 7일.

4. 양절체제론의 평화

유길준은 김윤식의 원용론과 부회론을 넘어서서 만국공법의 기본 원리를 일단 수용한다. 그는 초기 작품인 『세계대세론』(世界大勢論, 1883)에서 세계를 개화의 차이에 따라 야만, 미개, 반개, 문명으로 나눈 다음 동아시아를 반개에 포함시키고, 구주 제국과 미국을 일단 문명으로 분류하고 있다. 그는 『경쟁론』(競爭論, 1883)에서 이러한 아시아와 유럽의 차이를 "獨其交通의 廣狹多小와 競爭의 大小高卑에 따람이라"고 강조하고 있다.35)

따라서 "一國의 盛衰强弱이 競爭의 大小高卑에 在하니 萬一國이 競爭홀 바 업순則 富强호며 文明호 境域에 進就호지 못홀 따람이 아니라 其國을 保全호지 못호노니 …… 古語 云호되 敵國外患이 업손則 國乃滅亡이라 호니 其今其意를 擴論한則 平時라도 外國競爭이 업스면 國必 滅亡한 다옴이 可호니라"라고 설명하고 있다.36)

따라서 그는 조선이 문명부강하기 위해서는 "경쟁정신"으로 상대방의 장점을 배우고 우리의 장점을 보존하고 키워야 할 것이라고 지적했다. 그러나 유길준은 구미의 근대 국제질서가 국가 중심 경쟁질서라는 것을 강조하면서도 국가들 간의 公法의 존재를 인정하고 이를 활용하려는 노력을 보여주고 있다. 그는 「언사소」(言事疏, 1883)에서 러시아가 위협적이지만 움직이지 않는 이유를 설명하면서 "그들이 비록 公法을 지키지 않는다고는 하나 아직은 공법을 두려워하는

---

35) 俞吉濬, 『俞吉濬全集』 IV. 정치경제편(서울 : 일조각, 1971), pp.56-57.
36) 같은 책, p.57.

바가 있는 까닭입니다"라고 하고 있다.37)

그는 「중립론」(中立論, 1885)에서 "한 나라가 약소하여 自力으로 중립의 城柵을 지킬 수 없으면, 이웃 나라들이 서로 협의하여 행하기도 함으로써 자국 보호의 방책으로 삼기도 하니, 이는 바로 부득이한 형세에서 비롯된 것으로, 公法이 허용하고 있는 바이다"라고 설명하고 있다. 그리고 조선의 어려운 국제정치 현실을 분석한 다음 "아마도 우리나라가 아시아의 중립국이 되는 것이 좋을 듯하다. 대저 한 나라가 自强하지 못하고 여러 나라와의 조약에 의지해 간신히 자국을 보존하고자 하는 계책도 매우 구차한 것이니 어찌 즐겨 할 바이겠는가. 그러나 국가는 자국의 형세를 아는 것이 가장 중요하니 억지로 큰 소리를 치면 끝내 이로운 일이 없는 것이다"라고 지적하고 있다.38)

유길준은 『서유견문』(西遊見聞, 1887-1889년 집필/1895년 출판) 제3편의 「邦國의 權利」에서 본격적으로 만국공법을 수용하여 "邦國의 交際도 亦公法으로 操制ᄒ야 天地의 無偏한 正理로 一視ᄒᄂ 道를 行ᄒ則 大國도 一國이오 小國도 一國이라 國上에 國이 更無ᄒ고 國下에 國이 亦無ᄒ야 一國의 國 되ᄂ 權利ᄂ 彼此의 同然ᄒ 地位로 分毫의 差殊가 不生ᄒ지라"라고 강조하고 있다.39)

더 나아가서, 그는 현실의 국제정치에서는 국가의 대소와 강약 때문에 형세가 적대하기 어려울 경우에 강대국이 공도(公道)를 돌아보지 않고 그 힘을 자의로 행사하는 경우가 발생하더라도, 약소국은 강대국의 속국이 되는 것이 아니라, 약소국과 강대국의 관계는 주권과

---

37) 같은 책, p.68.
38) 같은 책, p.326.
39) 兪吉濬, 『兪吉濬全書』, I. 西遊見聞(全) (서울: 일조각, 1971), p.108.

독립권이 그대로 유지되는 수호국(受護國)과 증공국(贈貢國)의 관계가 된다고 강조하고 있다. 그는 "權利는 天然한 正理며 形勢는 人爲한 剛力이라 弱小國이 元來 强大國을 向ᄒᆞ야 恣橫ᄒᆞᄂᆞᆫ 剛力이 無ᄒᆞ고 但其自有한 權利를 保守하기에 不暇한則 强大國이 自己의 裕足한 形勢를 擅用ᄒᆞ야 弱小國의 適當한 正理를 侵奪흠은 不義한 暴擧며 無道한 惡習이니 公法의 不許ᄒᆞᄂᆞᆫ 者라"고 결론을 맺고 있다.40)

따라서 유길준은 청과 같은 수공국과 조선과 같은 수호국이 새롭게 겪는 국제질서를 다음과 같이 양절체제(兩截體制)로 부르고 있다.

受貢國이 然則 諸國을 向ᄒᆞ여 同等의 禮度를 행하고 贈貢國을 對ᄒᆞ야 獨尊한 體貌를 壇ᄒᆞ리니 此ᄂᆞᆫ 贈貢國의 體制가 受貢國反 諸他國을 向하야 前後의 兩截이오 受貢國의 體制도 贈貢國反 諸他國을 對하야 亦前後의 兩截이라 受貢國及 贈貢國의 兩截體制 一視흠은 何故오 形勢의 强弱은 不願하고 權利의 有無를 只管ᄒᆞᄂᆞ니 强國의 妄尊은 公法의 譏刺가 自存ᄒᆞ고 弱國의 受侮는 公法의 保護가 是存한지라 然한 故로 如是不一한 偏濃는 公法의 不行으로 弱者의 自保ᄒᆞᄂᆞᆫ 道니 强者의 恣行ᄒᆞᄂᆞᆫ 驕習을 助成ᄒᆞ기 爲ᄒᆞ야 公法의 一條도 不役흠이라.41)

한반도의 생존과 평화를 위해서, 유길준은 구미 국제질서의 기본 원리인 국가 중심의 부국강병경쟁을 수용해서 일차적으로는 자강을 강조하고 있다. 그러나 자강의 현실적 제약 속에서, 균세와 만국공법의 도움으로 청과 속방관계가 아닌 증공국과 수공국의 관계를 유지하면서 다른 국가들과 근대 국제관계를 시도하게 된다. 따라서 유길

---

40) 같은 책, p.111.
41) 같은 책, p.117.

준의 평화관은 현실주의 평화관을 인정하면서도, 자유주의 평화관의 가능성을 기대하고 있다. 그러나 한반도의 생존과 평화가 쉽사리 보장되지 않는 상황 속에서 한국은 보다 현실주의적 평화 개념을 획득하게 된다.

5. 자강균세론의 평화

1880년 7월 15일 제2차 수신사로 일본 도쿄를 방문해서 본원사 아사쿠사 분원에 머물고 있는 김홍집을 주일 청국 외교관인 참찬관 황쭌셴이 방문했다.[42] 청국 공사 허위장과의 만남을 주선하기 위해서였다. 황쭌셴은 인사말을 나눈 후 필담으로 "…… 지금 세계 대세는 실로 4,000년 동안 있지 않았던 바요. 요, 순, 우, 탕이 헤아리지 못하였던 바입니다. 옛사람의 약방문을 가지고 오늘의 질병을 치료한다는 것은 옳다고 볼 수 없습니다. 각하의 촉명으로 문견을 날로 넓히어 장차 국시를 주재하신다면 반드시 아세아를 위하여 복을 지을 수 있습니다."[43]

김홍집은 이렇게 필담을 받고 있다. "…… 세계 대세는 고견 그대로입니다. 우리나라는 한 모퉁이에 치우쳐 있어 예부터 외국과 더불어 교섭하지 않았는데 지금은 선박들이 잇달아 와서 응접하기가 여의치

---

42) 國家淸史編纂委員會, 文獻丛刊 陳錚 編, 『黃遵完全集』全二冊(北京: 中華書局, 2005); Norico Kamachi, *Reform in China: Huang Tsun-hsien and the Japanese Model* (Cambridge, Mass. : Council on East Asian Studies, Harvard University, 1981).
43) 송병기 편역, 『개방과 예속: 대미수교관련수신사기록(1880)초』(서울, 단국대학교 출판부, 2000) 원문 p.122, 번역문 p.18.

않습니다. 그리고 나라는 적고 힘은 약하여 저들로 하여금 두려움을 알아서 물러가도록 하기는 쉽지 않으니 심히 걱정스럽습니다. 그러므로 믿는 바는 중국 조정이 비호하는 힘뿐입니다."[44]

황쭌셴은 바로 필담을 이렇게 이어갔다. "…… 조정의 귀국에 대한 은의가 매우 단단한 것은 천하만국에 없는 바입니다. 그러나 이 은의를 만세에 끝없이 보존할 바를 생각한다면 오늘의 급무는 힘써 자강을 도모하는 데 있을 뿐입니다." 김홍집은 여전히 조금은 답답하게 "자강 두 글자는 지극하고 극진합니다. 어찌 감히 경복하지 않겠습니까"(自强二字 至矣盡矣 敢不敬服)라고 답하고 있다.[45]

7월 16일에 이어 18일 다시 김홍집을 만난 청국 공사 허위장은 이런 충고를 하고 있다. "근일 서양 각국에는 균세의 법이 있어서 만약 한 나라가 강국과 인접하여 후환이 두려우면 다른 나라들과 연합하여 견제책을 마련하고 있습니다. 이것 또한 이전부터 내려온 부득이하게 응접하는 한 방법입니다." 그러자 김홍집은 조금 궁색하게 답변하고 있다. "균세 두 자는 근래 비로서 공법에서 보았습니다. 그러나 우리나라는 옛 규범을 품위 있게 지키고 외국을 홍수나 맹수같이 여깁니다. 근래 이교도를 심히 준엄하게 물리친 것도 이 때문입니다. 큰 가르침이 이와 같으니 마땅히 돌아가 조정에 보고하겠습니다."[46]

황쭌셴은 여섯 차례에 걸친 필담에서 미처 다 하지 못한 중국 측 이야기를 『조선책략』(朝鮮策略)이라는 제목으로 적어서 김홍집에게 전

---

44) 송병기 편역, 같은 책, 원문 p. 122, 번역문 pp.18-19.
45) 송병기 편역, 같은 책, 원문 p. 122, 번역문 p.19.
46) 송병기 편역, 같은 책, 원문 p. 128, 번역문 p.25.

달했다. 그는 조선이 당면한 오늘의 급무로 러시아를 막는 것보다 더 급한 것이 없다면서 중국과 친하고[親中國] 일본과 맺고[結日本] 미국과 이음[聯美國]으로써 자강을 도모하라고 권하고 있다. 그리고 그 이유를 중국적 시각에서 자세하게 설명하고 한국이 추구해야 할 균세와 자강의 구체적 정책대안을 열거하고 있다. 글을 끝내면서 세계가 모두 한국이 위험하다고 하는데 도리어 절박한 재앙을 알지 못하는 한국을 집에 불이 나 타고 있는 줄 모르고 즐겁게 노는 제비나 참새[燕雀處堂]와 다를 바 없다면서 다시 한번 정책제안을 요약하고 있다. 친중국, 결일본, 연미국을 힘써 행하는 것이 상책이며, 주저하여 결단을 내리지 못한 채 참으면서 시간을 기다리다 친중국이 옛 제도를 지키는데 불구하고 결일본이 새 조약을 시행하는데 불구하고 연미국이 표류한 배나 건져주고, 관문을 두드리는 글이나 받아 다만 격변이 일어나지 않고 싸움의 발단이 생기지 않기만 바라는데 불과하면 하책이라는 것이다. 그리고 다만 내가 속을 것을 근심하여 스스로 그 깃을 잘라버리고 소수의 병력으로 관문을 봉하여 깊이 닫고 굳게 거절하며, 오랑캐라 배척하고 더불어 섞이기를 달가워하지 않다가 사변이 일어난 뒤에야 비로소 비굴하게 온전하기를 바라고 다급하여 어찌할 바를 모른 것을 무책이라는 것이다. 한마디로 요약하면 척사론적 대응은 무책이요, 해방론적 대응은 하책이고 자강균세론적 대응은 상책이라는 것이다.[47]

서양의 근대 국제질서를 새로운 문명 표준으로 어쩔 수 없이 받아들여야 하는 새로운 변화의 길을 동아시아에서 가장 먼저 걷고 있는 것은 일본이었다. 그 좋은 예는 일본의 대표적 문명개화론자인 후쿠

---

47) 송병기 편역, 같은 책, 원문 pp.147-164, pp.47-68.

자와 유키치의 국제정치론의 변화였다.[48] 그는 「서양사정」(西洋事情, 1868)이나 「당인왕래」(唐人往來, 1865) 등에서 일본은 부국강병의 실력을 구비하면서 만국공법을 신뢰하고 따를 것을 주장했다.[49] 그러나 후쿠자와 유키치는 다음 단계로서, 만국공법의 허구성을 현실주의 시각에서 다음과 같이 지적하고 있다.

지금 금수세계에서 최후에 호소해야 할 길은 필사적인 獸力이 있을 뿐이다. 말하기를 길이 두 가지 있는데, 죽이는 것과 죽음을 당하는 것이다. 一身處世의 길은 이와 같다. 그렇다면 萬國交際의 길도 또한 이것과 다르지 않다. 和親條約이라고 하고 萬國公法이라고 하여 심히 아름다운 것 같지만 오직 外面의 儀式名目에 불과하며 교제의 실은 권위를 다투고 이익을 탐하는 데 불과하다. 세계고금의 사실을 보라. 貧弱無智의 小國이 조약과 公法에 잘 의뢰하여 독립의 체면을 다한 예가 없는 것은 모든 사람이 아는 바이다. 오직 소국뿐 아니라 대국 사이에서도 바로 대립하여 서로가 그 틈을 엿보며 탈 수 있는 틈이 있으면 그것을 간과하는 나라는 없다. 이것을 엿보고 이것을 말하며 아직 말하지 않은 것은 병력강약의 한 점이 있을 뿐이며 별로 의뢰해야 할 방편이 없다. 百卷의 萬國公法은 數門의 大砲에 미치지 못한다. 몇 권의 和親條約은 한 상자의 彈藥에 미치지 못한다. 대포, 탄약은 있을 수 있는 도리를 주장하는 준비가 아니라 없는 도리를 만드는 기계이다."[50]

일본은 1868년의 메이지 유신 이후 빠른 속도로 근대 국제질서를

---

48) 福澤諭吉參考文獻目錄(http://mita.lib.keio.ac.jp/fukuzawa/fuku-left.html); 福澤諭吉先生關聯リンク集(http://www2.ktarn.or.jp/~kenchan/yukichi.html); 福澤諭吉, 『福澤諭吉書簡集』(東京: 慶応義塾大學出版會, 2001-2003) 12卷: 福澤諭吉著, 慶応義塾 編, 『福澤諭吉書簡集』(東京: 岩波書店, 2001-).
49) 福澤諭吉(時事新報社, 1898) 제1-2권.
50) 福澤諭吉(時事新報社, 1898) 제4권.

받아들이고 본격적인 근대 국제정치론을 시작한 것에 비해서 한국은 대단히 어려운 길을 걸어야 했다. 1880년 8월 김홍집이 『조선책략』과 『이언』을 가지고 귀국하자 조야에서 크게 논쟁이 벌어졌다. 당시의 비판적 분위기는 1881년 2월 이만손을 대표로 해서 올린 영남만인소(嶺南萬人疏)에 잘 드러나 있다. 한국의 위정척사 전통을 간단히 밝힌 후 고종 즉위 10년 후부터 벌어지고 있는 현실을 개탄한 후 "아, 자고이래로 임금에게서 옷을 얻어 입고 임금에게서 옷을 얻어 입으며 유자의 관을 쓰고 유자의 옷을 입고서 사신의 임무를 맡아 오랑캐 지역을 방문하여 나라를 욕되게 하는 글을 받들어 가지고 와서 조정에 전파하고 성인을 속인을 속이는 말을 간직하여 가지고 와서 중외에 퍼뜨리는 자는 과연 어떠한 자에 해당되며 다스림에 마땅히 얼마나 엄하게 해야 하겠습니까"라고 격분하고 있다.

이어서 『조선책략』이 권하고 있는 러시아를 막기 위한 친청-결일-연미의 균세와 부강을 위한 자강의 책략을 척사론적 시각에서 조목조목 반박하고 있다. 러시아가 그렇게 위협적인지 의문이며 일본은 믿기 어려우며, 미국은 우리가 잘 모르며 또한 서학과 서교에 의문을 표시하고 위정척사로 돌아갈 것을 강조하고 있다.[51] 이 상소에 대해서 고종은 이렇게 답하고 있다. "상소를 보고 잘 알았다. 사교를 물리치고 정도를 지키는 것(辟邪衛正)은 어찌 그대들의 말을 기다리겠는가. 다른 나라 사람이 사사로이 모의한 글에 대해서는 애당초 족히 깊이 연구할 것도 못 되거늘 그대들이 또 잘못 보고서 들추어낸 것이다. 이것을 구실삼아 또 번거롭게 상소를 올린다면 이는 조정을 비

---

51) 『承政院日記』, 高宗 18년(1881) 2월 26일.

방하는 것이니 어찌 선비로 대우하여 엄중히 처벌하지 않을 수 있겠는가. 그대들은 그리 알고 물러가도록 하라."52) 그러나 고종 자신은 조정의 논의과정에서 이 책에 대해서 상당한 관심을 보이고 있다.53) 1883년 10월 창간한 「한성순보」는 당시의 국제질서를 자강균세의 시각에서 다양하게 소개하고 있다. 중국 상하이의 「호보」(滬報)와 기타 근신들을 종합한 12월 9일의 "오스트리아-프러시아-이탈리아가 동맹하다"(奧普意三國同盟)라는 기사에서 삼국동맹을 균세법의 시각에서 자세하게 설명하고 있다.54) 1883년 11월 21일의 「한성순보」는 일본 역사가 기노시타 마사히로의 "전쟁을 없애는 의론"(銷兵議)을 중국의 「순환일보」(循環日報)에서 다시 전재하고 있다. 이 글은 세계 대위원(大議員)을 설치하고 세계 공군(共軍)을 창설하자는 이상주의적 평화론이지만 근대 국제질서의 약육강식적 성격을 다음과 같이 신랄하게 비판하고 있다. "…… 아 병란의 참혹함이란 이런 것이며 그 패망을 초래함 역시 이런 것이다. 몽매한 야만인이라면 괴이쩍게 여길 것도 못 되지만 개명한 나라라 일컫고 문헌의 정치를 한다는 나라들은 의당 서로 친목하며 이런 참혹한 화를 초래하지 말아야 할 것인데도 더욱 병술을 교묘히 하고 무기를 날카롭게 하여 원근에 흉포한 짓을 자행하는 것은 과연 무슨 까닭인지 모르겠다. …… 저 강성하다는 나라를 가지고 보더라도 모두 만족을 모르고 갑이 군함을 만들면 을은 대포를 만들고 저쪽이 육지를 잠식하면 이쪽은 해도를 병탄하여 서로 상대 나라보다 우월하기를 힘써 백성들을 도륙하고 和氣를 해친

---

52) 「大臣政府堂上入侍(次對)筵說」, 「承政院日記」, 고종 17년(1880) 9월 8일.
53) 「漢城旬報」, 제5호 1883년 12월 9일.
54) 「漢城旬報」, 제6호 1883년 11월 21일.

다. 비록 우주 가운데 큰 나라를 차지한 자라도 仁愛하는 마음을 뒤로 하고 전재의 이익만을 일삼아서 욕심이 거기에 따라 더욱 자라고 분노하는 마음을 항상 품어 약육강식이 항상 그치지 않는다." 1884년 1월 30일의 「한성순보」는 "양무수재득 인론"(洋務首在得人論)에서 만국공법을 잘 아는 사람이 필요하며 공법을 배워야 한다는 것을 강조하면서 "오늘날 유럽의 형세는 마치 전국시대와 같고, 이른바 만국공법이란 거의 전국시대 從約과 같아서 유리하면 따르고 그렇지 않으면 배신하며 겉으로는 비록 따르는 체하지만 속으로는 실상 위배한다"고 지적하고 있다."[55]

갑신정변의 실패 후 위안스카이가 주도하는 감국정치가 진행됨에 따라 국내에서 현실적으로 자강균세론의 본격적 활성화는 어려웠다. 갑신정변을 미국에서 맞은 유길준은 1년 3개월의 미국 유학생활을 마치고 1885년 11월 귀국한다. 포도대장 한규설의 집에 유폐된 유길준은 이 시기에 「중립론」(1885)을 썼다.[56] 그는 이글에서 우선 중립의 근대 국제법적 의미와 역사적 사례를 설명한 다음 한국이 놓여 있는 국제정세를 자기 나름으로 분석하고 있다. "러시아가 우리에게 눈독을 들인 지가 오래 이건만 아직도 감히 동하지 못하는 것은 비록 세력균형의 법칙에 막힌 것이라 하지만 실상은 중국을 두려워해서 그런 것이다. 일본도 역시 우리나라에 뜻이 없는 것이 아니나 스스로를 돌아보아 그 세력이 부족하고 힘이 미치지 못하니 자국을 보존함에도 편안한 겨를이 없겠거늘 어찌 감히 중국에 대항하겠는가. 그러므

---

55) 「漢城旬報」, 漢城週報 번역판(서울 : 관훈클럽신영연구기금, 1983), p.170.
56) 유길준, 『兪吉濬全書』 Ⅳ, 政治經濟 編, pp.319-328.

로 우리나라가 유지될 수 있는 것은 중국이 돌봐주기 때문이라 하고, 혹은 말하기를 '어찌 중국은 또 우리나라를 병탄하려 하지 않을 줄 아는가'라고 하지만 그것은 그렇지 않다. 진실로 중국이 그럴 생각이 있었다면 무엇이 괴로워서 여러 나라와 조약체결 하기를 권고하고서 오늘에 이르러 그런 생각을 갖겠는가. 혹은 말하기를 '합중국은 우리와 매우 친하니 가히 의지하여 후원이 될 수 있지 않겠는가'라고 하나, 그것은 안 될 말이다. 합중국은 멀리 큰 바다 밖에 있어서 우리와 별로 심중(深重)한 관계가 없으며 또 '먼로 선언' 이후로는 유럽이나 아시아의 일에 간섭하지 못하게 되어 있으므로 만일 우리에게 급한 사정이 있어도 말로는 도와줄 수 있지만 감히 무력을 사용하여 구원할 수는 없는 것이다. 전부터 말하기를 '천마디의 말이 탄환 하나만 못하다'라고 하였으니 "합중국은 통상하는 나라로 친할 수는 있어도 급할 때에 구원해주는 친구로 여길 수는 없다."

유길준은 비교적 현실적으로 주변국들을 평가한 다음 현재 중국의 도움으로 한반도의 국제정세가 잠시 소강상태이나 우리나라가 자강하지 못한 탓으로 잠시 철병하게 하더라도 "눈앞의 군타이완을 물러나게 한 것이요 각국의 가슴속의 칼날은 없어진 것이 아니어서 압록, 두만 두 강 사이에는 날마다 은은하게 만국의 그림자인 마필이 달리고 뛰기를 그칠 때가 없을 것"이라고 예상하고 있다.

이와 비슷한 시기에 「한성주보」 제6호는 "논천하시국"(論天下時局)이라는 제목의 사의(私議)를 싣고 있다. "…… 五洲의 대륙과 만국의 인민들이 거개가 유럽의 각국에 신복당하고 있는 셈이다. 유독 스스로 지키고 있는 나라는 우리나라와 중국, 일본뿐이다. 이 세 나라가 앞으로 어떻게 해야 독립 자강하여 영원히 걱정 없을 것을 보장할 수 있겠는가. 현재 동서양 각국이 서로 강화하여 조약을 맺어 통상하고 있는데 그때마다 공법에 의거하여 논의를 결정 비준하고 있다. 아, 그러나 저들 각국은 일단 자기들에게 이익이 있을 것을 보기만 하면 공법을 저버리고도 두려워하지 않고 조약을 파기하고도 부끄러워하지 않음은 물론 끝내는 큰 것이 작은 것을 억제하고 강한 것이 약한 것을 무시하는 형세를 이루게 되어 다시는 강화라는 것이 존재할 수 없게 되고 만다. 이는 서글픈 일이 아닐 수 없다. …… 아, 1년 사이에 천하사의 변천이 이와 같았는데 더구나 우리 아시아주에서는 실제로 두 개의 대국(안남과 버마)을 잃었으니 말해 뭐하겠는가. 동양 각국의 위정자들은 의당 신중히 살펴서 사전에 방지하는 대책을 세워야 한다. 사변이 닥쳐오는 것에 대해서는 지인(智人)이나 달사(達士)라도 미리 예측할 수는 없다. 그러나 국세(國勢)의 강약은 병졸의 다과(多寡)에 있는 것은 아니고 국계(國計)의 빈부는 판도의 대소와 관계가 있는 것은 아니다. 오로지 임금과 백성이 한마음으로 힘을 다하여 부강하기 위한 계획을 세워 밀고 나가는 한편 위태하기 전에 안전을 도모하고 혼란해지기 전에 다스림을 도모해야 한다. 그리하여 안으로는 괴리 분열되는 걱정이 없고 밖으로는 양국이 결탁하는 후원을 얻게 되면 비록 백만의 유럽인이 있더라도 그 틈을 엿볼 수가 없게 될 것이다. 이것이 바로 천하의 시국에 대응하는 방법인 것이다."[57]

갑신정변에 실패하고 일본에 망명하여 1년 반쯤 지난 1886년 6월 지운영 사건으로 일본 정부에 의해서 오가사와라 섬으로 추방된 김옥균은 추방 직전에 쓴 "지운영 사건에 대한 공개장"이라는 제목의 자강균세론을 1886년 7월 9일 「동경일일신문」(東京日日新聞)에 싣고

---

57) 東京日新聞, 1886년 7월 9일.

있다. 그는 거문도 사건을 겪고 난 한국의 현실을 다음과 같이 날카롭게 비판하고 있다. "오늘에 천하의 형세가 날로 변하고 날로 바뀌어 순시라도 안심할 수 없사오니 전라도 삼도, 즉 거문도는 이미 영국에 빼앗긴 바 되었으니 폐하는 이를 어떻다 하시렵니까. 조정의 제신은 과연 어떤 계책이 있습니까. 오늘의 한국에서 영국의 이름을 아는 자가 과연 몇 사람이나 됩니까. 설령 조정의 제신이라도 영국이 어디에 있느냐 물으면 망연하여 대답할 수 없는 자가 얼마든지 있사오니 이를 비유하면 혹물(惑物)이 와서 나의 지체를 물어도 그 고통을 느끼지 못할 뿐 아니라 하물(何物)이 나를 깨무는지도 모르는 것과 같은 바 그 국가의 존망을 논함이 치인(癡人)이 꿈을 이야기하는 것과 같음은 족히 괴상한 일이라 할 것이 없나이다. …… 만약 여기 한 나라가 있는데 내가 이를 취해도 털끝만큼도 저항할 자가 없다면 폐하는 과연 이를 어떻게 하고자 하십니까. 오늘의 한국이, 즉 이와 같습니다."

김옥균은 고종에게 한 질문에 대해서 스스로 이렇게 대답하고 있다. "이제 한국을 위하여 꾀하건데 청국과 일본 두 나라는 각기 자가 유지에 여력이 없는 모양이온데 어느 겨를에 남의 나라를 도울 수 있겠습니까. 그년에 청국의 안남, 유구를 딴 나라가 점령해도 청국이 감히 말 한마디 저항을 시도하지 못했습니다. 그런데도 우리나라로 하여금 베개를 높이 베고 편히 눕게 해주겠다고 하는 것은 실로 가소로운 일입니다. 또 일본은 전년래(前年來)로 어떤 생각에선지 한때 열심히 우리나라의 국사에 간섭하더니 한 번 면한 뒤로는 홀연 이를 버려 돌아오지 않을 모양이오니 또한 족히 받아들일 수 없습니다. 그러하온즉 장차 어떻게 해야 옳겠습니까. 오직 밖으로는 널리 구미 각국과 신의(信義)로써 친교하고 안으로는 정략을 개혁하여 우매한 백성을 가르치되 문명의 도로써 하고 상업을 일으켜 재정을 정리하고 또 병을 양성하는 것도 어려운 일이 아니오니 과연 능히 이같이 하면 영국은 거문도를 돌려줄 것이요 그 밖의 외국도 또한 침략할 생각을 끊기에 이를 것입니다."58)

갑신정변(1884) 실패 이후 일본으로 망명하여 기약 없는 조선의 개화를 꿈꾸면서 어려운 생활을 보내고 있던 박영효는 1888년 상소문의 형식을 빌려서 조선의 개혁방안을 상세하게 제안하고 있다. 그는 이 상소문을 시작하면서 당시의 국제상황을 다음과 같이 묘사하고 있다.

지금 세계의 모든 나라는 옛날 戰國時代의 열국들과 같습니다. 한결같이 兵勢를 으뜸으로 삼아, 강한 나라는 약한 나라를 병합하고, 큰 나라는 작은 나라를 삼키고 있습니다. 또한 항상 軍備를 강구하는 한편, 아울러 文藝를 진흥하여, 서로 경쟁하고 채찍질하며 앞을 다투지 않음이 없습니다. 각국이 自國의 뜻을 공고히 하여 세계에 위력을 흔들어 보고자 하고 있으며, 다른 나라의 빈틈을 이용하여 그 나라를 빼앗으려 하고 있습니다. …… 비록 만국공법, 균세, 公儀가 있기는 하나, 나라가 自立自存의 힘이 없으면 반드시 영토의 삭탈과 분할을 초래하여 나라를 유지할 수 없게 됩니다. 公法公儀는 본래 믿을 것이 못됩니다. 유럽의 문명강대국도 역시 패망을 맛보았는데, 하물며 아시아의 미개약소국이야 말할 나위가 있겠습니까? 대체로 유럽인들은 입으로는 法義를 일컫지만 마음은 짐승을 품고 있습니다.59)

유길준이 자강의 목표가 단기적으로 쉽사리 달성되기 어렵기 때문

---

58) 朴泳孝, 上疏文(1888), 역사학회 편, 『한국사자료집』(최근세편) (서울: 일조각, 1997), p.52.
59) 「독립신문」, 1898년 1월 18일, 19일, 20일.

에, 균세와 만국공법의 도움을 얻어서 양절체제를 시도해보려는 것과 비교하여, 박영효는 만국공법이나 균세가 있더라도 국가가 자립자존(自立自存)의 힘이 없다면 나라를 유지할 수 없으므로 만국공법을 믿을 것이 못 된다고 단정하고 있다.

청일전쟁과 함께 근대 한국의 평화 개념 도입은 다시 한번 새로운 국면을 맞이하게 된다. 우선, 청일전쟁에서 청이 패배하고 일본이 승리하자, 중국은 1840년의 아편전쟁 이후 반세기만에 구미의 근대 국제질서를 새로운 문명 표준으로 받아들일 수밖에 없게 되었다. 국내에서도 청의 종주권이 명실상부하게 소멸되고 일본의 영향력이 급격하게 증가하는 위험 속에서, 위정척사론자들의 인간과 금수의 이분법에 기반한 만국공법 거부론 대신에 동도서기론자들의 만국공법 원용론을 채택하게 되었다.

청일전쟁에서 중국의 패배는 한국 근대 평화론의 새로운 물꼬를 트게 된다. 양절체제론은 설 자리를 잃고 현실에 뿌리를 내리지 못하고 논의 차원에 머물렀던 자강균세의 평화론은 국내외의 현실과 직접 부딪치고 긴장감을 유지하면서 본격적으로 활발해지기 시작했고, 현실적인 실천 가능성을 꿈꾸게 되었다. 그중에서도 청일전쟁 이후의 변화에 가장 민감했던 「독립신문」의 자강균세론을 간단하게 정리해보기로 한다.

1896년 4월부터 1899년 12월까지 「독립신문」의 자강균세 평화론을 크게 재구성하면 독립, 문명개화, 인민교육의 3대 과제로 요약할 수 있다. 청일전쟁 이후 갑오, 광무개혁의 과정에서 한국이 당면한 최대 문제가 무엇이었던가를 생각하면 「독립신문」의 경우에는 신문의 제목에서 쉽게 해답을 찾을 수 있다. 「독립신문」의 많은 기사들 중에서 이런 독립의 문제의식을 가장 기억에 남게 다루고 있는 것은 1898

년 1월 18일, 20일, 22일 3회에 걸쳐 유지각한 친구의 말을 게재한다고 하면서 싣고 있는 비교적 긴 글이다.60) 이 글은 첫머리에서 대한 사람의 성품에는 네 가지 큰 병이 있다고 하면서 첫째, 의지하여 힘 입으려는 마음이고, 둘째, 가벼이 하고 능멸하는 마음이고, 셋째, 의심하고 염려하는 마음이고, 넷째, 신과 의가 없는 것이라고 말한다. 그 첫 번째 병을 다시 이렇게 풀어서 설명한다. 300년 동안 청국 바람이 셀 때에는 청국에 기울어졌고 갑오년 이후에는 일본 바람이 세지니 일본으로 기울어졌고 건양 이후에는 러시아 바람이 세지니 러시아로 기울어져서, 청국 바람에 기울어진 시절에는 서양 학문을 취하자 하는 이가 있으면 학당이라고 지적하고 일본 바람에 기울어진 시절에는 청국 제도를 쓰려고 하는 사람이 있으면 청국당이라고 지적하고 러시아 바람에 기울어진 시절에 일본 법도를 쓰려는 이가 있으면 일본당이라고 지적하여 심한 자는 죽고 집이 망했다는 것이다.

이 글은 한국 사람들의 가장 큰 병인 남에게 의지하고 힘입으려는 병을 고칠 처방전을 이렇게 적고 있다. "슬프다 대흔 사름들은 남의게 의지ᄒ고 힘입으라는 ᄆ음을 끈을진져 청국에 의지 말나 죵이나 ᄉ환에 지ᄂ지 못 ᄒ리로다 일본에 의지 말나 래죵에ᄂ ᄂ장을 일으리라 로국에 의지 말나 필경에는 몸동이 ᄭ지 생킴을 밧으리라 영국과 미국에 의지 말나 청국과 일국과 로국에 원슈를 매지리라 이 모든 나라에 의지하고 힘 입으랴고 아니 흘지언뎡 친밀치 아니치는 못 ᄒ리라 대흔 사람들의 성질은 의뢰치 아니 ᄒ즉 거졀 ᄒ야 나라 일이 밥도 죽도 아니 되리로다. …… 대한에 입 잇는 사름들이 믄득 일으되

---

60) 「독립신문」, 1897년 5월 25일.

우리나라도 독립ᄒ였다 독립ᄒ였다ᄒ나 말노믄 독립이오 실샹이 그렷지 아니ᄒ면 엇지 독립이라 칭ᄒ리오 대한 나라 힘이 다른 나라의 힘을 의지ᄒ려 말고 힘입으려 하지 믈고 다른 나라와 동등 디위와 동등 행세와 동등 권리와 동등 법률이 잇슨 연후에야 가히 주주 독립국이라 칭 ᄒ을 것이라. …… 대한국은 대한 사람의 대한으로 된걸노 죽기를 결단ᄒ고 무음으로 직히며 각국과 샤귀는 대는 팔방미인의 정태와 풍신 죠한 쟝부의 두렷ᄒ 처사로 행 ᄒ야 편벽 되히 샤귀지 말고 동편 서편에 연합ᄒ야 화친ᄒ고 서로 대어하는 세를 얼근 즉 이는 보호 중립에 갓가온지라 즁립으로 독립에 이르기는 졍치가에 용이ᄒ 슈단이로다." 한마디로 요약하자면 어느 한 나라에 의존하기보다는 팔방미인 외교가 오히려 좋은 처방전이라는 것이다.

「독립신문」은 독립의 필요성과 시급성을 반복해서 강조하고 있다. 다만 조심스러운 것은「독립신문」이 보여주는 균세외교에 대한 낙관론이었다. 한국 근대 국제정치론의 최대 과제에 대한 고민의 심도는 현실의 어려움을 극복할 수 있는 수준을 보여주고 있지 못하다. 1897년 5월 25일의 논설을 보면 이렇게 적혀 있다.[61] 조선은 세계만국이 오늘날 독립국으로 승인해주어서 조선 사람이 어떤 나라에게 조선을 차지하라고 빌지만 않으면 차지할 나라가 없을 것이다. 그러므로 조선은 육해군을 많이 길러서 외국이 침법하는 것을 막을 것도 없고 다만 국가에 육해군이 조금 있어 동학이나 의병 같은 토비나 간정시킬 만 하면 넉넉하다. 만일 어떤 나라가 조선을 침범코져 해도 조선 정부가 세상 행세만 잘했으면 조선을 다시 남의 속국되게 가만둘 리가

---

61) 「독립신문」, 1899년 2월 23일.

없는지라 그런즉 조선이 외국과 싸움 할 염려가 없는데 만일 조선이 싸움이 되도록 일을 하면 그때는 화를 면치 못할 것이라고 경고하면서 특히 러시아와 일본 관계에서 섣부르게 잘못 편들 위험성을 지적하고 있다. 따라서 그 해결책은 다양한 외국당 대신에 제대로 된 조선당을 해야 한다는 것이다.

「독립신문」은 이러한 독립을 기반으로 한국의 최종 목표를 문명국 건설에 두고 있다. 「독립신문」의 문명관을 잘 보여주는 예로서 1899년 2월 23일의 "나라 등슈"라는 글을 보면 세계를 네 가지로 분류하고 있다. 영국, 미국, 프랑스, 독일, 오스트리아 등의 문명국, 일본, 이탈리아, 러시아, 덴마크, 네덜란드 등의 개화국, 한국, 중국, 태국, 페르시아, 버마, 터키, 이집트 등의 반개화국과 야만국으로 나누고 있다. 「독립신문」은 각 국가들이 국가등수를 높이기 위해서 교육, 군사, 경제, 언론 분야에서 치열한 경쟁을 벌이고 있는데 한국은 국가등수 올리는 일은 신경 쓰지 않고 개인의 벼슬 등수 올리는 일에만 전념하고 있다고 개탄하고 있다.[62]

동시에 「독립신문」의 삼국협력론은 아시아 연대론의 인종전쟁적 측면보다는 문명국 건설을 위한 협조를 더 강조하고 있다.[63]

국내 정치 주도세력의 부패와 무능을 신랄하게 공격하는 「독립신문」은 이런 국내정치 현실에서 문명개화국을 건설하려면 인민교육에서 출발할 수밖에 없다고 다음과 같이 주장하고 있다. "지금 조선에서 무슨 문명 개화하는 일을 해보려는 사람은 꼭 농사하는 사람이 바위 위에서 곡식을 이루려고 하는 사람과 같은 사람이니 도리어 어

---

62) 「독립신문」, 1898년 2월 23일.
63) 「독립신문」, 1897년 4월 7일.

리석은 사람이라 그러면 지금 조선에서는 무엇을 해야 이 폐단이 없어질는지 우리 생각에는 다만 하나 밖에는 약이 없으니 그 약은 무엇인고 하니 인민을 교육시켜 그 인민이 옳고 그르고 이하고 해롭고 길고 짧은 것을 말하여 들리거든 알아들을 만한 학문이 있도록 만들어 주는 것이 약이니 그런즉 제일 먼저 할 일은 경향 각처에 학교를 배설하여 젊은 남녀를 교육시켜 주는 것이 곧 땅에 거름을 부었다가 몇 달 후에 곡식을 심는 것과 같은지라."[64]

한국 근대 평화론은 청일전쟁의 결과로 한반도에서 청의 종주권이 실질적으로 소멸하게 됨에 따라 「독립신문」에서 보듯이 세계문명국 건설을 위한 자강균세론을 본격적으로 시작하게 된다. 그러나 문제는 그렇게 간단한 것이 아니었다. 청일전쟁 이후 삼국간섭과 함께 본격적으로 동아시아가 일본을 포함한 구미 제국들의 약육강식의 전형적인 현장이 되어가는 속에서 자강을 위한 균세론은 풀기 어려운 숙제였다. 동시에 부강 국가 건설의 자강론도 구체적인 실천론의 단계에 접어듦에 따라 적지 않은 시행착오를 겪을 수밖에 없었다.

자강균세론이 아직도 충분히 성숙하지 못한 채 한국은 갑오개혁(1894/7-1896/2)을 통해서 보다 본격적인 근대 부강국가 건설에 착수하게 된다. 그러나 개혁의 추진과정에서 정치세력들이 갑오개혁파, 갑신정변파, 정동파(친미파), 대원군파, 궁정파 등으로 나뉘어 싸움으로써 개혁 프로그램의 추진에 차질을 초래했다.[65] 동시에 자강을 위해서 외세를 활용하기보다는 외세에게 활용당해서 자강의 노력이 난관에 봉착했다.

---

64) 「독립신문」, 1897년 4월 20일.
65) 유영익, 『甲吾更張硏究』(일조각, 1990).

1895년 을미사변으로 명성황후가 시해되고, 친일내각이 단발령을 내리고 개혁정책을 추진하자 유생들의 항일의병운동이 전국적으로 발생했다. 이 운동의 대표적 인물인 최익현은 상소문에서 "각국이 통화하는 데에는 이른바 공법이란 것이 있고 또 조약이라는 것이 있다는데, 이속에 과연 이웃 나라의 역적을 도와 남의 나라 임금을 협박하고 국모를 시해하라는 문구가 있는가"라고 지적하고 있다.66) 이러한 노력은 1905년 을사오조약 이후의 의병활동으로 계승된다.

청일전쟁의 결과로 한반도에서 청의 종주권이 실질적으로 소멸하게 됨에 따라, 국내의 유생들은 양무론을 넘어서서 변법론의 불가피성을 강하게 주장하는 청의 량치차오의 『음빙실문집』 등을 통해서 사회진화론에 기반한 국제질서관을 본격적으로 받아들이게 된다.67)

---

66) 崔益鉉, 勉菴集」卷4, [宣諭大員命下後陳懷待罪疏], p.74.
67) 량치차오(梁啓超)연구는 중국의 개혁, 개방 이후 활발해지고 있다. 丁文江, 趙豊田 編, 『梁啓超年譜長論』(上海人民出版社, 1983)으로 출판되었으며, 이어서 李華興, 嗚嘉勛 編, 『梁啓超選集』(上海人民出版社, 1984); 李國俊 編『梁啓超著述繫年』(上海復旦大學出版社, 1986); 林志鈞 編, 『飮氷室合集』(全12册: 「文集」1-45卷, 「選集」1-104卷, 1936년 출판/北京人民出版社, 1989 影印出刊); 夏曉虹 輯, 『飮氷室合集』集外文(上,中, 下), (北京 :北京大學出 版社, 2005) 등의 중요 연구 자료가 출판되었다. 20세기 초 한국에서는 梁啓超 저, 全恒基 번역, 『飮氷室自由書』(서울:塔印社 1908)가 출판되었다.
중국의 중요 연구로는 孟祥才『梁啓超傳』(救國, 學術篇)(北京出版社, 1980: 臺灣風雲時代 出版公司影印, 1990); 鍾珍維, 萬發雲, 『梁啓超思想研究』(海南)人民出版社, 1986); 宋仁主 編, 『梁啓超政治法律思想研究』(新華書店北京發行所, 1990); 李喜所, 元靑, 『梁啓超傳』(北京 人民出版社, 1993); 耿元志, 崔志海, 『梁啓超』(广朱人民出版社, 1994); 吳延嘉, 沈大德, 『梁啓超評傳』(百花洲文芝出版社, 1996); 陳鵬鳴, 『梁啓超 : 學朮思想評傳』(北京圖書館出版社, 1999); 李喜所 編, 『梁啓超与近代中國社會文化』(天津古籍出版社, 2005) 등을 들 수 있다.
중국 이외의 중요 연구로는 Joseph R. Levenson, *Liang Chi-ch'ao and the Mind of Modern China*, 1st and 2nd ed. *(Cambridge, Mass: Harvard University Press, 1953/ 1959); Hao Chang, Liang Chi-ch'ao and Intellectual Transition in China, 1890-1907* (Cambridge, Mass : Harvard University Press, 1971); Philip C. Huang, Liang Ch'i-ch'ao and Modern Chinese Liberalism (Seattle : University of Washington Press, 1972); Xiaobing Tang, Global Space and the National Discourse of Modernity: The Historical Thinking of Liang

한편, 갑신정변(1884)의 실패로 역사의 뒤안길로 물러섰던 개화세력들은 갑오개혁을 통한 역사현장에의 복귀를 시도하고, 고종은 광무개혁(1897-1907)을 통해서 나라의 기울어짐을 막아보려는 마지막 노력을 기울였다. 이러한 과정에서 국내의 정치-사회 세력들은 다양한 갈등의 모습을 보여준다. 그러나 서세동점 이래 처음으로 개신유학론자들과 문명개화론자들은 사회진화론에 기반한 전쟁과 평화관을 공유하기 시작하는 중요한 변화를 보여주고 있다. 이러한 변화는 애국계몽기(1905-1910)의 신문이나 잡지들을 통해서 구체적 모습을 드러내고 있다.[68]

6. 동양평화론과 한국

근대 한국의 사회진화론에 기반한 전쟁과 평화관은 청일전쟁 이후 본격적으로 등장하는 일본의 "동양평화론"을 맞이하여 커다란 어려움에 직면하게 된다. 일본의 총리대신 이토 히로부미는 1894년 10월 20일 임시의회에서 개전에 이른 과정을 설명하고, 이 전쟁이 "동양의 평화"를 유지하기 위한 것이라고 밝혔다.[69] 이러한 공격적 민

Qichao (Stanford: Stanford University Press, 1996); Joshua A. Fogel, ed., The Role of Japan in Liang Qichao's Introduction of Modern Western Civilization to China (Berkeley: Institute of East Asian Studies, University of California, Berkeley, 2004); 張明園, 『梁啓超与淸李華命』(中央硏究院近代史硏究所, 1964); 張明園, 「梁啓超与民國政治」(食貨出版社, 1978); 狹間直樹 編 「梁啓超: 西洋近代思想受容と明治日本」(東京: みすず書房, 1999) 등을 들 수 있다.

[68] 「皇城新聞」(1898.9.5.-1910.8.28); 「大韓每日申報」(1904.7.18-1910.8.28); 한국학 문헌연구소 편, 한국개화기학술지(서울: 아세아문화사, 1978).

[69] 石田雄, 같은 책, p.22; Prasenjit Duara, "The Discourse of Civilization and Pan-

족주의의 전쟁적 평화관은 러일전쟁 이후 기독교 평화론을 대표하는 우치무라 간조를 포함한 광범위한 일본인들의 지지를 받았다. 그러나 청일전쟁의 결과가 "동양평화" 대신에 삼국간섭에 직면하게 됨에 따라, 일본은 부국강병의 평화관에 전념하게 된다. 1900년대에 들어서서 러일전쟁을 앞두고, 이러한 "무장적 평화론"에 대한 비판이 사회주의 평화론을 대표하는 고토쿠 슈스이와 기독교 평화론을 대표하는 우치무라 간조 등에 의해서 이루어졌다.[70]

20세기 초 조선의 사회진화론에 기반한 평화관은 사회진화론의 양면성, 즉 경쟁진보와 약육강식을 그대로 보여주고 있다. 우선, 조선이 20세기에 생존하기 위해서는 새로운 지역문명 표준으로 등장한 일본을 받아들여서 진보해야 한다는 것이다. 이런 입장을 잘 요약하고 있는 최석하는 일본이 청일전쟁과 러일전쟁의 승리로 세계열강의 하나가 되었고, 천하대세와 세계치난을 논하려면 일본을 제외할 수 없는 지경에 이르렀으므로, 일본 문명을 연구하는 것은 세계 각 나라 사람들의 시대적 요구라고 지적했다. 이러한 시각에서는 일본의 "동양평화론"을 긍정적으로 받아들이고 있다. 반면에, 20세기 조선의 평화에 정말 중요한 것은 약육강식의 부정적 경쟁관계에서 어떻게 살아남느냐라는 것이다. 채기두는 "평화적 전쟁"에서 19세기 이래의 세계정세를 각 나라의 문화가 발달하던 국민주의의 쟁투시대, 인구 증가와 좁은 영토를 해결하기 위해서 식민주의를 주장하던 시기, 그리고 제국주의 시기의 3단계로 구분하고, 식민주의와 제국주의는 명칭

Asianism," *Journal of World History*, spring 2001.
70) 家永三郎 編, 『日本平和大系』; 田畑忍, 『日本の平和思想』(東京: ミネルヴァ書房, 1972); 田畑忍, 『近現代日本の平和思想』(東京: ミネルヴァ書房, 1993); Nobuya Bamba and John F. Howes, eds., *Pacifism in Japan: The Christian and Socialist Tradition*.

의 차이는 있으나 모두 평화적 전쟁에 불과하다고 규정하고 있다.71)

　신채호는 1909년 8월 「대한매일신보」에 "동양주의에 대한 평론"(東洋主義에 대한 批評)이라는 제목의 사설에서 동양주의에 대해서 강하게 비판하고 있다. 우선 동양주의를 "동양제국이 일치단결하여 서양세력이 동으로 번져오는 것을 막는다"라는 뜻으로 정의한 다음 이 주의를 주장하는 자를 나라를 그릇치는 자(誤國者), 외국에 아첨하는 자(媚外者), 혼미무식한 자(沌沌無識者)로 분류하고 있다. 나라를 그르치는 자는 현재는 동서 황백 양종의 경쟁시대이므로, 동양이 흥하면 서양이 망하고 서양이 흥하면 동양이 망하여 그 세력이 양립할 수 없으니, "오늘날 동양에서 난 자 - 나라는 나라끼리 서로 합하며 사람은 사람끼리 서로 연결하여 서양에 항거할 날이니 그런즉 우리가 나라를 서양인에게 팔았으면 이것은 죄라 하려니와 이제 그렇지 아니하여 판자도 동양인이요 산자도 동양인이니 비유컨대 초국사람이 잃은 것을 초국사람이 얻었으니 우리가 무슨 죄를 지었느냐"라고 변명하면서 제일 먼저 동양주의를 주장했다. 다음으로 외국에 아첨하는 자는 국세(國勢)가 이미 이 지경에 이르러 나라의 모든 이권이 외국인의 수중에 들어가 버려서 이를 얻기 위해서는 외국인에게 아첨할 수밖에 없는데 직접적으로 외국을 모시고 존경하라고 하면 도노무공(徒勞無功)할 수 있으니 동양주의(東洋主義)라는 마설(魔說)로서 일본의 괴롭힘을 마춰시키고 있다는 것이다.72) 그리고 혼돈무식자는

---

71) 김도형, 『대한제국기의 정치사상연구』(서울:지식산업사, 1994), pp.65-84; 友洋生, "日本文明觀", 「大韓學會月報」 8, pp.41-46; 蔡基斗, "和和的 戰爭", 「大韓學會月報」 6, pp.16-20; Andre Schmid, *Korea Between Empires, 1895-1919*(New York: Columbia University Press, 2002).

72) 「大韓每日申報」, 1909년 8월 8~10일.

원래 독립 주견이 없고 단자 남들 따라하는 자들이라 "정부당과 일진호 및 유세단의 유인과 일인의 농락에 놀아나서 동양주의라는 말을 듣고 정신없이 입으로 옮기고 있다"고 비판하고 있다.

신채호는 동양주의의 문제를 한마디로 시대착오자들로 평가하고 있다. 20세기는 치열한 열국 경쟁시대인데 국가주의를 추구하지 않고 동양주의를 잘못 꿈꾸는 것은 미래 다른 별나라 세계의 경제 걱정하는 것이라고 지적하고 있다. 따라서 국가가 주인이 되고 동양이 손님이 되야지 동양이 주인이 되고 국가가 손님이 되면 나라는 망한다고 단언하고 있다. 신채호가 열국 경쟁시대에 국가주의를 추구하지 않고 동양주의를 꿈꾸는 다른 별에 사는 사람들이라고 뼈아프게 비난하는 사람들의 꿈의 논리를 보다 자세히 들여다보기 위해서는 당시 가장 대표적 민중계몽단체였던 대한자강회의 국권회복론을 검토해볼 필요가 있다. 대한자강회의 기본논리를 제대로 이해하기 위해서는 이 모임의 한국인 핵심인물보다도 우선 고문 오가키 다케오의 비교적 솔직한 자강회 설립의 취지에 대한 다음 연설을 들어보자. "지금 외교는 일본이 담임하게 되어 한국이 고심 경영할 것이 없은, 즉 금후는 오로지 내정의 개량진보에만 전력을 들여 불가불 부강의 열매를 성취함을 힘쓸지라. …… 동양의 대세를 관찰하고 한국 자래의 행동을 고려하여 일본의 자위 위에 한국 외교권을 일본에 위임함이 필요하다 하여 양국 황제정부 간에 협약이 성립한 후는 어느 논자와 같이 이를 파기하여 국권을 회복하고저 함이 그 뜻이, 즉 애국의 충정에서 나온 것이로되 또는 혹 한국을 멸망케 하는 소이인즉 불가불 반성함을 청구할지니 옛날에 효자가 있어 그 아버지의 얼굴에 독충이 옴을 보고 옆에 있는 나무 몽둥이로 그 독충을 때렸더니 벌레는 즉사하였으나 그 아버지도 역시 이마가 깨져 선혈

이 흥건히 흘러 내려서 필경 죽었다는 얘기가 있으니 효자의 마음은 원래 악할 수 있는 사람이 없으되 그 방법을 잘못 택했기 때문에 의외로 불효의 결과를 봄이 아니냐"라는 논리로 비분강개 국권회복운동을 비판하고 있다.

그는 한 걸음 더 나아가서 "한국에서 문명을 흡수하여 부강의 실만 성취하면 신협약을 해제할 수 있을 뿐만 아니라 완전한 독립국으로 세계열국에 함께 설 것이 명료한 사실이니 이 사리에 의거하여 국권의 회복과 독립의 기초를 이룰 것이니 이 본 회의는 가장 우선 할 일로 방침을 결정한 이유라 그런즉 부강의 열매를 거두어 독립의 기초를 만드는 데 어떤 방법을 필요로 하냐고 하면 교육을 진작하여 인지의 개명을 도모하고 식산흥업에 뜻을 두어 국부의 증진을 도모함이 필요하니 교육산업의 발달이 실로 국가부강의 기본됨은 본 회의의 취지뿐만 아니라 전국의 식자 및 여러 회에서도 역시 먼저 소리친 바이나 이에 본 회의 특색으로 다른 회에서 아직 표방치 않은 한 가지 일을 밝힐 것을 희망하니, 즉 한국 혼이라 안으로 한국 혼을 배양하고 밖으로 문명의 학술을 흡수함이 본 회의 특색이라고 밝혔다.[73]

러일전쟁에서 거둔 일본의 승리는 한국에는 결정적 위기였다. 일본은 유럽의 대국 러시아와 싸워 이김으로써 비로소 구미 중심의 국제정치 무대의 명실상부한 새로운 주인공으로서 화려하게 등장했다. 한반도를 중심으로 하는 동아시아 지역 국제정치 무대도 새로운 변화를 겪을 수밖에 없었다. 러시아와 일본의 팽팽했던 세력균형

---

73) 「대한자강회월보」, 1호, 1906년 7월.

이 무너진 것이다. 결국 한반도는 일반의 독자적 영향권 속에 편입되었다. 한국은 사실상 국제정치 무대에서 물러나게 된 것이다. 한국 국제정치는 논의와 분석의 중심이 되어야 할 한국이라는 주인공을 잃어버린 것이다. 논의의 초점은 불가피하게 국권회복의 국제정치론에 맞추어졌다. 이 논의의 중심에 있었던 것이 바로 동양평화론이었다.

신채호의 국가주의와 대한자강회의 동양주의는 모두 당시 동아시아 국제정치론을 지배하고 있던 사회진화론에서 출발하고 있다. 그들은 구미 중심의 20세기 초 국제정치 무대를 생존경쟁과 약육강식의 눈으로 바라보고 있었다. 동양주의론의 비판이 더 신랄한 느낌을 줄 정도이다. 대표적 예로 일본 유학생으로서 당시 국제정치에 관해서 많은 글을 발표했던 동양주의론자 최석하는 1907년 헤이그 평화회의에 대한 그의 소감 "平和會談에 대한 余의 感念"을 이렇게 밝히고 있다.

화란 헤이그에서 제2평화회의를 개최한다 하니 오인이 평심으로 생각컨대 현재 세계는 사기꾼의 활동시대다. 어쩐 일인가. 국제공법이 발달할수록 불인불의한 침략행위는 각국간에 나날이 증가하고 평화주의가 넓게 퍼지고 전파하도록 잔인폭오한 약육강식정략은 나날이 심해지니 안타깝다. 누가 이 세계에 인도가 있다고 말하리오. 이에 따라 보건대 이번 평화회의도 역시 두세 강국의 정략에서 나온 것이라 단언할 수 있다. 재삼 생각할지어다. 우리는 우주간에 발생한 자니 어찌 사회원리와 천하풍조를 벗어날 수 있으리오. 생존경쟁은 사회원리가 아니며 민족제국주의는 천하풍조가 아닌가. 자기 일개인이 이 주의를 포기하나 천하대세가 불허함에 어찌하오. 그런즉 우리는 이 원리원칙을 이용하는 자는 이 이 시대에서 능히 생존을 보존할 자요 이용하지 못하고 한갓 시세를 매도하는 자는 인위도태를 면하지 못할 자라. 고로 나는 침략자를 증오의 눈으로 보는 것보다 다시 한번 더 침략당하는 약한 벌레를 침뱉고 꾸

짖어 말하기를 너도 동일한 인류요 그도 동일한 인류이어늘 어떤 이유로 그의 종이 되어 그의 다리 밑에서 한 평생을 마치냐고 하노라.[74]

　열국경쟁과 약육강식의 무참한 희생물이 된 한국이 국권을 회복하여 다시 무대에 서는 길을 찾는 과정에서 국가주의와 동양주의는 전혀 상반된 길을 걸었다. 동양주의론은 일본의 동양평화론을 방패 삼아 우선 교육과 산업을 통해서 새로운 문명 표준의 획득을 위해서 노력하면 다시 무대에 설 수 있으리라는 소박한 낙관론을 전개했다. 반면에 국가주의론은 구미의 약육강식적 제국주의의 위험에서 벗어나기 위해서 뒤늦게 치열한 제국주의 경쟁에 뛰어든 일본의 도움을 기대한다는 것은 자살행위라는 비관론이었다. 역사적 현실의 결과는 동양주의론의 패배였다.

　동양주의에 대한 비판은 당시의 국제정치 현실을 제대로 읽고 있었다. 그럼에도 불구하고 국가주의가 동양주의와의 대결에서 일방적인 승리를 거둘 수 없었던 것은 일본 동양주의의 허구를 드러내는 데에는 일단 성공했으나 당시 한국 국제정치론이 동시에 풀어야 할 숙제인 생존경쟁의 방안 마련에서 동양주의를 충분히 압도하지 못했기 때문이다. 20세기의 괴물로 등장한 제국세력의 제물이 되지 않기 위한 필사의 저항논리는 저항민족주의를 뛰어넘어서 보다 전진한 민족주의로의 길을 설득력 있게 마련하지 못했던 것이다.[75]

　문제는 신채호가 고민하는 것보다 훨씬 더 복잡했다. 국권회복론은 삼중의 어려움을 동시에 극복해야 하는 난관에 직면해 있었다. 우

---

74) 최석하, "平和會議에 대한 余의 感念", 「태극학보」, 제9호 1907년 4월.
75) 이용희, 한국민족주의」(서문당, 1977).

선 무엇보다도 점차 본격화하는 일본의 지역제국주의의 그물망에서 벗어나야 하는 어려움이었다. 다음으로는 20세기 국제정치 질서의 무대에 설 수 있는 국민부강국가라는 새로운 문명 표준을 획득해야 하는 어려움이었다. 마지막으로는 이러한 이중 과제를 국내 정치-사회 세력들이 일치단결해서 풀어야 하는 어려움이었다. 어려운 숙제를 풀어보려는 마지막 몸부림도 안중근의『동양평화론』과「대한매일신보」의 10회 연재논설 "宇內大勢와 韓國" 등과 함께 일단 막을 내리게 된다.

안중근은 자신의 법정 증언처럼 진정한 동양평화를 위해서 이토 히로부미를 권총으로 사살했다. 그리고 그는 1910년 2월 만주의 여순감옥에서 순사하기 직전에 쓰다가 남긴『동양평화론』에서 진정한 동양평화를 힘들게 설명하고 있다.[76]

지금 서양세력이 동양으로 뻗쳐오는 환난을 동양 사람이 일치단결해서 극력 방어함이 최상책이라는 것은 비록 어린아이일지라도 익히 아는 일이다. 그런데도 무슨 이유로 일본은 이러한 순리의 형세를 돌아보지 않고 같은 인종인 이웃 나라를 치고 우의를 끊어 스스로 방휼의 형세를 만들어 어부를 기다리는 듯 하는가. 한, 청 양국인의 소망은 크게 깨져버리고 말았다.

마지막으로「대한매일신보」는 1909년 7월 1일부터 15일까지 연재한 논설 "宇內大勢와 韓國"의 대미를 이렇게 마무리하고 있다.

한국의 장래문제는 우리 2천만 민족의 생존멸망에 관한 대문제니 오을 선

---

76) 신용하 엮음, 『안중근 유고집』(역민사, 1995); 안중근, 안중근의사 자서전(범우사, 2000); 市川正明 編, 『安重根 朝鮮獨立運動 源流』, 明治百年史叢書 第457卷(東京:原書房, 2005).

후 방침을 세움이 급한 일 중 제일 급한 일이라 이를 내치 외교로 나누어 연구함이 가하니 내치를 논하자면 교육과 실업을 발달케 하여 실력을 양성할 것이오 외교를 논하자면 전국인민이 세계적 지식을 양성하여 세계대세의 변천여하를 뚫어보되 특히 일본 러시아 청 삼국의 외교 정치 경제의 변천은 직접적으로 우리 한국 독립문제에 커다란 관계가 있으니 이를 연구할 필요가 있음은 말할 필요가 없느니라 우리 대한독립의 시기는 일본 러시아 청의 삼국이 균형지세를 만들어 동양에 우뚝 서는 날에 있느니라.[77]

이러한 호소에 가까운 시론들은 문제해결의 복잡성을 인식하고 풀어보려는 고민의 흔적을 보여주고 있다. 그 밖에도 사회진화론의 부정적 모습인 제국주의에 대한 보다 본격적 비판이라고 할 수 있는 고토쿠 슈스이의 사회주의 평화론은 단재 신채호 등을 통해서,[78] 우치무라 간조의 기독교 평화론은 김교신, 함석헌을 통해서 국내에 영향을 미치게 된다.[79] 그리고 자유주의 평화론의 고전이라고 할 수 있는 칸트의 『영구평화론』이 1925년 『개벽』을 통해서 뒤늦게 소개된다.[80]

그러나 당시의 지역제국주의, 새로운 문명 표준, 국내 정치-사회 세력 갈등의 삼중적 어려움을 풀기에는 명백한 한계가 있었다. 결국 한국은 20세기 국제정치 무대에서 35년의 세월을 물러나 있어야 했다. 다양한 독립운동의 안타까운 노력에도 불구하고 현실의 국권회

---

[77] 「大韓每日申報」, 1909년 7월 1일-7월 15일.
[78] 丹齋 申采浩 先生 記念事業會 編, 『丹齋申采浩全集』(서울 : 형설출판사, 1975); 이호룡, 『한국의 아나키즘: 사상편』(서울 : 지식산업사, 2002).
[79] 노평구 엮음, 『김교신 전집』(서울: 부귀, 2001); 함석헌, 『함석헌전집』(서울: 한길사, 1999); 함석헌기념사업회, 『민족의 큰 사상가 함석헌 선생』(서울: 한길사, 2001).
[80] 새봄, "「칸트」의 영구평화론을 讀함", 『개벽』 4호(1920년 9월).

복은 무대 주인공들의 세계적 규모의 전쟁 결과 일본이 패전함에 따라 어느 날 느닷없이 찾아왔다.

그러나 제2차 세계대전 이후 미국과 소련을 중심으로 양극화된 냉전체제로 헤쳐모이는 현실의 혼란 속에서 국내 정치-사회 세력들의 결집에 실패한 한국은 남북으로 갈라진 불구의 주인공으로 무대에 서서 결국 세계대전 규모의 한국전쟁을 치르게 된다. 그 결과 한반도 평화는 한국 국제정치가 풀어야 할 최대의 문제가 되었으나 반세기가 지난 오늘까지도 그 해답을 찾지 못하고 있다. 한반도의 남쪽과 북쪽에는 전혀 다른 평화 개념이 지난 반세기 동안 깊게 뿌리를 내려 한반도 평화문제를 더욱 어렵게 만들고 있다.

7. 맺는 말

19세기 서세동점의 문명사적 변환의 시기에 한국은 생존과 평화를 위해서 유럽의 근대 국제질서를 새로운 문명 표준으로 받아들여야 했다. 역사적으로 오랫동안 중국 중심의 천하질서의 평화 속에서 살아온 한국은 새롭게 만난 서양의 국민부강 국가들을 위정척사적 시각에서 다루기 어려워짐에 따라 해방론의 시각에서 한반도 평화를 모색했다. 결과는 실패였다.

다음 단계로서 서양의 전쟁과 평화의 법을 원용하여 서양과의 전쟁과 평화문제를 다뤄보려는 노력도 사회진화론적 사고에 기반한 현실 국제정치의 치열한 각축 앞에서 큰 성과를 거두기 어려웠다. 결국 과도기의 양절체제의 평화 모색에 이어 한국은 뒤늦게 자강균세의 한반도 평화질서를 구축해보려는 노력을 본격화한다.

그러나 한반도를 둘러싼 국내외 정치-사회 세력들의 갈등 속에서 한국은 러일전쟁의 승리로 국민부강 국가들의 국제무대에 본격적으로 등장한 일본 동양평화론의 희생물이 된다. 국망의 비극을 맞이한 것이다. 한국은 1945년 해방과 함께 다시 한번 평화의 기회를 맞이했다. 그러나 분단과 전쟁의 비극을 겪은 후, 21세기를 맞이한 오늘까지도 한반도 평화를 미해결의 숙제로 품고 있다. 한국의 근대 평화 개념 도입사의 심층 이해는 한반도 평화질서 구축이라는 세기적 숙제의 첫걸음이다.

제3장

평화는 찾을 수 없는 것인가?*

자닌 샹퇴르**

모든 세기에는 전쟁이 있었다. 그러나 20세기에는 무시무시한 폭발이 일어났다. 두 번의 세계대전, 유대인 학살(잔인한 조건 속에서 600만의 죽음) 그리고 집시들의 죽음, 나치와 소비에트의 전체주의, 핵무기의 발달, 인종청소 그리고 구유고슬라비아에서 일어난 인류에 반하는 범죄들, 다른 여러 테러리즘들은 평화정착의 과정을 불가능하게 할 목적을 가진 것처럼 보인다. 이제 막 시작한 21세기는 테러리즘의 재연을 보이기 시작했다. 중동은 물론 아시아, 남아메리카에서 발전하고 있는 셀 수 없는 전쟁들, 2001년 뉴욕의 쌍둥이 빌딩에 충돌한 비행기들, 그리고 런던과 마드리드에서의 테러 공격 등이 그것들이다. 그러나 철학은 역사가들이 평화의 문제보다 전쟁의 문제를 제기한 지점에서, 평화의 개념이 가진 효율성과 실재가 만들어내는 문제

---

* 옮긴이 - 홍태영(洪泰永) : 국방대학교 안전보장대학원 교수,
** 자닌 샹퇴르(Janine Chanteur) : 파리 소르본 대학 도덕 및 정치철학 명예교수

들을 사고할 수 있게 하는 일관성을 찾는다. 종교의 경우 비록 그것이 평화와 관련한 모든 가치들을 가르쳐주지만, 종교는 진리의 이름으로 그리고 심지어 신의 이름으로 최악의 전쟁을 만들었고, 또한 그 과정에서 가장 명백한 신의 명령, 즉 "죽이지 말라"는 계율을 무시했다. 너무나 많은 신자들이 매우 자주 그들의 신에게 사랑의 신의 얼굴보다는 인간의 살로부터 영양을 공급받는 카르타고의 바알(Baal : 성경에 나오는 악신 혹은 고대 시리아 셈족의 남신)이나 요란한 무기 소리를 즐기는 게르만의 보탄(Wotan : 신의 통치자)의 공포스럽고 잔인한 얼굴을 아주 뿌듯하게 내비쳤다.

평화는 유토피아의 질서가 아닌 실재인가? 평화에 대해서 생각하는 것은 사실상 동시에 전쟁에 대해서 생각하는 것이다. 전쟁은 즉각적으로 정의할 수 있다. 전쟁은 인문과학들이 규명한 사실이며, 동시에 전쟁이 우연적인 것이 아니라 본질적인 속성으로서 인간의 본성과 결부되기 때문에 존재론이기도 하다. 인류의 역사는 그들의 평화의 역사라기보다는 전쟁의 역사이다. 우리가 열렬히 평화를 갈망하고, 성(聖) 아우구스티누스와 함께 전쟁을 평화의 관점에서 이해하려 한다고 하더라도 소용없다. 인간을 전쟁의 희생물이라기보다는 "전쟁을 위한 존재"로 정의하는 것이 훨씬 더 현실적이다.

인간의 불행이 평화보다는 전쟁으로부터 더 기인하며 그것을 잘 알고 있다고 하더라도, 문학 그리고 철학 자체는 평화에 대해서 질문을 하기보다는 무기의 소음을 이해하기 위해서 더 자주 노력하고 있다. 호메로스의 언어는 덕성(vertu)이라는 개념에 전쟁의 탁월함을 묘사하는 명칭(arèté)을 주었다. 플라톤은 전쟁 속에서 그리고 전쟁에 의해서 도시공동체의 방어자들의 덕목인 용기를 정의했다. 플라톤은 전쟁과 평화에 대해서 가치판단을 하지 않았다. 그는 『국가』(Ⅲ, 373e)

에서 소크라테스의 입을 통해서 "만약 전쟁이 선 혹은 악을 만들어 낸다면, 그것은 그 순간에 우리가 풀어야 할 문제는 아니다"라고 말하고 있다. 사실, 어떤 대화도 그 문제를 해명하고 있지 않다. 플라톤의 훌륭한 독해자인 헤겔은 그 부분을 명확히 했다. 만약 평화가 선을 만들어낸다면, 평화는 그것이 승리한 전쟁의 일시적인 결과인 한에서 그리고 평화가 자유를 보증하면서 힘을 증대시키는 미래의 전쟁을 준비하는 한에서 인민을 위한 선을 만들어낸다는 것이다. 한 인간 혹은 한 인민에게 가장 강한 승리자 혹은 타인들에게 질서와 의미를 부여하는 창조자가 되려는 포부가 중단되고, 반대로 생명의 위험 속에서 정복된 사람들의 즐거움이 승리할 때, 헤겔은 한 인간 혹은 한 인민은 노예가 되게끔 충분히 무르익었다고 – 이 말의 식물학적 의미에서 – 생각했다. 가치들의 공격적인 움직임보다 자신의 생명을 선호하는 것은 바로 사라지기로 결심하는 것이다. 그러한 인민들에게 "자유는 죽음에 대한 공포에 의해서 없어진다"고 헤겔은 자신의 『법철학』(324. 326쪽을 특히 보라)에서 강하게 적고 있다.

결코 대답 없이 남아 있는 플라톤의 질문에서부터 현대 세계와 항상 관련을 맺고 있는 헤겔의 명확한 확신까지, 철학은 전쟁을 운명 혹은 필요악 혹은 자신의 역사를 만들어가는 인간들과 인민들의 자유의 확장 조건이자 표현으로 생각했다. 평화는 인간 본성 적어도 역사적인 인간 본성의 실재가 아니다. 아마도 평화는 전쟁이 세계 질서의 일부이듯이 세계 질서의 일부이다. 아마도 평화는 우리가 지금 여기에서 효과적으로 알 수 있는 역사적 본성에 대해서 이전이거나 혹은 이후의 본성으로 생각될 수 있다. 그러나 형이상학적 추론 위에서 철학들은 결코 합의점을 찾지 못했다. 그리고 21세기의 우리에게 전쟁은 분명 무시무시한 것이라는 사실을 쉽게 인정하고 있다. 오늘조차도 내전이든 외국과의 전쟁이든 전쟁 중인 나라의 숫자는 평화상태인 나라의 숫자보다 더 많아 보인다. 또한 우리는 총체적인 파괴에 이를 수 있는 어떠한 무기들이 세계 도처에 흩어져 있는지 잘 알고 있다.

1. 평화는 하나의 휴전일 뿐이다

왜 평화가 모순 없이 현실적으로 그 자체는 아니더라도 두 전쟁 사이의 휴전으로 인식될 수 있는지를 찾으면서 시작해보자. 인류학과 역사학이 확언하듯이 결코 효율적인 상태는 아니었다. 인류가 평화상태에 살고 있었던 것으로 간주되는 황금시대를 참조하는 것은 하나의 신화이다. 한편으로 신화는 인류의 역사가 그로부터 끊임없이 멀어지고 있으며, 어떠한 인간도 결코 그것을 알고 있지 못하다는 것을 가르쳐주고 있다. 황금시대는 유일신의 종교들이 생각하는 천국이 그러하듯이, 추락 이후 전쟁 및 원죄상태와 추락 이전 평화로운 인류를 분리시키는 시간의 바깥에 존재한다. 자생적으로 평화스러운 본성과 인간의 단절은 신학자들이 신의 왕국으로부터 신중하게 분리한 이 세계의 왕국을 건설할 수 있도록 했다. 시간의 종말 때까지 이 세계의 왕국은 있지도 않으며, 있을 수도 없고, 평화의 장소도 마찬가지이다…….

역사, 종교들 그리고 아마도 인간의 본성은 우리에게 평화를 휴전과 동의로 정의하도록 하고 있다. 반대로 전쟁은 무장투쟁이 문제가 되는 지속적인 상태라는 것을 인정하도록 요구받는다. 적어도 평화라고 불리는 상태에서도 분쟁의 유령은 올 것이고, 이것은 진정으로 불가피한 것이다. 평화 그것은 항상 날짜가 정해져 있다. 평화는 시작과 끝을 가지고 있으며, 따라서 "제한된 지속"일 뿐이다. 왜냐하면 평화 속에는 미래전쟁의 씨앗들이 들어 있기 때문이다. 유토피아적인 철학과 결합하지 않고서는 보편적이고 종국적인 평화를 생각할 수 없다. 전쟁은 최후의 사람이 죽을 때까지 영구적으로 인지될 것이지만, 평화는 그 대립항, 즉 전쟁으로부터 분리되어서는 사고될 수 없기 때문에 평화라는 관념은 자신의 정의 속에서 전쟁에 의해서 무화될 가능성 혹은 반대로 전쟁상태로 이어지는 일시적인 특징이 아니라면 인지될 수 없을 것이다. 평화는 무기들의 침묵이지만, 동시에 두 개의 투쟁 사이에서 다음의 전쟁이라는 시각에서 서로의 입지들을 강화시키면서 힘, 인간들, 군사적인 무기들, 외교적 동맹 등의 재구성에 필요한 시간을 의미하는 것이다.

  평화 개념은 그 정의 속에서 영구함을 포함하고 있지 않다. 시간은 주어진 기술적 수단들이 대지와 그 위에 존재하는 생명을 파괴함으로써 끝을 맺을 때까지 평화를 소비하고 전쟁을 북돋고 있다. 그것이 무엇이든 철학은 전쟁에 의해서 찢겨지고, 이성의 건전한 평가보다는 그것의 실수로 이어지는 인간의 욕망과 열정에 의해서 삼켜진 세계를 추상화시키면서 평화의 실질적인 토대를 추출해낼 수 없다. 따라서 역사철학은 전쟁과 평화를 "이성"과 "자유"가 세계 속에서 작동시킨 작업들과 연결지으려고 노력해왔다. 문명들과 다른 문화들의 창조와 발전에 대한 이념은 자유에 근거해서만 생각할 수 있다. 자유는 사람들과 인민들을 대립시키는 투쟁 속에서 자신의 길을 열었으며, 또한 그것의 점진적인 실현을 다양성을 성립시키기 위해서 평화의 시대를 요구했다. 동시에 자신을 위협하고 난관을 가져온 과거에 맞서 자유는 전쟁 속에서 존재들과 사물들의 안정성에 대항하고 평화의 유예 속에서 만들어진 새로운 것과 미래를 향해왔다.

역사는 이미 마키아벨리가 시사했고, 비코, 칸트, 헤겔 그리고 모든 역사철학자들이 고대와 중세의 세계에 맞서 자기들 고유의 개념에 따라 각자의 방식으로 이론화했듯이 대립적인 것들의 분리될 수 없는 결합을 보여준다. 전쟁과 평화는 서로서로 인간들의 창조적 에너지에 필요하다. 전쟁은 역설적인 도가니, 즉 융합처이며, 평화는 항상 재시작되지만 재구성하고 수정하고 또한 전례 없고 예기치 않고 이전에는 상상할 수 없었던 작품의 발명과 출현을 가능하게 하는 노력 속에서 그 에너지를 드러나게 한다. 전쟁과 평화는 외관상 반복적이다. 역사는 맥베드가 언급했듯이 "소란과 공포가 가득한 이야기"이다. 그러나 그것이 "바보에 의해서 이야기되거나 아무것도 의미하는 것이 없다"(V장, XXIII)라고 주장하는 것은 정당하지 않다. 역사는 인간들의 삶과 융합되어 가장 강력한 결정주의로부터 벗어나려는 자유의 진보, 특히 인간적인 능력의 진보의 역사이다.

전쟁과 평화가 결합되어 인류의 진보에 서로가 필요하다는 이러한 전망 속에서 평화는 분명 바라는 것이지만, 평화의 안정성은 칸트의 탁월한 표현에 따른다면, 인간의 행동을 위한 하나의 "지평", 결코 도달할 수 없고 항상 숨겨져 있으면서 가까이 가면 믿는 하나의 지평일 뿐이다. 최종의 전쟁이라는 의미에서 마지막 전쟁은 존재하지 않는다. 왜냐하면 인간에게는 행위 속에 자유가 없이는 인륜성이 없기 때문이며, 자유는 본성, 즉 보존본능의 제거이기 때문이다. 따라서 자유는 전쟁을 원한다. 그러나 자유는 또한 가장 강한 자의 법이라는 자연법의 제거이다. 그러므로 자유는 평화를 원한다. 역사를 통해서 시간을 향유하면서, 자유를 포기하는 것은 곧 인간의 삶을 포기하는 것이다. "평화롭지" 않는 것은 "평화주의"(pacifisme) 속에서 몰락하는 것, 즉 가장 강한 자의 법을 받아들이는 것이다. 그것은 그것에 맞서기 위해서 자신의 힘을 사용하는 것을 하지 않는 것이다. 그것은 문화적 존재로 전환되는 위험스러운 모험보다 자신의 고유의 운명을 결정하지 않는 자연적 존재의 운명 - 동물이나 노예의 운명 - 을 더 선호하는 것이다.

인류성의 진보, 즉 자연에서 문화로의 진보를 완성하기 위해서 자신의 삶을 위험스럽게 할 뿐만 아니라 타인의 파괴를 요구하는 인류의 역사를 숙고해보면서 그것은 낯선 운명인 듯하다. 왜냐하면 전쟁은 그것이 발전시킨 몇 가지 영웅적인 덕목에도 불구하고 살육으로 남아 있고, 자신이 그렇게 될 수 있을지라도 사람들을 시체로 만들거나 장애자로 만들고 있다. 죽음을 무릅쓴 대면을 거부할 때, 전쟁이 인류성의 포기에 의해서 평화를 정의하도록 한다면 얼마나 낯선 운명인가! 자유의 진보의 의미는 무엇이 될 수 있을 것인가? 그 진보는 무엇을 향해 가는가? 진보의 수단이 정기적으로 발생하는 전쟁 속에서 타자의 부정, 타자의 죽음이라는 측면에서 과연 진보는 무엇에 있는 것인가? 평화는 종국적으로 전쟁의 하나의 양식일 뿐인 것으로 축소되지 않는가? 이 모든 문제들에 답하려고 하는 것은 평화가 근대 민주주의의 건설, 존재 그리고 공존이 의미하는 것을 분석하면서 평화가 긍정적인 실재를 가질 수 있는지를 묻는 것이다.

2. 근대 민주주의들과 평화

민주주의의 공존의 양식은 그것의 역사적 발전에 따라 우리에게 평화의 실재를 재고하도록 하고 있다. 그것은 이전의 분석을 약화시키기 위해서가 아니라 역사의 결정적인 진보를 명확하게 드러내기 위함이다. 근대 민주주의는 사상사 속에서 그리고 우리가 공통적으로 역사라고 부르는 것 속에서 단절을 기록하고 있다. 우리는 평화와 관련한 이러한 단절의 측면에만 관심을 가질 뿐이다. 오늘날 서구 문명에 의해서 정의된 국가들은 민주주의 체제를 갖추고 있다. 그 국가들은 항상 세계의 곳곳에서 전쟁을 일으키고 있지만, 그들 사이에는 그렇지 않다. 그들의 이해관계가 필연적으로 수렴되기 때문이 아니라 그들이 기반하고 있는 근본적인 가치들이 동일하기 때문이다.

사실상 민주주의는 인간의 권리에 대한 도덕적 인식과 법률적, 정치적 보장에 기반하고 있다. 모든 개인은 자신의 생명과 재산에 대한 우선적인 권리를 가지며, 그것은 다른 개인들과의 관계에서 자유롭다는 것을 명확히 하는 것이다. 어떤 사람도 본성상 다른 사람과 같을 수 없다. 만약 본질에 따라서 인간의 정의(définition)가 그러하다면, 이러한 정의는 각자에게서 동일한 존엄성을 인정하는 문화적 쟁취이자 생각할 자유를 쟁취하는 것이다. 다른 사람에게서 자신의 자유를 드러내는 타자성을 존중하면서 각자의 동일성을 인정하는 것은 상이한 도덕적 주체에 대해서 다른 도덕적 주체를 인정하는 것이다. 인정하고 존중하고, 또한 인정받고 존중받는 것이 각자가 타자에 대해서 도덕적 주체의 의무를 근거 짓는 것이다.

만약 법이 각자들에 대한 존중을 강제하는 한계들을 포함하면서 각자의 도덕적 주체들을 타자의 자의성(타자가 자신의 힘을 강제할 때)으로부터 보호하지 않는다면 의무는 빠르게 망각되고 실재 속에 등장하지 못할 것이다. 각자는 "권리의 주체"로서 확정되면서 그러한 강제들로부터 혜택을 받기 위해서 그러한 강제를 원한다. 또한 법은 그에 따라 확정되어야 한다. 힘은 강제력을 발휘할 수 있는데 그것이 모두의 힘이 되면서 적절한 방향 속에서 그리고 법의 한계 내에서 각자에게 균등하게 적용되면서 이루어질 때이다. 정치적인 것은 모두에 의해서 원해지면서 정치적인 것을 정당화하는 각자의 권리의 평등에 의해서 정의되고, 법률적인 것의 안전장치로서 이러한 심판의 역할을 가진다. 이러한 요구들에 기반한 국가 내에서 주권은 공동체의 구성원들이 자신의 이익을 위해서 권력을 남용되지 않는다는 의미에서 인민에게 속한다. 사람들의 자유로운 이동, 공적 영역과 사적 영역의 구분 또한 선거나 공개경쟁을 통한 공직에의 접근 가능성 그리고 정치적 대안 등이 민주주의 기능을 규제하는 원칙들이다. 민주주의 국가는 내부적 그리고 외부적인 파괴의 위협에 대항하여 방어할 "의무"를 가진다. 그러나 정의상 자신의 고유한 지위를 포기하지 않은 한 다른 민주주의를 공격할 "권리"는 인정되지 않는다. 민주주의 사이에서 평화는 균등한 가치와 각자의 균등한 권리의 인정에 의해서 획득되었다.

　민주주의 정신은 철학적, 역사적 작업인 민주주의 체제에 대한 정의로부터 분리된 것으로 아직도 느슨하고 어려운 쟁취이다. 현시점에서 민주주의 체제가 세계 곳곳에 정착하지도 못했고, 민주주의 국가들 자체도 역사가 증언하듯이 민주주의적이지 않지만 그렇다고 우려할 만한 적이 아닌 국가들 사이에서의 전쟁을 수행하면서 민주주의 정신에 충실했던 것도 아니다. 비민주적 국가들은 단순히 공격적인 전쟁에 의해서 정복되어야 할 먹잇감으로 간주되지 않았어야 했다. 자유는 자신이 위협받지 않을 때, 스스로에게 충실하지도 않으며 다른 인민들의 자유를 존중할 조건을 만들지도 않는다. 다른 문화와 가치들에 대한 인정은 그것이 민주주의에 고유한 문화를 부정하지 않는다면 다른 사람과 그들의 자유에 대한 인정의 표시이다.

민주주의 체제들의 확대와 강화가 민주주의 체제가 근거하는 원칙들에 내재한 효율적인 평화의 길을 발견하도록 하고, 현실적으로 낮은 효율성에도 불구하고 사람들 사이의 평화의 실질적인 염려를 보여주는 국제적인 심급을 인식하게 한다는 것은 논리적이다. 제2차 세계대전 이후 유럽국가들은 우선 경제적인 영역과 관련한 조약에 따라 자신들의 주권을 제한하는 것을 수용하면서 평화적인 단일성을 형성할 수 있었다. 유럽 연합은 1948년 유럽위원회 전문이 예견했던 것처럼, 유럽국가들 사이의 평화를 보장하기 위해서 만들어졌지만, 유럽 연합의 정치적 임무는 실현되기 전에 경제적 조약들을 기다려야 했다. 평화가 경제와 연관되었다는 것을 부정할 수 없지만, 경제가 정치적 목적과 특히 평화의 실현을 위한 "목적"이 아니라 "수단"으로 남아 있어서는 안 된다. 자유주의 정신에 대한 마르크스주의의 영향은 그들의 대립에도 불구하고 부정할 수 없다. 마르크스주의 이론은 경제를 인간 삶의 기초에 놓고 있으며, 다양한 국가들에서 그것의 적용은 전쟁이 신화적 시기 유토피아에 있을 평화의 수단이라는 것을 보여주고 있다. 유럽 연합의 경우 원칙상으로 외부의 침입에 대항하여 군대를 보유하고 있다. 아마도 유럽 연합 회원국들은 그들 사이에 평화롭게 살고 있다. 그들의 협약과 조약들은 그들 사이의 전쟁을 피하기 위해서 만들어졌지만, 유럽 연합 외부에 대해서는 그 가능성을 늘 남겨두었다.

다른 한편으로 예를 들어 영국은 평화상태에 있는 나라라고 말할 수 있다. 하지만 그들이 비록 이라크를 "평화롭게 하기"위해서 그곳에 파병했다고 말함에도 불구하고 그들은 전투 중에 있다. 중동에는 결코 커지지 않는 전쟁의 온상지들에서 화염이 붙고 있다. "평화로운" 국가들은 사실 전쟁산업들이 무기를 만드는 국가들의 방어만을 위해서가 아니라 외국에 무기를 팔기 위해서 도처에서 발전하고 있으며, 무기 거래는 마약과 함께 가장 돈벌이가 되는 분야이기 때문에 그들은 결코 평화를 믿지 않는다는 것을 인식해야 한다. 평화가 두 개의 전쟁 사이에 휴전조약으로 축소된 국제정치의 시각 속에서 단지 안정된 상황, 다소 긴 휴전 그러나 결코 지속될 수 없는 것에 불과한 것인가?

수세기의 전쟁 후에 프랑스, 영국, 독일, 오스트리아, 스페인 등은 다른 나라에 평화를 강요하지 않고서도 평화롭게 살고 있다. 서로와의 관계 속에서 그들의 자율성은 유럽 연합 국가들 사이의 평화의 척도, 즉 문화적, 경제적 교환이 이루어지는 비전쟁의 척도가 되었다. 물질적 수준에서 경쟁은 경쟁심과 비열한 짓의 등장에도 불구하고 무장투쟁으로 이어지지 않는다. 그러나 유럽 연합은 공동의 헌법 따라서 공동의 정치를 가지지 못하고 있다. 지금까지의 노력과 앞으로 기울여야 할 노력들은 민주주의가 자신을 파괴할 물결로부터 안전한 지대에 있다는 것을 의미하지 않으며, 결과적으로 그들 사이에 도달해야 할 평화 역시 그러하다.

3. 자신의 물결의 희생자인 민주주의

어떤 인간의 작품도 작가가 주의를 기울이지 않는다면 자신의 실수로부터 안전하지 않다는 사실을 기억하자.

첫 번째 물결은 민주주의 서구에 있는 것으로 매일 민주주의를 변형시키고 그 토대를 침식하면서 평화의 가능성을 생각할 수 없게 만든다. 이것은 "개인"에게서 도덕적 주체와 권리의 주체가 결합되어 있다는 사실에 존재하는 것으로 법을 다른 개인과의 관계 속에서 "개인주의"라는 방식으로 보존해야 한다. 개인주의는 개별 인간을 타인과 분리된 원자로서 인식한다. 결과적으로 보편적인 법률이라는 관념은 마치 그것이 자의적인 것인 양 비난받는다. 어떻게 법을 모르는 시민들이 시민적 의무를 인식할 수 있겠는가? 반대로 그들은 자신들에게 요구되는 의무사항들에 대해서는 무관심한 채 국가에 더욱더 많은 것을 요구할 것이다.

이러한 유치함은 그것의 일반화 속에서 이중적으로 이접적인 형태를 통해서 설명된다. "나는 마음에 드는 것에 대해서만 권리를 가진다"는 방식으로 인간과 시민을 분리시킨다. 이 권리의 대상이 무엇이든 간에 그것은 더 이상 도덕적 주체, 즉 인간에게서 인간적인 측면인 것에 더 이상 기대지 않는다. 대명사 "나"는 그 내용이 제거된 채 하나의 문법적 기능만을 가질 뿐이며, 빈 조개껍떼기와 같이 그 의미를 모두 빼앗겨버렸다. 우리에게 그 에너지가 생명력과 같은 욕망이 변덕 속에서 작동한다. 욕망은 각자에게서 타자의 존재를 드러내고, 최강자의 법칙을 거부하면서 서로를 결합시키는 한계들을 거부한다. 자유가 방종이 될 때, 가벼움과 자의성이 권리로서 등장할 때, "무정부 상태"는 민주주의를 분산시킨다. 왜냐하면 무정부는 민주주의가 포섭해야 할 대상으로 하는 모순적인 열정들의 승리이며, 최강자의 일시적인 지배이다.

우리는 그들의 부정할 수 없는 매력에도 불구하고 어린아이들이 자발적으로 전쟁 속에서 살고 있다는 것을 잘 알고 있다. 그들은 사람들에게 민주주의를 생각하도록 하는 성숙과 교육을 통해서 평화에 접근할 수 있을 뿐이다. 민주주의는 자연적인 체제가 아니다. 그것은 인간에게 더 인간적인 것, 자유 그리고 타인을 자신의 열정을 충족시키는 수단으로 간주하기를 멈추는 타인과의 "정당한" 관계에 의해서 건설될 수 있는 것이다. 이것이 평화의 관계이지만, 모든 방면에서 위협을 받고 있다. 즉, 내부적으로 "자유에 대해서 열광하는" 시민들에 의해서, 외부적으로는 지배와 종속의 일상에 빠져버린 국가들로부터 오는 위협이다.

각자는 공동의 언어로부터 오는 모순에 대해서는 눈을 감아버리고 개인적인 자신의 윤리를 가지면서 심리적인 만족감을 얻을 수 있다. 타자와의 합의는 앞서서 주어지지도 않으며, 모든 것이 한꺼번에 결정되지도 않는다는 사실이 이러한 합의를 하찮은 것으로 만들지 않는다. 개인들의 삶 그리고 세대에 걸쳐 지속된 평화는 각각의 개인들 사이에서 합의를 형성시키기 위해서 그리고 지속적인 창조의 동학 속에서 평화를 얻기 위해서 자유에 의해 수행된 일상적인 투쟁이다.

우리 시대는 평화를 잊어버렸는가?

방종 속에서 자유의 실종이 평화만을 위협하지 않는다. 즉, "두 번째 물결"은 평등을 위해서 "평등주의" 모습을 띠고 있다.

평등은 각자에게 인간의 본성을 보장한다. 평등주의는 개인을 "동일자"라는 구별되지 않는 대중 속에 잠기게 하면서 한편으로 자유를 부정하고, 다른 한편으로는 슬그머니 최강자의 지배의 법칙을 재도입한다. 평등은 앞서 말했듯이 인간적 가치, 존엄성, 각자의 권리, 그리고 그 취향이 무엇이든 성, 피부색, 종교 등에 대한 인정이다. 평등주의는 모두를 자유가 금지된 하나의 마그마 속에 집어넣는다. 하나의 무리로서 무관심한 대중이 구성되자마자, 깃발을 든 인도자가 필수적으로 등장한다. 그는 자신의 과학에 의해서 완벽한 평등을 보장될 것이라고 주장하며 또한 그것이 자유를 창조할 것이라고 말할 것이다. 바로 그것은 사고와 제도들에 대한 테러리즘을 부과하는 기이한 약속이다! 우리의 민주주의에 대한 인식 가능성과 존재는 이와 같은 과정들을 거부하고 있다. 우리들의 민주주의는 각자의 자유를 평등하게 보장함으로써만 평화에 도달할 수 있다. 따라서 우리들의 민주주의는 평등주의의 열광, 즉 민주주의가 그 자체로 파괴될 수 있는 열광 속에서 희생되고 있다.

전쟁의 이러한 새로운 상태에 대한 가장 바보스럽고 동시에 가장 사악한 표현이 미국인들에게 직접적으로 등장했고, 유럽에서도 발달했다. 그것은 "정치적으로 옳다"는 슬픈 표현이다. 이 무기가 작동되는 모든 영역에서 그것은 민주주의의 이름으로 민주주의를 파괴하고 있다. 하지만 그것은 새로운 형태도 아니며 더 좋은 형태도 아니다. 평등에 대한 가장 반동적인 방식의 부정을 제도화하고, 자유를 제거하면서 생각과 습속 내에 테러리즘을 제도화하려는 것은 민주주의적 이념과 직접적으로 모순된다.

평등과 자유의 관계가 쉽지 않다는 것은 사실이다. 어떠한 증명도 그것을 안정적으로 논증하지 못한다. 정의상 자유는 평등으로부터 벗어나려고 하고, 평등 역시 차례로 모든 전체주의가 성공했듯이 자유를 움직일 수 없는 한계 속에 가두려고 한다. 민주주의에 생명과 그것들의 가치를 주는 자유와 평등에 대한 끊임없는 또한 어려운 재코드화의 작업이다. 지속적으로 추구되는 이 작업 속에서 평화가 탄생한다. 그것은 깨어지기 쉬운 평화이다. 왜냐하면 외부로부터 부과되었기 때문이다. 하지만 정확히는 풍부한 평화이다. 왜냐하면 그것은 각자에게 평화를 증진시키고 방어하기 위한 책임감을 깨우쳐주기 때문이다.

"정치적으로 옳다"라는 것은 이러한 동학에 대립하는 것이다. 그것은 생각들을 황폐화시키면서 기이하고 우스꽝스러울 뿐인 생각과 행동의 기준을 부과한다. 그러나 우리의 민주주의 내에서 반인종주의라는 이름으로 자신들은 인정하고 싶지 않겠지만, 더 사악한 인종주의가 발전하고 있다는 것을 누가 알 수 있겠는가? 서로에 대항하여, 남성에 대항하여 여성을, 부모에 대항하여 어린아이를, 또한 가능하다면 인간에 대항하여 동물을 대립시키는 공동체들을 세우는 것이 한편이 다른 한편에게 자주 행하는 악을 진정으로 치유하는 것인가? 권력을 장악하기 위해서 이러한 수단을 사용하는 집단의 복수는 하나의 치유책인가? 그것은 민주주의와 양립하는 것인가?

예를 들면 여성들이 그들이 해야 할 기능과 그들의 노하우 사이의 일치가 어떻든, 남성과 수적으로 평등하다고 주장하는 것은 오랫동안 여성들이 남성 측으로부터 받은 오만함보다 더 많은 악을 가져올 수 있는 무시를 여성에게 증언하는 것이 아니겠는가? 왜냐하면 지식, 경험 그리고 가치를 획득하면서 종속으로부터 일어서는 노력을 하는 것과 우리에게 거의 의지하지 않고서 되찾아진 것은 분명 다른 것이다. 우리들의 성별, 피부 색깔은 각자가 스스로 자신에 의해서 또한 타인의 도움을 받으면서 창조하려는 노력을 하는 것이라는 실질적 가치와 무관하다.

각자에게 기회의 평등을 주는 것은 합법적이고 구체적인 장치를 통해서 작동하는 민주주의의 본성이자 소명이다. 민주주의를 파괴하는 것은 그것을 사라지게 할 수 있는 잘못된 자연적 기준에 의거하면서이다. 그러나 평화는 이러한 대가를 치른다. 평화는 우리 각자, 남성이든 여성이든, 흑, 백, 황, 홍, 기독교인, 이슬람인, 유대인 혹은 불교인 모두에게서 인간성의 도래이다. 평화는 우리를 분리시키거나 융합시키는 것이 아니라 결합시키는 것이다.

"억압받는 자들"은 효과적으로 민주주의에 호소하고 채워야 할 기능을 가지고 있다. 그들은 그것을 두 가지 조건 속에서 충족시킬 것이다. 한편으로 서구 민주주의는 그들의 악마에 대항하여 스스로 방어해야 한다. 다른 한편으로 서구 민주주의는 원한, 복수 그리고 대결의 반복에 항상 종속된 시계추와 같은 반복적 운동을 역전시키는 것을 거부해야 한다. 우리는 조상 대대로의 증오를 극복하면서 만이 평화의 역사를 건설한다는 것을 이해해야 한다. 만약 불행하게 살아야 한다면 그것은 무슨 효과가 있는 것인가? 현대 세계에서 평화는 매우 깨뜨려지기 쉽다. 그러나 국가집단들 사이에 평화를 보장하는 데 이르렀다고 할지라도 분열이 한 국가 내부에서도 발생할 수 있으며, 따라서 초기에는 비무장으로 이어서 대립하는 이데올로기에 기인한 분쟁으로 발전될 수 있다. 원칙적으로 논쟁들은 전쟁과 비교될 수 없다. 논쟁들은 말이 몇몇의 선출된 사람들의 입속에서 "무기"가 될지라도 전쟁과는 반대이다. 의회에는 시끄러운 모임들이 있지만, 민주주의에서는 다수결이라는 헌법적 규칙이 작동하며, 가장 토론이 많은 법률은 투표를 통해서 입법이 되거나 혹은 거부된다. 표결을 통해서 통과되든, 거부되든, 일반적으로 내부의 평화는 민주주의적 규칙에 따라 존중되었다.

그러나 몇몇의 패배한 정당들이 정부, 즉 국가의 권위를 위협하는 파업을 조직하면서 나라를 마비시킬 수 있다. 거리는 더 이상 시민이 아니라 파업 참여자들과 그들의 명령을 따르는 사람들에게 속한다. 왜냐하면 파업은 점점 더 확대될 것이기 때문이다. 따라서 평화는 "혁명"(révolution)으로 이어지기를 바라는 "폭동"(révolte)에 의해서 단절된다. 사실 정부의 몰락이 혁명은 아니지만 더 많은 요구들이 "불법적" 수단들, 돌이나 화염병 던지기, 방화, 사무실 점거 등을 통해서 지지될수록, 평화의 유지는 더욱더 현재의 물리력에 의존하게 된다. 한편에는 폭동자가 된 파업참여자들이 있고, 다른 편에는 경찰, 헌병 그리고 군대가 있다. 소요(émeute)는 내전으로 변화된다. 따라서 국가는 최대한의 정력을 가지고서 그것을 제지하도록 해야 한다. 물론 소요가 필연적으로 내전으로 이어지지는 않지만, 항상 그것은 "법치국가", 즉 평화를 유지하기 위해서 "합법성"을 의지하는 국가를 불안정하게 한다.

4. 혁명과 평화

하지만 소요는 혁명으로 전환될 수 있는 크기를 취할 수 있다. 민주주의에서 비록 무질서가 국가를 약화시킬지라도 혁명이 평화 시기에 발전할 수 있는 기회는 거의 없다. 그러나 투쟁은 급속히 확대될 수 있으며, 특히 혁명이 시작되는 곳은 바로 정치적으로 아주 분할된 민주주의에서이다. 혁명은 현재의 권력을 붕괴시키는 것을 목표로 하며, 그를 대신하여 다른 통치자 혹은 다른 권력형태로 대체하려고 한다. 폭동 혹은 더 급진적으로 혁명이 단순히 지도부에 대항하는 것이 문제라고 한다면, 내전은 간혹 무정부주의적 경향이 있음에도 불구하고, 항상 권력의 획득을 겨냥한다. 이러한 종류의 내전에서 나라의 통일성은 붕괴된다. 습관적으로 국경의 외부에 있는 적들은 이제 내부에 있게 된다. 사회체인 "동일자"의 중심에 있는 타자성은 사회체를 화해할 수 없는 파벌들로 분할시킨다. 이러한 종류의 전쟁에서는 "전쟁법"이 존재할 수 없다. 모든 보호막들은 사라진다. 반란군들이 정의를 주장할 때, 그들의 주장은 모순적이다. 왜냐하면 그들은 판단을 할 수 있는 어떠한 정당성도 가지고 있지 못하기 때문이다. 위협받는 권력의 경우 "국가 이성"이 매우 위태롭기 때문에 군대에 의존할 수밖에 없다. 어떠한 다른 정도보다도 내전은 자의적인 권력의 시간을 가져온다. 만장일치와 거의 동일시되는 다수 속에서 철학자들은 내전을 한 나라를 무너뜨리는 가장 나쁜 재앙으로 만들었다. 비록 특정한 결과가 한 나라를 행복하게 했을지라도 같은 나라 시민들 사이에서의 무장투쟁은 한 세대에 의해서 행해진 범죄들이 무의식적으로 이어지는 다음 세대들까지 짓누르는 특징을 가진다.

모든 내전은 공포 속에서 필연적으로 시작되고 발전하는 형제 살해의 싸움이다. 타자는 더 이상 인간으로 간주되지 않는다. 어린아이들도 인간적 존재로서의 지위를 상실했다. 예를 들면 프랑스에서 루이 17세에게 주어진 운명이나, 낭트에서 카리에 의해서 조직된 익사 사건이 그것을 증언하고 있는 것처럼 그들의 죄가 알려진 것이든 아니든 그들은 때려잡아야 할 해로운 야수이다. 원칙적으로 범죄와 모든 종류의 착취는 "전례 없는" 평화를 위한다는 명분으로 행해졌고, 앞으로 도래할 것을 위해서 오로지 기존의 것을 총체적으로 파괴함으로써 건설할 수 있다고 생각된다. 아무도 이러한 평화가 무엇인지 모른다. 그것은 인간들이 그것에 대해서 권리를 가지는 가장 완벽한 행복으로 약속되었고, 그러면서 기존의 것들을 내버려두지 않았다. 반대파들을 제거하기 위해서 대중 속에는 그들을 지지하는 "공포의 붉은실"(마르크스로부터 온 표현이다)을 손에 쥐고 있는 자발적인 사람들이 항상 존재한다. 내전은 혁명이 된다. 경험은, 재산은 그 소유자만 바뀔 뿐이며, 살인과 탈취에 의한 재산 획득은 동원자들의 연설과는 아무런 상관이 없다는 것을 보여준다. 평화는 존재할 수 없고, 자유의 죽음은 정신의 쇠퇴를 표시한다. 모든 혁명은 다소 긴 시간이 지나 항상 실패하며, 배반자들에게 대항한 전쟁이 지속된 후 끊임없는 의심이 지배하면서 평화는 결코 오지 않을 다음 날의 일로 넘겨진다. 국가의 단일성의 파괴는 동시에 외부의 평화는 물론 치유할 수 없는 상처를 남긴다.

극우 혹은 극좌 나치즘이나 공산주의가 문제가 되는 경우, 논점들은 동일하다. 선언된 목적과 이용된 수단의 정당성에 대해서 의심을 제기하는 사람들, 생각들 그리고 가치들을 제거하기 위해서 필연적인 전복의 폭력에 의해서 주어지는 절대적인 정의, 절대적 평등 간단히 모두에게 행복을 주장하는 것이 바로 그것이다. 논쟁은 금지되고, 혼자서 생각하는 것은 결함이 된다. 달리 말하면 주동자와 그의 명령에 무릎을 꿇어야만이 자신의 목숨을 보존할 수 있다. 만약 혁명가의 행동들을 이해하려고 한다면, 우선 이용된 방법들을 덮고 있는 이데올로기적 겉치레를 제거해야 한다. 그들이 사용한 방법들은 혁명의 우두머리들이 한 말들의 거짓됨과 그것을 독트린으로 만드는 사람들의 환상을 드러내 준다. 살인자들은 결코 평화를 원하지 않는다. 살인자들은 니체가 명확히 이해하고 설명한 그들의 허무주의를 숨길 수 있다. 그들은 죽음에 의해서만 살 수 있다. 크롬웰, 로베스피에르, 1871년 파리 코뮌을 지배한 사람들, 레닌, 스탈린, 히틀러, 아시아와 남미의 독재자들 그리고 또한 현재의 테러리스트들은 그들의 차별성에도 불구하고 그러한 무시무시한 예들이다.

사람들 사이에 평화를 사랑하고 평화를 세우려는 사람들이 요구하는 것은 무엇인가? 혁명적 행위의 심각한 부패, 그것은 폭력에 의해서만 사라질 수 있다. 하나의 좋은 (비록 무시무시할지라도) 예가 차우셰스쿠 부부를 죽음으로 몰고 가면서 행한 거대한 꼭두각시 놀음에 의해서 주어졌다. 그들은 가장 피비린내 나는 폭군의 일부를 이루었다. 그들이 행한 살인을 셀 수가 없을 정도였다. 게다가 그들은 모든 인민으로부터 그들의 과거를 빼앗으려고 시도했다.(아마도 그것은 가장 나쁜 짓일 것이다) 역사적 도시 부쿠레슈티는 그들의 야만적 지배의 거대한 표식들을 제거해버렸고, 다음 세대들은 상상 속에서 그들의 과거를 살도록 강요되었다. 그들의 후손들의 실재는 사라졌고, 그와 함께 과거 속에 위치시킬 가능성 역시 사라졌다. 평화는 주어지지 않았다. 평화는 만들어야 할 것이고, 평화는 아무것도 남아 있지 않기 때문에 살아 있는 힘들로부터 선별된 역사 위에 건설되어야 한다. 인민의 "기억"을 제거하는 것, 그것은 인민을 성장할 수 있는 어린아이로 만드는 것이 아니라 기계의 메커니즘에 속하는 "존재"의 부재로 환원시키는 것이다.

따라서 혁명가들이 지나간 표식들은 내버려 두어야 한다. 그것이 인간이 인간에 대해서 결과적으로 인류에 대해서 행한 악들로부터 보호하는 것이다. 억압에 대한 저항은 영웅적이고 필수적이다. 하지만 우리가 나치 점령 이후에 프랑스에서 본 것처럼, 저항이 지나치거나 실수를 저지르거나 법 앞에 있는 이정표를 상실하는 경우, 부당한 법에 반대하도록 강제되는 경우에는 비싼 대가를 치르게 된다. 불가피하게 편향된 실천들은 어떤 경우 평화와 자유의 법과 자의적 권력에 의존을 혼동하게 하는 상태로 몰고간다. 평화를 세우는 것은 해결해야 할 더 어려운 문제들이 되었다.

혁명 다음 날은 승리자에게는 위험스러우며, 패배자에게는 더욱 그러하다. 평온한 혁명 다음 날은 없다. 혁명이 "영구적"이라고 말하는 것은 헛된 말이 아니다. 혁명은 자유가 더 이상 억압을 견딜 수 없고, 평화를 불안정하게 하는 모든 불균형들을 규제할 수 있는 합법성을 세울 때까지 지속된다. 그러나 증오는 승리자나 패배자 모두에게 가장 집요한 감정으로 남아 있다. 만약 혁명이 성공한다면, 혁명에 의해서 성립된 체제가 반대자들의 제거작업이 정치적으로 비싸게 대가를 치러야 할 때, 관여한 모든 요소들을 보존하는 경우는 매우 드물다. 그것은 정치적인 것과 관련한 어려운 법이다. 대부분의 경우 근본적인 전환의 도래에 가장 열렬하게 참여한 사람들은 제거된다. 왜냐하면 그들은 폭력적인 위기 다음 날이 요구하는 필수적인 안정성과 양립하기 어려운 "활동주의"의 위험스러운 도구들이기 때문이다. 종국적인 결과에 이르기까지 사람들을 멸시하면서 더 이상 인간이 아닌 개인들을 보존하는 것이 신중한 행위인가?

역사가 증명하듯이 교활한 패거리들은 혁명전쟁이 지난 몇 년 후에는 거의 불가피하게 등장한다. 그들은 승리의 행복, 승리자의 연설, 명예의 공식적인 분배에는 명백히 드러내지 않는다. 단단함이 분명한 이러한 이면 혹은 패배가 가져오는 붕괴의 이면에서 인민의 건강함이 문제를 제기한다. 우리는 최상의 의도라는 이름으로조차도 혁명을 무사히 이루어낼 수 없다. 어떠한 대가를 치르던 간에 특성, 에너지 심지어 무력증과 비열함까지 평준화시키려는 평등주의의 요구를 지니려는 욕망과 관련하여, 전투의 잔혹함을 발생시키는 것은 평화가 아니다. 그것은 전쟁이다. 특히 법들이 이데올로기적인 전투들에 의해서 침해당했을 때, 그리고 그 침해가 공공연하게 알려지지 않고 오히려 가장 용기 있는 것으로 간주될 때, 그것은 더 잔인한 전쟁이다. 세대들은 오랫동안 범죄를 저질렀고, 그들의 행동이 영웅적인 것으로 변장했을 때는 더욱 그러했다.

5. 평화의 유토피아들

혁명들은 아주 자주 유토피아로부터 발생한다. 일군의 사람들은 평화, 특히 세계를 근본적으로 변화시키고 항상적으로 지속할 수 있는 평화를 부과할 수 있다고 믿는다. 만약 유토피아가 정의상 실현할 수 없는 것이라면, 반대로 유토피아는 그들이 그리는 의미 속에서 사건들의 진보에 효과적인 접근의 길을 열 것이라면서 유토피아에 대해서 자주 언급한다. 불행하게도 이러한 종류의 환상을 가지고서 전쟁과 범죄가 정당화되고 행복한 결말에 앞선 불가피한 것으로 간주된다. 20세기는 유토피아와 인간에 대항하여 행해진 최악의 범죄들이 창궐했던 세기였다. 불완전하지만 그것들을 들여다보면 유토피아의 기능을 알 수 있다. 평화와 관련된 유토피아들은, 특히 가장 위험스러운 것들에 속한다. 유토피아들은 자신들이 이용할 수 있는 전쟁과 기술적 수단들, 즉 핵무기, 세균무기의 전환 속에서 협약 무기라는 사실을 고려하지 않고서 영양분을 찾는다. 20세기 중반에 이미 "고전적인" 폭격은 드레스덴과 함부르크에서 그리고 단 하나의 폭탄으로 히로시마에서 엄청난 죽음을 가져왔다. 경험되고 혹은 예견할 수 있는 재앙에 맞서서 우리가 가진 당혹스러움과 사고방향의 상실을 이해할 수 있다. 평화에 대한 갈망은 유토피아적이지만, 어떠한 대가를 치르더라도 그렇게 살려는 욕망은 너무나 당혹스러운 마음을 가지게 한다. 사실과 그것에 대한 반성은 유토피아의 길이 어떤 지점에서 막다른 길인가를 보여준다.

또 다른 한편으로는 분류하기 어렵지만, 철학사에서 평화에 대한 갈망의 힘을 명백하게 이해한 사상의 흐름을 분별해낼 수 있다. 대부분은 유토피아의 어떤 측면을 가지고 있다. 하지만 그것이 그것들을 무시해야 할 충분한 이유는 아니다. 평화에 대한 욕망의 힘을 면밀한 검토 없이 약한 것으로 간주해서는 안 된다. 평화는 인간의 가장 아름다운 창조물인 조직의 성과로서 쟁취할 수 있는 것인가? 인간들은 싸우기를 좋아하기보다는 평화스러운 본성을 가지고 있으며, 전쟁은 본성에 영향을 미치는 "본질적인 사건"의 증오할 결과라는 것, 그러나 인간의 진실한 본질에 대한 의식을 가진다면 우선 정치사회 속에서 나아가 국가들 사이에서 전쟁은 사라질 수 있다는 것을 잊어버렸는가? 반대로 인간이 나쁘다면, 평화가 인간의 본질적인 이익이라는 것을 구별하지 못한다는 것을 생각하게 할 충분한 이유인가? 전쟁을 전면적으로 제거하려는 바람은 의심할 여지없이 신성한 소망이며, 그것은 그들의 국경 내에서 평화를 절대적으로 확신시키며 외부적으로 위험스러운 분쟁을 제한하게 하는 국가들 사이의 내적 조직을 인식하는 것을 방해하지 않는다.

예를 들어 토머스 모어나 캄파넬라는 평화를 생산하기 위해서 어떠한 조건들이 요구되는지를 추적했다. 모어는 평화가 "전쟁만큼이나 몰두할 만한 가치가 있는 것"인 반면에, 전쟁은 "유토피아들이 동물적인 것으로 아주 증오하는 것이며, 그럼에도 불구하고 인간이 어떤 다른 동물보다도 더 자주 저지르는 것"이라고 적고 있다. 모어와 캄파넬라는 국경 내에서 평화를 보장할 권력이 없는 평화를 단언했다. 이러한 유토피아는 우리에게 인간이 이성에 의해서 정의되지만 자발적으로 평화롭지는 않다는 것을 가르쳐준다. 따라서 평화를 부과하기 위한 그들의 노력에는 많은 장애가 따른다. 역사적으로 존재한 사회들은 인간의 욕망의 표현들이며, 인간의 욕망은 인간과 그 열정을 특화시킨다. 공동체를 엄격하게 정렬하는 법과 지속적인 감시를 통한 그것의 준수만이 시민적인 평화를 생산하고 유지하게 한다.

왜냐하면 법과 그것의 준수가 이성의 발현이기 때문이다. 결론적으로 인간의 본성에 대한 판단은 비관주의적이다. 인간은 본성상 착하지 않다. 인간에 대한 인간의 성향은 자신의 고유한 경향을 따르면서 평화적으로 발전하기 위해서 자연적인 능력보다는 이성의 입법화에 의해서 취해진 장치들의 성과이다. 따라서 인간들은 그들의 공적인 삶과 사적인 삶을 가장 엄격한 방식으로 정렬하는 감시자들에 의해서 우리에 가두어지고 보호되었다.

16세기에서 20세기 나아가 21세기까지 우리는 아주 다른 길들을 따라 비인간적인 억압의 필요성을 발견했고, 나아가 그러한 주장은 순응과 정복의 압력하에서 일국적 수준에서 국제적 수준으로 확대되었다. 그러나 평화는 전쟁의 조직자인 국가들을 파괴시키기 위한 역사의 전개가 필요하다. 마르크스와 그 선동자들에 의해서 요구된 이러한 증명의 시초들은 이러한 종류의 유토피아에 내재한 비인간성을 증명했다. 그러한 유토피아는 모든 전쟁국가들을 위협하고 평화를 가져오기보다는 공동묘지와 노예제를 가져올 뿐이기 때문이다.

6. 자연(nature), 전쟁 그리고 평화

평화는 내부 혹은 외부의 전쟁들 사이에 있는 막간의 휴식일 뿐이라는 것을 받아들이는 것으로 끝내야 하는가? 만약 평화가 지속적으로 성립된다면, 평화보다 전쟁에 더 잘 어울릴 것 같은 인간 본성을 믿어야 하는가? 우리의 주변에는 무슨 일이 발생할 것인가?

자연 자체는 우리에게 모순적인 모습을 보여준다. 바다, 산 혹은 때때로 도시에서든, 아침의 "모든 것이 좋다"라는 생각을 가지게 한다.

평화는 산들바람의 부드러운 움직임에 의해서 스쳐지는 침묵 속에서 천천히 우리에게 스며든다. 그리고 마치 지극한 행복이 항상 지속되는 듯이 우리는 지복과 사색으로 빠져든다.

경험은 자연이 화를 내는 것이 어떠한 전쟁보다도 더 살인적이라는 것을 보여준다. 지진, 해일, 화산폭발, 낙뢰, 산불, 눈사태, 그리고 자연적이라고 말하는 모든 재앙들을 상기시키는 것이 무의미할 것이다 ……. "사람들은 너에게 어머니라고 말하고 너는 무덤이다"라고 알프레도 드비뉴는 『목동의 집』(La maison du berger)에서 적고 있다. 그러나 자연을 의인화시키는 것은 시인들이다. 따라서 자연이 우리에게 선을 행하든 악을 행하든, 자연이 우리에게 일으킨 것에 대해서 전쟁 혹은 평화의 느낌을 가지게 하는 것은 아니다.

전쟁이 평화에 대해서 대략 승리한다는 것은 살아 있는 것들의 질서에서 발생한다. 모든 살아 있는 존재, 인간들, 동물들, 심지어 일정한 점에서 식물까지도 싸운다는 것을 인정해야 한다. 모든 살아 있는 것들의 공격 성향은 일반적이다. 흥미를 가지고서 디노 부차티의 소설 『부드러운 밤』(Douce nuit)을 다시 읽을 수 있다. "모든 것은 이렇게 기이하고 불가사의한 방식으로 쉬고 있다. 자연은 달 아래에서 자고 있고, 아무도 그것을 설명하지 못한다." 그러나 소설가가 정원을 물끄러미 바라본 반면에 "신의 수천의 창조물들에게 공포, 불안, 비통함, 고통, 죽음, 바로 이것들은 30미터 정원으로부터 오는 밤의 수면이다. 그리고 밤이 내리자마자 동일한 것이 도처에 깔린다. 살인, 제거, 학살, 그리고 밤이 흩어지고 해가 나타날 때, 다른 살육이 거대한 길의 다른 살인자들과 함께 동일한 잔인함 속에서 시작된다. 시간의 기원 이래 항상 이러했고, 수세기 동안 그리고 세상의 끝까지 이러할 것이다."

7. 인간 본성(nature), 전쟁 그리고 평화

우리는 인간이 동물이라는 것을 알고 있다. 하지만 인간은 동물만은 아니다. 동물과 달리 말하고, 생각하고 욕망하는 가능성이 다른 인간들과의 관계를 증언하며, 인간들이 독자적인 삶과 집단적인 삶을 사는 의미 혹은 인간들이 찾도록 요구되는 의미를 보여준다. 자신 이외 타인 없이 인간이 살 수 있을 것인가? 그러나 인간은 동물보다 더 야만적인 방식으로 싸운다. 동물들의 싸움은 영역이나 무리들의 지휘를 둘러싸고 발생하며 그것은 먹을 것에 대한 필요나 자신들의 종의 생존과 관련되듯이, 인간들의 개별적인 혹은 집단적인 싸움이 비난받을 것인가? 전쟁의 시간과 평화의 시간의 변동에도 불구하고 우리가 무엇을 하든, 우리는 다음과 같은 증명 앞에 놓여 있다. 즉, 전쟁은 결국 우리들의 불가피한 현실이다. 휴식들은 우리들의 감시를 잠시 쉬게 할 뿐이다.

사실 역사 읽기는 어린아이에게 해주는 이야기가 아니다. 전쟁이라는 사실은 우리로 하여금 정치적인 것으로 일반적으로 인정된 전제들에 대해서 질문하도록 한다. 카를 슈미트 – 그리고 그 이후 프로인트 – 가 주장했듯이, 인간들은 정치적인 것의 질서 속에서 적과 친구 관계로 분리되지 않는다는 것이 사실인가? 이 관계는 인간들 서로서로를 분리시키는 균열들을 포함하지 않고 인간을 말하는 것이 불가능하듯이, 우리가 "존재론적 단절" 인류의 단일성의 단절에 근거해야 하는가? 전쟁은 종(種)의 중심에 존재하는 본질적인 대결을 명백하게 드러내고 있다. 동일자와 타자의 대결, 그 관계는 설사 그렇게 될 수 있다고 하더라도, 결코 변증법적이지 않다. 대결은 한편으로 일시적으로 전쟁을 종결짓는 조약들 속에도 남아 있는 듯하다. "평화조약"이라고 부르는 것은 우리에게 승리자 앞에 무릎 꿇는 타자성, 타자, 패배자의 지위에 대해서 재정의하도록 강요하지 않는다. 왜냐하면 그들은 승리자가 될 수 없기 때문이다. 타자에 대한 부분적인 파괴 혹은 동화, 그 영토의 침탈, 공물의 요구 등 평화조약의 조항들이 무엇이든 간에, 그것들은 항상 다양한 수준에서 "동일자" 내에 "타자"의 흡수를 포함하고 있다.

전쟁을 하는 것, 그것은 내가 살기 위해서 타자가 죽어야 하는 불투명함 속에 타자를 놓는 것이다. 역설적으로 내가 죽지 않기 위해서 나의 고유한 생명을 위험에 빠뜨리는 것을 수용해야 한다. 이러한 의미에서 적의 타자성은 절대적이다. 우리가 하나의 상징을 사용한다면, 우리는 "검은 타자성"이라고 말할 수 있으리라. 그러나 연금술의 이미지를 따른다면, 전쟁은 필연적으로 죽음을 수반하기 때문에 변형 가능성이 없다는 것을 덧붙여야 한다. 직접적으로 혹은 결과적으로 주어지거나 받아들여진 죽음이다. 포탄이 난무하는 전투 속에 병사들이 빨려들고, 무명으로 숨져가면서 갈기갈기 찢겨진 몸뚱이들, 피난처로 만들어진 곳이 파괴되면서 죽어간 아이들, 모든 기억들 속에 잔인한 장면을 상기시키는 것들을 생각해보라.

역사의 과정에서 지속적으로 명백했던 "동일자"와 "타자"의 대립은 그 잔인성 속에서 인정할 수 없는 하나의 특징을 꿈꾸고 있다. 인간들이 죽음이 가능한 영역을 한정하는 역할을 담당하는 "전쟁법"(내전의 시기에 적용될 수 없다는 것은 보았다)에 근거했다는 것은 사실이다. 만민법, 국제법 그리고 모든 종류의 협약들은 분쟁 속에서조차 특정한 가치들을 구하려고 노력한다. 법률적인 노력은 전쟁의 성과들과 충돌하는가? 인간은 진정으로 인간이 되기 위해서 인간을 죽이는가? 만약 우리가 사실들과 충돌하고 인과관계 이외에 이해해야 할 것이 없다면, 평화를 원하는 것은 기이할 뿐만 아니라 전쟁 자체가 철학적 사고의 대상이 될 수 없을 것이다. 전쟁은 역사가, 사회학자, 전략가, 정치인의 관심을 끌지만, 그것이 어떤 결과를 가져오든, 어떤 위급 상황을 불러일으키든, 혹 인류 역사에 급격한 변동을 가져오든 간에 내재적인 의미를 거의 가지지 않는다.

　유토피아적인 꿈 혹은 전쟁에 결합된 현실주의를 위해서 평화를 포기하기 전에, 우리는 인간 삶의 기원에서 우리가 강조했던 존재의 균열에서 가장 쉽게 볼 수 있는 특징들을 구별하려고 한다. 가장 즉각적인 것들 중의 하나는 우리들 각자가 세상에 도달하는 조건과 관련된다. 증명방법의 천박함에도 불구하고 데카르트는 여러 차례 "우리가 인간이 되기 전에 어린아이였다"는 것을 상기시킨다. 이유 없이 동일한 증거들을 언급하지 않는다. 그러나 철학자는 그러한 판단형성의 약점과 느림에 대해서 유감을 느낀다고 하더라도, 모든 어린아이가 무방비 상태에서 주변의 문제들에 노출되는 만큼, 어린 시절의 불가피한 상황이 전쟁에 매우 일반적인 경향의 한 구성요소를 표상할 수 있는 것은 어떠한 측면에서 그러한지 자문할 수 있다.

　그러나 좀더 멀리 거슬러 올라가야 한다. 어린아이의 상태는 각 개인들에게 우선적인 것처럼 보이지만, 아무도 그 상태를 인식한 사람의 도움 없이는 세상에 나설 수 없다. 비록 세습이 하나의 성별과 다른 성별의 기여를 혼합시킨다고 하더라도 인간존재는 종국적으로는 하나 "혹은" 다른 성별에 의해서 특징지어진다. 인간은 남성 혹은 여성으로 태어난다. 그의 행복이 무엇이든, 폭동 혹은 습속, 그 운명은 이 표시하에서 살아진다. 우리는 남녀의 존재에 대해서 아주 습관화되었기 때문에 그것이 "존재"의 질서에 의미하는 바가 무엇인지를 거의 묻지 않는다. 사람들은 다양한 형태의 역사 속에서 때로는 평범하게 때로는 현실적으로 발생하는 성들의 전쟁에 대해서 말하고 있다. 모권 문명(이에 대해서 우리는 많은 것을 알지 못한다)을 제외하고, 남성적 존재는 마치 그가 완전한 존재인 것처럼 생각하고 살아가기를 추구했다. 그들은 이러한 의미의 상이한 법률들을 가장 일반적인 방식으로 설득하려고 결정했다. 여성의 경우 이러한 유사한 방식에 적응해야 했고, 부정적인 것으로 간주되면서 모든 증거들에 반하여 부정될 수 있는 차이를 자신 속에서 통합시키거나 거부할 수 있다고 믿는 것에 성공하지 못했다.

이러한 세속적인 특징들이 가장 자주 인지되지 못하고 지나가는 기원을 가진다. 그것은 남자와 여자가 가장 근본적으로 불완전한 존재이며, 그들은 서로에 대해서 그만큼씩 결여된 존재이다. 이것이 그들이 요구할 수 있는 유일한 실질적 평등이다. 그 둘 각자는 동시에 서로와 닮으면서 절대적으로 다른 "타자"의 존재 속에 있다. 어느 누구도 전체이지 않으며, 어느 누구도 인간종의 대표자라고 주장할 수 없다. 왜냐하면 타자는 유사성과 상이성 속에서 "원초적인 결여", 남성 존재와 여성 존재라는 자신의 존재 속에 기재된 균열 속에서 대면하고 있기 때문이다. 자신의 존재가 타자의 존재 앞에서 한편으로 그렇게 가깝고, 다른 한편으로 그렇게 멀다면 어떻게 살아가겠는가? 환원되지 않는 이중성을 의식하는 것은 동시에 남성 혹은 여성이라는 개인이 완성된 단일성이 아니며, 하나의 존재는 다른 타자와 마찬가지로 헤아릴 수 없으며, 타자에 대해서 하나의 신비로서 등장하는 종(種)의 일부일 뿐이라는 사실을 명백히 드러내 준다. 개인주의적 철학은 이러한 어려움을 드러내지만, 해결하지는 못한다.

타자, 알려지지 않고, 이해할 수 없는 사람에 대한 두려움은 인간 존재의 조건으로부터 나오는 결투의 양태와 연관이 있는 듯하다.

우리는 각자가 자신의 존재 속에 자신의 것이 아닌 것을 제거한다는 사실을 알아야 한다. 따라서 전쟁으로 추동하는 열정은, 그 결과가 심리적인 측면들을 가진 존재론적 질서의 실체 속에서 성적인 것을 찾는 데 있는 것 같다. 양성성은 사실상 존재의 이중적인 특징, 즉 자신이 성적 결정과 세상에서 살아온 어린 시절의 상태에 의해서 특징 지워진 자신의 고유한 존재에 기입된 균열과 토론의 여지없이 타자의 창조에 필수적인 조건을 모두 보여준다. 남성이든 여성이든, 인간존재는 불완전하고 미완의 구성원일 뿐인 종(種)의 원초적인 상처를 치료할 수 있는가? 각자의 존재는 공포라는 열정 속에 저주받지는 않았는가? 인간이라는 개념은 우리가 남성적 존재들이 있으며, 여성들이 있고, 그들의 공존이 각자의 존재의 중심에 기입되지 않을 것이라는 공포에 의해서 각인되었다는 사실을 알 때, 그 의미를 상실한다.

가장 원초적인 공포, 즉 각각의 성별이 타자 앞에서 느껴지는 공포는, 만약 그것이 가장 친숙한 방식으로 각자가 타자에 대해서 보여주는 저항할 수 없는 매력 속에 빠져든다면, 파괴의 진정한 전쟁 속에서 현실화되는 상호적인 공격성을 만들어낸다. 성적인 본능은 매우 폭력적이어서 가장 자주 차이의 존재론적인 장면을 은폐한다. 자신의 존재의 보완이라는 기본적인 필요는 두 성별이 서로 향하게끔 한다. 그들의 결합은 다시 찾아진 단일성이라는 바람이며, 만약 지복을 찾는 것이 아주 심도 있게 삶의 근원들과 관련을 맺고 있다면, 그것은 우연이 아니다.

그러나 존재의 상처를 치유하려는 노력을 간헐적인 본능에 맡기는 것은 너무 무모하지 않는가? 욕망은 깨어났다가 꺼진다. 새롭게 사라지기 위해서 타오른다. 욕망은 대상을 바꾸는 것이 필요하다. 그가 바라는 것으로 향하는 순간에 자신의 것이라는 환상에도 불구하고 종국적으로 불만족스럽다. 이러한 실망으로부터 분노가 발생한다. 각자는 적대감과 뒤엉킨 감정들을 다소간 명확한 방식으로 증언하고 있다. 타자는 이러한 부적합함에 대해서 책임이 없는가? 사람들은 그 스스로가 전부가 아니기 때문에 자신에 대해서 충분한 확신이 있을 수 있는가? 공포는 잠시 잠들 뿐이며, 다시 깨어난다. 존재는 다른 양태들에 따라 완벽해지려고 한다. 영광에 대한 사랑은 두려움에 대항하는 방어벽이다. 걱정하는 것과 걱정시키는 것에 대해서 싸우고 압도해야 한다. 분석은 두 성별 모두에게 가치가 있다. 우리는 "남성우월주의"와 "페미니즘"이라고 불리는 것이 적합한 수많은 돌발사태를 알고 있다. 이와 같은 하찮은 무기들은 이미 상처 입은 존재들에 다르지 못한다. 그것들은 어떤 상처도 치유하지 못한다. 그것들은 반대로 해악을 끼칠 뿐이다.

문제 앞에 멈추기를 거부하는 것은 그것을 제거하는 것이 아니다. 문제는 다시 등장한다. 왜냐하면 양성성이라는 사실은 여러 이데올로기에도 불구하고 인간 종(種)을 구성하는 모든 구성원들 내에서 존재의 원초적인 도달에의 표시이기 때문이다. 두려움, 영광 혹은 강제된 인정, 전쟁을 가져오는 움직임들과 열정들의 근원은 이미 각자에게 준비되어 있다. 왜냐하면 그는 인간, 즉 남성 혹은 여성이기 때문이다. 평화에의 갈망은 타자의 불가피한 현존에 의해서 깨진 존재로부터 오는 불만이 아닌가?

남성 혹은 여성의 수가 "인간"을 정의하는 데 필수적인 것은 아니지만, 남자"와" 여자는 그것에 불가피하다. 서로가 유사하고 거의 동일하기 때문에, 단일성의 원초적인 균열의 신비함이 훨씬 더 심오한 것일 뿐이다. 우리는 동일한 단일성을 끊임없이 반복하는 거울일 수밖에 없는 "타자들", 남성들 혹은 여성들이 놀라운 존재가 아니라는 것을 이해한다. 단성성은 각자 홀로 체현하기에 충분한 단일성 속에 어떠한 균열도 가져올 수 없다. 한 남성 혹은 한 여성으로 재생산되기 이전에 인간이 되기 위해서 두 가지, 즉 남성"과" 여성이 있어야 한다. 자신에 의해서 존재하지 않고, 타자 속에 존재, 타자에 의한 존재, 자신의 고유한 정체성 형성은 유사하지만 자신이 아닌 것에 의존한다는 것, 결국 단일하기보다는 더 공통된 정체성을 가지기 위한 것이다.

우리는 존재론적 단절이 유사성의 중심에서 결정하는 움직임들을 알고 있다. 자신에 대한 본질적인 의심, 동일한 성별의 타자들에게 기울어지는 경향, 그러나 "확실하지" 않은 발견. 남성에게 타자의 남성, 여성에게 타자의 여성은 충만함이 아니라 결여로서 존재하는 거울 이외 다른 것이 아니다. 남성과 여성 사이에서 동의와 부동의는 유사성을 이해하는 것이며, 그들은 인간존재의 서로 다른 조각이기 때문에 그들 관계의 양면성은 모든 인간관계의 직조를 결정한다.

차이에 대해서 무엇을 말하는가? 차이는 끌어당기기도 하고 밀기도 하며, 유혹하기도 하고 공포를 주기도 한다. 신화 속에서가 아니라면 여성으로 태어난 남성 존재는 없다. 자신이 아닌 것으로부터 온 그는 누구인가? 그리고 그녀가 아닌 것을 생산하는 그녀는 누구인가? 문학작품은 어머니에 대한 아들의 사랑과 그 양면성, 즉 때때로 살인에까지 이르는 아들에 대한 어머니의 사랑을 탐닉해왔다. 딸이 아버지에 대해서 무관심을 숨기는 매력을 가지고 있으며, 아버지들은 때때로 삶을 질식시키는 지점에까지 자신의 딸을 사랑한다는 것을 우리는 알고 있다. 성적인 욕망이 문제가 되고, "존재"의 드라마가 인간관계의 드라마의 기원에 있지 않다는 것이 그렇게 명백한 것인가? 오히려 서로에게 타자의 존재를 박탈당하고 자신을 위해서 박탈하는 자신의 존재 내에서, 그리고 섹슈얼리티가 명백해진 존재의 신비를 숨기기 전에 몰이해, 공포 그리고 특정한 경우에 거부의 길을 여는 자신의 "성화"(sexuation : 성별의 획득/역자) 내에서 자신이 무엇인지에 대한 우선적인 두려움이 아니겠는가? 더 풍부한 심리학은 인간의 이중적인 본성에 주의를 기울이는 존재론을 진행시킨다. 우리는 왜 철학적 사고가 자주 심리학에 존재론의 한 축인 "성화"의 사실을 넘겨버리는지를 물을 수 있다. 인문과학은 관심이 없지 않지만, 천착하지 않는다. 존재의 한가운데에서 어떠한 교육도 이르지 못한 열정들이 탄생한다. 성적인 본능은 마치 망상과 같이 특히 존재의 균열에 그 찬란함을 빛지고 있다.

8. 말, 이타성 그리고 평화

성적인 삶은 오늘날 자주 일시적인 모험의 연속이거나 욕망이나 싫증난 사랑에 남아 있는 습관이다. 성적인 삶은 심리적인 필요나 일종의 잘못된 의무에 대해서 답하는 것이다. 사실상 충실함은 필연적으로 행복한 사랑의 효과가 아니다. 우리는 필요의 표현과 관련된 남성에게 고유한 그리고 여성에게 고유한 심오한 실체가 있는지 물을 수 있다. 인간적인 것, 그것은 하나의 평범함이며, "언어"(language)로부터 탄생한 것이다. 인간적인 것은 "말하기"(parole), 즉 유용하고, 기쁘게 하고, 우울하고, 따분하고, 공격적인 교환과 대화를 할 수 있는 것인가? 말하기는 존재를 표현하고 상호관계에서 각자에게 가장 진실한 것, 타자가 의문을 가지고 듣기를 필요로 하는 것, 그를 인간으로 만들면서 그가 누구인지를 주의 깊게 듣는 것이 필요로 하는 것을 표현하는 것이다. 그것이 바로 우리들의 무지와 실수에도 불구하고 삶에 대한 우리의 욕망의 기원이 있는 우리들의 근본적인 욕망이다.

"말하기"의 탄생은 드물다. 단순히 복제, 이중적인 것이 아닌 "동일자"와 "타자"의 만남이 필요하다. 말하기에서 탄생하는 것, 그것은 삶에서 깨어나는 것이다. 단순히 개인의 외적이고 진부한, 그리고 기쁨과 고통, 떠들기, 실재적인 싸움과 평화 등 일상적 삶뿐만 아니라 내적인 삶, 두 존재의 만남 덕분에 "동일자"와 "타자" 사이에서 말하기의 교환을 통해서 각자가 더 순수하고 더 값진 근원들이 솟아오르게 하는 그러한 삶이 깨어나는 것이다. 바로 이 때문에 말하기는 하나의 위험이다. 왜냐하면 그것은 진실, 거만함, 거짓, 허영이 없는 그에 따라 우리를 무장해제시키는 그러한 안식처를 타자에게 보여주고 제공해야 하기 때문이다. 많은 시간 우리는 타자들에게 우리를 숨기기 전에 우리도 모르는 사이에 우리 스스로에게 숨기고 있다. 만약 우리가 우리의 삶의 근원을 무시한 채 갑옷 속에서 살고 있다면, 어떻게 우리가 전쟁을 하지 않겠는가? 세상에 우리가 진정 무엇인지 그리고 "대화"가 우리에게 가르쳐준 것을 드러나게 하는 노력과 용기가 평화를 불러일으킨다. 무엇보다도 가장 다른 존재들, 즉 남성과 여성 사이에 유사성을 느껴야 한다. 왜냐하면 인간은 그가 무엇을 하든 여성이 될 수 없고, 어떠한 여성도 남성이 될 수 없기 때문이다. 서로의 만남이 반드시 성적인 것은 아니라고 하더라도 우정이라고 부르는 "말하기"의 교환이 삶을 부여한다. 세대들의 발생은 남성과 여성의 작품이다. 그것은 동시에 삶의 "새로움"을 만드는 것이다. 만약 타락이 발생한다면, 그것은 동일한 것에의 반복일 뿐이며, 쇠퇴와 죽음을 가져올 뿐이다.

따라서 전쟁과 평화의 발생 가능성이 존재론적으로 의존하는 것은 바로 생명을 부여하는 두 존재 사이의 대화의 가능성에 달려 있다. 원초적인 쌍의 출현과 행동은 역사의 상징이다. 우리는 성경에서 대화의 화신들을 따를 수 있다. 「창세기」 첫 장에서 남성과 여성은 함께 창조되었다. "남자와 여자, 그가 '그들을' 창조한다." 많은 번역들이 단순한 과거에 변화시켰던 현재는 주요하다. 그것은 창조의 영원성을 의미하며, 그 자체로 지속되어야 할 것이다. 남자와 여자는 함께 창조되었고, 그들은 인간이 아닌 동물과 식물, 그리고 평온한 창조물을 지배했다. 그것은 존재론적으로 첫 번째 쌍인 동시에 유사하고 다른 이중성이며 단일성과 평화를 위해서 탄생했음을 말한다. 그러나 아직까지 신(Elohim)과 그 둘 사이에도 말하기의 교환은 없다. 유일하게 신은 자신의 작품을 말한다. 두 번째 장에도 인간의 말하기는 없다. 남자와 여자는 연속적으로 창조되었다. 분명 남성은 다음과 같이 쓰고 있다. "여자 그것은 나의 뼈 중의 뼈이며, 나의 살 중의 살이다. 그것은 남자의 여자이며, 여자는 남자에 의해서 취해진다." 그러나 그는 "그녀에 대해서", "그녀에게 말한다." 말하기는 타자성 속에서 그 밖에서 교환되지 않는다. 여기에서 남자는 특히 자신에게 근거한다. 그는 그녀에게 무엇을 남기는가? 그녀는 대답하지 않는다. 모든 것은 그 자리에 있다. 우리는 다음 이야기를 알고 있다. 전쟁이 남자들 사이뿐만 아니라 남자와 여자 사이에 살인의 불꽃을 지핀다. 인간적인 것의 실재와 진실은 부재했다. 전쟁에서 전쟁으로, 평화조약에서 평화조약으로 인간성의 역사는 불행 속에서 발전하고 있다.

평화? 그 길은 우리를 인도하는 좁은 길이다. 모든 대화의 원형이 되기 위해서 공통적 존재의 치유가 필요하다. 평화는 계곡들 사이를 연결해야 하는 봉우리의 길과 닮았다. 평화는 과학적 질서에 대한 확신보다도 각자의 내적인 개종이라고 불리는 것이 더 적합하다. 우리는 존재를 증명하지 않는다. 그것을 살아가려고 할 뿐이다. 양성성을 의식하고 있는 인간성은 마치 그것을 잊어버린 듯이 있다. 인류는 그것을 당연한 것으로 받아들였고, 동시에 무시했다. 인류는 남자와 여자라는 실재들을 숨기면서 "인간"에 대해서 말해왔다. 서로에게 삶을 부여하는 말하기의 교환의 자리에 인간에 대한 담론들이 존재한 것이다. 증오와 절망들만이 있었다.

너무 환상을 만들지 말자. 평화는 인간 존재에게 더 어려운 작업이다. 왜냐하면 삶과 죽음이 진행되기 때문이다. 그리고 그 존재로부터 오기 때문이다. 전쟁들과 유토피아들 사이에 하나의 희망이 순환한다. 그 희망은 오늘날 여성들이 말하기를 하고, 남성들이 그것을 받아들이고 다시 보내는 방식에 달려 있다. 지금 이 순간 너무 제한된 집단이 아니라면 즐거울 수 없다. 우리의 아마존 전사들은 남자들을 진정으로 돕지 않았다. 남자들은 그들의 확실성과 정체성을 잃어버렸다. 여성이 효과적인 위협으로 전환되는 것을 보지 않는다면 그것은 치유할 수 없는 악이 아니다. 남자들은 그들 스스로 쉬운 확신에 비싼 대가를 치렀다. 여성의 경우 그녀들이 가진 모든 이유들에도 불구하고 남자들과 정확히 똑같은 실수를 저지를 위험이 있다.

역사의 음모가 인간존재의 불완전한 부분이 타자의 희생 속에서 승리할 수 있다는 환상 속에서 그리고 다른 성들 간, 다른 세대들 간, 다른 국가들 간 그들의 경계 내에서 지속된 전쟁 속에서 전쟁을 무한히 반복하는 것을 왜 받아들여야 하는가? 인간은 의식하지 못한 채 자살하도록 운명지어져 있는가? 전쟁은 요즘 핵시대의 기술을 이용한다. 전멸의 위협이 햄릿을 괴롭혔던 문제와 같은 것을 생각하게 하지 않는가? 아마도. 결국 교환된 말하기에 접근하기 위한 조건 속에서 평화의 근거이자 우리들의 안전으로의 길을 여는 성화(sexuation)와 타자성을 해방하면서 말이다.

제4장

평화 : 주권에서 인권으로*

사카모토 요시카즈**

1

왜 우리는 평화에 대해서 계속해서 말하지 않으면 안 되는가?

말할 필요도 없이 그것은 개인 혹은 집단 사이에 항상 이해의 대립 – 즉, 넓은 의미에서의 플러스 또는 마이너스 가치의 대립 – 이 있기 때문이다. 이해의 대립은 가치의 배분이 사회에서 평등, 균등하지 않은 데 기인한다.

무엇을 가지고 가치가 있다고 보는가는 사회에 따라 다르고, 또 시대에 따라 변화한다. 따라서 "가치가 있다"고 하는 것은 한 사회를 구성하는 인간의 주체적인 가치판단(평가)에 의거하는 것이며, 그런 의미에서 "주관적"이다. 그리고 사회적 가치라는 이미지는 거의 항

---

* 옮긴이 – 홍태영(洪泰永) : 국방대학교 안전보장대학원 교수,
** 사카모토 요시카즈(坂本義和) : 일본 도쿄대학 명예교수

상 "희소성"의 이미지와 중첩되고 있다. 희소성이 가치를 부여한다는 생각은 오래전부터 있어 왔으나, 뒤에서 언급하겠지만, 특히 근대 사회에서는 그러한 생각이 일반화되었다고 해도 좋다. 여기서 중요한 것은 희소가치라는 것이 대립을 낳는 것이 아니라, 희소성을 가치라고 여기는 가치관이 희소성과 그것을 둘러싼 대립을 낳는다고 하는 사실이다.

이러한 이미지 혹은 가치관으로서의 희소성은 거기에 고유의 대립이나 경쟁이라는 다이너미즘을 내포하고 있다. 즉, 가치의 대상은 만약 완전하게 만인에게 동일하게 배분되어 귀속되는 경우에는 사회적 가치라는 의미나 이미지를 현저하게 상실하게 된다. 예를 들면 인간의 생물학적 기초 위에 성립하는 기본적인 가치로서 생명 혹은 생명의 안전이 있다. 만약 인간이 죽지 않는다면 생명은 가치성을 상실할 것이다. 인간이 죽는다고 하는 생물학적 조건을 전제로 하면 그것이 "가치"의 이미지를 낳고, 거기에서 누가 더 많이 죽음의 리스크를 안지 않으면 안 되는가, 누가 안전한 지위에 머무를까라는 가치배분의 문제가 발생한다. 모든 사회에서도 병사를 전장으로 보내는 명령을 내리는 정치지휘자 자신이 안전권 내에 있는 것이 보통이다. 예를 들면 미국에서 베트남 전쟁이든 이라크 전쟁이든 흑인 병사나 저소득층의 백인 병사가 전사자들 중에서 차지하는 비율이 극히 높은 것, 클린턴 대통령이나 부시 대통령이 지난날 실전부대로의 배치를 피했다는 사실이 지적되고 있다.

또 경제적 소득은 능력-노력-요행 등의 차이로 인해서 불균등할 경우에 사회적 가치척도의 성격을 가진다. 만약 개인이나 집단의 능력이나 활동의 여하에 관계없이 균등한 소득이 확실하게 보장된 경우, 소득에는 생물학적인 효용은 있을지언정 사회적 가치라는 의미

부여나 이미지는 상실될 것이다. 혹은 명예라는 가치에 대해서 말하자면, 그 정의상, 일부의 인간에게 한정되어 부여됨으로써 의미를 가지게 되는 것이 보통이다. 만약 만인이 같은 훈장을 받았다면 훈장은 훈장으로서의 가치를 상실할 것이다. 이같이 사회적 가치의 이미지는 희소성, 불평등 배분과 연결된다.

그러나 이 "희소성"의 이미지에는 또 다른 측면이 있다. 즉, 여기서 말하는 "가치"가 단순한 개인적인 선호에 근거하는 것이 아니라, 사회적-집단적 선호를 가리킨다면, 그것은 그 가치가 사회적으로, 즉 사회의 "만인"에 의해서 가치성이 부여되고 있다는 것을 함의한다. 그것은 실로 가치의 평등한 배분을 추구하는 것에 다름이 없다. 즉, 희소하기 때문에 평등분배를 요구하는 것이다. 여기에 희소가치의 역설적인 다이너미즘이 있다.

근대로의 이행기에 많은 사회에서는 이러한 희소가치가 군주-국왕이나 그 세습계승자에게 속하는 것이라고 널리 받아들여졌다. 왕정, 특히 보댕이 후기에 옹호한 절대군주의 주권은 그 하나의 예이다. 이에 비해 그 희소가치, 특히 과세권 등의 권리가 보다 다수의 엘리트에게 배분되도록 압력이 작용했을 때, 귀족정이 힘을 발휘했다. 마그나카르타는 그 한 예이다. 그러한 엘리트의 권력은 "대권"(prerogative), "특권"(privilege)으로 표상되어, 보다 다수의 자산소유 부르주아에게 가치배분이 요구되어 달성된 것이 17세기의 명예혁명과 이후 19세기에 이르는 일련의 근대 시민혁명이었다. 여기에 일관하여 작동하고 있는 것이 "평등"을 가치로서 간주하고 추구하는 역학이다.

이렇듯이 근대의 역사는 희소가치에의 지향과 평등가치에의 요구 사이의 항쟁의 궤적이라고 할 수 있다.

게다가 희소가치는 만인에게 가치의 의미를 가지고 추구되는 반면, 만약 그것의 평등배분이 실현된다면 "가치성"을 상실하게 된다. 거기에 평등한 배분에 근접하면 할수록 그에 반발하여 "격차를 벌이려는" 경쟁의 역학이 작동한다. 그러나 그러한 경쟁과 격차는 새로운 평등에의 요구를 산출하는 것이고, 여기에 희소성과 평등성의 이를테면 영구 운동적인 긴장이 발생한다. 이것이 "경쟁"이라는 다이너미즘을 기축으로 하는 근대적 가치관, 인간관, 사회관의 특징이다.

2

이러한 긴장관계와 항쟁은 우선 엘리트 사이, 즉 당시 국가 간의 관계에 나타난다. 웨스트팔리아 체제라고 하는 주권국가체제(state-system)는 기본적으로 중세적 신성로마제국 황제나 로마 법왕의 보편적 지배의 권위를 부정하고, 평등한 주권국가로 구성된다는 원칙에 입각하는 체제이다. 여기에서 몇 가지의 특성이 드러난다.

첫째로 그것은, 국가는 국제적으로는 국가를 초월하는 재판관을 가지지 않고 최종 결정권을 가진다는 의미에서, 또한 국내적으로는 다른 사회집단을 초월하는 우월성을 가진다는 의미에서 이중의 지고성으로서 희소성을 전유한다. 따라서 주권국가 간의 관계는 기본적으로 아나키이며, 거기에서의 질서유지는 권력정치에 의거한다. 말할 필요도 없이 홉스의 "자연상태"가 그 전형적인 예이다. 자연상태에 대해서는 대척적인 발상에 입각하여 사회계약을 구상한 루소의 경우에도 기본적으로 주네브와 같은 작은 도시국가를 바람직하게 여긴 반면, 주권국가 간의 관계는 "전쟁상태"(état de guerre)로 생각하여, "(대외적) 정복자인 통치자들은 자신들의 신민에 대해서도 전쟁을 행하고 있다"(『영구평화론비판』)고 말했다. 이것은 고전적인 주권국가체제에서 이중의 희소가치 전유라고 하는 이 시대의 사조를 잘 나타내고 있다.

이러한 고전적 주권국가체제에서는, ① 각국이 물리적 강제수단을 각각 보유하고 있다는 의미에서 폭력수단의 배타적 다원성이 당연시되고, ② 중상주의적 정책에 나타나듯이 각국이 가능한 한 자원의 배타적 축적을 높여 경제적 자급성을 지향하고, ③ 각국이 독자의 종교나 교의를 옹호한다는 문화가치의 배타성을 특징으로 한다. 그런 의미에서 삼중의 희소가치의 배타적 보유가 추구되었는데, 배타성이란 희소성의 추구이고, 거기에서는 복수의 강국이 지배적인 지위를 둘러싸고 경쟁한다는 권력 정치적 아나키가 구조화되어 있다고 말해도 좋을 것이다. 주권국가체제의 이러한 특질은 현재에도 국제정치의 한 측면으로서 지속되고 있다.

그러나 동시에 이 체제에는 당초부터 국가주권의 평등이라는 원칙이 내재되어 있다. 그러나 정치적 상징이 늘 그렇듯이 "주권의 평등"도 문맥에 따라서 종종 정반대의 의미를 가진다. 한편으로 그것은 대국 간의 평등이지, 대국과 중소국과의 평등이 아니다. 즉, 대국 간의 "평등"이라는 이름의 패권경쟁이다. 당초에는 합스부르크 왕조국가와 부르봉 왕조국가의 항쟁과 균형자로서의 영국이 전개하는 권력정치였는데, 18세기의 폴란드 분할을 둘러싼 항쟁과정에서 프로이센과 러시아가 새로운 유럽의 대국으로서 등장하여 평등성을 요구하게 되었다. 그것에서 볼 수 있는 것은 기껏해야 대국의 패권경합과 교대라는 형태의 평등성의 주장이었다.

따라서 다른 한편으로, 거기에서의 "평등성"의 추구란 새로운 패권국의 등장에 의한 국제질서의 격변을 방지하기 위한 동질적인 국가들의 평등유지정책을 가리키고, 그것은 "세력균형"이라는 무도덕적인(amoral) 역학적 평등의 룰의 형성이었다. 그것을 잘 나타내주는 것은 바텔이 제시한 무차별 전쟁관이며, 바텔의 『국제법』(Le Droit des Gens)은 그때까지의 학자들의 저작과는 달리, 각국 정부 외교 담당관의 핸드북으로서 커다란 영향력을 가졌다고 평가될 정도로 현실과의 밀착도가 높았다. 사실 18세기는 "세력균형"이라는 이름하에 전쟁이 계속해서 이어진 시대였는데, 그에 대해서 이제는 "정전"(正戰)인가 아닌가라는 판단이나 언설은 단념되고, 전쟁은 하나의 제도로서 승인되었다. 그것은 당시의 대국 간 평등이나 그것을 둘러싼 전쟁이 얼마나 무도덕적이며, 그런 의미에서 국제 엘리트 간의 평등성이 거의 메커니컬한 힘의 충돌 이상의 의미를 가지지 못하고, 도덕으로서의 정당성을 결여하기 시작했다는 것을 말해주고 있다. 나쁜 의미에서의 "몰가치성"이다.

그것을 극히 풍자적인 형태로 역설적으로 나타낸 것이, 18세기만큼 중세에도 사용되었던 "기독교계"(Christendom) 또는 18세기에 많이 사용된 "유럽 공동체"(Republic of Europe; Commonwealth of Europe) 등과 같은 말이 빈번하게 사용되어 유럽의 도의적, 이데올로기적 동질성이 구가되었던 시대는 없었다고 하는 사실이다. 이러한 자기기만적인 레토릭은 유럽의 엘리트인 귀족층의 문화적 동질성을 반영한 것이었다. 그러나 동질의 국가가 전쟁을 반복하고, 비록 그것이 용병전쟁이었으므로, 오늘날의 방식으로 표현하자면 모든 전쟁이 "제한전쟁"이었기 때문에 "제한전쟁"이라는 말이 없었던 시대였다고 해도, 전쟁의 경제적-재정적 부담은 매우 컸다. 부르봉 왕조의 쇠퇴와 프랑스 혁명의 배경에, 전쟁에 수반된 재정문제가 있었다는 사실은 잘 알려져 있다.

또한 거기에서의 인적 상실은 이를테면 동질적이었기 때문에 "동족살육"의 성격을 지녔고, 그렇게 의식되지 않을 수 없게 되어 있었다. 바텔 등이 당시 일련의 "국제법" 아니 그보다는 "전쟁법"(jus in belli)에 관심을 나타낸 것이 그것을 말해주고 있다. 반면에 벤담이 새로운 규범으로서 "국제법"(international law)이라는 말을 만들어낼 필요를 의식했던 것도 그 시대였다.
　이와 같은 당시의 시대적 허위의식은, 주권국가체제에서는 아나키로서 존재하는 현실과 이미지 내지 이데올로기로서 존재하는 면이 있어 양자는 반드시 일치하지 않는다는 것을 나타내주고 있는데, 이와 같은 사실은, 특히 다음의 두 가지 점에서 중요하다.
　첫째는 유럽의 국가체제라고 할 경우, 유럽의 대국에 필적하는 비유럽의 이문명(異文明) "국가"에의 대응이 불분명하고, 종종 차별적이었다는 사실이다. 그 대표적인 예는, 유럽으로부터 거의 일관되게 타자로서 취급된 오스만투르크와의 관계이다. 오스만투르크는 "제국"이기는 했어도 주권국가체제의 구성원으로서는 인정받지 못하는 경우가 많았다. 이 문제는 오늘날에도 EU와 관련하여 지속되고 있다.
　둘째로 오스만투르크의 경우에는 그래도 "이문명국"으로 여겨지는 경우가 많았지만, 대개 "문명"에 속하지 않는 "미개-야만"의 비유럽 세계에는 주권국가체제를 적용하지 않는 것이 당연시되었다. 그것을 단적으로 나타내주는 것은 『인디언의 파괴』에 항의한 라스 카사스 등 소수 예외적인 대응을 제외하면, 미개 지역의 원주민에 대한 무력공격은 "전쟁" – 즉, 주권국가 간의 무력행사 – 으로조차 인정되지 않고, 사실상의, 또한 당연한 힘에 의한 정복으로밖에 여겨지지 않았다는 사실이다. 유럽 내에서는 공인되지 않는, 인간을 상거래의 대상으로 삼는 노예무역도 그 한 예이다.

여기에서 당시의 유럽에서 희소가치를 손에 넣은 엘리트로서의, 또한 엘리트 간의 "국제적" 평등성이 가지고 있던 대외적 불평등성을 볼 수 있다.

3

이러한 국제적 엘리트를 담당자로 하는 주권의 평등은 미국의 독립선언, 특히 프랑스 혁명에서의 "인간과 공민(公民)의 권리선언"에 의해서 그 의미가 뒤집어져, 국왕이나 국제 귀족이 보유한 희소가치를 평등하게 태어난 시민이 획득할 권리를 가지게 되었다. 평등한 국가라는 이름의 엘리트 주권에서 평등한 인민의 주권으로의 혁명적 전환인 것이다.

여기에 나타난, 국가주권의 평등은 인민권리의 평등에 유래한다는 변혁은 평등한 인권의 확립, 주권의 주체로서의 인민평등을 의미하는 것이었다. 그러나 예를 들면 프랑스 혁명과 같은, 그 혁명적 변혁의 과정에서 인민주권은 개인의 인권의 평등이 아닌, 인민이라는 이름의 집단의 주권으로 변화되어갔다. "제3계급이란 무엇인가? 그것은 모두(tous)이다"라는 시에예스의 말은 루소의 "일반의사"와 유사하여, 인민이 "전체"가 됨으로써 "전체"의 이름에 의한 인민의 동질화와 일체화로 변화하고, 나아가서는 인민의 이름에 의한 혁명적 독재와 "혁명의 아들" 나폴레옹 제국으로 전화하는 위험이 거기에 이미 예시되어 있었다고 말해도 좋을 것이다. 여기에 인민과 주권국가의 동일화를 통해서 인민은 내셔널리즘의 담당자로서 동질적이고 평등한 존재가 되어, 배타적인 주권국가의 권력이라는 희소가치의 담당자로 편성(흡수, 포섭)되었다. 즉, 주권이 인민에게 귀속함으로써 인민이 주권국가에 귀속하게 되었던 것이다.

여기에서 특히 주의해야 할 것은 주권이란 원래 군주가 전쟁을 할 권리를 의미했었다는 사실이다. 보댕은 "선전포고와 강화체결은 주권자인 군주의 가장 중요한 관심사이다"(Book I, chapter 10)라고 말했다. 이제는 그것이 군주나 귀족이라는 엘리트의 권리가 아니라 인민의 권리가 되었다. 그 결과 인민주권의 이름하에서 전쟁이 내셔널한 권리가 되고, 내셔널리즘이 전쟁의 권리를 정당화하기에 이르렀던 것이다.

그 결과 나폴레옹 전쟁 이후의 유럽에서는 반혁명-반인민주권의 엘리트층이 "유럽 협조"체계를 통해서 혁명과 혁명전쟁의 위험에 대항하여, 불평등의 제도화로서의 의사(疑似) "평화"를 추진했다. 반면 내셔널리즘은 기존 지배질서의 현상유지를 거부했지만, 그것은 다양한 형태의 폭력이나 전쟁을 정당화하는 역할을 담당하게 되었다. 내셔널리즘을 매개로 하여 평등이 폭력과 연결되었던 것이다.

그 예로서는 프로이센에 의한 독일제국의 통일과 같은, 프랑스나 영국과의 대등성을 지향하는 현상타파 노선의 연장으로서 새로운 패권추구의 형태를 취하는 경우도 있는가 하면, 다른 한편에서는 그리스, 벨기에 등의 소국이나 라틴아메리카 제국의 독립, 또 그 이상으로 중요한 의미를 가진 인도의 세포이 대반란(Great Rebellion)과 같이 비유럽 제 민족이 평등권을 지향하는 해방전쟁 등의 모습으로 나타났다. 즉, 양면적 혹은 정반대의 평등지향의 기능을 담당했던 것이다.

이리하여 19세기의 유럽을 중심으로 한 세계는 "국민국가"의 시대가 된다. 그 기저에 있는 내이션이나 내셔널리즘이 가진 정치적 기능은 역사적 문맥에 따라 다르지만 - 그 상세한 분류는 여기에서의 초점이 아니므로 거론하지 않겠다 - 국제전쟁이나 평화와 관련해서는 다음과 같이 말할 수 있을 것이다.

　우선 국내체제와의 관련에서는, 내셔널리즘은 ① 체제의 현상유지, 따라서 기존의 불평등체계를 유지하는 기능을 가진 경우가 있다. "우익"적인 내셔널리즘 혹은 국가주의의 태반은 여기에 해당한다. 반면, 내셔널리즘은 ② 기존 체제의 변혁, 특히 좀더 평등한 가치 배분을 지향하는 기능을 가진 경우가 있다. 통상 "좌익"적인 내셔널리즘이 여기에 해당한다. 이 둘 사이에 민중의 조작과 동원에 입각한 의사변혁적인 "우익" 내셔널리즘이 있는데, 이것은 훗날의 파시즘으로 연결된다.

　반면, 문제는 이들이 국제적으로 어떤 기능을 가지는가인데, 여기에도 ① 기본적으로 국제관계의 현상유지, 따라서 기존의 국제적 불평등의 유지를 지향하는 경우와, ② 국제관계의 현상타파, 즉 기존의 국제적 가치 배분의 변혁을 지향하는 경우가 있다. 단지, 현상타파에는 보다 불평등한 패권적 지배를 목표로 하는 "제국주의"와 보다 평등한 국제적 가치 배분을 지향하는 "민족해방"의 내셔널리즘이 있다.

　특히 문제가 되는 것은 국내적으로는 체제유지이면서, 국제적으로 현상변혁을 지향하는 경우로서 대외팽창, "제국"의 확립이라는 형태로 나타난다. 앞서 말한 나폴레옹 제국, 대영제국, 러시아제국, 프로이센을 추진력으로 한 독일제국 등이 그 예이다. 또한 최근 들어 미국을 "제국"으로 부르는 경우가 많은데, 실은 미국은 북아메리카 대륙 내에서 팽창을 지속했기 때문에 19세기에는 해외로 팽창하는 유럽의 제국주의와 동일선상에서 의식되지 않았을 뿐이다. 이들은 각각 "국민적"(national)인 동조의 조달을 통해서 행해졌는데, 모든 경우가 무력행사라는 의미에서의 전쟁과 연결되어 있었다. 즉, 국내에 불평등한 현실이 존재했음에도 불구하고, 국민은 평등하고 일체라고 보는 내셔널리즘의 신화를 매개로 하여 대외전쟁으로 연결되었던 것이다.

이에 비해 국내체제를 변혁하여 보다 평등한 가치배분 체계를 실현함으로써 국제적 평화와 협조를 달성하려는 운동도 등장했다. 이미 프랑스 혁명 초기에 리처드 프라이스나 조지프 프리스틀리 등의 비국교도는, 절대왕정의 변혁을 통해서 유럽 제 국민의 "영구평화뿐만 아니라, 유럽제국에 의한 식민지 지배의 종언을 기대한다"는, 이를테면 "새로운 외교"를 말하기도 했다. 또 19세기에는 영국을 비롯한 프랑스 등의 선진 제국에서 선거권 획득 운동이나 노동운동이라는 형태로서 체제 개혁운동이 전개되어, 그것이 "만국 노동자의 연대"라는 국가를 초월한 "인터내셔널"로 발전했다. 국가를 초월한 평등한 인권의 확립에 의한 국제평화의 추구이다. 그러나 잘 알려져 있듯이, 이것은 제1차 세계대전 이전의 내셔널리즘에 뿌리를 둔 애국주의에 의해서 분단되어 붕괴했다. 이것도 평등한 인민의 주권이 내셔널리즘을 매개로 하여 국가주권에 포섭(흡수)된 예이다. 그 결과는 전쟁이었다.

반면 글로벌한 불평등으로서 수세기에 걸쳐 계속된 식민지 지배에 대한민족의 평등을 지향하는 저항이 19세기부터 20세기를 통해서 전개되었다. 이에 대해서 "본국"이 강행하는 폭력적 현상유지가 많은 식민지 전쟁(colonial war)에 의한 유혈사태를 발생시켰다. 이러한 식민지의 독립과 해방이 식민지를 둘러싼 불평등 지배자 간의 제국주의 전쟁에 종지부를 찍는 대세를 만들어낸 것은 의심의 여지가 없다. 그러나 반식민지주의 내셔널리즘에 의해서 대외적인 주권평등을 추구하고, 그것을 거의 달성한 많은 구식민지가 그 내부에서는 종종 이전보다 심하게 불평등하고 독재적인 체제를 만들기도 했다. 그 결과 이들 많은 "신흥국"은 국내에서의 인민의 해방과 평등이라는 미완의 과제를 안은 채 오늘날에 이르고 있다. 이를테면 대외적 평등을 지향한 내셔널리즘의 내향화(內向化)의 과제이다.

"열강"이라는 이름의 글로벌한 불평등 체제의 담당자인 내셔널리즘의 상극(相剋)이 제1차 세계대전이라는 파국을 초래했고, 또한 국내적-국제적인 의사변혁을 지향하는 추축국(樞軸國)의 내셔널리즘이 제2차 세계대전의 도화선에 불을 댕겨, 유럽과 아시아의 "열강"을 瓦礫(기와와 조약돌, 가치없는 것)으로 만들었고, 식민지로부터의 혹은 식민지에서의 전쟁동원을 포함하여, 수천만 명이 넘는 목숨을 앗아간 것에 대해서는 많은 말이 필요하지 않다.

4

이렇게 하여 국가주권의 평등에서 출발한 근대 국가체계가 그다음에 인민주권의 평등으로 변혁되었는데, 그것이 내이션이라는 "전체"에 포섭됨으로써 불평등한 국민국가체제로서 재편성되는 것으로 귀착하여, 주권국가체제라는 아나키를 보다 견고한 형태로서 재생산하게 되었다.

이러한 역사에서 보이는 "내셔널 아이덴티티"의 상극을 냉전 후의 민족적 혹은 인종적인 분쟁이나 사투(死鬪)로 연결하여, 현대는 "아이덴티티 폴리틱스"에 기초한 "새로운 전쟁"의 시대라고 파악하는 관점이 있어 주목할 만한 지적도 포함하고 있지만, 그에 대해서는 유보할 필요도 있다. 예를 들면 이 "전쟁"의 특징 중의 하나로 투쟁이 테러리즘과 같은 비대칭적인 형태가 되었다는 것이 자주 거론된다. 그러나 비대칭적인 투쟁은 아나키스트 등의 테러리즘은 말할 것도 없고 반식민지주의나 반독재의 게릴라 투쟁, "세계 공산주의의 각지 에 이젠트에 의한 종종 무력을 동반한 투쟁 등, 결코 새로운 것이 아니다. 따라서 또한 종종 "9·11 테러로 세계는 변화했다"라는 식으로 이야기되고 있는데, 변한 것은 무엇보다도 미국인의 세계상이고, 그 변화가 타국에도 많든 적든 영향을 끼쳤던 것이지, 세계 그 자체가 변화를 일으킨 것이 아니라는 사실에 유의(留意)해야 할 것이다.

또한 "아이덴티티"를 둘러싼 정치나 전쟁은, 예를 들면 가톨릭과 프로테스탄트 사이의 피로 얼룩진 종교전쟁에서 나타났었다. 이 전쟁에서는 대국의 권력정치적 타산이나 경제적 이해가 중첩되어 있던 것이 틀림없지만, 그것은 세르비아, 보스니아, 코소보 등의 경우도 마찬가지이다. 또 프랑스 혁명 전쟁은 분명히 앙시엥 레짐의 가치체계를 옹호하는 세력의 도전에 대한 혁명세력의 아이덴티티를 건 투쟁이라는 측면을 가지고 있었다. 또 1936-1939년의 스페인 내전에서 공화국을 지원하기 위해 참가해서 싸운 어니스트 헤밍웨이나 앙드레 말로와 같은 사람들을 포함하는 "국제여단"도 명백하게 자신들의 아이덴티티를 걸고 몸을 던졌던 것이다. 그 어느 것도 반드시 "내셔널 아이덴티티"는 아니지만, 이것도 역사를 크게 움직여왔던 것으로, "내셔널 아이덴티티"만이 인간이나 집단에 유일한 아이덴티티는 아니다.

오히려 냉전 후의 분쟁을 "내셔널 혹은 인종적 아이덴티티"로 설명하려는 곳에 역설적으로 말하면, "내셔널리즘"을 지금도 여전히 답습하고 있는 발상과 언설이 보인다고 말할 수 있겠다. 그리고 그러한 해석이 "내셔널리즘", "이민족 배척"의 새로운 재생을 "선진국"을 포함하여 각지에서 정당화하는 경향을 촉진하는 결과가 되고 있는 것은 아니겠는가.

인민주권의 결합인 내셔널리즘은 근대의 역사적 원동력으로 강력한 역할을 해왔는데, 그것은 언제나 양의성(兩義性)을 띠어 국내적 폭력이나 대외적 전쟁과 연결되는 경우가 많았다. 그것은 본래는 인민의 평등을 지향해야 할 내셔널리즘이 일단 주권국가라는 틀 속에 포섭되면, 국내적-국제적 불평등이나 배타성을 발생하기 때문이었다. 내셔널리즘이 그러한 기능을 가진다고 한다면, 그것은 현재의 세계가 당면하고 있는 가장 곤란한 문제에 대한 대응으로서 파국적인 실패로 귀착될 위험을 내포하고 있는 것이 된다.

문제의 하나는 핵무기 확산이다. 현행의 핵확산금지조약 체계에 핵무기 보유국과 비보유국 사이에 불평등이 고정화된다는 결함이 있는 것은 잘 알려진 대로이지만, 그에 대해서 만약 주권의 평등이라는 원칙을 관철시킨다면, 모든 국가에게 핵무장의 권리를 인정하든가, 핵무기 보유국이 비보유국을 "성실"(NPT 제6조)하다고 인정할 정도의 본격적인 핵군축을 단행하든가 둘 중 어느 쪽이든 선택을 해야 한다. 그렇지만 현실적으로는 최대의 핵무기 보유국인 미국이 핵군축을 행하지 않을 뿐만 아니라, 포괄적 핵실험 금지조약조차 거부하는 형태로 그 국가주권을 고집하고 있는 한, 가까운 장래에 핵무기 보유국이 더욱 확산될 위험은 결코 작지 않다. 북한의 핵무장도 국가주권 논리의 한 귀결이고, 핵무장을 통해서 주권의 최소 안전과 평등 확보를 노리는 행동일 것이며, 적어도 그것이 당사자의 자기 정당화의 근거일 것이다. 오늘날 이러한 주권의 논리가 근본적으로 문제시되고 있는 것은 분명하다.

나아가 미국은 당면 미국에 직접적인 군사적 위협이 되지 않는 북한의 핵무기 그 자체보다도 그것이 테러리스트 등과 같은 비국가 주체(non-state actor)의 손에 들어가는 것을 우려하고 있다고 한다. 그러나 개인적인 암살과 같은 테러라면 한 사람으로도 가능할지 모르지만, 핵 테러리즘에는 그 나름의 사회적 배경과 조직적 네트워크 및 자금이 필요할 것이다. 그리고 만약 그러한 조건이 충족된다고 하면 그 근저에는 사회적 분노나 원한, 확신범적인 "정의"의식 등이 있고, 그것은 대부분 사회적 차별, 배제, 격차 등을 향할 것이라고 생각할 수 있다. 그러나 오늘날 미국을 중심으로 하는 신자유주의적 글로벌라이제이션 하에서는 이러한 차별이나 격차가 국경을 넘어서 세계화되고 있다. 이전과 같은 "선진국"과 "개발도상국" 사이에서 뿐만 아니라 "선진국" 자신도 국경을 넘나드는 불평등, 격차, 차별에 노출되어 있다. 영국이나 프랑스에서의 이민계(移民系) "영국인"이나 "프랑스인" 자신에 의한 폭력적 반발도 "인권의 평등"이라는 원리에 대해서 인권 평등의 실현을 요구하는 항의의 한 예이다. 이러한 세계에서는 주변화된 사회계층이 국경을 넘어서 많은 사회에 내재하고 있으며, 국가의 틀에 포섭되지 않는 그러한 비국가 주체 사이에 무기가 확산되고 있고, 핵무기가 확산될 우려가 없다고 말할 수 없는 것이 실상이다. 이것도 현대에서 주권국가체제 그 자체에 대한 도전에 다름이 없다.

물론 이러한 도전은 국가 그 자체를 향한 것은 아니고, 국가의 존재를 부정하는 것도 아니다. 국가가 다양하고 중요한 기능을 계속해서 유지하리라는 점에는 의심의 여지가 없다. 문제는 국가주권라는 원칙-사상-언설 등이다. 주권을 억제-제한한 국가의 다국간(multilateral) 협조의 중요성은 이후 점점 커질 것이다. 그렇지만 그것은 무엇을 위한 협조인가? 이전의 "유럽 협조"와 무엇이 다른가? 그것은 현대의 다국간 협조가 궁극적으로 평등한 인권의 세계적 실현이라는 점으로 수렴해갈 것인가 아닌가라는 점에 귀착된다.

인간의 평등한 권리, 즉 평등한 인권은 근대의 역사를 움직여온 가치이고, 지상에서 끊이지 않는 폭력과 전쟁을 똑바로 응시하면서, 인간이 절망하지 않고 평화를 희구하는 행위와 인간성(humanity)에의 신뢰를 지탱해온 가장 근원적인 가치이다. 그러나 인권은 근대를 통해서 국가의 틀 내에서 보장되는 것을 지향해왔다. 그것은 데모크라시가 사실상 "내셔널 데모크라시"였다는 것에 대응하고 있다. 그렇지만 세계가 국경을 넘어 연결과 격차를 강화해가고 있는 현대와 미래에 인류가 살아가기 위해서는 인권의 평등을 국경을 뛰어넘어 보장하는 것 외에는 방법이 없다. 거기에 국경을 넘은 시민사회의 형성이라는, 오늘날 우리가 짊어져야 할 절실한 과제가 있다.

그 단적인 시금석은 민족, 인종 그룹, 종파 등의 항쟁이 연일 세계 각지에서 인명과 인권을 빼앗고 있는 현실에 대해서, 국가가 적절히 대응하지 않는 경우, 시민은 어떠한 "인도적 개입"을 해야 하고, 과연 유효한 지원은 가능한 것인가라는 우리들에게 던져진 준엄한 물음인 것이다. 이것은 평등한 인권의 주체로서 우리들 자신의 아이덴티티 문제에 다름이 없다.

제3부

중용민주주의

중용정의와 민주평화의 정치체재*

최상용(고려대학교 명예교수)

중용은 고대 그리스 사상 가운데 폴리스철학과 고대 중국사상 가운데 공맹학(孔孟學)에 관통하는 정치사상이다. 중용(the mean)은 극단을 배제한 중간영역에서 상황과 조건을 고려한 최적의 균형점을 찾는 것이다. 플라톤은 "정의는 중용이다"라고 했고, 아리스토텔레스는 "법이 중용이다"라고 했다. 즉, 고대 그리스의 폴리스철학에서 정의와 중용과 법은 그 의미내용이 동심원(concentricity)의 공통점을 가지고 있다.

---

* 이 논문은 졸저 『중용의 정치사상』(까치 2012)에서 플라톤과 아리스토텔레스의 중용사상을 정의론의 관점에서 발췌, 재구성한 것임.
이 논문에서 사용한 플라톤과 아리스토텔레스의 번역본은 다음과 같다.
① Plato, The Rebublic of Plato, trans, Allam Bloom, New York: Basic Books, 1991 이하 *Republic*.
② Plato, Statesman, trans, J.B.Skemp, in the Collected Dialogue, Princeton University Press 1961, 이하 *Statesman*.
③ Plato, Laws, trans Thomas Pangle, University of Chicag Press, 1998, 이하 *Laws*.
④ Aristotle, The Nicomachean Ethics of Aristotle, trans, Sir D. Ross, Oxford University Press, 1954, 이하 *N.E.*
⑤ Aristotle, The Politics, trans, T.A.Sinclair Penguin Books, 1970 이하 *Politics*

고대 중국의 공맹학에서도 중용의 의미는 고대 그리스의 그것과 유사하며, 서양의 정의(justice)에 해당하는 인(仁)이나 의(義)도 그 핵심은 중용의 판단과 그에 따른 선택 행위이다. 공자의 정자정야(政者正也)의 경우도 正은 동사로서는 "바르게 하다"는 뜻이고, 명사로는 "바른 것", 즉 정의라고 말할 수 있다.

다산 정약용은 중용과 정의를 공유하는 시중지의(時中之義)란 말을 즐겨 사용했다. 마이클 샌들(Michael J. Sandel)이 "정의는 판단"이라고 했듯이 중용도 결국 인간의 판단인 것이다. 그런데 실제로 판단 주체인 인간은 신(神)이 아니기 때문에 오류를 범할 수 있으며 불완전한 판단을 할 수밖에 없는데, 중용은 말하자면 그 불완전성을 최소화하는 사려 깊은 판단(considered judgement)이라고 말할 수 있다.

20세기 최대의 정의론의 저자 존 롤즈(John Rawls)에 의하면 민주주의 사회에서는 다양한 인간의 서로 다른 판단이 존재하며 우리는 그 판단의 멍에(burdens of judgement)를 안고 살아가기 때문에 어떤 사태에 대한 최적의 판단은 다양한 의견이 겹치는 합의(overlapping consensus)일 수밖에 없으며, 중용, 즉 최적의 판단은 원칙과 상황의 피드백을 통한 선택, 즉 성찰적 균형(reflective equilibrium)일 수밖에 없다는 것이다.

샌들은 "정의는 무엇인가"라는 질문에 대해서 자신의 대답(自答)을 내놓지 않고 주로 아리스토텔레스가 중용의 다양한 표현으로 사용한 미덕 · 실천지(practical wisdom) · 사려(prudence) 등으로 대답(代答)하고 있다. 이 경우 실천적 지혜와 사려는 정치적 인식과 판단의 방법으로서 시중(時中)이나 권형(權衡)의 의미와 유사하다.

고대 중국과 고대 그리스에서 중용의 지난(至難)함은 '정곡을 찌르는 행위', 즉 활 쏘는 사람이 과녁을 겨냥하는 것으로 비유되기도 하고, 플라톤은 직조술(art of weaving), 고대 중국에서는 중용을 경륜(經綸)이라고 하여 동서양이 같이 씨줄과 날줄의 적절한 배합을 중용이라고 했던 것이다. 정치현장에서 중용은 상호인정을 통한 통합의 예술(art to integration)이며, 현실적으로는 건설적인 타협·창조적인 절충 그리고 역동적인 균형의 과정을 수반하게 된다.

중용의 관점에서 보면 대한민국의 불모(不毛)한 이념대립은 얼마든지 극복이 가능하다. 원래 보수와 진보는 보편적인 개념으로써 세계 어디서나 존재하며 인류 정치사의 현실은 보수와 진보의 영원한 상호작용이라고 말할 수 있다. 그래서 나는 우리 사회의 보수와 진보의 상생을 위하여 오래전부터 다음과 같은 관용능력이 필요하다고 주장해왔다. 즉, 대한민국 국민은 1987년에 개정 공포된 헌법을 가지고 있고, 그 헌법정신은 우리 사회의 보수와 진보를 받아들이는 잣대와 그릇이 될 수 있다는 것이다. 이를테면 헌법 4조의 자유민주적 질서를 받아들이는 진보와 헌법 119조의 소득의 적정한 분배와 경제민주화를 받아들이는 보수라면 대한민국 국민의 건전한 관점인 동시에 정치적으로도 존재 이유가 있다는 말이다. 북한과 미국에 대한 태도에 의해 왜곡된 저속한 표현들, 이를테면 빨갱이 꼴통·종북좌파·친미보수 등의 이분법은 건설적인 이념담론을 위해서도 백해무익하다. 북한체제를 비판하면서 친미적인 진보도 있을 수 있고, 북한체제와의 불가피한 평화공존을 받아들이고 통일을 준비하는 과정에서 한미관계 못지않게 한중관계를 전략적으로 판단하는 보수도 얼마든지 있을 수 있다.

지금 여야(與野) 정치세력이 다투어 복지정책을 내놓고 있는 것도 우리 헌법 34조 2항의 복지권에 대한 자기주장으로 볼 수 있다. 그리고 연평도사건 당시 즉각적이고 과감한 반격을 했어야 한다고 생각한 국민이 대다수였다는 점을 생각하면 우리 사회에 건재하고 있는 합의점을 발굴하는 중용적 구상력이 그 어느 때보다 절실히 필요하다.

정의는 우리 사회가 당면한 최우선 순위의 문제들에 대한 구체적인 대답이여야 하며, 그 대답은 시중(時中)의 선택, 즉 우리 사회의 상황과 조건에 걸 맞는 최적의 판단에 기초한 것이 될 수밖에 없다.

제1장

중용정의론의 뿌리

정의란 무엇인가, 중용이란 무엇인가 그리고 왜 중용을 정의라고 하는가.

정의란 무엇인가는 정치철학의 영원한 물음으로 정치공동체가 있는 곳에는 나름의 정의론이 생기게 마련이다. 고대의 플라톤의 정의론과 현대의 롤즈의 정의론이 그랬듯이 앞으로도 그 시대정신에 걸맞은 정의론이 등장할 것이다. 플라톤보다 거의 1세기 먼저 공자는 정치에 있어서 무엇이 정의(正)이고 무엇이 정의롭게 하는지에 대한 문제의식이 투철했고 그의 정치철학은 세계의 또 하나의 중심축인 동아시아 여러 나라에 크게 영향을 미쳤다. 더욱이 중용이란 무엇인가라는 물음에 대해서는 동양사람들뿐만 아니라 많은 서양인들도 공자의 이름을 떠올릴 것이다. 동서양의 고대국가에서 지나침을 경계하고 중(中)을 귀하게 생각하는 공통의 규범이 있었지만 윤리(도덕)와 정치영역에서 처음으로 중용이란 말을 자각적으로 사용한 사람은 공자이다. 그러나 정의가 서양의 독점물이 아니듯이 중용 또한 고대 중국의 독점물이 아니었다. 공자의 중용사상은 맹자에 계승되었고 맹자와 약 20여 년간 동시대에 살았던 고대 그리스의 플라톤과 아리스토텔레스가 당시 지적 교류가 없었음에도 불구하고 중용담론의 심도나 중용개념의 내포와 외연에서 놀라우리만큼 유사성을 가지고 있었다는 것은 신선함과 함께 경이로움마저 느끼게 한다. 정의의 정의(定義)는 정의론자의 수만큼 많다는 말이 있듯이 우리는 유사 이래 지구상에 수많은 정의론이 존재해왔다는 것을 확인할 수 있다. 그러나 중용의 정의(定義)는 "과불급이 없는 것"으로 예나 지금이나 동양이나 서양에서도 기본적으로 달라진 것이 없다.

정치영역에서 보면 보편적 가치인 자유, 평등, 평화 등과 그와 유사한 가치를 추구하는 정의론이 다양하게 존재한다. 왜냐하면 자유, 평등, 평화 등 보편적 가치도 시대에 따라 그 의미 내용과 적용 범위가 다르기 때문이다. 정의론의 중심 가치를 어디에 두느냐에 따라 자유정의론, 평등정의론, 복지정의론 등 의미를 달리하는 복수(複數)의 정의론이 가능하며 롤즈는 공정으로서의 정의(justice as fairness), 즉 공정정의론으로 대답하고 있다. 필자는 중용이 동서양이 공유하는 보편적 가치이면서 그 개념의 일관성 지속성을 고려하여 일차적으로 고대 그리스의 폴리스철학에서 중용으로서의 정의(justice as mean), 즉 중용정의론의 뿌리를 찾아보고자 한다.

1-1 플라톤의 정의론

플라톤은 정의(正義)를 정의(定義)하는 과정에서 중용사상과 관련된 덕목을 제시하고 있다. 그는 정의를 영혼의 탁월성 곧 덕이라고 정의하면서 그 탁월성은 결국 조화로운 영혼이라고 했다. 즉, 인간은 고달픈 영혼을 달래주는 희망을 가지려고 하고 그 희망은 어떤 형태로든 욕망을 수반하게 된다. 플라톤은 과욕으로부터의 도피에서 즐거움을 찾은 스승 소크라테스의 사상을 중심축에 놓고 있다. 여기서 바로 스스로 만족하는 것을 아는 인간, 즉 자족인(自足人)의 개념이 등장한다.[1] 인간의 행복과 불행의 열쇠는 연령이나 욕망이 아니라 성격이며 인간에게 절도 있고 자족적인 성격만큼 중요한 것은 없다. 플라톤은 참다운 선인이라면 욕정으로부터 해방되어 평화와 자유를 누릴 수 있을 것이기 때문에 자족을 안다면 노령도 그다지 괴로운 것이 아니라고 했다. 이와 같은 플라톤의 절제의 사상은 기본적으로 소크라테스의 윤리적 규범을 계승한 것으로, 정의와 정치체제를 논의하는 과정에서 자연스럽게 중용사상으로 이어진다.

1-1-1 정의와 중용

여기서 주목해야 할 것은 플라톤이 『국가론』 첫 머리인 제1권에서부터 정의의 정의(定義)와 함께 다양한 정치체제를 논하고 있다는 점이다. 정치사상이란 무엇이 최선의 정치공동체인가 하는 물음에 대한 대답이라고 볼 수 있는데 결국 플라톤의 절제의 사상은 정의와 정치제제의 적정성(適正性)과 떼려야 뗄 수 없는 정치사상의 출발점이라고 말할 수 있다. 제2권에서 플라톤은 정의를 개인 차원과 국가 차

---

1) *Republic*, 328d, 과불급이 없는 상태에서 스스로 만족할 줄 아는 인간은 충용인의 전형이다.

원으로 나누고 정의에 걸맞은 지도자의 자질을 논하면서 정의가 바로 중용임을 단적으로 제시하고 있다. 플라톤은 두말할 나위 없이 선은 악보다 낫지만 현실에는 악이 선보다 크게 보인다고 했다. 정의로운 자는 매 맞고 고문당하고 처형되는 경우가 있고, 부정한 자는 현실을 쫓는다고 했다. 인간은 일상생활에서 부정을 행하기도 하고 당하기도 하지만 성숙해지면서 부정을 하여 이익을 챙기는 일이나, 부정을 당하여 손해를 보는 것 둘 다 하지 않는 것이 좋다는 합의에 도달하게 된다는 것이다. 여기서 법이 생기게 되며 법에 의해서 제정된 것은 공정하다고 했다. 공정으로서의 정의가 법으로 연결되고 있다. 말하자면 정의가 법의 기원이 되는 것이다. 오늘날 정의(Justice)가 사법(司法)으로 번역되는 사상적 뿌리를 이해할 만하다. 말년에 법을 중용의 제도화로 보는 발상이 이미 『국가론』에서 그 단초가 나타나고 있음을 알 수 있다. 플라톤에 의하면 "부정을 하면서도 벌을 받지 않는 최선 상태와 보복할 힘이 없어 부정을 그대로 받아들여야 하는 최악 상태의 중간의 타협"이 바로 정의인 것이다.[2] 이처럼 정의는 불가피한 차선, 최선과 최악의 중간적인 덕으로서 중용과 동질의 의미를 가지게 된다.

플라톤의 정의는 마치 교향곡의 테마처럼 『국가론』 전편에 일관되게 등장하는데, 제3권에서도 정의는 중용사상의 내용을 이루는 조화나 절제의 개념으로 다양하게 설명되고 있다. 플라톤은 중간적인 사고는 조화를 목표로 하며 그 과정에는 필연적으로 절제의 미덕을 학습해야 한다고 본다. 그는 기독교의 원죄론과는 다른 의미에서 인간

---

[2] Republic, 359a-b 정의는 최선과 최악의 중간적 타협, 즉 차선으로서의 중용과 같은 의미이다.

은 유한하며 오류를 범할 수 있다고 보며 지도자도 인간이기 때문에 전능성이나 무오류성을 애당초 인정하지 않는다. 그런 점에서 중세 기독교 사회에서의 교황이나 근대 이후 이데올로기 시대에서의 혁명가에게 기대했던 무오류성의 신화를 받아들이지 않는다. 다만 정치 사회에서는 질서가 유지, 재생산되어야 하고 질서를 위해서는 어떤 형태로든 지배의 정당성이 보장되어야 한다고 본 것이다. 그렇기 때문에 같은 인간이기는 하지만 지배자는 덕-탁월성이 있어야 하고 그러기 위해서는 끊임없는 교육과 학습, 유교에서 말하는 치열한 수기(修己)의 과정이 필요하며 여기에 바로 플라톤의 수호자 교육론의 존재 이유가 있는 것이다. 수호자는 말하자면 정의의 체현자이기 때문에 절제에 대한 끊임없는 수련을 쌓아야 하고 사적 이익으로부터 자유로워야 한다.

교육의 기본은 정신과 육체의 조화이기 때문에 음악을 통한 정신교육과 체육을 통한 육체의 단련을 특히 강조하고 있다. 중간적 사고(middle thinking)의 수련, 즉 중용교육을 위해서 무엇보다 필요한 덕목은 절제이다. 플라톤의 언술에서 가장 출현빈도가 높은 개념은 정의와 절제이며 이 두 개념에 대한 탐구는 플라톤의 후기 그리고 아리스토텔레스에 들어와 본격적으로 전개되는 중용사상의 예비적 고찰이라고 볼 수 있다. 그에 의하면 절제는 지배자에 대한 복종과 육체적 쾌락에 대한 자제를 주된 요소로 하고 있다. 후자는 수기(修己), 전자는 치인(治人)을 위한 서양적 수련이라고 볼 수 있다. 플라톤에 의하면 인간의 본성에는 두 가지 원리, 즉 혈기왕성한 것과 철학적인 것, 동양철학에서 말하는 기(氣)와 이(理)가 있는데 이 양자가 적절히 조화를 이루었을 때에 절제와 중용의 아름다움에 도달할 수 있다.

제4권에서 플라톤은 정의를 질서와 동일시하고 있다. 질서 있는 국가가 정의로운 국가인 것이다. 플라톤의 무질서에 대한 혐오는 그의 무절제에 대한 거부만큼이나 강하다. 플라톤에게 정치공동체(국가)의 최고선은 완전한 질서이며, 완전한 질서는 곧 지혜, 용기, 절제, 정의 등, 중용의 덕목을 갖춘 정치체제를 의미한다. 플라톤에게 질서는 각 계층이 자신의 기능과 직분(due)을 다함으로써 조화로운 정치공동체를 구성하는 것이다. 여기서 정의는 질서와 일치하며 문자 그대로 정의(올바름)는 올바른 기능(justice is just functioning)이 되는 것이다. 플라톤은 일인일사(一人一事)3) 주의로 전체의 조화를 이루어야 한다고 주장한다. 이성을 가진 수호자, 기력을 가진 전사, 욕망을 가진 평민이 각기 자기의 일(직분)을 다함으로써 국가가 조화로운 분업 체계를 이루게 된다. 여기서는 수신(修身)과 치국(治國)을 연결시키는 고대 중국의 사상과 마찬가지로 정의로운 개인과 정의로운 국가의 연속성을 발견할 수 있다. 다시 말하자면 지혜, 절제, 정의는 개인이 지녀야 할 규범이지만, 이것이 정치공동체 안에서 조화롭게 작동할 때 비로소 아름다운 정치질서로서의 국가공동체가 제 기능을 하게 되는 것이다. 플라톤에게 정의는 절제의 목적이요, 절제는 정의의 방법이라고 말할 수 있다. 즉, 정의 실현을 위한 다양한 규범을 제시하면서도 플라톤은 절제를 지도자의 가장 중요한 자질로 보고 있다. 절제는 이성에 의한 욕망의 통제로서 "사람은 그 자신의 주인"이라는 말 속에 그 참뜻이 내재되어 있다.4) 특히 지도자의 제1규범은 절제이고 그 절제의 제도화가 국법(國法)의 체계라고 생각할 때 정의와 함께 절제는

---

3) *Republic*, 323d.
4) *Republic*, 430e 절제는 소크라테스의 "너 자신을 알라"라는 말에 내재해 있으며 이것은 이성에 의한 욕망의 통제를 통한 깨달음에 다름이 없다.

플라톤 정치사상의 핵심개념이다.

정의는 『국가론』의 부제가 '정의의 관하여'이듯이 국가의 존재이유를 떠나 논할 수 없는 규범이다. 플라톤이 "정의는 각자가 자기 자신의 일을 하는 것"이라고 정의한 경우도 그 개인은 전체의 조화로운 질서를 위한 하위체계일 뿐 어디까지나 국가 차원의 정의의 실현이 정치공동체의 목적인 것이다. 플라톤에 의하면 국가에 남아 있는 유일한 덕이 정의이며, 이 정의야말로 다른 여타 규범들의 최종적인 원인이요 조건인 것이다. 정의는 절제, 지혜, 용기 등 다른 규범들에 내재하면서 그들을 보존하게 하는 방부제의 역할을 한다고 볼 수 있다.[5] 이처럼 정의는 어디까지나 조화로운 질서이다. 개인의 신체의 내면적 질서가 건강을 보장하듯이 국가의 내면적 질서가 평화이며 이러한 관점은 중세의 아우구스티누스의 질서로서의 평화론[6]으로 이어진다. 고대 중국 사상의 표현으로 말하면 수신(修身)과 치국(治國)의 연장선상에서 도달할 수 있는 평천하(平天下)와 기능적으로 다를 것이 없다.

제5권 말에서 제7권 전체에 걸쳐 거론되고 있는 것이 바로 철인왕론이다. 플라톤은 지도자의 무오류성을 기대하지 않지만 지도자에게 교육, 학습, 사색을 통한 탁월한 능력의 배양을 요구한다. 건강한 몸과 온화한 심성으로 조화된 지도자에게 부패로부터 자유롭고 철저한 공적 헌신을 위해서 무소유의 철학을 요구한다. 그리고 처와 자식을 비롯한 가족의 공유, 사유재산 철폐를 통한 재산의 공유를 요구한

---

5) *Republic*, 433c.
6) 최상용 『평화의 정치사상』 2006, pp.64-65.
Augustinus, *De civitate Dei* XIX 13(6), p.174. 모든 평화는 절서의 평온(tranquilitas ordinis)

다. 지도자가 부패하지 않고 공적인 일에 헌신하도록 금욕과 절제를 제도화하자는 것이다. 플라톤에 의하면 행복은 전체 국가 속에 있어야 하고 설득과 강제로 국민을 결속시키고 각자가 국가에 기여함으로 서로 덕을 보는 것[7]이 정치이다. 덕과 지혜로 전체 국가에 헌신하는 것이 진정한 철인정치이고 그 주체가 바로 철인왕이다. 플라톤은 현실에서 철학 내지 철학자의 정치적 영향력이 없다는 것을 솔직히 인정하면서도 그 원인은 철학에 있는 것이 아니라 철학자로서의 소질을 가진 인간의 타락에 있다고 본다. 여기에 수호자교육이 제1차적 과제로 등장한다. 플라톤에 의하면 수호자는 전사(戰士)인 동시에 철학자이다. 군사적인 기술과 철학적인 소양을 고루 갖춘 지도자가 진정한 수호자이다. 플라톤에게 수호자교육은 인간적 및 정치적 성숙을 향한 절제와 중용의 교육이라고 말할 수 있다.

 제8권과 제9권에서는 정치제제에 대한 본격적인 논의와 함께 참주적 인간의 해독에 대해서 이야기한다. 여기서 플라톤이 제시한 완전 국가는 철인왕이 등장하고 가족과 재산을 공유한 수호자들과 용감한 전사들이 이룬 정치공동체이다. 그러나 그는 이 완전국가는 현실적으로 실현되기 어렵다는 것을 처음부터 인정하고 있었으며, 실제로는 네 가지 종류의 불완전한 국가형태, 즉 군인정체, 과두정체, 민주정체 그리고 참주정체가 순환한다고 보았다. 플라톤은 인간의 영혼의 성격에 따라서 정체의 성격도 다르며, 모든 정체는 변화한다고 보았다. 만사가 시작이 있으면 끝이 있기 마련이며 영구적으로 존속하는 정체는 존재하지 않는다. 우선 군인정체, 즉 티모크라티아

---

[7] *Republic*, 519e-520a.

(timokratia)인데, 이 정체는 이성보다 기력이 우세한 탓으로 승리와 명예에 대한 욕망이 지배한다. 그 다음으로 나타나는 과두제는 부익부 빈익빈 현상이 현저하여 부자가 권력을 쥐게 된다. 부에 대한 욕망이 과도한 과두제하에서는 중용의 정신이 싹틀 수 없다.[8] 민주제의 탄생은 빈부의 갈등에서 가난한 사람들이 이김으로써 가능하게 된다. 그러나 부에 대한 지칠 줄 모르는 욕망이 과두제를 몰락시키듯이 자유에 대한 과욕이 민주제를 몰락시키고 최악의 정체인 참주제를 낳게 된다. 결국 군인정체, 과두정체, 민주정체 그리고 참주정체하에서는 플라톤의 표현대로 절제는 진흙 바닥에 밟히고 버려지게 된다.[9] 과두제 안에 민주제의 싹이 있고, 민주제 안에 참주제에로의 가능성이 내재되어있다.

"무엇이고 너무 지나치게 되면 그 반대방향의 반동을 불러일으키기 마련이다. 이것은 사계(四季) 및 동식물에 해당될 뿐만 아니라 통치형태에도 적용된다. 지나친 자유(hé agān eleutheria)는 국가에서나 개인에게서나 지나친 노예상태로 떨어질 뿐이다."[10] 결국 플라톤은 과두제와 민주제의 몰락을 설명하면서 중용의 원리에 도달하고 있다. 플라톤은 일부 오해되고 있듯이 결코 민주주의의 적이 아니다.[11] 그는 솔론 개혁 이래 2세기 반에 걸친 아테네 민주제의 역사와 전통 속에서, 특히 페리클레스 이후 아테네 정치의 소용돌이를 거치면서 민

---

8) Republic, 555c-d. 플라톤은 부에 대한 애착과 중용은 공존할 수 없다고 본다.
9) Republic, 560d.
10) Republic, 563e 564a.
11) 플라톤 정치사상에 대한 비판 및 반(反)비판에 관해서는, K.R.Popper, *The Open Society,*
and its Enemies, 1945, R.Bambrough, Plato, Popper, and Politico, heffer 1967 참조.

주정체의 본질을 숙지하고 있었다. 플라톤은 최악의 정체가 참주정이고 최악의 인간이 참주적 인간이라고 보았을 뿐이다. 플라톤의 민주주의 비판은 민주주의 자체에 대한 전면 부정이 아니라 참주적 요인을 내재하고 있는 민주제에 대한 엄중한 경고이다. 왜냐하면 탁월한 지도자가 없는 민주주의는 중우(衆愚)정치로 질주할 우려가 있고 중우정치는 참주정을 내면적으로 유혹하기 때문이다. 참주적 인간은 절제로부터의 일탈을 일삼으며 금욕으로부터 가장 먼 인간형을 말한다. 참주적인 인간은 참주적 국가를 닮게 된다. 그리하여 참주는 철인왕의 반대극이며 참주적 인간은 제1장에서 제기했던 자족인, 절제인, 중용인의 반대극에 해당한다.

제10권에서 플라톤은 흡사 베토벤이 자신의 제9번 교향곡에서 뿜어낸 합창처럼 장중하리만큼 정의에 가공할 만한 권위를 부여하고 있다. 플라톤은 사후재판에서 정의는 반드시 보장받고 부정의는 반드시 보복을 당한다는 격률(格率)을 제시한다. 훗날 기독교의 천국과 지옥과 연옥(煉獄)을 묘사한 단테의 『신곡』을 연상하게 하는 사후세계의 기술을 통해서 인간에게 정의의 선택과 실천을 명하고 있다. "재판관들이 정의로운 자들을 판결하여 그들 앞가슴에 판결문을 달아준 다음 바른쪽 하늘로 뚫린 구멍으로 올라가도록 명하고, 부정한 자는 재판관들에 의해서 왼쪽 아랫길로 내려가도록 명한다"[12)는 것이다. 남에게 저지른 악은 빠짐없이 되로 주고 말로 갚도록 하여 일생을 100년으로 잡고 이것이 10배로 되어 1,000년에 걸쳐 형벌을 받도록 한다는 것이다. 언제나 정의와 덕을 따르면 영혼은 죽지 않을 것

---

12) *Republic*, 614c-d.

이며 이 세상에서나 1,000년에 걸친 순례에서나 행복할 것이라고 예언하고 있다.[13]

그렇다면 플라톤에게 정의와 부정의에 대한 사후재판의 의미는 무엇인가. 이것은 결코 내세에의 행복의 보장이 아니라 이 세상(此世)에서의 정의의 소중함을 박진감 넘치는 어법으로 역설하고 있는 것이다. 내세의 영생보다 차세의 행복을 위한 정의 수호에 최대한의 가치를 부여한 것이다. 일반적으로 이 세상의 불합리, 부정의, 각종 악을 해결하기 위해서는 초월적인 신앙을 통해서 구원에 의존하는 종교와 일상성 속에서 현실적으로 가능한 최선의 선택의 축적을 통해서 해결하려는 정치의 길이 있다. 플라톤은 『국가론』의 말미에 사후세계를 제기하고 있지만 결코 초월적인 신앙에서 구원을 얻으려고 한 것이 아니다. 오히려 그는 종교적 영역으로까지 승화된 정치의 세계에서 해결의 실마리를 찾고자 했다. 플라톤은 "우리는 차세에서나 사후에서나 다 같이 최선의 선택이라는 것을 알았고 알고 있다"[14]고 전제하고, "인간은 정의에 대한 철석같은 신념을 가지고 저 세상에서도 악의 유혹에 현혹되지 말고 그리고 참주나 참주적 인간이 되어 남에게 돌이킬 수 없는 악을 저지르고 자신도 또한 더 큰 해악을 입지 않기 위해서도 오직 그에게는 될 수 있는 대로 이 세상에서 뿐만 아니라 이제부터 닥쳐올 모든 곳에서도 양극단을 피하고 중용을 택하도록 해야 한다. 중용이야말로 바로 행복의 길이니까"[15]라고 단언하면서 마치 사후재판과도 같은 언명을 한다.

---

13) *Republic*, 615a-b.
14) *Republic*, 619c.
15) *Republic*, 619a.

플라톤은 『국가론』 말미에서 정의에 최대한의 권위를 부여하고 그 정의 실천을 위해서 중용을 최선의 선택이라고 못 박고 있다. 이렇게 볼 때 플라톤의 『국가론』의 부제는 "정의에 관하여"이고, 그 결론은 "정의는 중용으로부터"라고 표현할 수 있다. 그 사용에서 중용보다 훨씬 더 빈도가 높은 절제도 내용상으로는 중용과 궤를 같이하며 그가 말년에 쓴 『법률론』은 『국가론』의 결론인 중용의 제도화에 다름이 없다. 플라톤은 중용의 깊은 경지를 신(神)들의 마음 상태에 비유하고 있는데, 이는 그 신이 초월적인 절대자가 아니라는 점에서 중국의 고전인 『중용』의 성(誠)사상을 연상하게 하며, 그의 후기 작품 『법률론』에서 중용의 제도화로서의 법을 신의 명령이라고 본 것과 맥을 같이 한다.

플라톤의 정의와 절제는 『국가론』에 앞서 『카르미데스』(Charmides)에서 그 원형을 볼 수 있는데, 여기에 등장하는 절제의 정의(定義)가 바로 '자기의 임무를 원만히 수행하는 것'이다.[16] "우리는 모르는 일을 하려고 하는 폐단에서 벗어나 그 일에 정통한 자를 발견하여 그 사람을 신임하고 결코 적임자가 못 되는 사람에게는 일을 맡기지 말며 그 일에 대해서 잘 아는 적임자에게 일을 맡겨야 잘 처리해나갈 수 있을 것이고 이러한 지혜의 인도를 받으면 한 가정이나 국가는 원만히 다스려진다."[17] 적재적소(適材適所)를 인사(人事)의 정의로 본 것이다. 『카르미데스』에 등장하는 플라톤의 절제에 대한 관념은 『국가론』에서 제기된 정의론, 즉 각 구성원들이 자신의 자질에 따라서 임무를 원만히 수행함으로써 가능한 조화로운 국가질서를 정의로 본 관점과

---

16) *Charmides*, 163a
17) *Charmides*, 171e.

일치한다. 말하자면 플라톤에게 정의론, 절제론, 중용론은 동일 선상에 있으며, 정의는 절제에서 중용으로 이어지는 사유과정에서 일관되게 나타나는 주제이다.

플라톤은 『정치가론』에서 정치를 옷감을 짜듯이 서로 다른 요소들을 적절히 측정하고 결합하는 최고의 기술로 파악하고 있다.[18] 그리고 훗날 아리스토텔레스가 으뜸 학문(master science)으로 규정한 정치학을, 플라톤은 일찍부터 모든 학문 중에서 가장 알기 어렵고[19] 정치가는 이 어려운 학문에 대한 지식을 가지고 최고의 기술을 습득한 인간이라고 했다. 플라톤에 의하면 통치술은 하나의 특수한 학문이다.[20] 그는 『국가론』에서 철학에 권위를 부여했는데 『정치가론』에서는 정치학, 그것도 정치기술로서의 정치학에 무게를 둔 것이 특징이다. 무엇보다 중요한 것은 『국가론』에서 정의의 척도였던 중용이 『정치가론』에서는 정치기술의 척도로 파악되고 있는 점이다.

정치가는 쓸모 있는 인재를 등용함에서 한편으로는 용기 있는 자를 강자로 기용하여 날줄로 삼고, 다른 한편으로는 안정되고 온유한 사람을 부드럽게 짠 실로 비유하여 씨줄로 삼아 마치 옷감을 짜듯이 이 양자를 잘 결합해야 한다.[21] 이처럼 플라톤은 정치의 기술을 이해하기 위하여 바로 이 직조술(織造術)을 들고 있는데 직물을 짜는 가장

---

18) *Statesman*, pp283b-287b, pp305e-311c. Paul Stern, "The Rule of wisdom and the rule of law in Plato's Statesman" American Political Science Review, vol 91, no. 2 1997, pp.264-276 참조.
19) *Statesman*, 292d.
20) *Statesman*, 292e.
21) *Statesman*, 309b.

기본적인 행동은 날줄과 씨줄을 결합시키는 것이다. 날줄과 씨줄을 적절하고 단단하게 결합하기 위해서는 그 날줄과 씨줄의 길이를 중용의 기준(the standard of the mean)에 따라 잘 측정해야 하고 그 측정기술이 정치술의 기본이라고 했다.22) 이처럼 『정치가론』에서 정치를 직조술, 즉 중용을 표준으로 날줄과 씨줄을 결합하는 기술로 파악한 플라톤의 방법은 고대 중국의 『중용』에서 최고의 통치술로 표현한 경륜(經綸)과 그 어원이 같으며, 동시대 중국의 맹자가 정치를 권(權, 저울질)의 중용으로 설명한 방법과도 닮았다.23)

플라톤은 후기에 접어들수록 『국가론』의 이상주의적 경향에서 벗어나 법의 중요성을 강조하게 되는데 『법률론』에 와서는 인간 중심의 통치에서 법과 제도의 우위를 강조하는 정치체제인 혼합정체로 이행하게 된다. 군주정의 지혜의 원리와 민주정의 자유의 원리의 조화로서의 혼합정체야말로 절제와 중용에 걸맞은 체제이며 조화롭고 정의롭고 평화로운 정치질서를 보장할 수 있다고 본 것이다. 『법률론』의 주제를 이루는 것은 절제로서, 이는 이성에 따르게 할 수 있는 힘을 말하며 이 절제의 제도화가 곧 법이다. 플라톤은 모든 사람은 양극단이 아니라 중간적 평형을 꾀하는 타협의 길을 택하는 것이 정의로울 뿐만 아니라 이득이 된다24)고 하여 중용의 효용을 강조한다. 그는 교육의 목적이 덕의 실현이며 덕이란 바로 중용이기 때문에 중용을 실현하지 못하면 인간들 간의 갈등을 야기하여 무질서

---

22) *Statesman*, 283b-287b.
23) 成百曉, 『대학 · 중용집주』 전통문화연구회, 1996, p.112. 『중용』의 경륜(經綸)과 플라톤의 직조술(art of weaving)은 둘다 실을 다루는 높은 경지.
24) Letter VIII, trans, L.A. Post, trans, J.B.Skemp, in The Collected Dialogues, Princeton University Press, 1961 355b.

와 불의에 빠진다고 본다. 따라서 플라톤에게 중용은 인간에게 행복한 삶을 누리게 하는 원리이다. 플라톤이 신의 명령이라고 불렀던 법률도 현실적으로는 인간의 행복한 삶의 원리인 중용의 제도화라고 볼 수 있다.

1-1-2 법과 중용 그리고 혼합정체

『국가론』의 자매편으로 『국가론』의 이상을 실현하기 위한, 실현 가능한 방법을 다루고 있는 『법률론』은 아테네, 크레테 그리고 스파르타에서 온 세 명의 노인들의 대화로 엮어져 있다. 여기서 플라톤은 아테네의 손님의 입을 통하여 이야기하고 있다. 중용과 관련하여 우리의 주목을 끄는 것은, 플라톤이 아리스토텔레스와 마찬가지로 인간을 신과 동물의 중간자적 존재로 보고 그 인간은 질서의 감각을 통해서 신적인 상태를 추구한다고 본 점이다. 아테네인은 이렇게 말한다.

"모든 젊은 사람들의 본성은 급하고, 그들의 몸과 입을 가만히 놔둘 수 없다. 그들은 항상 괴성을 지르며 어지럽게 뛰어논다. …… 어떤 다른 동물도 질서의 감각을 발전시키지 못하고, 인간만이 질서를 발전시킬 천성적인 능력을 가지고 있다."[25]

여기서 아테네인이 말하는 질서(taxis)가 의미하는 바는 중용이다. 이런 해석이 가능한 것은 아테네인이 말하는 질서의 내용들은 비례

---

25) *Laws*, 664e-665a.

와 균형을 통한 조화이기 때문이다. 질서는 운동에서는 박자(rhythm)이며, 소리에서는 날카로운 것과 깊은 것의 혼합을 나타내는 화음(harmony)이요, 이 두 가지가 함께 어우러진 것이 합창(chorus)26)이다. 당신이 비례의 법칙을 무시하고 작은 배들에 과도하게 큰 돛을 달거나 작은 몸에 너무나 많은 음식을 제공하거나 감당할 능력이 없는 인간에게 너무나 고귀한 권위를 부여한다거나 하면 그 결과는 항상 비참한 것이다.27) 단순혼합은 질서일 수 없다. 각 부문이 비례와 균형으로 혼합될 때, 다시 말하면 각 사물 또는 인간의 본질과 습관에 따른 비례의 법칙에 따라 혼합될 때에 질서가 된다. 여기에서 비례의 법칙(due proportion)이란 중용의 원리에 다름이 없다.

이처럼 정의의 방법을 다룬 『법률론』 전체를 관통하는 주제가 바로 중용이다.

"고통과 쾌락은 자연이 흘려보내는 두 개의 샘물과 같이 흘러나와서 인간이 올바른 장소에서 올바른 시기에 올바른 분량을 퍼낼 수 있다면 그는 행복한 삶을 살 것이다. 그러나 그가 무지해서 잘못된 시간에 퍼낸다면 그의 삶은 전혀 다른 것이 될 것이다. 국가와 개인 그리고 모든 생명체는 동일한 논리에 기반하고 있다.28)

"모든 극단적인 상황 사이에서 중용(means)을 이루는 것은 가장 안전하고 적절한 것이다. 왜냐하면 한쪽의 극단은 사람들을 교만하고 무례한 자가 되게 하고 다른 한쪽의 극단은 사람들을 비열하게 하기

---

26) *Laws*, 665a.
27) *Laws*, 691c.
28) *Laws*, 636d-e.

때문이다. 그밖에 돈이나 재물도 마찬가지이다. 이것들 중에서 어느 것이나 지나치게 되면 사적 생활과 공적 생활에서 증오와 모멸을 가져오는 원인이 되며 또 이것들의 어느 하나라도 결여되거나 손상되면 노예 상태를 조성하는 원인이 된다."[29] "모든 사람이 극단적인 쾌락과 고통을 피해야 하고 항상 그들 사이의 중용을 취해야 한다."[30]

플라톤은 사물이나 상황에서 중용을 따르지 않고 한 극단에 치우쳐 과하거나 부족하게 되면, 거기서부터 모든 갈등이 싹튼다고 본다. 인간에게 참된 삶의 방식은 오직 쾌락만을 구하는 것이 아니고 전혀 고통 없이 사는 것도 아니다. 다만 그 극단의 것들 중간에서 진정한 만족을 얻는 것이다. 진정한 만족을 얻는 상태는 신의 상태이다.[31] 이처럼 플라톤은 중용의 상태를 신의 상태로 묘사함으로써 중용의 삶을 신을 닮으려는, 인간적 삶의 모형으로 보았다. 플라톤에게 법은 덕을 구현하는 것이며 그 덕이 바로 절제와 중용의 미덕인 것이다. 그는 인간에 대한 비관적 현실주의의 입장에서 법의 존재이유를 되풀이해서 강조한다.

"법이란 반은 선한 사람을 위하여 제정된 것으로 어떻게 하면 사람들이 서로 우의를 지키면서 살아갈 수 있는가에 대하여 가르침을 주기도 하지만, 반은 이와 같은 가르침을 거부하고 따르지 않으며 마음이 늘 부드럽지 못하고 또한 최악의 침입을 막지 못하는 자를 위해서 제정된 것이다. 입법자는 이들을 위해서 불가불 법을 제정하기 마련이지만 실상 법률이 필요 없게 되기를 바라고 있다."[32]

---

29) *Laws*, 729e.
30) *Laws*, 793e.
31) *Laws*, 637b-c.
32) *Laws*, 880e.

플라톤에 의하면 절제의 원리를 나타내는 법은 신에 의해서 부여된 것으로 절제가 있는 사람은 신의 동반자가 될 수 있으며 절제가 없는 사람은 신과 가까워질 수가 없다. 법은 신의 명령으로서 절제를 제도화한 것이며 현실적으로는 국가의 공적 결정의 산물이다.

"고통에 대한 예상을 두려움이라 하고 쾌락에 대한 예상을 자신이라 한다. 이러한 것에 대비되고 그 상위에 우리는 신중한 계획을 가지고 있는데 이를 통해서 우리는 고통과 쾌락의 상대적인 장점을 판단하게 되고 이것이 국가의 공적 결정으로 표현되었을 때에 그것을 법이라고 부른다."[33]

이처럼 법은 선악에 대한 성찰을 통해서 도출된, 강제력을 지닌 신중한 계획이라고 말할 수 있다. 인간의 감정은 여러 가지 방향으로 인간을 이끌어 덕과 악덕의 차별이 생기게 하는데, 이러한 감정의 밧줄 중에서 굳게 붙들어야 할 황금의 밧줄이 법이다. 인간은 언제나 황금의 밧줄에 따라서 행동해야 하며 이는 행복한 삶에 도달하는 방법이다. 그러므로 플라톤의 후기 사상에서 국가는 법률이라는 황금현(黃金絃)과 결합되어 있다. 이제 법률은 플라톤이 일찍이 이상국가에서 최상의 것으로 추구했던 정의를 대체할 수 있는 개념으로 뿌리내린다. 바로 이 법률국가에 걸맞은 정치체제가 혼합정체이다. 『법률론』에서 플라톤은 『국가론』이나 『정치가론』에서처럼 정체에 대한 분류를 다양하게 제시하지 않고 군주정의 지혜와 민주정의 자유의 원리를 조화시킨 혼합정체를 강조하고 있다. 여기서 플라톤은 이상국가가 아닌 차선의 법률국가를 모

---

[33] *Laws*, 644.

색하면서 왕정과 민주정의 혼합정체를 제시한다. 왕정의 가장 대표적인 예는 페르시아의 정체이고, 민주정의 대표적인 예는 아테네의 정체이다. 그 밖의 다른 모든 정체들은 양자의 변형된 형태라고 볼 수 있다. 군주정은 지혜의 원리를 표현하는 것이며 민주정은 대중의 참여와 동의 그리고 자유를 이념으로 하는 정치제제이다. 플라톤은 "자유와 우애와 지혜의 결합을 도모하기 위해서는 어느 정도 이 두 가지 정체를 기본으로 해야 한다"[34)]고 보고 있다. 자유(eleutheria)와 우애(philia)를 실현하지 못하면 결코 다스릴 수 없고, 이 두 가지를 확보하기 위해서는 실천적 지혜(phronesis)가 필요하다. 결국 플라톤의 혼합정제는 자유와 지혜의 결합으로 견제와 균형을 갖춘 정치체제이다.[35)] 단일정체는 절제를 망각하게 되어 결국 체제의 붕괴를 가져오기 때문에, 모름지기 국가는 정치적 안정을 유지하기 위해서 군주제로부터 참주적 요소를 제거하고 민주제로부터 중우정치를 제거한 혼합정체여야 한다는 것이다. 이런 맥락에서 스파르타가 혼합정체의 전형으로 제시된다. 스파르타는 인민들의 정열이 지나치기 때문에 '노인의 신중함'을 통한 절제를 가미하기 위해서 28명의 사제들(ephors)의 권력을 강화하여 중요한 문제에 대해서 군주와 동일한 권리를 가지도록 하고, 정부의 권력남용을 견제하기 위해서 감독관제도를 두었다.[36)] 즉, 자유와 지혜를 중용의 원리로 결합한 것이 혼합정체인 것이다. 혼합정체의 정당화를 위한 플라톤의 주장은 계속 이어진다. 그에 의하면 입법가는 다음

---

34) *Laws*, 693d.
35) *Laws*, 693e.
36) *Laws*, 692a.

두 가지에 초점을 맞추어 법률을 만들어야 한다. 즉, "하나는 가장 전제적인 정체요, 다른 하나는 가장 자유로운 정체이다. 그 어느 쪽이 정당한가를 검토하여 양자의 중용을 취하고 한쪽으로부터는 전제주의를 제거하고 다른 쪽에서는 자유주의를 제거해야만 비로소 완벽을 기할 수 있다. 그러나 노예상태나 방종 상태와 같은 극단으로 흐르는 것은 적절치 않다."[37] 혼합정체는 필연적으로 중용의 성격을 띠어 타협의 토대를 형성하고 절제 있는 태도를 만들며 이를 통해서 정치체제의 안정적 발전을 이룰 수 있다. 군주정과 민주정은 각기 올바른 부분과 그릇된 부분을 가지고 있기 때문에 중용의 방법으로 입법을 함으로써 각각 올바른 부분을 결합하는 것만이 현실에서 최선의 정체를 만들 수 있다. 법의 지배하에서는 지나침이 없기 때문에 법은 중용이 된다. 법치에 의한 혼합정체야말로 중용에 의한 조화로운 정치질서를 형성할 수 있다. 입법이 이루어진 다음 준법은 시민들의 의무이다. 왜냐하면 법에의 복종은 신에의 복종이기 때문이다.[38]

플라톤은 그의 『국가론』에서 정의 실현을 위해서 사후재판을 제기했는데, 『법률론』의 말미에서도 『국가론』과 같은 농도로 법에 대한 복종을 강조하고 있다. 플라톤에 의하면 차세의 인생이란 법을 지키는 과정이며 인생의 행복도 법을 지키는 과정 속에서 나타나는 것이다.

"인간이 세상에 태어나면 일정한 교육을 받고 사람들과 여러 가지 관계를 맺으며 살아가는 가운데 남에게 손해를 끼치면 벌을 받고 자기가 손해를 입으

---

37) *Laws*, 701e.
38) *Laws*, 729d.

면 그 보상을 받기 마련이다. 이처럼 법률의 보호를 받으면서 노년에 이르면 자연의 순리로서 인생의 종말에 도달하게 된다."[39]

플라톤은 죽은 자에 대한 종교적 의식, 다시 말하면 인생의 종말을 마무리하는 법제도로서의 상례(喪禮), 즉 장례와 묘지선택에 큰 의미를 부여하고 있다. 묘지는 경작하기에 적합한 땅을 사용해서는 안 되며 또한 지나치게 크거나 작은 묘비를 세우지 말아야 한다. "그 땅은 죽은 자의 유해를 간수하기에 적합하고 산 자에게 손해를 끼치지 않는 곳이어야 하며 무덤의 높이는 6명의 인부가 5일 동안 만들 수 있는 범위를 초과해서는 안 된다"[40]고 함으로써 인생의 최후를 장식하는 묘지의 선택에서 과, 불급이 없는 중용의 준수를 명령하고 있다.

"인간은 죽으면 사체는 우리의 그림자일 뿐, 불사(不死)의 본체인 영혼은 다른 신들 앞에 나아가 그 사정을 기술하기 위해서 떠나는 것이며 이것은 선량한 자에게는 반가운 희망이지만 악인에게는 매우 무서운 일이라는 것을 조상들의 법률이 말해준다."[41]

법률을 지킨 자에게는 희망이, 그렇지 않은 자에게는 사후의 두려움이 기다린다고 함으로써 이 세상에서의 법에 권위를 부여한다. 여기서 주목해야 할 것은 플라톤이 정의를 실현함에서나 법을 준수함에서 그 기준과 원칙은 중용임을 천명하고 있다는 점이다.

---

39) *Laws*, 958d.
40) *Laws*, 958e.
41) *Laws*, 959b-c.

1-2 아리스토텔레스의 정의론

윤리와 정치의 연속성은 폴리스철학의 특성이기도 하지만 아리스토텔레스에게 윤리학은 곧 정치학이며 둘 다 이론학이 아닌 실천학의 카테고리에 들어간다. 아리스토텔레스는 인간을 정치적인 동물인 동시에 이성적인 동물로 규정하고 신과 짐승의 중간자로서의 인간이 폴리스라는 정치공동체 안에서 이성적으로 살아가는 것이 최고선, 즉 행복한 중용[42](the happy mean)의 삶이라고 보았다.

1-2-1 덕과 중용 그리고 정의

아리스토텔레스에 의하면 인간의 덕은 타인과의 관계에서 발생하는 조화, 즉 중용이며 유덕한 삶은 감정과 행위에서 과와 부족을 피하고 중용을 지키는 삶이다. 인간의 감정과 행위가 유덕하려면 중용을 체득해야 하고 중용을 체득하기 위해서는 유덕한 행동을 지속적으로 학습해야 한다. 아리스토텔레스는 인간의 정신을 이성적인 부분과 비이성적인 부분으로 나누고 이성적인 부분에서의 탁월성을 지적(知的) 덕(virtues of thought)이라 하고 비이성적 부분에서의 탁월성을 윤리적 덕(virtues of character)이라 했다. 윤리적 덕으로서의 중용은 어중간(於中間)한 태도가 아니라 상황에 맞는 최적의 선택과 그에 따른 행동을 통해서만 실현된다. 이를테면 모욕을 당했을 때나 황당무계하거나 잔인한 짓을 보았을 때 적당하게 화를 내어 얼버무리는 것은 중용이 될 수 없다.[43]

---

42) *Politics*, p.316.
43) *N.E.* p.32.

아리스토텔레스에 의하면 인간이 탐구하는 중용은 사물 자체에서의 중간(the intermediate in the object itself)이 아니라 우리와 관련된 중용(the mean relative to us)이다.[44] 전자가 산술평균적 중간, 기계적 중간이라면 후자는 인간관계에서의 중용, 인간적인 중용이라고 말할 수 있다. 이를테면 의술에서 어느 환자가 3시간의 운동이 많고 1시간의 운동이 적다고 하여 의사가 산술적인 중간인 2시간의 운동을 명할 수는 없는 것이다. 환자에 따라서는 2시간의 운동이 많을 수도 있고 적을 수도 있기 때문이다. 인간행위에 얽힌 문제는 명확성이 결여되어 있으며 상황과 조건에 따라서 결정되기 때문이다. 결국 덕이란 과도와 부족이라는 두 악덕 사이에 존재하는 "우리와 관련된 중용"의 상태를 의미한다.[45] 이처럼 윤리적인 덕은 인간의 모든 감정과 행위를 대상으로 하는 것이 아니며, 특정감정과 특정행위에 대해서 올바른 것을 올바른 사람을 위해서 올바른 목적으로 그리고 올바른 방법[46]으로 선택할 때에 나타나는 중용이라고 할 수 있다.

그 다음 지적인 덕 그 가운데서도 실천적 지혜와 정치적 사려가 중용 정치사상의 핵심개념으로 자리잡고 있다. 앞에서 지적한 바와 같이 덕이란 정신의 구분에 따라서 각기 그것의 탁월성이기 때문에 지적인 탁월성은 곧 지적인 덕이다. 아리스토텔레스에 의하면 지적인

---

44) *N.E.* p.37.
45) ibid.
46) 아리스토텔레스에 의하면 인간의 모든 감정과 행위에 중용이 있는 것이 아니며 꾸준히 인간의 감정과 행위에서 중용을 찾아야 한다(invent)고 했다. 이를테면 감정 가운데 악의 파렴치 질투 등, 행위 가운데 간음 절도 살인 등과 같은 것은 과도나 부족 중용이 없으며 언제나 나쁜 것이다.(*N.E.* p.39) 용기와 절제는 그 자체가 중용이기 때문에 과도와 부족이 없다. 과도와 부족에는 중용이 없고 중용에는 과도와 부족이 없기 때문이다.(*N.E.* pp.39-40)

덕은 다시 인식적 부분과 사량적(思量的) 부분으로 나뉜다.47) 인식적 부분의 덕의 대표적인 예가 학적인 인식과 지혜(sophia)이다. 학적인 인식의 대상은 필연적이며 영원하기 때문에 가르칠 수 있고 배워서 알 수 있는 것이다.48) 지혜는 (직관적) 이성과 학적 인식이 결합된 것으로 모든 학적 지식 가운데 가장 완성된 것이다.49) 그리고 사량적 부분의 덕에는 제작에 관련된 기술과 실천에 관련된 지혜, 즉 프로네시스(phronesis)50)가 있는데, 후자의 번역어가 바로 실천적 지혜(practical wisdom) 또는 사려(prudence)이다.

아리스토텔레스에 의하면 실천적 지혜란 "인간에게 좋고 나쁜 것에 관하여 사려 깊게 행동할 수 있는 상태"51)이다. 결국 인간 이성의 탁월성을 보여주는 지적인 덕은 학습과 성찰에 의해서 체득되는데, 학습을 통해서 얻어지는 덕이 학적 인식과 그 깊은 경지인 지혜이고, 실천과 성찰을 통해서 얻어지는 덕이 실천적 지혜이다. 특히 국가와 인간의 정치생활이 성찰의 대상일 경우 실천적 지혜는 고도의 정치적 성격을 띠며, 이 경우 실천적 지혜는 정치적 사려에 다름이 없다. 아리스토텔레스가 페리클레스를 정치적 사려에 투철한 사람, 실천적 지혜의 체현자로 본 것은 의미심장하다.

이상에서 보듯이 아리스토텔레스의 시중52)(時中), 즉 "우리와 관

---

47) 사량(思量)은 생각하여 헤아린다는 뜻으로 숙고 사료와 비슷함. 로스는 인식적 부분을 the scientific, 사량적 부분을 the calculative로 번역한다.
48) *N.E.* p.140.
49) 로스는 Sophia를 philosophical wisdom으로 번역한다. *N.E.* p.145.
50) Phronesis의 번역어로 사려(思慮)(prudence), 실천적 지혜(practical wisdom) 등이 있다.
51) *N.E.* pp.142-143.
52) 중용 및 그 현실태로서의 시중의 개념에 대한 자세한 내용은 『중용의 정치사상』 pp.23-28. 참조.

련된 중용", 그 가운데서도 윤리적 덕이나 실천적 지혜는 인간의 감정과 일상적 정치적 행위를 대상으로 하고 있고, 그 구체적인 형태는 상황의 여러 요소들, 즉 시간, 근거, 상대, 목적, 방법 등에 따라서 다르다.

그렇다면 시중은 그때그때의 상황에 따른 주관적인 선택일 뿐, 객관성을 인정할 수 없는 것인가? 시중, 즉 윤리적인 덕이나 지적 덕인 실천적 지혜로서의 중용을 판단하고 선택하는 주체는 누구인가? 이런 물음에 대한 아리스토텔레스의 대답을 이해하는 것이 중요하다.

우선 시중, 즉 "우리와 관련된 중용"을 판정하는 고정된 일반원칙이 없다는 점이다. 아리스토텔레스는 인간의 행위에 관한 일, 즉 윤리학이나 정치학의 대상이 되는 일에는 시간과 장소에 따라서 차이와 변동이 있기 때문에 하나의 고정된 진리가 없다고 본다. 따라서 그는 『니코마코스 윤리학』(제1권)[53]에서 논술의 방법에 대해서 되풀이해서 언급하고 윤리학, 정치학에서는 엄밀한 논증을 기대할 수 없다는 점을 강조하고 있다. 특히 정치나 정치학의 영역에서는 여러 가지 복합적 요소들이 역동적 전체성으로 나타나기 때문에, 아리스토텔레스는 시중에 걸맞은 행위의 기준을 일반적, 보편적 규범의 형태로 보는 방법을 선택하지 않는다. 아리스토텔레스에 의하면 "한 원의 중심을 찾아내는 일이 누구나 할 수 있는 일이 아니고, 다만 그것을 아는 사람만이 할 수 있는 것"[54]처럼 시중의 발견은 지난한 일이다. 그는 "모름지기 사람은 과도나 부족이 아닌 중간적인 것을 선택해야 한다"는 것

---

53) *N.E.* pp.3.8-9.14.39.
54) *N.E.* p.45.

과 "중간적인 것은 올바른 이성이 이르는 대로"[55])라고 말하기도 하고, "모든 일에서 중간의 상태는 칭찬할 만한 것이지만 우리는 때에 따라서는 과도의 방향으로, 때에 따라서는 부족의 방향으로 나아갈 필요가 있다. 그렇게 함으로써 우리는 오히려 쉽게 중용의 정의에 적중할 수 있다"[56])고도 말한다.

결국 아리스토텔레스는 중용의 기준을 사람과 그 사람의 판단에서 찾을 수밖에 없었다. 그러한 점에서 만물의 척도를 인간에서 찾은 프로타고라스의 상대주의로부터 완전히 자유로울 수가 없다. 그러나 아리스토텔레스는 아무에게나 시중의 판단기준으로서의 지위를 인정한 것은 아니다. 그런 점에서 프로타고라스의 상대주의나 극단적인 가치상대주의와 아리스토텔레스의 상대주의는 그 성격을 달리한다. 그는 선택과 실천행위로서의 중용의 기준을 사려 깊은 사람에게 한하여 그 사려인(思慮人)[57])의 시중에 대한 판단에 높은 수준의 객관성을 인정하고 있다. 여기서 말하는 사려인은 어디까지나 인간의 불완전성과 상황의 특수성을 전제로 한 상대적인 개념이기 때문에 그에게 무오류성의 권위를 부여할 수는 없다. 아리스토텔레스가 제기한 사려인은 그의 중용사상의 논리적 맥락에서 보면 윤리적 탁월성(德)과 지적 탁월성[58])을 겸비한 사람으로, 이를테면 고대 그리스의 페리클레스와 그와 유사한 사람들인데 고대 중국의 성인군

---

55) *N.E.* p.137.
56) 중용의 핵심은 극단은 아니지만 그렇다고 기계적 산술적 중간이 아니라는 점을 명백히 한 것이다. 중용을 잡(hit the mean)는 것이 지극히 어려운 판단이기 때문에 얼핏보면 중용이 "극단"으로 보일 수도 있다. *N.E.* p.47
57) 절제의 어원은 사려(실천적 지혜)를 보존한다는 뜻이다. *N.E.* p.143. 절제인(the temperate man)과 사려인(man of practical visdom)은 중용인(中庸人)의 양태로 볼 수 있다.
58) *N.E.* p.143.

자나 공자와 맹자가 제시한 차선의 중용인59)(中庸人)과 유사하다고 볼 수 있다.

이처럼 아리스토텔레스의 입장에서는 행위에 대한 판단주체가 누구인가가 대단히 중요하다. 높은 수준의 사려 깊은 판단이 때로는 보통 사람의 눈에는 "극단"으로 보일 수도 있기 때문이다. 여기서 윤리적 덕과 사려를 핵심내용으로 하는 아리스토텔레스의 중용사상은 절정에 이르게 된다. 특히 사려는 실천과 관련이 있고 실천은 언제나 개별적이고 구체적이다.60) 사려는 구체적 실천에 관련된 지적 능력이기 때문에 당연한 목적보다 그 목적 달성을 위한 수단과 방법에 주목한다. 그래서 아리스토텔레스에 의하면 "인간사는 사려와 윤리적인 덕의 결합을 통해서만 성취된다. 왜냐하면 윤리적인 덕은 우리를 올바른 목표로 향하게 하고 사려는 우리에게 올바른 수단을 선택하게 하기 때문이다."61) 따라서 덕과 사려는 목적과 수단의 불가분의 관계로서 칸트적 표현을 빌리면 사려 없는 덕은 공허하고, 덕 없는 사려는 맹목이라고 말할 수 있다.

덕은 중용이다(Virtue is a mean)라고 한 아리스토텔레스의 명제를 분석적으로 설명한다면 중용이야말로 윤리적 덕과 지적인 덕인 사려를 관통하는 규범이라고 말할 수 있다. 그런데 윤리적 덕과 사려의 결합은 단순히 고립적인 개인의 윤리규범이 아니라 폴리스 정치공동체 내의 인간관계의 규범이기 때문에 사려 또한 정치적 사려를 떠나서

---

59) 아리스토텔레스에게 사려인 중용인은 탁월한 정치지도자이다. 오규소라이(荻生徂徠)는 고대 중국의 성인을 탁월한 정치가로 파악한다. 와타나베히로시(渡辺浩), 『日本政治思想史』 p.180.
60) *N.E.* pp.148-149.
61) *N.E.* p.155.

는 생각할 수 없고, 이 정치적 사려야말로 중용 정치사상의 집요저음(執拗低音, basso ostinato)62)으로 모든 시중적 정치판단의 기초가 된다.

앞에서 아리스토텔레스에게 윤리학은 곧 정치학이라고 했다. 윤리학은 개인의 행복과 덕을 대상으로 하고 정치학은 국가 구성원인 시민의 행복과 덕을 대상으로 하고 있다는 점에서 구별되지만, 둘 다 인간적 선을 추구하는 지식이라는 점에서 공통된다.63) 그런데 윤리학과 정치학은 이론학과 달리 엄밀성이 결여되어 있기 때문에 실천적 지혜(사려) 이상의 정확성을 가질 수 없다. 윤리학은 개인에 대한 사려를 내용으로 하고 정치학은 국가에 대한 사려를 내용으로 한다. 이렇게 볼 때 윤리와 정치는 사려의 실현에 다름이 없으며64) 윤리학과 정치학은 사려학(思慮學)이요, 실천적 지혜의 보고(寶庫)라고 말할 수 있다. 절제는 소크라테스 사상의 핵심가치로 플라톤을 거쳐 아리스토텔레스에 이르기까지 가장 생명력 있는 개념인데 그 절제의 어원이 바로 사려를 보존한다65)는 뜻이다. 그런데 개인으로서의 사려인은 인생에서 덕과 선을 위한 최적의 선택을 바탕으로 조화로운 삶을 영위하는 인간인데, 그 사려인이 정치지도자인 경우는 자아(自我)만이 아니라 반드시 타자와 관계를 가지기 때문에 "타인의 선"(善)이라고 할 수 있는 정의의 덕을 갖추지 않으면 안 된다.66) 아리스토텔레

---

62) Basso ostinato, Ground bass라는 음악용어. 윗소리는 변해가는데도 저음만은 집요하게 반복하는 것. 마루야마 마사오(丸山眞男)가 일본역사의 원형(原型)과 고층(古層)을 상징하는 표현으로 애용했다.
63) *N.E.* p.2.
64) *N.E.* p.142.
65) *N.E.* p.143.
66) *N.E.* pp.108-112.

스에 의하면 정의란 본질적으로 인간적인 것[67]이며 정의로운 사람은 덕을 자신에 대해서가 아니라 타인에 대해서 베푸는 사람이며,[68] 그 사람이 바로 최선의 인간이다. 그는 타인에 대한 덕의 실현(pros heteron)에서 선과 정의는 일치한다고 본 것이다. 그에 의하면 정의는 완전한 덕, 가장 큰 덕, 덕의 총체이며[69] 공동체적 덕(politike areté)에 다름이 없다.

그렇다면 아리스토텔레스에게 정의와 중용은 어떤 관계에 있는가? 그는 『니코마코스 윤리학』 제5권에서 정의가 어떤 종류의 중용인지 그리고 정의로운 행위가 어떤 극단 사이의 중용인지를 묻고, 두 가지 정의의 원리, 즉 시정적(是正的) 정의와 분배적 정의로 대답하고 있다. 우선 시정적 정의는 산술적 정의로도 불리는데, 이는 가해에 대한 보상처럼 파괴된 원상을 복원하는 경우이며 인간과 인간의 교섭에서 일어날 수 있는 여러 가지 이득과 손실의 중간에 대한 판단이다. 이득과 손실을 둘러싼 분쟁이 생기면 사람들은 소송을 제기하고 재판관을 찾게 되는데 이때 정의는 손실과 이득의 중간이기 때문에 '살아 있는 정의'[70]라고 할 수 있는 재판관에게 중용의 판단을 기대한다는 것이다. 그 다음으로 분배적 정의는 기하학적 정의로도 불리는데 후세의 정의론에 결정적인 이론적 기초를 제공한 정의의 원리라고 할 수 있다. 아리스토텔레스는 균등과 비례의 개념을 중심으로 정의와 중용의 관계를 설명하고 분배적 정의의 타당성을 아래와 같

---

[67] *N.E.* p.132.
[68] *N.E.* p.109.
[69] *N.E.* pp.108-109.
[70] *N.E.* p.115.

이 제시하고 있다.

"비례는 비(比)와 비(比)의 균등이며 적어도 4개의 항으로 이루어진다. 여기서 정의는 한쪽의 비가 다른 한쪽의 비와 같다는 의미이다. 즉, 인간과 인간 사이에 분배되어야 할 사물과 사물사이의 구분방법이 같다는 것이다. 따라서 A항의 B항에 대한 관계는 C항의 D항에 대한 관계와 같고, 위치를 바꾸면 A항의 C항에 대한 관계는 B항의 D항에 대한 관계와 같다. 그래서 A항을 C항에, B항을 D항에 결합시키는 것이 분배적 정의가 되는 것이다. …… 왜냐하면 비례는 중용이요 정의는 비례이기 때문이다."[71] "만약 당사자가 균등한 사람들이 아니면 그들은 균등한 것을 취득해서는 안 된다. 만약 균등한 사람들이 균등하지 않은 것을 취득하거나 균등하지 않은 사람이 균등한 것을 취득하거나 분배를 받는다면 거기서부터 분쟁과 불만이 싹튼다."[72] "공공의 재화를 분배하는 경우에도 당사자들이 기여한 것과 같은 비율로 해야 한다."[73]

아리스토텔레스에 의하면 사물과 사물 사이에 과다와 과소가 있을 경우에 그 중간이 균등인데, 이 균등이 타인과의 관계 특히 나와 타인의 선(善)에 관련된 경우에는 정의문제가 제기된다. 과다와 과소가 있는 모든 행위에는 균등이 있고 그 균등이 바로 정의이며 균등이 중용인 까닭에 정의도 중용이 아닐 수 없다는 것이다.[74] 각자는 각자의 가치(merit)에 상응한 부, 명예, 지위 등의 재화를 분배받아야 하며, 여기서 균등 또는 평등의 의미는 각자의 가치(능력)에 걸맞은 재

---

71) *N.E.* p.113.
72) *N.E.* p.11.2
73) *N.E.* p.114.
74) *N.E.* p.112.

화의 취득량의 비율이 같다는 것이다.[75] 이것은 냉엄한 능력주의의 정의론으로 후세 구미(歐美)의 정의론에 크게 영향을 끼쳤다. 고대 이래 역사적 전개과정에서 보면 시정적 정의는 법률적 정의로 뿌리를 내렸고 분배적 정의(dikaion dianomētikon)는 각종 정치적, 사회적, 경제적 정의론의 원형으로 자리잡게 되었다. 여기서 특기할 것은 시정적 정의든, 분배적 정의든 그 기준은 균등이나 비례와 같은 중용의 판단이라는 점이다. 앞서 지적했듯이 플라톤에게 정의는 절제요 중용이며, 그 절제와 중용의 제도화가 법이다. 마찬가지로 아리스토텔레스에게도 정의를 찾는 것은 중용을 찾는 것이고 그 중용이 바로 법이다.[76] 이리하여 플라톤에 이어 아리스토텔레스에게도 정의, 중용, 법은 좋은 정치공동체의 중심 가치이며, 결과적으로 이들 두 정치철학자의 합작이라고 할 수 있는 혼합정체는 정의의 원칙인 중용과 그 중용의 제도화인 법을 핵심개념으로 하여 실현 가능한 최선의 정치체제로 자리잡게 된다.

1-2-2 정의와 중용정치 체제

아리스토텔레스는 군주제와 귀족제를 완전국가로 분류한 점에서 플라톤을 계승하고 있으나, 1인이나 소수보다는 다수에 호의를 보인 점이 의미 있는 차이점이라고 볼 수 있다. 그는 세 가지 불완전한 정체로 참주제, 과두제, 민주제를 들었는데, 그중에서 최악이 참주제이고 그 다음으로 불완전한 정체가 과두제, 그리고 상대적으로 덜 불완

---

75) *N.E.* pp.112-113.
76) *Politics*, p.144.

전한 정체가 민주제이다. 이처럼 아리스토텔레스는 정체분류에서 민주제를 불완전한 정체의 카테고리에 넣으면서도 1인이나 소수지배보다는 다수지배가 전체의 이익에 기여한다는 관점을 일관되게 견지하고 있다. 정체 가운데 참주제와 과두제가 가장 단명하며 이의 해결책으로 극단적인 빈부계급이 아닌 중산계급 중심의 정치체제를 도출하고 있다. 그는 개인에게 덕이 중용이고 중용에 따르는 삶이 행복이라면, 정치공동체의 행복이란 그 정치공동체가 중용의 상태(mean state)에 있을 때라고 보고 그에 상응하는 정체로 폴리티(polity)를 제시한다. 폴리티[77]는 정치체제 일반, 혼합정체, 중간정체 등 다양하게 해석되지만, 논의의 핵심은 그것이 중용사상에 토대를 둔 아리스토텔레스의 체제구상이라는 점이다. 역사적으로 아리스토텔레스의 중용정체에 관한 구상은 아테네 민주정체의 기초를 세운 솔론의 발상에 기인한다. 솔론은 1) 지나친 과두제의 요소를 폐지하고, 2) 인민의 노예 상태를 개선하고, 3) 귀족제, 과두제, 민주제의 특징을 잘 혼합(mixture)하여 아테네 민주정의 토대를 확립했다.[78] 이렇게 볼 때 아리스토텔레스의 폴리티는 솔론의 전후 시기부터 존재해왔던 혼합정체의 플러스 유산을 재편성한 것이라고 볼 수 있다.

아리스토텔레스는 폴리티를 "모든 정체에 공통된 이름, 즉 사람들이 정체로 부르는 것"(politeian kalousin)[79]이라고 하여 그 이전부터 전해 내려온 개념을 사용했지만, 이 정체의 내용은 1인이나 소

---

77) Polity는 고대 그리스에서 통용되었던 보통명사로서의 정치체제, 혼합정체(mixed constitution) 또는 중간정체(middle constitution) 등으로 불렸으나 여기서는 아리스토텔레스의 중용정치 체제를 의미하는 폴리티로 쓴다.
78) *Politics*, p.98.
79) *Politics*, pp164-165

수가 아니라 다수의 정체로서 현실적으로는 중산층을 담당세력으로 하고 과두제의 지혜와 민주제의 자유를 결합한 혼합정체(mixed constitution)의 성격을 띠는 것이다. 당시 그리스에 존재하던 많은 폴리스의 정체는 과두제 아니면 민주제 또는 그 변형들이었는데, 아리스토텔레스는 이 양자를 잘 혼합할수록 그 정체는 지속성이 있다고 보고,[80] 다음과 같은 세 가지 혼합방법을 제시하고 있다.

① 두 정체의 법률의 특징을 적절히 혼합하는 경우
이를테면 재판규정에서 과두제와 민주제의 특성을 잘 혼합하여 공통의 중간적인 것(koinon kei meson)을 만드는 것이다. 즉, 재판에 출석하지 않은 가난한 사람에게 수당을 지급하는 민주제의 재판규정과 재판에 출석하지 않은 부자에게 벌금을 과하는 과두제의 재판규정을 선택함으로써 가능한 한 다수가 국정에 참가하도록 한 것이다.[81]

② 두 정체의 절충, 타협을 선택하는 경우
이를테면 민회에 참가하는 조건으로 재산 자격을 요구하는 과두제와 재산 자격을 필요로 하지 않는 민주제의 중간을 선택하여 적정한 재산 자격을 설정함으로써 보다 많은 시민들의 정치 참여를 유도한 것이다.[82]

③ 두 정체의 장점을 혼합하는 경우
이를테면 관직을 추첨으로 뽑는 민주제와 선거로 뽑는 과두제의

---

[80] *Politics*, p.176.
[81] *Politics*, p.168.
[82] ibid.

장점을 살려 과두제로부터는 선거제도를 채용하여 직책을 전문가에게 맡기고 민주제로부터는 직책의 요건인 재산 자격을 없앰으로써 직책을 가능한 한 다수에 개방하는 것이다.[83]

여기서 주목해야 할 것은 다양한 혼합의 방법에도 불구하고 극단이 아닌 중간의 선택이라는 점과 가능한 한 다수의 정치참여를 유도하고 있다는 점이다. 이 두 가지 점에서 혼합정체와 중간정체는 공통성을 가지고 있으며, 폴리티야말로 혼합정체와 중간정체의 특성을 공유하고 있다고 말할 수 있다.[84] 요컨대 폴리티는 좋은 혼합(good mixture)의 정체로서 과두정과 민주정의 극단적인 요소를 배제하고 중간적인 것과 다수의 요인을 결합한 것이다. 과두정이 소수의 지배라는 점에서 귀족정과 유사하다면 폴리티는 다수의 지배인 민주정에 큰 비중을 두고 있다. 아리스토텔레스는 민주정, 과두정, 참주정과 마찬가지로 폴리티를 불완전한 정체의 카테고리에 넣고 있지만, 그 폴리티가 과두정과 민주정의 적정한 혼합(proper mixture)에 성공한다면 가장 덜 불완전한, 그런 의미에서 가능한 최선의 정체가 될 수 있다고 본다.[85]

이처럼 정체 구상에서 아리스토텔레스의 중용사상은 구체적으로

---

83) 전문직을 추천으로 뽑을 경우, 전문지식이 없는 사람이 이를테면 군대를 지휘하거나 경제를 다룰 경우 국가가 위기를 맞을 수 있다. 관직을 뽑는 기준으로 높은 재산자격을 요구한다면 금권정치로 타락할 수 있다.
84) 혼합이나 중간은 중용의 한 양태이다. 폴리티는 혼합정체인 동시에 중간층을 중심세력으로 하는 중간정체이다. 폴리티가 실제로 양면을 포함하고 있는 정치체제이기 때문에 필자는 고대 그리스의 폴리티를 중용의 정치체제로 파악하는 것이다. Curtis Johnson, "Aristotle's Polity: mixed or middle constitution?" history of Political Thought, Vol.I.X. No.2 summer 1988. pp.189-204. 참조.
85) *Politics*, pp.206-207.

는 혼합의 방법으로 나타났으며 폴리티는 그 명칭의 다양한 해석에도 불구하고 실제로는 중용의 정체로서 그 형성과정에는 타협, 절충, 균형의 판단과 선택행위가 수반된 것이다. 그런데 정체 구상에서 아리스토텔레스가 가장 강조한 것이 극단적인 빈부격차의 배제이다. 지나친 부와 빈곤은 극단으로 치닫기 쉬우며 서로 지배하지 않으면 지배받지 않을 수 없는 이분법적 사고로 인해서 늘 분쟁의 원인이 되기 쉽다는 것이다. 그러나 중간계급은 적정한 재산을 가진 사람들로서 빈곤한 사람들에게서 나타나는 탐욕을 가지고 있지 않으며 그러한 탐욕의 대상도 되지 않기 때문에 가장 안전한 계급이다. 중간계급 내에는 당파적 알력이 적고 중간계급이 다수인 정체에서는 갈등이나 분열이 최소화된다. 다른 두 계급이 분쟁 중에 있을 때 가장 신뢰할 만한 사람은 중재자가 될 것이며 그 역할은 중간계급에 어울리는 것이다. 그는 양극단의 계급을 중재하고 갈등이 어느 한 계급의 승리로 끝나지 않도록 해준다.

아리스토텔레스는 폴리티에 걸맞은 재산의 정도, 국가와 인구의 규모에 대해서도 중용적 관점을 관철시키고 있다. 그에 의하면 개인이든 국가든, 덕에 부합하는 생활을 하기 위해서는 적정한 물질을 구비하고 있어야 한다. 그렇다면 아리스토텔레스가 중용의 정체로 본 폴리티에 부합하는 적정한 재산은 어느 정도인가 적정한 재산을 행복한 삶의 기본으로 본 아리스토텔레스의 재산에 관한 논의는 그의 스승인 플라톤의 공유제(共有制)에 대한 비판에서 극명하게 드러난다. 재산은 그것이 특수한 목적을 달성할 수 있도록 하는 정도만큼 소유하는 것이 적절하다. 재산의 소유는 자연에 부합할 뿐만 아니라 개인에게는 덕을 실천할 수 있는 수단이며 가정에서는 생활을 위한 필수품으로서, 그리고 국가에서는 구성원의 자급자족의 도구로서 필수부가결한 것이다. 개인과 마찬가지로 국가도 국가의 존립을 위해서는 적정한 재산이 필요하다. 그런데 국가는 두 가지로 나누어 생각해 볼 수 있다. 하나는 국가의 재산이고, 다른 하나는 그 구성원들이 가지는 재산이다. 우선 아리스토텔레스는 다음과 같이 적정량의 국가 재산을 설명하고 있다. "국가의 재물은 그것이 너무 커서 더 강력한 인근국가들을 유혹하게 되어서는 안 되며 침입자들을 반격할 수 없어서도 안 된다."[86] 그리하여 국가 재산의 가장 적정한 한도는 "더욱 강한 이웃나라가 그대의 과도한 부를 탐내어 전쟁을 유발하는 동기를 부여 하지 않을 정도의 것이어야 한다. 재물을 과도하게 적게 가지는 것도 이웃나라로 하여금 경우에 따라서는 전쟁을 도발하도록 할 것이다."[87] 그는 "최다수에 의해서 공유되는 것은 가장 빈약한 취급을 받는다"[88]고 하여 플라톤처럼 처자식이 공유될 경우 발생할 수 있는 무책임을 비판한다. 모든 사람들의 자식이 되는 수많은 아이들은 모든 사람들에 의해서 소홀하게 취급되기 쉬우며, 이는 공동으로 소유되는 국가의 재산에도 그대로 적용된다고 보았다. 공유재산은 그 쓰임이 애초에 수단으로서 요구되는 기능을 제대로 발휘하지도 못할뿐더러 그것이 부족할 경우 재산을 늘리기 위한 노력에서도 개개인의 적극적인 참여를 기대할 수 없게 되는 것이다.

그 다음으로 아리스토텔레스는 국가 구성원들의 재산에 대해서도 중용의 관점에서 세심한 배려를 하고 있다. 그는 중간계급의 적정한 물적인 기반의 중요성에 대해서 다시 강조한다. 국가 재산도 적정량

---

86) *Politics*, p.76.
87) ibid.
88) *Politics*. pp.58-59.

이어야 하지만 국가를 구성하는 구성원들의 재산을 임의로 조정하기가 쉽지 않다. 결국 국가 구성원의 적정한 재산은 국가의 운영을 담당하는 계급과 관련하여 설명할 수 있다. 즉, 너무 부유하지도 않고 너무 빈곤하지도 않은 적정한 재산을 가진 계급이 국정을 운영하도록 함으로써 내부적으로 파벌 간의 갈등을 줄이고 그 갈등으로 인한 정체의 분열가능성을 최소화할 수 있다고 본 것이다.

그리고 아리스토텔레스는 실현 가능한 최선의 정치체제의 조건으로 시민의 수와 성격, 영토의 크기와 질, 그리고 국가의 여러 기능들, 도시의 위치와 교육에 이르기까지 여러 요소들을 중용의 관점에서 논의하고 있다. 그에 의하면 인구가 너무 적으면 자급자족할 수 없으며 너무 많으면 정치체제를 유지하기 어렵다. 좋은 정치는 좋은 질서를 수반하기 마련인데, 인구가 너무 많으면 좋은 질서를 유지하기 어렵다. 그리고 영토의 경우 흡사 너무 크거나 작은 배가 항해하기 어려운 것과 마찬가지로 국가도 너무 크거나 작으면 자기 능력을 발휘하기 어렵다. 아리스토텔레스는 인구의 규모에 대해서도 "생활의 자족을 위해서 충분하고 한눈에 조망할 수 있는 최대한의 수"로 규정하고 있다.[89]

이상에서 우리는 아리스토텔레스가 가능한 최선의 정치체제를 구상함에서 그 정체의 구성부분들을 거의 예외 없이 중용의 관점에서 설명하고 있고 서양 정치사상에서 혼합정체라는 개념의 사상내용이 중용의 원리와 방법을 담고 있음을 확인할 수 있다. 과거, 현재 미래를 잇는 민주주의 사상사의 문맥에 한정해본다면 아리스토텔레스의 중용의 정체는 가장 덜 불완전한 정체로서 다수의 지배

---

[89] *Politics*. p.266.

와 법의 지배라는 두 가지 정의의 원칙에 토대를 둔 민주주의 정치체제의 원형이라고 볼 수 있다. 이 두 원칙은 아리스토텔레스의 중용적 인간관의 산물이다. 앞서 지적했듯이 그는 인간을 신과 짐승의 중간자, 정치적 동물, 사회적 동물 그리고 이성적 동물로 본다. 그는 인간의 일상생활과 정치생활을, 인간의 가능성과 한계에 대한 깊은 자각을 토대로 풀어나가고 있다. 그에 의하면 인간은 완전한 이성의 구현체인 신과 비이성적인 야수의 중간으로 이성적이지만 동물이기 때문에 완전한 이성의 체현자가 될 수 없다. 그러면서도 인간은 정치적인 동물이기 때문에 정치공동체 안에서 다른 사람과의 끊임없는 관계 속에서 자리매김 될 수밖에 없는 존재이다. 플라톤이 신의 경지에 올려놓은 철인왕도 어디까지나 인간일 뿐이며, 따라서 철인왕에 의한 군주제는 아리스토텔레스에게는 현실성이 없는 것이다. 그는 1인 군주나 우수한 소수보다 다수(majority)가 주권자여야 하는 논점을 제기하면서 "다수는 그 한 사람 한 사람이 우수하지 않더라도 합치면 소수보다 좋을 수 있다"[90]고 믿는다. 그는 1인 군주나 소수 귀족 그리고 중우(衆愚)가 아닌, 덕과 사려의 일정 부분을 가지고 있는 다수(중산층)의 지배를 일관되게 선호하고 있다. 인간은 이성과 비이성의 혼합체로서 인간성 안에는 이기적 특성이 내재해 있으며 그 욕망이 없다면 인간이 아니라 신이다. 인간의 지배에는 훗날 마키아벨리가 사자와 여우의 지배에 비유한 폭력의 지배가 따를 수 있다. 왜냐하면 인간의 이기적인 욕망은 야수와 같고 과도한 욕망은 최선의 지배자까지도 파탄상태에 빠트릴

---

90) *Politics*. p.123.

수 있기 때문이다.[91] 여기에 법의 지배의 존재이유와 정당성이 있는 것이다. 아리스토텔레스는 법을 신의 명령이라고 한 플라톤에 이어 법의 지배를 신의 지배라고 하여 높은 권위를 부여하면서 현실적으로는 정치체제의 다양한 구성요소들을 중용의 제도화로 설명하고 있다. 결국 아리스토텔레스는 실현 가능한 최선의 정치체제가 무엇인가 하는 절실한 물음에 대해서 덕과 교육, 능력이나 재산의 수준에서 1인왕이나 소수 귀족이 아닌 다수의 보통사람들의 기준에서 만들어진 정체라고 답하고 있다.[92] 그는 플라톤과 마찬가지로 군주제와 귀족제를 이상적인 정체로 보았으나, 현실적으로는 최악의 참주정과 중우정이 악순환하기 때문에 이 양극단의 정체를 배제하고 가능한 최선의 정체로서 폴리티라는 중용의 정체, 실제로는 중산층의 정체(middle class polity)[93]를 제시하고 있다. 이 중산층의 정체야말로 소수의 귀족정체보다 다수의 민주정체에 가까운 것으로 극단적 민주주의인 중우정적(衆愚政的) 요소를 배제한 민주정체로서 아리스토텔레스가 가장 신뢰할 수 있는 정체이다.[94]

이처럼 아리스토텔레스의 폴리티는 문제의식으로는 플라톤의 혼합 정체론의 연장선에 있으나, 그 혼합정체의 개념, 사상, 담당세력의 면에서 보면 중용의 사상과 그 사회적 기반으로서의 중산층을 핵심개념으로 하는 정치체제라고 말할 수 있다. 이처럼 중용의 제도화

---

91) *Politics*. p.143.
92) *Politics*. p.171.
93) *Politics*. p.172.
94) *Politics*, p.192 아리스토텔레스는 민주정의 양면을 숙지하고 있었다. 즉, 부정적인 면을 나타내는 중우정과 긍정적인 면을 나타내는 합법. 다수. 중산층을 중심내용으로 하는 Polity가 그것이다. 폴리티는 공화정 입헌민주정으로도 번역되나 입헌민주주의의 고대적 원형이란 의미로 편의상 폴리티를 사용한다.

로서의 법치에 대한 기대에서 플라톤과 아리스토텔레스는 일치하고 있으나, 1인 또는 소수지배에 철학적 기초를 제공한 플라톤과는 달리 아리스토텔레스는 1인이나 소수보다 다수에 대한 확신을 견지하고 있고, 중우정에 대한 경고에서도 플라톤과 아리스토텔레스는 궤를 같이하고 있으나, 플라톤이 1인 또는 소수지배에 대한 신뢰를 버리지 않은 데에 반해서 아리스토텔레스는 다수의 현실적인 형태로 중산층의 정치체제를 명확히 선호하고 있다는 점이 주목할 만하다. 이렇게 볼 때 폴리티는 다수와 법치를 내용으로 하는 고대판 입헌민주주의의 단초로서 단지 아테네 민주정에 대한 사후 정당화라기보다 민주정의 장단점을 경험적으로 숙지하고 있던 아리스토텔레스가 구상한, 그야말로 불완전성을 최소화한 정체(the least imperfect government)라고 볼 수 있다. 그런 점에서 아리스토텔레스의 중용정체(middle polity)야말로 그리스에서 중용의 정치사상의 정수라고 볼 수 있으며, 오늘날 아리스토텔레스를 근대 입헌민주주의의 아버지라고 부르는 것도 이 중용정체를 입헌주의의 원형으로 보기 때문이다. 아리스토텔레스에게 비친 인간의 행위, 특히 정치행위는 플라톤의 이데아나 진리(에피스테메)의 영역과는 너무나 거리가 먼, 복잡하고 변화무상한 역사적 현실이며, 이성적이기는 하나 불완전한 인간들의 다양한 의견의 공존과 충돌을 조정하여 합의에 이르는 끝없는 과정이다.

   아리스토텔레스에 의하면 우리의 논의는 그 주제에 상응한 정도의 명확성으로 충분하며 모든 주제에 대해서 장인이 공예품을 만들 때와 같은 정확성을 일률적으로 요구할 수 없다. 더욱이 정치학이 연구대상으로 하고 있는 선(善)이나 정의에 대해서는 견해가 다양하고 변동이 심하여 수학에서와 같은 엄밀성을 기대해서는 안 된다.[95] 정치 행위는 원리에서 연역된 자명한 진리가 아니라 개별적, 구체적 경험에 관련되는 실천적 지혜의 선택 행위이다. 중용의 정치체제도 경험의 배후에 존재하는 영원불변의 이데아의 발현이 아니라, 인간의 다양한 경험 가운데서 극단적 요소를 배제하고 실천적 지혜를 통하여 합의점을 찾은 결과이다. 이처럼 그리스인에게 정치는 실천적 지혜의 문제이며 정치적 실천의 영역에서는 절대적인 진리는 없고 구체적인 의견이나 주장의 정당화를 통하여 얼마만큼 많은 사람을 설득할 수 있는가가 문제이다.

원리와 구체적인 상황의 변증법적인 상호작용을 통해서 도달한 최적의 타협이 바로 중용(時中)이며, 이러한 시중의 탐구는 존 롤스가 정의(의 원리)를 독단론과 환원주의라는 두 극단의 중용으로 파악한 것[96]과 원리와 상황의 상호작용을 통해서 성찰적 균형을 찾고, 그 과정에서 사려 깊은 판단(considered judgment)[97]을 도출하는 방법과 유사하다. 이때 아리스토텔레스가 탐구한 중용은 극단을 배제한 중간의 영역이지만, 현실적으로는 가능한 최선이며 정치적 목표가치로 보면 최량(最良)의 정점[98]이라고 할 수 있고, 중간이기는 하지만 원에서 중심을 찾는 것만큼이나 어려운 최적(最適)의 선택이다.

서양 사상은 흔히 플라톤과 아리스토텔레스의 주석(foot-notes)에 불

---

95) *N.E.* p.3.
96) John Rawls, *A Theory of Justice,* Harvard university press, 1971. p.243.
97) John Rawls, op. cit., pp.19,20,47-48,51,120,319,579. 참조.
98) 여기서 아리스토텔레스의 최량의 정점은 주자가『중용장구』제2장에서 중용을 "정미함의 극치"(精微之極致)로 설명한 것과 유사하다.『朱熹 四書章句集註』1983,中華書局, p.18.

과하다고 한다. 두 사상가 중에서 어느 한쪽을 과대 또는 과소평가하는 경우도 있고 단순 이분법으로 설명하는 경우도 있다. 어떤 사람들은 플라톤을 전체주의의 원흉으로 보면서 아리스토텔레스에게서 민주주의의 뿌리를 찾으려고 하고, 어떤 사람들은 플라톤의 이상과 아리스토텔레스의 현실, 그리고 플라톤의 사상은 서양 관념론의 뿌리이고 아리스토텔레스의 사상은 서양 경험론의 뿌리라는 식의 단순 비교를 한다. 그러나 두 사람 사이에는 복잡한 사상적 상호 의존관계가 존재한다고 말할 수 있다. 플라톤이 철학에서 출발하여 현실의 법률로 이어졌다면, 아리스토텔레스는 현실의 경험에서 출발하면서도 철학적 삶의 중요성을 잊지 않았다. 소크라테스 없는 플라톤을 상상할 수 없는 것과 마찬가지로 플라톤 없는 아리스토텔레스도 상정하기 어렵다. 소크라테스의 절제, 플라톤의 절제와 중용에 이어 그 지적 흐름 속에 관류하는 중용사상이 아리스토텔레스에 와서 집대성되었다고 볼 수 있다.

아리스토텔레스는 그의 『정치학』 제7권에서 소크라테스와 초기의 플라톤을 방불케 하는 정치공동체에 관한 이상적인 논의, 즉 최선의 삶과 최선의 정체에 대한 논의를 다시 전개하고 있다. 개인에게 최선의 삶이란 행복한 삶이고 그 삶이란 외부적인 선, 이를테면 부나 명예나 권력과 같은 것이 어느 정도 갖추어진 상태에서 정신적인 선을 추구하는 사람에게 가능한 삶이다. 전자는 정치적인 삶이라고 할 수 있고 후자는 철학적인 삶이라고 할 수 있다. 최선의 삶에 필적한 최선의 정체는 사람들이 정신적인 선, 즉 덕을 실천할 수 있게끔 적절한 정도의 외부적인 선을 구비하고 있으면서 정의를 실현하는 정치체제라고 할 수 있다. 이렇게 볼 때 플라톤과 아리스토텔레스에게 중용은 개인적인 삶이든 국가적인 삶이든, 또한 철학적인 삶이든 정치적인 삶이든, 그 내면에 관통하는 정의로운 삶의 원리요 방법이라고 말할 수 있다.

제2장

민주평화사상에 관한 성찰*

민주평화론은 현대평화연구의 주요한 이론 가운데 하나이다. 민주국가 간의 전쟁은 없다는 것을 경험적으로 규명함으로써 민주주의 체제와 평화의 상호보완적 관계를 설명하는 민주평화론은 그 사상적 뿌리를 고대 그리스에서 찾을 수 있다. 현대의 민주평화론자들은 칸트의 공화주의적 평화론을 그 철학적 거점으로 보고 있으나 민주주의의 사상적 원천이라고 볼 수 있는 그리스의 혼합정체론에서도 평화와 정치체제의 관계에 관한 사상사적 단초가 보인다.

이 논문에서는 ① 고대 그리스의 혼합정체, 특히 Aristoteles의 폴리티(Polity) ② Kant의 공화제 평화(republican peace) ③ 현대의 민주평화이론(democratic peace theories) 등을 중심으로 정치체제와 평화의 상호관계에 관한 사상사적 논의를 전개함으로써 민주평화사상에 관한 역사적 성찰을 시도하고자 한다.

2-1 고대의 혼합정체와 평화

---

* 이 논문은 1997년 세계정치학대회(IPSA)에서 발표한 기조논문을 수정·보완한 것임.

고대 그리스시대 이래 권력의 견제와 균형을 바탕으로 하는 혼합체제가 절대 권력을 독점한 단일체제보다 정치적 안정과 정치체제로서의 내구성이 강하다는 발상이 있어 왔다. 이 경우 정치적 안정과 정치체제의 내구성은 외침으로부터 체제를 방어하고 사회구성원의 평화로운 삶을 보장하는 중요한 조건이라고 말할 수 있다. 다만 고대인은 전쟁을 방지하고 평화를 지킨다는 문제의식이 투철하지 않았기 때문에 혼합체제가 평화의 유지에 도움이 된다는 직접적인 언급은 별로 없다. 그러나 근대 이래의 공화정이나 민주정체가 고대의 혼합정체의 전통을 이어받고 있다는 점[1])과 그 공화제와 민주정이 평화의 실현에 필요한 조건으로 이해되고 있는 점을 감안하면 고대의 혼합정체를 평화의 관점에서 파악하는 것은 흥미로운 연구과제가 아닐 수 없다.

플라톤은 도시국가들 간의 전쟁을 해결하는 방법에 대해서 별로 언급하지 않았으나 도시국가 내의 분쟁, 즉 내전을 해결하기 위해서 많은 고민을 했다.[2])

그는 도시국가 내의 타락과 무질서를 가져오는 부패 문제에 깊은 관심을 가졌으며 이 부패를 극복하고 정의롭고 조화로운 정치 질서를 수립하는 것을 그의 정치철학의 목적으로 삼았다. 플라톤은 식민도시 마그네시아에 어떤 정치체제를 수립할 것인가를 토의하면서 왕정의 지혜의 원리와 민주정의 자유의 원리를 결합한 혼합체제가 실현 가능한 최선의 정치체제라고 보았다. 또한 그는 국가가 안정을 누리기 위해서는 절제가 있어야 하는데 단일정체는 절제의 원리를 망

---

1) Kur von Fritz, *The Theory of the Mixed Constitution in Antiquity*, New York 1954, Columbia University Press, pp.306~352.
2) Plato, *Laws*, in The Dialogues of Plato, translated y B. Jowett, M. A., 1968, 626d.

각하기 쉽기 때문에 정치적 안정을 위해서는 가장 전제적인 정체와 가장 자유로운 정체의 중용을 취해야 한다고 보고 그 중용의 체제를 일컬어 혼합정체라고 했다.[3]

플라톤은 모든 사람은 양극단이 아니라 중간적 평형을 꾀하는 타협의 길을 택하는 것이 정당할 뿐만 아니라 이득이 된다[4]고 함으로써 중용의 효용을 주장했다. 그리고 그는 중용을 지키는 인간은 재앙을 피하고 평화와 번영을 얻을 수 있다고 보았다.[5]

플라톤의 저작에서 단편적으로 논의되었던 혼합체제와 중용은 아리스토텔레스에 의해 계승·발전되었다. 아리스토텔레스는 인간의 나쁜 본성은 결코 채울 수 없는 컵과 같아서 인간은 무한한 욕망의 충족을 위해 산다[6]고 보고, 전쟁도 인간의 끝없는 욕망의 결과로 보았다. 그에 의하면 과두정과 민주정의 지배자들이 각기 자신들의 정부형태가 배타적으로 옳다고 고집하면 정치질서가 점점 타락하게 된다.[7]

여기에 아리스토텔레스는 인간의 무한한 욕망을 완화시키고 특히 지배자의 사적 이익을 통제할 수 있는 정체가 무엇인지를 추구했던 것이다. 이러한 물음에 대한 아리스토텔레스의 해답은 혼합정체로서의 폴리티이다. 폴리티는 원래 국가의 전체 구조를 의미하며 삶의 양식이나 사회윤리의 전 체계를 의미하는 것이나 여기서는 아리스토텔레스 특유의 혼합체제의 양식으로 파악한다. 아리스토텔레스에게

---

3) Plato, *Laws*, 691c-d, 792d-e.
4) Ibid., 690e.
5) Plato, Letter VIII, 354a-e.
6) Aristotle, *Politics,* 1267b.
7) Ibid., 1309b.

있어서 폴리티는 여러 가지 유형의 혼합정체 중에서 과두정과 민주정의 결합으로 성립한 정체[8]를 의미하기도 하고 중산계급이 지배하는 체제[9]를 뜻하기도 했다. 그리고 과두정과 민주정 간의 혼합에서도 과두정의 성격을 많이 갖고 있는 정체는 귀족정이고 민주정의 요소가 많은 체제를 폴리티라고 했다.[10]

아리스토텔레스의 중용과 중산계급에 대한 논의는 그의 평화사상의 핵심을 이룬다. 아리스토텔레스의 중용은 과대와 과소의 양극단에 치우치지 않은 중간의 조화이다.

아리스토텔레스에 의하면 중간 상태에 있는 사람은 이성에 잘 따르며 다른 계급에 비해 야망이 상대적으로 적기 때문에[11] 폭력을 행사할 확률이 적고 중산계급이 주도권을 갖고 있는 국가에서는 극단적인 민주주의와 폭군정치가 나올 확률도 적다. 그리고 중산계급에 토대를 둔 폴리티에서는 분쟁과 갈등이 생길 가능성이 적고 외부 침략에 대한 내구성이나 내부 체제의 수명도 길며, 따라서 정치적 안정도가 높다. 아리스토텔레스는 국토, 인구, 재산 등의 자원을 중용의 상태에서 관리함으로써 외부로부터의 침략의 유혹을 막고 전쟁에 버틸 힘을 키울 수 있다고 보았다. 그는 플라톤과 마찬가지로 전쟁을 국가의 정치적 생활로서의 소여(所與)로 받아들였다. 개인의 정치생활은 국가의 법 아래에서의 평화적 생활이나 국가의 정치적 생활에는 실제로 전쟁이 적지 않음을 인정했다. 그는 평화의 가치와 전쟁의 사

---

8) Ibid., 1280a.
9) Ibid., 1295b-1296b.
10) Ibid., 1293b, 1307a.
11) Ibid., 1295b.

실을 동시에 인정하면서도 전쟁을 위한 전쟁이 아니라 '평화를 위한 전쟁'[12]을 주장함으로써 평화의 메시지를 분명히 전했다.

아리스토텔레스의 정치사상에 일관되고 있는 가치인 중용은 개인의 평화로운 삶을 보장하는 규범인 동시에 국가 수준의 정치체제의 구상에서는 혼합체제인 폴리티의 형태로 나타났다. 이 경우 중용과 혼합은 유사하나 동일한 것은 아니다. "모든 중간이 혼합이라고 말할 수 없고 모든 혼합이 중용이라고 말할 수 없기 때문이다."[13] 그러나 아리스토텔레스는 중간체제(middle regime)와 혼합체제를 명확하게 구별하지 않고 폴리티를 실현가능한 최선의 정체로 분류했던 것이다. 이 폴리티는 양극단의 단일체제를 지양하고 공익을 위한 다수의 지배라는 관점에서 고대의 정치체제 가운데 오늘날의 민주주의체제와 가장 가까운 정체이다.

플라톤의 『법률론』에서 아리스토텔레스의 『정치학』으로 이어지는 혼합정체론은 평화를 정치체제와의 관련에서 파악하는 단서를 제공함으로써 근대의 공화제적 평화론과 현대의 민주평화론으로 계승되었다.

2-2 칸트의 공화제와 평화

정치체제와 평화의 상호 관련성이란 관점에서 보면 칸트가 평화의

---

12) Ibid., 1333a-1334a.
13) C. Johnson, "*Aristotle's Polity: Mixed or Middle Constitution?*", History of Political Thought, Vol. IX, No. 2, Summer, 1988, p.198.

조건으로 제시한 공화제는 고대 사상가들이 정치적 안정을 위한 최선의 체제로 본 혼합체제의 연장선 위에 있다고 볼 수 있다. 다만 고대의 정치체제 논의에는 평화 자체에 대한 문제의식보다는 체제의 안정, 수명 그리고 내구성에 더 관심이 있었다.

칸트는 영구평화를 위한 제1확정조항에서 "모든 국가에 있어서 시민적 체제는 공화적이어야 한다"고 했다. 칸트가 사용한 '시민적'이란 말은 이른바 귀족이나 노동계급과 대립하는 계급으로서의 부르주아적이란 의미만이 아니라 오히려 자유로운 정치공동체의 구성원을 총칭하는 말이다. 그는 공화적 체제의 조건으로 자유, 순종, 평등을 들었다. 여기서 말하는 자유는, 인간으로서의 인격적 자유이며 순종은 신민(臣民)으로서 법에의 복종이다. 그리고 평등은 국민으로서의 법 앞의 평등이며 대의제도 하에서 집행권과 입법권을 분리하는 국가에서만이 가능하다. 그는 "대의적이지 않은 통치방식은 본래 왜곡된 것"[14]이라고 말했다. 공화체제는 지배자 1인의 인격적 정당성이나 현명함으로 인한 선정(善政)이 아무리 훌륭하다고 해도 그의 죽음과 함께 끝나는 그런 통치방식과는 다르다. 이 대의제가 없는 통치방식은 전제적, 폭력적이 되기 쉽다. 고대의 이른바 공화제는 이 사실을 몰랐다는 것이다.[15]

즉, 공화제에 의해서만이 비로소 신뢰할 수 있는 법의 지배가 가능하며 또한 국민의지에 따라 법의 평화적 변경도 가능한 것이다. 칸트는 공화제의 통치방식을 취한 나라 사이에서만이 영구평화의 전망이

---

14) Immanuel Kant, Zum Ewigen Frieden-Ein philosophischer Entwurf, Reclam-, Verlag Stuttgart (이하 Friede로 약칭), p.28.
15) Kant, *Friede*, pp.29~30.

열릴 것으로 보았다. 왜냐하면 공화적 체제하에서는 전쟁에 대한 인민의 협조를 얻기 어렵기 때문이다. 즉, 이 체제하에서는 전쟁을 결정하기 위해서 인민의 협력을 얻어야 하며 이 경우 인민이 전쟁의 모든 재앙을 자신이 떠맡아야 할 각오를 하지 않으면 안 되기 때문이다.[16]

이에 반해 공화제가 아닌 체제하에서는 국가원수는 전쟁을 일종의 유희처럼 보며 전쟁으로 인해 그의 식탁, 수렵, 궁중의 축하연에서 조금도 잃을 것이 없다.[17] 요컨대 국민이 협조하지 않을 전쟁의 어려움을 전제한다면 국민의 자발적 의사가 잘 반영되는 국내 체제일수록 전쟁의 가능성이 줄어진다는 얘기가 된다.

그러나 칸트는 공화주의적 체제 안의 국민 자신이 군주 이상으로 전쟁에 대한 정열적인 의지를 보였던 역사적 사실을 간과했다. 그가 프랑스 혁명에 의한 공화체제의 출현을 긍정적으로 보았음에도 불구하고 바로 프랑스 혁명에서 나타난 국민군의 민족주의적 열정, 그 왜곡된 형태로서의 나폴레옹의 팽창 정책에 나타난 전쟁의 위험을 어떻게 생각하고 있었는지 해명되지 않고 있다. 더욱이 현대의 대중 민주주의하에서 합리적 외교정책을 수행하기 위한 필요조건을 결여하고 있는 점을 생각하면 칸트가 공화주의적 체제에서 기대한 것을 그대로 오늘날의 민주주의 체제하에서 기대하는 데는 무리가 있을지 모른다.

그럼에도 불구하고 평화의 조건으로서 칸트가 제시한 공화체제와 오늘날의 민주체제 사이에는 강한 연속성이 발견된다. 왜냐하면 민주주의가 사회적으로 확대됨에 따라 열린 정부를 통하여 정책 결정

---

16) Kant, *Friede*, p.27.
17) Kant, *Friede*, p.28.

에 실질적인 의미에서 국민이 참여하는 체제하에서는 전쟁의 전면적 피해자인 국민의 평화의지는 의심의 여지가 없기 때문이다.[18]

칸트는 호전적인 지배자보다 인민이 평화 지향적이란 점, 그 지배자의 공격 성향을 저지할 수 있는 시민의 권리를 허용하는 공화체제가 더 평화적이란 점에 대한 일관된 신념을 갖고 있었다. 그러나 칸트는 절대 평화주의자가 아니며 영구평화를 위한 현실적인 해결책이 있다고 보지도 않았다. 다만 그에 의하면 인간이 할 수 있는 일은 영구평화의 목표를 향한 점진적인 접근 노력이며 이 노력을 밑받침하는 것은 궁극적으로 인간의 도덕적 진보이다. 여기서 주목해야 할 것은 칸트가 인간 이성에 대한 신뢰와 함께 자연의 힘에 대한 신뢰를 잊지 않았다는 점이다. 그에 의하면 "인간의 자연적 소질은 언젠가는 각각의 목적에 합치하여 남김없이 발전할 수 있도록 정해져 있다."[19]

따라서 인간의 욕망은 전쟁으로 사회를 파괴할 수도 있고 평화로운 사회를 건설할 수도 있다는 것이다.[20] 또한 칸트는 자연이 인간으로 하여금 시민적 체제를 만들게 하고 점차 영구평화의 목적에 접근하도록 한다고 보고, 영구평화를 가능하게 하는 인간의 도덕적 진보는 좋은 정치체제, 즉 공화제의 틀 안에서 가능하다고 보았다.

---

18) 현대 평화의 조건으로서의 민주주의 문제에 대해서는 짤스부르크 국제회의에서의 모겐소와 에리히 포롬의 토론 참조.(Diskussionsschwerpunkte, Der Friede im Nuklearen Zeitalter Eine Kontroverse zwischen Realisten und Utopisten.)
19) Kant, "Idee zu einer allgemeiner Geschichte" in *Weltbürgerlicher Absicht*, Werker, Bd.IV.p.152.
20) Janine Chanteur, From War to Peace, translated by Shirley Ann Weisz, Westview Press, 1992, p.144.

2-3 현대의 민주평화론

칸트에 의해 본격적으로 제기된 근대의 평화사상, 즉 평화의 조건으로서의 공화제의 주장은 현대에 와서 민주적 평화사상으로 뿌리를 내리고 있다. 한 나라가 민주적일수록 그 나라는 평화지향적이며 더욱이 민주국가 상호 간에는 전쟁이 없다는 명제는 1960년대 이래 민주적 평화론자들의 지속적인 연구 관심사이다. 여기서 말하는 민주주의는 칸트가 말하는 통치방식으로서의 공화제의 연장선 위에 있으며, 이를테면 자유롭고 공명한 선거에 의한 지도자의 선출, 인권의 보장, 권력분립 등을 내용으로 하는 정치구조와 제도[21]를 가리킨다. 이들 민주적 평화론자들의 경험적 연구에 의하면 국가는 민주적일수록 그들의 대외관계는 평화적이다. 그리고 민주국가의 경우도 폭력을 사용하고 전쟁을 수행하지만 적어도 민주국가 간에는 전쟁을 치루는 경우가 거의 없다.

이를테면 뱁스트(D. Babst)는 1789년에서 1941년까지 116개의 전쟁에 대한 경험적 연구를 통하여 민주국가 간에는 전쟁이 없었음을 증명하고 있다.[22] 러멜(R.J. Rummel)은 민주국가(Libertarian state) 간에는 전쟁이 거의 없었다고 주장한다.[23] 그리고 위드(E. Weed)는 억지(deterrence)나 초강대국에 종속하는 것이 국제체제의 평화의 조건이라고 본 종래의 견해를 재검토하고 민주국가 간에는 싸우지 않는

---

21) B. Russett, Grasping the Democratic Peace (Princeton University Press, 1993), P.14.
22) Dean Babst, "Elective Government A Force for Peace", The Wisconsin Sociologist, 3. 1, 1964, pp.9~11: "A Force for Peace", Industrial Research (April), pp.55~58.
23) R.J. Rummel, "Libertarianism and International Violence", Journal of Conflict Resolution, 27. 2, 1983, pp.231~254.

다는 널리 알려진 합의에 동참하고 있다.24) 그렇다면 이들이 민주국가끼리는 싸우지 않는다고 본 이유는 무엇인가. 이에 대한 대답은 지극히 간단하다. 즉, 민주국가의 지도자들은 전쟁을 함으로써 생기는 인센티브가 거의 없기 때문이다. 왜냐하면 국민은 어떤 민주국가가 다른 민주국가를 공격하는 행위는 다른 수단에 의한 외교정책의 연장으로 보지 않고 오히려 외교정책25)의 실패로 간주하기 때문이다. 민주국가의 정치지도자들은 전쟁으로 생명과 재산을 잃는 것을 꺼리는 국민들의 여론을 염두에 두지 않을 수 없다. 그리고 러셋은 민주국가 간에 전쟁이 없는 이유를 보다 분석적으로 설명하기 위하여 민주국가가 가지는 규범/문화와 구조/제도의 특성을 제기하고 있다.

무엇보다도 민주국가의 지배적인 규범은 평화적인 경쟁, 설득 그리고 타협이다. 비(非)민주국가에서는 정책결정자가 국내정치의 갈등이나 다른 나라와의 갈등을 해결하기 위하여 폭력이나 폭력의 위협을 이용하지만 민주국가의 정책결정자들은 대체로 다음과 같은 규범에 익숙해 있기 때문에 폭력적 갈등을 피하려고 한다.

1) 민주국가에서는 정책결정자가 타협과 비폭력으로 갈등을 해결하기를 기대한다.
2) 민주국가는 다른 민주국가와의 관계에서 평화적으로 갈등을 해결하는 규범을 따른다.
3) 한 나라의 민주주의가 안정될수록 민주적 규범이 다른 민주국

---

24) E. Weed, "Extended Deterrence by Superpower Alliance", Journal of Conflict. Resolution, 27. 2, 1983, pp.231~254.
25) Alex Mintz, Nehmia Geva, "Why Don't Democracies Fight Each Other?", Journal of Conflict Resolution, 37. 3, 1993.

가와의 관계를 규제한다.[26]

또한 민주국가 간에 전쟁을 하지 않는다는 명제를 설명함에 있어서 민주국가의 규범적 요인과 함께 그 민주국가의 구조적 요인도 중시하지 않을 수 없다. 민주국가의 정책결정 과정에서는 견제와 균형, 권력분립, 국민의 지지를 얻기 위한 공론의 필요 등의 요인 때문에 대규모의 폭력을 사용하는 결정이 늦어질 뿐만 아니라 실제로 그러한 결정이 내려질 가능성이 줄어든다.

물론 규범적 요인과 구조적 요인은 이론적으로나 현실적으로 완전히 분리할 수 없다. 지금까지 이 두 요인은 상호보완하면서 민주적 평화를 재생산해왔다. 그러나 민주국가의 평화지향적 요인에도 불구하고 폭력을 사용하는 예는 얼마든지 있다. 그 전형적인 예가 바로 미국이다. 미국은 선거기간 중 특히 의회 선거보다 대통령 선거에 앞서 군사력을 사용하는 경우가 있었다.[27] 선거에 직면한 정치지도자들은 그들의 권력의 약점과 불안을 외국이나 적국에 보이지 않기 위해 군사력에 호소하여 분쟁을 확대하는 경향이 있다.[28] 그리고 일반적으로 정치지도자들의 인기는 국가의 경제 상태와 관련이 있기 때문에 미국의 대통령은 높은 실업률, 인플레이션 등으로 경제가 악화될 경우 폭력을 사용하려 했었다.[29] 특히 군수산업분야는 국제긴장이 고조될수록 이득을 보는 경우가 많고 실제로 군사력의 사용은 이들 군

---

26) B. Russeet, op. cit., p.35.
27) K.T. Gaubatz, "Election Cycles and War", Journal of Conflict Resolution, 35. 2, 1991, pp. 12~44.
28) Ibid.
29) Ibid.

수 산업체에 직접적으로 활기를 불어넣을 수 있다.

그런데 이처럼 민주국가가 군사력을 사용하는 경우도 그 목표는 비(非)민주국가인 경우가 많다. 왜냐하면 민주국가의 지도자들은 같은 민주국가를 공격함으로써 외교정책의 실패로 비난 받기를 꺼려하기 때문이다. 이처럼 미국이 여러 가지 형태로 전쟁에 개입해 온 것이 사실이며 그 가운데도 주목해야 할 것은 민주적 절차에 의해 성립한 외국정부에 대해 미국이 은밀한 행동으로 개입한 경우를 어떻게 파악할 것인가 하는 문제이다.

제2차 세계대전 후 미국이 제3세계의 여러 나라에 대해 은밀한 개입을 한 사례로는 이란(1953), 과테말라(1954), 인도네시아(1957), 브라질(1961), 칠레(1973), 니카라과(1981) 등이 있다. 이들 나라들은 국내정치에서 일정한 민주적 절차를 통하여 성립한 정부인데 냉전기의 미국은 이들 나라들이 소련과 야합하는 것을 두려워해서 이들 정부의 파괴, 전복을 위한 은밀한 공작을 수행했었다. 이를테면 1955년 비교적 공명하고 자유로운 선거로 선출되어 교도민주주의를 표방하고 나섰던 수카르노 정부를 배제하기 위해 1957년 미국은 은밀한 개입을 했다. 특히 칠레의 아옌데 정부에 대한 미국의 개입은 많은 문제점을 남겼다. 칠레는 민주주의의 오랜 전통을 갖고 있고 공명하고 자유로운 선거에서 36.2%의 지지로 선출된 아옌데 정권은 1973년 피노체트(Pinochet)의 쿠데타 전까지만 해도 민주국가로 간주되었으며 어떤 관점에서도 비(非)민주정부라고 말할 수는 없었다. 더욱 중요한 것은 이란, 과테말라, 브라질, 칠레 등에서처럼 현지 정부가 전복된 뒤에 등장한 정부가 예외 없이 그 전 정부보다 덜 민주적이며 거기다 쿠데타인 경우가 많았다는 점이다. 이렇게 봤을 때 민주국가끼리는 싸우지 않는다는 명제를 설명하는 규범적 요인과 구조적 요인은 공개적인 군사행동을 꺼리는 기능을 하지만 비밀공작을 막을 만큼 강력하다고 말할 수는 없다.

이상의 고찰에서 우리는 ① 체제가 민주적일수록 그 체제는 평화적이다. ② 민주주의 국가 간에는 전쟁이 거의 없다. 이 두 명제가 시대에 따라 의미가 다르고 예외가 있긴 하나 대체로 규범으로서나 경험적 사실로의 연속성을 가지고 있음을 확인하였다. 두말할 것도 없이 정치현상을 설명하는 원리는 절대적인 진리일 수 없으며 언젠가는 상대화의 과정을 밟을 수밖에 없으나 우리는 민주평화론이 절반의 진리(half truth) 이상의 상대적 진리로서 확실한 자리매김을 하고 있음을 볼 수 있다.

특히 체제가 민주적일수록 그 체제가 평화적이라는 명제와 관련해서 주목해야 할 것은 고대의 혼합체제에서 칸트의 공화체제에 이르는 공통의 특징은 그것이 극단적인 체제가 아니라는 점이다. 고대의 혼합체제는 과대와 과소의 양극의 중간체제란 점에서 중용에 뿌리를 두고 있고, 칸트의 공화체제는 에라스무스가 전쟁을 일삼는다고 비판한 기독교 군주의 체제나 루소가 변혁의 대상으로 보았던 절대왕정의 전제정치체제를 배제한 것이었다. 그리고 안정된 선진민주국가 간에는 전쟁이 없다는, 현대 민주평화론의 핵심도 좌·우경 전체주의나 제국적 과잉확대(imperial over-stretch)가 아닌 비(非)극단적 민주주의체제 간의 평화를 의미한다. 그렇기 때문에 민주평화론의 대표격인 러셋 교수도 다른 나라의 민주주의체제를 강요하기 위한 십자군이 적절치 않다는 경고를 잊지 않았다.[30]

그렇다면 국내정치체제에서 민주주의의 챔피언으로 자처하고 민

---

30) B. Russett. op. cit., p.136.

주평화론을 외교정책의 원리로 삼고 있는 미국이 일으킨 이라크전쟁은 어떻게 평가해야 할 것인가. 일부 민주평화론자들의 주장대로 민주국가인 미국과 비(非)민주적인 이라크와의 전쟁일 뿐이라고 넘겨버릴 수는 없을 것이다. 왜냐하면 민주체제가 내재적으로 가지고 있는 분쟁의 평화적 해결이라는 규범이 대외적으로 나타날 경우 상대국의 정치체제가 비(非)민주적이라는 이유만으로 전쟁이 정당화될 수 없기 때문이다.

위의 분석에서 보듯이 고대의 혼합체제이든, 칸트의 공화체제든 그리고 현대의 선진민주주의체제든 간에 민주평화사상이 상정하는 민주체제는 극단주의를 배제한 것이다. 그런 점에서 제국적 민주주의나 패권적 민주주의, 더욱이 십자군적 민주주의체제는 민주평화사상의 실천에 적절한 체제가 아니라고 말할 수 있다. 민주주의의 지구화와 군사적 일방주의에 의한 민주주의의 확산은 별개의 문제이며 오히려 후자가 전자의 장애물이 될 수 있다.

미국의 일부 네오콘의 원리주의적 민주주의확산론은 민주평화론의 담당주체로서의 비(非)극단적 민주주의의 기본선을 일탈한 것이며 더욱이 민주화를 위한 군사적 일방주의, 그것도 최후수단이 아닌 최초 수단으로서의 무력사용은 민주평화론의 뿌리를 흔들어 버리는 우를 범한 것이다. 최근 네오콘 내부에서 일고 있는 이른바 민주적 현실주의(democratic realism) 논의는 그들 나름의 민주평화론에 대한 자기성찰의 표현이라고 볼 수 있다.[31]

---

31) 대표적 네오콘 이론가인 크라우테머(C. Karuthammer)는 객관적 조건을 고려하지 않고 세계의 모든 나라에 민주주의를 확산하려는 이른바 민주주의적 보편주의(democratic globalism)는 불가능하다고 주장한다. "In Defense of Democratic Realism", National Interest, No. 77, 2004(Fall) I.

역사를 통하여 인간성에 내재하는 악마적 요인을 적나라하게 체험한 우리로서는 아무리 바람직하고 있음직한 규범도 일거에 무너질 수 있다는 것을 모르는 바 아니다. 그럼에도 불구하고 절실성 있는 규범은 인간의 행동에 일정한 긴장을 줌으로써 원하는 것과 원하지 않는 것, 해야 할 일과 해서는 안 될 일을 가려 준다. 원래 정치의 담론은 규범적 성격으로부터 자유로울 수 없다. 민주주의가 널리 퍼지는 세계에서는 민주적 평화의 규범도 보편화되기 쉽다.

냉전체제의 붕괴 후 새로운 민주국가들의 등장으로 국제체제는 엄청난 변화를 겪고 있다. 프리덤하우스(Freedom House)의 분류[32]에 의하면 전(全)세계의 193개 독립국가 가운데 90개 국은 민주주의의 기준에 가깝고, 나머지 103개 국 중 50개 국도 민주주의로의 전환기에 있다. 그리고 명백히 비민주국가인 경우도 자기 나라를 비민주국이라고 하는 나라는 없다.

이처럼 2,500여 년의 정치사상사의 경험에서 보면 민주주의라는 하나의 정치원리가 지구촌의 거의 모든 국가의 체제이념이 된 것은 인류역사에서 미증유의 일이다. 만약 지금까지의 통념대로 역사가 전쟁과 정복의 역사라고 가정한다면 지구 규모의 민주화가 확산되는 금후의 세계는 우리의 통념의 수정을 가져올 것이며 역사에 대한 새로운 의미부여를 요구할지 모른다. 정치적 자원의 불평등 구조로 인하여 소수의 비민주적 국가는 남겠지만 전체적으로 볼 때 21세기의

---

32) 프리덤하우스에서는 매년 political rights와 civil liberties를 기준으로 전세계 국가들을 Free/Partly Free/Not Free로 분류하고 있다. Freedom in the World 2008에 의하면 193개국 가운데 40개국만을 비민주국가로 분류하고 있다(Freedomhouse. 2008. Freedom in the World, 2008 edition. online at http://www.freedomhouse.org/template.cfm?page=25&year=2008 (1:2008 9월 4일).

국제시스템은 민주국가를 구성원으로 하는 새로운 국제질서로 전환될 것이다. 그리고 냉전시대의 이데올로기의 전쟁이나 넓은 의미의 "문명의 충돌"보다는 민족, 종교, 문화, 역사, 전통을 배경으로 하는 분쟁이 많이 발생할 조짐을 보이고 있다.

　이러한 변화는 단순히 진보라고 볼 수도 없으며 전면적 전쟁의 가능성에서 절대평화에로의 이행이라고 말할 수도 없다. 다만 분명한 것은 민주주의의 보편화에 상응하여 세계적 수준에서도 민주국가 상호 간의 군사적 대립과 전쟁의 가능성은 상대적으로 줄어질 것이라는 점이다. 오류를 범할 수 있는 인간의 본성에 변화가 없는 한 전쟁은 과거에도 있었고 현재에도 있고 미래에도 없어지지 않을 것이다. 그러나 이러한 전쟁의 사실에도 불구하고 평화가치에 대한 자각도 과거보다 현재, 현재보다 미래에, 즉 시간의 진행과 함께 더욱더 심화될 것이다. 전쟁의 극소화와 평화의 극대화는 인류의 변함없는 도덕적 확신이며 민주적 평화는 그러한 보편적 규범을 실천하는 중요한 정치과제일 것이다.

제3장

중용민주주의를 위하여

　중용은 개인의 수기(修己)차원에서는 인간의 내면적 평화의 기본이요, 인간관계를 바탕으로 하는 치인(治人)의 차원에서는 가정의 평화(家和萬事成)를 매개로 하여 궁극적으로는 치국평천하(治國平天下), 즉 정치공동체의 평화로 이어진다. 그 평화로운 정치공동체의 모델은 고대 중국의 경우는 왕정을 모델로 하는 신의(信義)공동체였고, 고대 그리스의 경우는 폴리티(polity)와 같이 중용을 제도화한 혼합체제였다.

　필자는 『중용의 정치사상』의 일본어판인 『中庸民主主義』가 세상에 나오기 전에 서양 고전 속에서 평화의 정치사상을 추출함으로써 평화가 개인의 마음의 평화에만 머물러 있는 것이 아니라 개인, 국가 그리고 국제수준에서의 전쟁의 부재상황을 재생산하는 끝없는 과정임을 밝힌 바 있다. 필자의 연구에 의하면 평화가 동시에 중용이었고 특히 아리스토텔레스에게 있어서 중용은 평화로운 정치공동체의 바탕이었다.

중국의 중용사상은 고대 중국의 전통사상인 중화(中和)를 계승한 조화사상이었다. 오늘날 중국인이 평화를 화평(和平)이라고 표현하는 것도 중용사상의 핵심인 중화의 화(和)를 염두에 두고 Peace를 중국식으로 번역한 것 같다. 지금까지 평화와 중용에 관한 나의 연구에 의하면 중용이 인간관계에서의 상호인정, 정치관계에서의 갈등조정을 기본내용으로 하고 있다는 점에서 평화사상의 내용과 크게 다를 것이 없다. 인간성에 내재하는 천사적 요소와 악마적 요소가 변함이 없는 한 인간의 일상생활이나 정치생활에서는 중용을 일탈한 양극의 상황이 있을 수 있고 극한적 갈등과 그 집단적 표현으로서의 전쟁의 개연성을 부인할 수 없다. 그만큼 중용을 견지하기 어렵고 그만큼 평화를 지속하기 어렵다고 말하지 않을 수 없다.

평화와 중용은 그 내포와 외연에서 볼 때 개인, 국가, 세계, 우주를 대상으로 하고 있다는 점에서 많은 공통점을 갖고 있다. 그러나 좁은 의미에서 보면 평화는 국가 내 또는 국가 간의 전쟁과 구조폭력의 부재상태이며 중용은 개인의 주체성의 심화과정과 조화로운 정치공동체의 형성에 관심이 집중되어 있다. 다시 말하면 평화가 궁극적으로 정치학의 주제라면 중용은 윤리학과 정치학의 종합적인 주제인 점이 그 특징이다. 더욱이 중용과 평화를 정치학의 주제에 한정할 경우, 의미 있는 공통점은 이 두 개념이 민주주의 정치체제의 성격을 규정짓는 결정적인 가치란 점이다.

『평화의 정치사상』에서 필자는 민주평화론(democratic peace theory)의 사상적 연원을 2,500년 이래의 서양사상사에서 찾았다. 오늘날 민주평화론의 기본축인 민주주의 정치체제의 원형을 필자는 고대 그리스의 혼합체제, 그중에서도 아리스토텔레스의 폴리티에서 찾았다. 『중용의 정치사상』 연구에 의하면 아리스토텔레스의 폴리티는 한마디로 고대 그리스에서 중용의 원리, 중용의 정치를 제도화한 공동체에 다름이 없다.

고대 중국의 경우 왕정 이외에 다양한 정치체제에 대한 논의가 없었으나 주목할 것은 그 중국의 왕정론은 고대 그리스인, 특히 플라톤의 철인왕과 같은 비현실적인 「그림의 떡」이 아니라 역사적으로 실존했던 정치체제를 패러다임화한 것이라 말할 수 있다. 고대 그리스인은 다양한 정치체제를 논의하는 과정에서 중용에 가장 근접한 체제인 폴리티를 구상했고, 고대 중국인은 중용의 가치를 체현했던 왕제(王制)를 모델로 했던 것이다. 고대 그리스의 폴리티가 귀납적 추론의 한 결과라면 고대 중국인의 선왕(先王)은 연역적 추론의 기점이 되는 셈이다.

여기서 저자는 동서양의 중용사상과 정치체제와의 관계에 대한 연구를 토대로 하여 중용을 중심 가치로 하는 정치체제란 점에서 중용의 정치체제, 즉 미노크라시(Meanocracy)라는 개념을 창출하고자 한다. 동서양에서 다양하게 전개되어 온 중용 및 중용 관련 개념 가운데 영어는 Mean, 중국·일본 등이 공유할 수 있는 한국어로는 중용(中庸)을 선택하여 "중용민주주의", 영어로는 Meanocracy란 말을 처음으로 만들어 본 것이다. 필자는 1970년대 이래 "중용은 아름다워"(middle is beautiful) 그리고 "중용은 평화"(middle is peaceful)라는 캐치프레이즈를 표방해왔는데 이 경우 앞의 middle은 인간의 정념과 행동일반을 대상으로 하는 중용의 미학을 "작은 것은 아름다워"(small is beautiful)와 대비하면서 표현한 것이고, 뒤의 middle은 정치체제의 성격을 규정하는 가치로서의 중용과 평화의 공통성을 상징적으로 표현한 것이다.

앞으로 필자는 중용을 뜻하는 'Mean'에 정치를 뜻하는 'cracy'

를 결합한 Meanocracy를 정치학의 중요한 열쇠개념으로 사용하고자 한다. 윤리학, 정치학, 철학을 포괄하는 개념으로서의 중용학을 Meanology로 표현할 수 있다면 Meanocracy는 Meanology 가운데 정치체제를 부각시킨 개념이라 말할 수 있다.

한편 성군(聖君)에 의해 실현됐던 중용정치, 즉 고대 중국의 선왕(先王)정치가 현재와 미래의 중국에 어떤 형태로 재현될지, 오늘날 중국인이 그들의 체제를 선왕지치(先王之治)의 연장선에서 보고 있는지, 아니면 보편적인 시대정신인 민주화, 민주주의를 중국의 토양에 수용하고 있다고 보는지, 어떤 경우든 현재의 중국정치체제의 성격을 Meanocracy라는 잣대로 설명하고 평가하기란 대단히 어렵다. 다만 눈여겨 볼 수 있는 것은 고대 이래 중국은 제도보다 인간에 무게를 둔 인치(人治)의 전통에 강한 연속성이 있다는 점이다.

중용을 개인의 주체성의 심화로 본다면 그 심화의 경지가 높은 사람이 성인이요 군자인 것이며, 그것이 바로 정치지도자이며 그 모델이 요순(堯舜)같은 왕이었다. 이렇게 볼 때 다양한 정치체제론보다는 수기치인(修己治人)의 경지 – 주체성의 심화란 점에서 중용의 경지에 이른 정치지도자에 대한 기대는 중국의 전통 속에 면면히 흐르고 있는 듯하다. 13억 중국인의 최고지도자 후진타오(胡錦濤)의 8대 영광(八榮) 가운데 특히 열애조국(熱愛祖國)과 성실신의(誠實信義)가 눈에 띈다. "신의를 성실히 가지고 조국을 열렬히 사랑한다"고 한 언명은 수기치인(修己治人)의 현대적 적용이라 해도 과언이 아니다.

다른 한편 중용민주주의, 즉 Meanocracy의 뿌리는 고대 그리스의 혼합체제로서, 그리스에서 로마의 혼합체제(공화정)를 거쳐 기독교 정치질서인 중세를 뛰어넘어 르네상스 이후 마키아벨리의 혼합체제론으로 부활하여 에라스무스, 루소, 벤담을 거쳐 칸트의 공화제평화(Republican Peace)론에 합류되었다. 그런 의미에서 오늘날 미국을 중심으로 뿌리내리고 있는 민주평화론은 제한된 경험적 연구의 좁은 틀에 묶어둘 것이 아니라 2,500년 서구지성사인 Meanocracy의 긴 항해선상에서 심도 있게 논의되어야 하고 그럼으로써 민주평화론에 철학적 권위를 부여할 수 있을 것이다.

극히 일부이긴 하나 민주평화론의 철학적 뿌리를 찾아보려는 노력이 없는 것은 아니다. 그러나 민주평화론을 대변하는 연구자들은 그들 이론의 철학적 거점을 칸트 이전에서 찾으려는 노력을 포기하고 있는 듯하다. 최근 하워드(Michael Howard)는 그의 저서 『평화의 발명』에서 에라스무스의 『평화의 호소』로부터 벤담의 『보편적 영구평화계획』에 이르는 평화사상의 보고(寶庫)에 관한 성찰도 없이 칸트를 평화의 발명가로 단언한 것은 지적 태만이라 해도 지나침이 없다.

이들 논점들은 우선 사실에도 맞지 않을 뿐만 아니라 그 사려 깊지 못한 단순화에 놀라지 않을 수 없다. 우선 정치체제의 민주화와 평화의 상관관계는 칸트 이전에 이미 다양한 형태로 깊이 있게 논의되어 왔다는 점이다. 필자는 졸저 『평화의 정치사상』에서 칸트 이전의 시대, 즉 고대 그리스의 플라톤, 아리스토텔레스에서 로마의 폴리비우스, 근대의 루소, 벤담에 이르는 오랜 기간 동안 오늘날 민주주의와 친근한 의미를 가진 여러 유형의 정치체제가 국내의 평화에 기여한 점을 논증해보고자 했다.

그다음 '평화의 발명가' 칸트에 관한 논의에서도 재정의를 촉구하지 않을 수 없다. 즉, 칸트의 평화사상의 내용 가운데 공화제를 평화의 조건으로 본 관점에 주목한다면 위에서 지적한 것처럼 아리스토텔레스에서 마키아벨리로 이어지는 혼합체제론과 루소의 민주개혁론 등 유사한 문제의식이 다양하게 존재했음을 확인할 수 있다. 여기서 강조하고 싶은 것은 칸트보다 200년 전에 이미 에라스무스는 공리적 관점과 함께 평화를 위한 유효한 체제로서 혼합체제를 제기함으로써 아리스토텔레스의 혼합체제에서 칸트의 공화제에 이르는 가교의 역할을 했다는 점이다.

이렇게 볼 때 미국의 민주평화론자들은 그들 평화론의 사상적 거점을 불과 200여 년 전의 칸트의 『영구평화론』에서 찾을 것이 아니라 2,500여 년의 서구정치사상사의 본류에서 찾아야 할 것이며 민주평화론에 입각한 현실의 정책도 그만큼 역사의 무게와 정치적 사려를 바탕으로 만들어져야 할 것이다. 필자가 정의한 Meanocracy는 고대 그리스의 작은 정치공동체 아테네에서 초강대국 미국에 이르기까지 면면히 흘러온 정치적 예지와 사려의 산물이라고 말할 수 있다.

INDEX

인명색인

ㄱ

가다머 127, 144, 145, 146
가이바라 에키켄 42
갈릴레이 34, 56
고종 225, 226, 227, 236, 237, 241, 249
고토쿠 슈스이 250, 257
공자 22, 24, 27, 28, 30, 31, 32, 36, 37, 93, 316, 319, 320, 345
공친왕 219
괴테 54, 55
기노시타 마사히로 237
기타무라 도코쿠 211
김교신 257
김옥균 240, 241
김윤식 227, 228, 229
김정희 215
김홍집 225, 232, 233, 236

ㄴ

니시 아마네 221
니체 54, 55, 59, 60, 61, 73, 82, 278

ㄷ

단테 177, 178, 179, 201, 328
달랑베르 57
데카르트 56, 136, 287
돌바크 57
두웨이밍 94, 95

ㄹ

라스 카사스 303
량치차오 248
러셀 103, 126
레닌 278
로베스피에르 278
로우 223
로젠크란츠 166
로크 177, 185, 188, 189, 190, 191, 192, 194, 197
롤스 109, 359
루소 82, 176, 177, 182, 185, 193, 194, 195, 196, 197, 199, 200, 201, 204, 300, 304, 373, 380, 381
루이 17세 277
루터 73, 177, 183
루텐버그 167
린쩌쉬 213

ㅁ

마르쿠제 75
마르크스 51, 115, 120, 124, 136, 137, 138, 269, 277, 283
마르텡 220
마테오 리치 29
마틴 219, 220, 221, 224
말로 25, 26, 39, 41, 104, 114, 124, 135, 154, 168, 178, 180, 181, 195, 206, 239, 309, 325, 328, 329, 332, 338, 345, 346, 352, 357, 358
맹자 21, 24, 27, 38, 320, 332, 345
머리 4, 6, 10, 21, 43, 56, 209, 213, 217, 244, 278, 321
모어 220, 282
몸젠 54, 70, 71, 74, 75

무로 규소	40	쉬지위	213
ㅂ		슈미트	51, 285
		슐루흐터	63
바텔	302, 303	스트라우스	54, 70, 71, 72, 73, 75
바티모	61	스피노자	11, 33, 34, 49
박규수	217, 218, 222, 223	시에예스	304
박영효	242, 243	신	4, 5, 6, 11, 14, 15, 22, 23, 24, 27, 28, 29, 33, 34, 35, 36, 37, 38, 39, 40, 41, 44, 45, 47, 48, 50, 51, 52, 53, 54, 55, 56, 57, 58, 59, 60, 61, 62, 63, 64, 65, 66, 67, 68, 69, 70, 71, 72, 73, 76, 77, 80, 81, 89, 90, 93, 94, 99, 100, 101, 105, 106, 110, 112, 116, 117, 119, 121, 126, 129, 131, 132, 133, 140, 141, 142, 144, 145, 146, 148, 153, 154, 157, 159, 161, 162, 163, 164, 165, 167, 169, 170, 171, 177, 178, 179, 180, 183, 184, 186, 188, 192, 196, 197, 198, 199, 201, 203, 206, 208, 210, 212, 214, 215, 216, 217, 219, 222, 223, 225, 226, 228, 229, 230, 232, 235, 236, 237, 238, 239, 240, 241, 242, 243, 244, 245, 246, 247, 249, 250, 251, 252, 253, 254, 255, 256, 257, 261, 262, 263, 264, 266, 267, 268, 269, 270, 271, 272, 274, 276, 277, 278, 280, 281, 282, 283, 284, 285, 288, 289, 290, 291, 292, 294, 295, 298, 300, 307, 309, 311, 312, 316, 317, 319, 320, 323, 324, 325, 326, 327, 328, 329, 330, 333, 334,
백이	28, 35, 81		
뱁스트	369		
범중엄	38		
베버	4, 50, 51, 52, 53, 54, 55, 56, 57, 58, 59, 60, 61, 62, 63, 64, 65, 66, 67, 68, 69, 70, 71, 72, 73, 74, 75, 76, 77, 79, 80, 81, 82		
베이컨	56		
벤담	177, 193, 197, 198, 199, 200, 201, 303, 380, 381		
보댕	299, 305		
볼테르	36		
부시	200, 298		
부차티	284		
블룬칠리	220		
비코	265		
ㅅ			
사마천	35		
사카모토 요시카즈	297		
사토 나오카타	46		
생 피에르	177, 192, 193, 194, 197, 200		
소크라테스	14, 262, 321, 324, 346, 360		
소포클레스	129, 141, 142, 143		
수카르노	372		
숙제	28, 35, 247, 255, 256, 259		

335, 336, 337, 338, 339, 340,
341, 347, 353, 356, 357, 358,
360, 363, 366, 367, 368, 376,
377, 380
신채호　　　251, 252, 254, 255, 257

ㅇ

아라이 하쿠세키　　　39
아렌트　　　126
아롱　　　75
아리스토텔레스　　7, 12, 15, 80, 144,
177, 182, 190, 191, 207, 315,
316, 320, 323, 331, 333, 340,
341, 342, 343, 344, 345, 346,
347, 348, 349, 350, 351, 352,
353, 354, 355, 356, 357, 358,
359, 360, 363, 364, 365, 377,
378, 381, 382
아우구스티누스　　　178, 179, 181,
261, 325
아퀴나스　　　179, 181
안중근　　　256
안회　　　31, 32, 35
에라스무스　　13, 177, 179, 180, 181,
182, 183, 184, 185, 193,
201, 373, 380, 381, 382
에를리히　　　168
에피쿠로스　　　207
엘베시우스　　　57
오가키 다케오　　　252
오크숏　　　77
오타 긴죠　　　45
오페르트　　　222, 223
왈츠　　　199
왕평짜오　　　221
요시다 쇼인　　　215

우치무라 간조　　　250, 257
월처　　　78, 79
웨이위안　　　213, 214, 215, 217
위드　　　369
위안스카이　　　238
위클리프　　　177
유길준　　　229, 230, 231, 238, 239, 242
윤종의　　　215, 216, 217
이만손　　　236
이성희　　　169
이유원　　　224, 225
이육사　　　170
이토 히로부미　　　249, 256
이항로　　　223
이홍장　　　224, 225

ㅈ

장파　　　169
정관잉　　　225
정이　　　13, 32, 38, 44, 47, 53, 55,
65, 90, 93, 101, 105, 112,
129, 139, 141, 146, 147,
155, 180, 181, 184, 187,
189, 190, 211, 233, 239,
240, 272, 293, 299, 323,
328, 330, 338, 352, 357,
358, 362, 364, 371
정지용　　　169
조영하　　　224
주희　　21, 22, 23, 24, 25, 26, 27,
29, 30, 32, 33, 35, 36, 37,
38, 39, 41, 43, 46, 49

ㅊ

최상용　　11, 17, 80, 85, 92, 175, 315,
325

최석하	250, 254, 255		**ㅎ**	
최익현	248		하나부사 요시타다	224
			하버마스	63, 75, 150
ㅋ			하워드	176, 210, 381
카리에	277		한규설	238
칼	166, 177, 188, 239		함석헌	257
칼뱅	177		허위장	232, 233
캄파넬라	282		헤겔	51, 127, 128, 129, 130, 131,
클린턴	298			132, 140, 143, 262, 265
키케로	181		헤밍웨이	309
			호메로스	261
ㅍ			후스	177
포스터	116, 117		후진타오	380
포퍼	122, 123, 124		후쿠자와 유키치	28, 222, 234, 235
폴리비우스	381		휘턴	219
푸코	61		휘트먼	141, 142
프라이스	307		흄	57
프라이어	220		히틀러	48, 278
프로이트	121			
프로인트	285			
프로타고라스	344			
플라톤	7, 12, 14, 15, 56, 68, 75, 125, 126, 127, 129, 176, 190, 206, 261, 262, 315, 317, 319, 320, 321, 322, 323, 324, 325, 326, 327, 328, 329, 330, 331, 332, 333, 335, 336, 337, 338, 339, 346, 349, 353, 354, 356, 357, 358, 359, 360, 362, 363, 364, 365, 379, 381			
피노체트	372			
필모어	220			

중용민주주의 - 중용과 평화의 정치체제 -

초판 1쇄 인쇄 2025년 6월 10일 | **초판 1쇄 발행** 2025년 6월 17일
지은이 최상용 외 | **펴낸이** 임용호 | **펴낸곳** 도서출판 종문화사
표지·본문디자인 Design Eun | **영업 이사** 이동호 | **인쇄** 천일문화사 | **제본** 영글문화사
출판등록 1997년4월1일 제22-392 | **주소** 서울시 은평구 연서로 34길2 3층
TEL (02)735-6891 | FAX (02)735-6892 | E-mail jongmhs@naver.com
값 25,000원 ⓒ 2025, Jong Munhwasa printed in Korea
ISBN 979-11-87141-84-6 (93340) | 잘못된 책은 바꾸어 드립니다.